民国中國文化史要籍汇刊（影印本）

近代稀见旧版文献再造丛书

侯杰 主编

第五卷 上

陈登原 中国文化史（上）

南開大學出版社

图书在版编目(CIP)数据

民国中国文化史要籍汇刊. 第五卷 : 全2册 / 侯杰主编. —影印本. —天津 : 南开大学出版社, 2019.1
(近代稀见旧版文献再造丛书)
ISBN 978-7-310-05721-4

Ⅰ. ①民… Ⅱ. ①侯… Ⅲ. ①文化史－文献－汇编－中国 Ⅳ. ①K203

中国版本图书馆 CIP 数据核字(2018)第 277743 号

南开大学出版社出版发行
出版人:刘运峰
地址:天津市南开区卫津路 94 号 邮政编码:300071
营销部电话:(022)23508339 23500755
营销部传真:(022)23508542 邮购部电话:(022)23502200
*
北京隆晖伟业彩色印刷有限公司
全国各地新华书店经销
*
2019 年 1 月第 1 版 2019 年 1 月第 1 次印刷
210×148 毫米 32 开本 25.75 印张 8 插页 737 千字
定价:320.00 元

如遇图书印装质量问题,请与本社营销部联系调换,电话:(022)23507125

出版说明

一、本书收录民国时期出版的中国文化史著述，包括通史性文化著述、断代史性文化著述和专题性文化史著述三大类；民国时期出版的非史书体裁的文化类著述，如文化学范畴类著述等，不予收录；同一著述如有几个版本，原则上选用初始版本。

二、个别民国时期编就但未正式出版过的书稿如吕思勉的《中国文化史六讲》和民国时期曾以文章形式公开发表但未刊印过单行本的著述如梁启超的《中国文化史·社会组织篇》，考虑到它们在文化史上的重要学术影响和文化史研究中的重要文献参考价值，特突破标准予以收录。

三、本书按体裁及内容类别分卷，全书共分二十卷二十四册；每卷卷首附有所收录著述的内容提要。

四、由于历史局限性等因，有些著述中难免会有一些具有时代烙印、现在看来明显不合时宜的内容，如『回回』『满清』『喇嘛』等称谓及其他一些提法，但因本书是影印出版，所以对此类内容基本未做处理，特此说明。

南开大学出版社

二〇一八年十一月

总序

侯杰

中国文化，是世代中国人的集体创造，凝聚了难以计数的华夏子孙的心血和汗水，不论是和平时期的锲而不舍、孜孜以求，还是危难之际的攻坚克难、砥砺前行，都留下了历史的印痕，闪耀着时代的光芒。其中，既有精英们的思索与创造，也有普通人的聪明智慧与发奋努力；既有中华各民族儿女的发明创造，也有对异域他邦物质、精神文明的吸收、改造。中国文化，是人类文明的一座巨大宝库，发源于东方，却早已光被四表，传播到世界的很多国家和地区。

如何认识中国文化，是横亘在人们面前的一道永恒的难题。虽然，我们每一个人都不可避免地受到文化的熏陶，但是对中国文化的态度却迥然有别。大多离不开对现实挑战所做出的应对，或恪守传统，维护和捍卫自身的文化权利、社会地位，或从中国文化中汲取养料，取其精华，并结合不同历史时期的文化冲击与碰撞，进行综合创造，或将中国文化笼而统之地视为糟粕，当作阻碍中国迈向现代社会的羁绊，欲除之而后快。这样的思索和抉择，必然反映在人们对中国文化的观念和行为上。

中国文化史研究的崛起和发展是二十世纪中国史学的重要一脉，是传统史学革命的一部分——传统史学在西方文化的冲击下，偏离了故道，即从以帝王为中心的旧史学转向以民族文化为中心的新史学，又和中国的现代化进程有着天然的联系。二十世纪初，中国在经受了一系列内乱外患后，千疮百孔，国力衰微；与此同时，西方的思想文化如潮水般涌入国内，于是有些人开始对中国传统文化产生怀疑，甚至持否定态度，全盘西化论思潮的出笼，更是把这种思想推向极致。民族自信力的丧失既是严峻的社会现实，又是亟待解决的问题。而第一次世界大战的惨剧充分暴露出西方社会的弊端，其文化取向亦遭到人们的怀疑。人们认识到要解决中国文化的出路问题就必须了解中国文化的历史和现状。很多学者也正是抱着这一目的去从事文化史研究的。

在中国文化史书写与研究的初始阶段，梁启超是一位开拓性的人物。早在一九〇二年，他就深刻地指出：『中国数千年，唯有政治史，而其他一无所闻。』为改变这种状况，他进而提出：『历史者，叙述人群进化之现象也。』而所谓『人群进化之现象』，其实质是文化演进以及在这一过程中所进发出来的缤纷事象。以黄宗羲『创为学史之格』为楷模，梁启超呼吁：『中国文学史可作也，中国种族史可作也，中国财富史可作也，中国宗教史可作也。诸如此类，其数何限？』从而把人们的目光引向中国文化史的写作与研究。一九二一年他受聘于南开大学，讲授『中国文化史』，印有讲义《中国文化史稿第一编——中国历史研究法》，后经过修改，于一九二二年在商务印书馆以《中国历史研究法》之名出版。截至目前，中国学术界将该书视为最早的具有史学概论性质的著作，却忽略了这是梁启超对中国文化历史书写与研究的整体思考和潜心探索之举，充满对新史学的拥抱与呼唤。

与此同时，梁启超还有一个更为详细的关于中国文化史研究与写作的计划，并拟定了具体的撰写目录。梁启超的这一构想，部分体现于一九二五年讲演的《中国文化史·社会组织篇》中。在这个关于中国文化史的构想中，梁启超探索了中国原始文化以及传统社会的婚姻、姓氏、乡俗、都市、家族和宗法、阶级和阶层等诸多议题。虽然梁启超终未撰成多卷本的《中国文化史》（其生前，只有《中国文化史·社会组织篇》等少数篇目问世），但其气魄、眼光及其所设计的中国文化史的书写与研究的构架令人钦佩。因此，鉴于其对文化史的写作影响深远，亦将此篇章编入本丛书。

此后一段时期，伴随中西文化论战的展开，大量的西方和中国文化史著作相继被翻译、介绍给中国读者。桑戴克的《世界文化史》和高桑驹吉的《中国文化史》广被译介，影响颇大。国内一些学者亦仿效其体例，参酌其史观，开始自行编撰中国文化史著作。一九二一年梁漱溟出版了《东西文化及其哲学》，这是近代国人第一部研究文化史的专著。尔后，中国文化史研究进入了一个短暂而兴旺的时期，一大批中国文化史研究论著相继出版。在二十世纪二三十年代，有关中国文化史的宏观研究的著作不可谓少，如杨东莼的《本国文化史大纲》、陈国强的《物观中国文化史》、柳诒徵的《中国文化史》、陈登原的《中国文化史》、王德华的《中国文化史略》等。在这些著作中，柳诒徵所著《中国文化史》被称为『中国文化史的开山之作』，而杨东莼所撰写的《本国文化史大纲》则是第一本试图用唯物主义研究中国文化史的著作。与此同时，对某一历史时期的文化研究也取得很大进展。如孟世杰的《先秦文化史》、陈安仁的《中国上古中古文化史》和《中国近世文化史》等。在宏观研究的同时，微观研究也逐渐引起学人们的注意。其中，中西文化交流史研究成绩斐然，如郑寿麟的《中西文化之关系》、张星烺的《欧化东渐史》等。一九三六至一九三七年，商务印书馆出版了由王云五等主编的《中国文化史丛书》，共有五十余种，体例相当庞大，内容几乎囊括了中国文化史的大部分内容。

此外，国民政府在三十年代初期出于政治需要，成立了『中国文化建设会』，大搞『文化建设运动』，致力于『中国的本位文化建设』。一九三五年十月，陶希盛等十位教授发表了《中国本位文化建设宣言》，提出『国家政治经济建设既已开始，文化建设亦当着手，而且更重要』。因而主张从中国的固有文化即传统伦理道德出发建设中国文化。这也勾起了一些学者研究中国文化史的兴趣。

同时，这一时期又恰逢二十世纪中国新式教育发生、发展并取得重要成果之时，也促进了『中国文化史』课程的开设和教材的编写。清末新政时期，废除科举，大兴学校。许多文明史、文化史的著作因非常适合作为西洋史和中国史的教科书，遂对历史著作的编纂产生很大的影响。在教科书撰写方面，多部中国史的教材，无论是否以『中国文化史』命名，实际上都采用了文化史的体例。而这部分著作也占了民国时期中国文化史著作的一大部分。如吕思勉的《中国文化史二十讲》（现仅存六讲）、王德华的《中国文化史略》、丁留余的《中国文化史问答》、李建文的《中国文化史讲话》、范子田的《中国文化小史》等。

二十世纪的二三十年代实可谓中国学术发展的黄金时期，这一时期的文化史研究成就是有目共睹的，不少成果迄今仍有一定的参考价值。此后，从抗日战争到解放战争十余年间，中国文化史的书写和研究遇到了困难，陷入了停顿，有些作者还付出了生命的代价。但尽管如此，仍有一些文化史论著问世。此时，综合性的文化史研究著作主要有缪凤林的《中国民族之文化》、陈安仁的《中国文化史》、王治心的《中国文化史类编》、陈竺同的《中国文化史略》和钱穆的《中国文化史导论》等。其中，钱穆撰写的《中国文化史导论》和陈竺同撰写的《中国文化史略》两部著作影响较为深远。钱穆的《中国文化史导论》，完成于抗日战争时期。该书是继《国史大纲》后，他撰写的第一部系统讨论中国文化史的著作，专就中国通史中有关文化史一端作的导论。因此，钱穆建议读者『此书当与《国史大纲》合读，庶易获得写作之大意所在』。不仅如此，钱穆还提醒读者该书虽然主要是在专论中国，实则亦兼论及中西文化异同问题。数十年来，『余对中西文化问题之商榷讨论屡有著作，而大体论点并无越出本书所提主要纲宗之外』。故而，『读此书，实有与著者此下所著有关商讨中西文化问题各书比较合读之必要，幸读者勿加忽略』。陈竺同的《中国文化史略》一书则是用生产工具的变迁来说明文化的进程。他在该书中明确指出：『文化过程是实际生活的各部门的过程』，『社会生产，包含着生产力与生产关系。这本小册子是着重于文化的过程。至于生产关系，就政教说，乃是权力生活，属于精神文化，而为生产力所决定』。除了上述综合性著作外，这一时期还有罗香林的《唐代文化史研究》、朱谦之的《中国思想对于欧洲文化之影响》等专门性著作影响较为深远。

不论是通史类论述中国文化的著作，还是以断代史、专题史的形态阐释中国文化，都包含着撰写者对中国文化的情怀，也与其人生经历密不可分。柳诒徵撰写的《中国文化史》也是先在学校教习之用，后在出版社刊行。鉴于民国时期刊行的同类著作，有的较为简略，有的只可供学者参考，不便于学年学程之讲习，所以他发挥后发优势，出版了这部比较丰约适当之学校用书。更令人难忘的是，柳诒徵不仅研究中国文化史，更有倡行中国文化的意见和主张。他在《弁言》中提出：『吾尝妄谓今之大学宜独立史学院，使学者了然于史之封域非文学、非科学，且创为斯院者，宜莫吾国若。三二纪前，吾史之丰且函有亚洲各国史实，固俨有世界史之性。丽、鲜、越、倭所有国史，皆师吾法。夫以数千年丰备之史为之干，益以近世各国新兴之学拓其封，则独立史学院之自吾倡，不患其异于他国也。』如今，他的这一文化设想，在南开大学等国内高校已经变成现实。正是由于有这样的文化观念，所以他才自我赋权，主动承担起治中国文化史者之责任：『继往开来……择精语详，以诏来学，以贡世界。』

杨东莼基于『文化就是生活。文化史乃是叙述人类生活各方面的活动之记录』的认知，打破朝代观念，将各时代和作者认为有关而又影响现代生活的重要事实加以叙述，并且力求阐明这些事实前后相因的关键，希望读者对中国文化史有一个明确的印象，而不会模糊。不仅如此，他在叙述中，尽力坚持客观的立场，用经济的解释，以阐明一事实之前因后果与利弊得失，以及诸事实间之前后相因的关联。这也是作者对『秉笔直书』『夹叙夹议』等历史叙事方法反思之后的选择。

至于其他人的著述，虽然关注的核心议题基本相同，但在再现中国文化的时候却各有侧重，对中国文化的评价也褒贬不一，存在差异。这与撰写者对中国文化的认知，及其史德、史识、史才有关，更与其学术乃至政治立场、占有的史料、预设读者有关。其中，既有学者之间的对话，也有学者与读者的倾心交流，还有对大学生、中学生、小学生的知识普及与启蒙，对中外读者的文化传播，及其跨文化的思考。他山之石，可以攻玉。二十世纪二十年代日本学者高桑驹吉的著述以世界的眼光，叙述中国文化的历史，让译者感到：数千年中，我过去的祖先曾无一息与世界相隔离，处处血脉流转，气息贯通。如此叙述历史，足以养成国民的一种世界的气度。三十年代，中国学者陈登原不仅将中国文化与世界联系起来，而且还注意到海洋所带来的变化，以及妇女地位的变化等今天看来都亟待解决的重要议题。实际上，早在二十世纪二十年代，就有一些关怀中国文化命运的学者对十九世纪末到二十世纪初通行课本大都脱胎于日本人撰写的《东洋史要》一书等情形提出批评：以外人目光编述中国史事，精神已非，有何价值？而陈旧固陋，雷同抄袭之出品，竟占势力于中等教育界，垂二十年，亦可怜矣。乃者，学制更新，旧有教本更不适用。为改变这种状况，顾康伯广泛搜集文化史料，因宜分配，撰成《中国文化史》，脉络分明，宗旨显豁，不徒国史常识可由此习得，即史学门径，亦由此窥见。较之旧课本，不可以道里计，故而受到学子们的欢迎。此外，中国文化的海外传播、中国对世界文化的吸收以及中西文化关系等问题，也是民国时期中国文化史撰写者关注的焦点议题。

围绕中国文化史编纂而引发的有关中国文化的来源、内涵、特点、价值和贡献等方面的深入思考，耐人寻味，发人深思。孙德孚更将翻译美国人盖乐撰写的《中国文化辑要》的收入全部捐献给因日本侵华而处于流亡之中的安徽的难胞，令人感佩。

实际上，民国时期撰写出版的中国文化史著作远不止这些，出于各种各样的原因，没有收入本丛书，也是非常遗憾的事情。至于已经收入本丛书的各位作者对中国文化的定义、解析及其编写体例、使用的史料、提出的观点、得出的结论，我们并不完全认同。但是作为一种文化产品值得批判地吸收，作为一种历史的文本需要珍藏，并供广大专家学者，特别是珍视中国文化的读者共享。

感谢南开大学出版社的刘运峰、莫建来、李力夫诸君的盛情邀请，让我们徜徉于卷帙浩繁的民国时期中国文化史的各种论著，重新思考中国文化的历史命运；在回望百余年前民国建立之后越演越烈的文化批判之时，重新审视四十年前改革开放之后掀起的文化反思，坚定新时代屹立于世界民族之林的文化自信。

感谢与我共同工作、挑选图书、撰写和修改提要，并从中国文化中得到生命成长的区志坚、李净昉、马晓驰、王杰升等香港、天津的中青年学者和志愿者。李力夫全程参与了很多具体工作，表现出一位年轻编辑的敬业精神、专业能力和业务水平，从不分分内分外，让我们十分感动。

总目

第八卷 王德华 中国文化史略
陈竺同 中国文化史略

第九卷 李继煌译 中国文化史

第十卷 姚名达 朱鸿禧 中国文化小史
范子田 中国文化小史
常乃悳 中国文化小史

第十一卷 李建文 中国文化史讲话
靳仲鱼 中国文化史要
孙德孚译 中国文化辑要

第十二卷 王云五 编纂中国文化史之研究
陈安仁 中国文化建设问题
陈安仁 中国文化演进史观

第二十卷

张星烺　欧化东渐史

郑寿麟　中西文化之关系

梁启超　中国文化史·社会组织篇

吕思勉　中国文化史六讲

陈登原《中国文化史》（上、下）

陈登原（1900—1975），原名登元，字伯瀛，浙江慈溪人。一九二八年任上海世界书局编辑，专事编辑《初中外国史》《高中本国史》。一九三〇年任南京金陵大学讲师及中国文化研究所研究员。一九三七年任杭州之江大学教授。此后辗转杭州、广州、宁波等地任教。一九五〇年，应侯外庐之邀执教于西北大学。他先后出版了《中俄关系述略》《荀子哲学》《颜习斋哲学思想述》《古今典籍聚散考》《中国文化史》《中国土地制度》等学术专著。

其中，《中国文化史》共上、下两册，于一九三五年八月印刷、出版，发行者是世界书局有限公司。该书尤以理论见长。『卷首·叙意』的四章阐释了文化史的核心概念、对资料处理的方法、文化史研究的预设理论以及撰写文化史的目的等一系列问题。正文分上古（先秦）、中古（秦至隋）、近古（唐至明）、近世（清至『五四』运动）四部分。全书以『创造—变通—进步』为主线，侧重揭示传统文化的变迁，把中国文化史理解为曲线形的进展。在写作手法上，陈东原还将历史实证与私人生活、个体经验相结合，是对历史特别是文化史叙事的重要补充。

中國文化史

陳登原編著

上冊

世界書局印行

陳登原編著

中國文化史 上

世界書局印行

自敍

登原作中國文化史，既成其上古卷，爰撥餘瀋，略敍其意。

夫史事煩重，調度不易；自古已然，於今更甚。若夫端臨著書，雖有「鬼已先知」之譽；而通考自敍，尚生「何所發明」之慽！今以螢末之光，妄燭前古，斯則其難一也。

溫公作通鑑，一事用三四處纂成，積稿洛陽，盈於兩屋。「到洛八年，」始了六代；修史分屬，各盡專材。今以鄉曲末學，無師友爲之扶助，妄談往昔，斯則其難二也。

歐陽修以一代文人，燒燭擁髻之餘，勒成五代之史；而後賢之論其書也，猶謂其徒有筆墨馳騁之習，而無翦裁潤色之功。（詳邵晉涵南江文鈔卷三五代史記提要）並恨其「取材未當，」「書法未審，」「掌故未備。」今以愚拙之材，欲於繁稱博引之間，爲體大思精之作，斯則其難三也。

雖然，屬稿僅及乎一載，蓄志則實已有年：適得其下，而取法亦效於其上。僅象於犬，而立意固希於畫虎。區區其意，亦可列而爲三：一則曰，有所不取也；二則曰，有所必取也；三則曰，取之而必以其眞也。

如近賢著史，動用周禮。燕石盈箱，贗鼎列座。計其工拙，何異抄胥？吾則恥而有所不取也。（本書用周禮處，亦無非考信錄「備覽」之意，不依爲定論云。）又如爵建之制，近賢好縷述王制，周禮，孟子之異同。然周室爵祿之制，孟子既不得聞詳，吾人自不妨稍略。而以縱的封建而言，則愈理初之解君子，師服之記本末，所謂階級社會，其確存於古代，固可謂考前史而不謬，俟後聖而不惑。吾則信而必取之也。又如井田之制，本屬行之一區一時之制；而商君之任治地，明係節制貴族，獎勵下民之法。舊史舍此不道，殊爲失實。吾則取之，而必以其眞也。

此登原屬稿時區區之意也。

登原自十五歲以前，備受祖父容卿公之愛，不欲其遠離膝下。卽以此故，經史之義，象算之書，胥大人日訓督之。其後大人菲飲節食，資送之以求學於四方。略能自立，而祖父墓木已拱。祖諱治裕卒於民國二年年六十 幸大人健在，教導不廢。卽草此書時，凡經傳之所記，詩書之所載，卷頁繙尋，綱領提挈，猶大人之教導是賴。——然則此書之爲書也，如有所短，固自慚於不學。苟有所長，惟私感於祖德。適値大人六十懸弧之時，而吾書亦成，因以附記之云。

民國二十二年九月，餘姚陳登原述。

目錄

卷一　上古卷

卷二 中古卷

卷首 敘意

第一章 中國文化史之意義

一 國名詮釋

今人恆言，動呼吾國爲中華者，亦有年矣。

小戴記王制篇：「中國戎夷五方之民，皆有性也，不可推移。東方曰夷，被髮文身，有不火食者矣；南方曰蠻，雕題交趾，有不火食者矣；西方曰戎，被髮衣皮，有不粒食者矣；北方曰狄，衣羽毛穴居，有不粒食者矣。」王制雖爲漢博士所敘錄之經說，然亦見中之可貴，不如其東南西北之野拙焉。左氏傳亦記倉葛之言：「德以柔中國，刑以威四夷。」（僖二十五）言中國主德，而四夷主威者，亦以見中國之可貴；所謂貴中賤外是已。

說文解字「夏」，中國之人也。從夊，從頁，從臼。臼，兩手；夊，兩足也。段注：中國之人，謂以別於北方狄，東方貉，南方蠻閩，西方羌，西南僰僥，東方夷也。又說文「羌」字下：「羌，西戎羊種也，從羊儿。南方蠻閩，從虫；北方狄，從犬；東方貉，從豸；西方羌，從羊；此六種也。西南僰人焦僥，從人；蓋在坤地，頗有順理之性。」（說文解字卷四上）左傳閔公元年又言『戎狄豺狼，不可厭也；諸夏親暱，不可棄也。』以此見古人貴中賤外，蓋一貫之思想矣。

第所謂中國者，其範疇之大小，亦與中國文化之推播，同以時期而轉演。故有訓中國爲國都所在者矣；訓中國爲文物之區者矣。訓中國爲居天下中，貴無能逾，高無能上者矣。

詩民勞詩注疏十七之四云『民亦勞止，汔可小康。惠此中國，以綏四方。』又云『民亦勞止，汔可小息；惠此京師，以綏四國。』毛氏傳云「中國，京師也。四方，諸夏也。」觀兩什之以京師中國對舉成文，則毛傳謂中國卽京師，未爲謬也。

公羊隱公七年「不與夷狄之執中國。」何休注云「因地不接京師，故以中國正之。中國者，禮義之國也。」孟子『堯崩，三年之喪畢，舜避堯之子於南河之南。天下諸侯朝覲者，不之堯之子而之舜；謳歌者不謳歌堯之子而謳歌舜，夫然後之中國，踐天子位焉。』凡此所謂中國，其義已大於國都，猶曰文物之區矣。

普通謂舜然後之中國，踐王子位，係舜回國都而自帝，但據俞理初舜之中國義癸巳類稿卷三云：『孟子舜避堯之子於南河之南，禹避舜之子於陽城，益避禹之子於箕山之陰。天下歸舜禹，故孟子史記本紀皆言舜然後之中國，踐天子位。「然後之中國者」，孟子解避之之義，言先南河之南，在河外也。堯都平陽，舜都蒲坂，禹都安邑，中國謂三河之內，自有所居，不干前天子之都。』案此說甚碻，禹舜各有都，此云中國，當作文物之區解。

再進，則有訓中國爲居天下中，高貴無比者。禹貢言「中邦錫土姓；」而史記夏本紀則改爲「中國錫土姓。」而韓愈原道謂「孔子之作春秋也，諸侯用夷禮則夷之，進於中國則中國之。」是中國作高貴無比訓焉。左莊三十一年傳『凡諸侯有四夷之功，則獻於王，王以警於夷。中國則否，諸侯不相遺俘。』所謂中國，亦別於夷狄而言。

近世，章炳麟爲中華民國解（太炎文別錄卷一）云：『中國之名，別於四裔而爲言。印度亦稱摩伽陀爲中國；日本亦稱山陽爲中國。此本非漢土所獨有者。然日本印度之言中國者，舉中土以對邊郡；漢土之言中國者，舉領域以對異邦。』舉中土以對邊郡，猶諸漢以後人之言中國，舉領域以對異邦，則漢以來人自矜自持之言已。

何也？中固吾民族所斤斤自詡者。

論語：『堯曰「咨爾舜允執厥中」』；中庸言：『舜其大知也歟，執其兩端，用其中於民。』又曰：『中也者，天下之大本也；和也者，天下之達道也。』又曰：『君子中庸，小人反中庸。』又曰：『中庸其至已乎，民鮮能久矣！』而大戴記主言：『昔者舜左禹而右皋陶，不下席而天下治。夫政之不中，君之過也，政之既中，令之不行，職事者之罪也。』夫堯舜之時，何「中」可執？昔人嘗以爲疑。然自論語中庸已來，下訖宋元語錄，無不以中爲可貴者，則「中」之所以訓炙吾民者，蓋亦久矣。

朱子中和說云：『凡感之而通，觸之而覺，蓋有渾然全體應物而不窮者。是乃天命流行，生生不息之機。夫豈別有一物，限於一時，拘於一地而可以謂之中哉？（宋元學案卷四十八）』則朱子所以訓中，乃生生不息，應物不窮；非限於一時，拘於一地之謂也。

第以己爲「中」，自能以人爲「外」；以「中」爲貴，自能以「外」爲賤。故各史外國傳於記載外族之語，率多荒唐之貶詞。如後漢書南蠻傳，謂南蠻爲人狗混生之種，即其一徵。輕視外族，安於故步，此則其弊一也。

又以中爲貴，故歷來名儒宿學，不喜爲詭激一往之論，如曰矯枉過正，而喜爲模稜兩可之語，如曰哀而不傷。首鼠兩端，人何適從？此則其弊二也。然則「中」字在近世中國之是非功過，秉筆之士，實難言之。

然就史以徵「中」，則如「中」字之在中國，固未嘗無功足錄。不爲詭激之行，中也；不爲功利立敎，中也；不爲兼併侵奪立訓，中也。包羅萬有，棄短取長，調和攝用，冶於洪鑪，中也。無論精神方面，物質方面，來而不窮其極，化而不成其拘，吾民族之所以蔚然自存於人間世者，與中庸中和，固不得而絕緣焉。

劉咸著人種學觀點下之中華民族云：『吾國人種在體性方面，非但不低劣，且優點甚多。在演化程序中，可佔優越之地位。此事實昭示如此，非故作唯心之論，以安慰國人者。再細察前列事實，吾國人種中所呈現之顯著特點，卽多居中庸之數，不偏極端。吾國精神文明，物質文明，固多行中庸之道。經先聖之提倡，而深入人心。不圖體性方面，亦顯現中庸之道，斯可謂巧合者矣。非然者，則必因體性之中庸，而影響及精神文明上之中庸，因精神文明上之中庸，而影響及物質文明上之中庸。由統計學觀之，中庸爲數之中；可爲全體平均之代表。生物界之中庸者，乃擷兩端之長，而爲羣衆之代表。吾國人之體性，經悠久之演化，汰劣留良，得此多數中庸之優點，不亦重可寶歟？』（國風半月刊第八期）是則言國人體性中庸，非僅在文化方面焉。

「中」字之義既如上述，至於「華」，則亦含有民族自信之意義者。於文，𠌶，草木華也。段玉裁云：『此與華音義皆同。』蕐，榮也。段玉裁曰：『木謂之華，草謂之榮，引伸之爲曲禮「削瓜爲國君華之」之字，又爲「光華」，「華夏」字。』（說文解字卷六下）是則以字義言之，華者本可矜貴矣。若蠻夷猾夏，孔氏正義云：『夏者，訓大也。中國有禮義文章光華之大。』定十年左傳云：「裔不謀夏，夷不亂華。」是中國爲華夏也。以華爲禮義文章之大，而所以別於夷裔，蓋亦矜持之意耳。

案左定十年傳：孔子相定公會齊侯於夾谷。『犂彌言於齊侯曰：「孔丘知禮而無勇，若使萊人以兵劫魯侯，必得志焉。」齊侯從之。孔丘以公退。曰，「士兵之！兩君合好，而裔夷之俘，以兵亂之，非齊君所以命諸侯也。裔不謀夏，夷不亂華」』是以萊人爲裔夷，而以齊魯爲華，正以禮義文章光華自居焉。

章炳麟太炎文別錄卷一中華民國解云：『神靈之胄，自西方來，以雍梁二州爲根本。宓犧生成紀，神農產姜水，黃帝宅橋山，是皆雍州之地。高陽起於若水，高辛起於江木，舜居西城，禹生石紐，是皆梁州之地。觀其帝王所產，而知民族奧區，斯爲根極。雍州之地，東南至於華陰而止。梁州之地，東北至於華陽而止。就華山以定限，名其國土曰華。則緣起如此也。』考華山，爲漢儒所熟用。以此山代表吾國，其說當始於漢，猶之以漢名吾種族也。孟子言「挾泰山以超北海，」論語謂「曾謂泰山不如林放；」秦以前人，以泰山自重；至漢都洛陽，其儒綴說中庸，始言「載華嶽而不重。」可知以華山爲號，漢以前未有此事。則就華山以定限者，未如就日月光華之義，以定吾種族之名也。

經傳摭餘卷五云：『中庸，近人以爲漢儒作，據「載華嶽」云云，子思胡不言載泰山？』青照堂叢書本葉庶山亦謂：『明明以長安之人，指長安之山，其爲漢儒僞託無疑。』秋雨庵隨筆卷上引故不取章說。

蓋以「華」自翊，猶以「夏」自稱，猶以「中」自勉。國於大地，必有與立。中也，華也，夏也，亦吾先民所嘖嘖自翊，斤斤自號，黽黽自勉，而爲文化之胚胎者。至於或稱我爲秦，或稱我爲漢，或稱我爲唐，窮本溯源，要皆人之稱我，而非我所自字。故略而不論也。

二　文化詮解

然則以中華兩字而言，吾民族固含有矜持其文化之義矣。

章炳麟言：『說者曰「中國云者，以中外別地域之遠近也。中華云者，以華夷別文化之高下也。」即此以言，則中華一名詞，不僅非一地域之國名，亦且非一血統之種名，乃爲一文化之族名。故春秋之義，無論同姓之魯衞，異姓之齊宋，非種之楚越，中國可以退爲夷狄，夷狄可以進爲中國。專以禮教爲標準，而無有親疏之別。其後經數千年，混雜數千百人種，而其稱中華如故。以是推之，華之所以爲華，以文化言，可決知也！』（太炎文別錄卷一中華民國解）蓋就「中」就「華」，即知吾之文化，有其所以自詡及其所以自勉者也。

今考「文」之意義，蓋有三解，就此三者以觀我國文化，果有可以自詡及自勉者耶？

文也者，猶曰「迹」也。論語（雍也篇）『子曰：君子博學於文，約之以禮。』孔氏正義：『君子若博學於先王之遺文，復用禮以自檢約，則不違道也。』許愼說文解字敍云：『古者包犧氏王天下也，仰則觀象於天，俯則觀法於地，視鳥獸之文，與地之宜。』而呂氏春秋亦謂：『倉頡生而知書，寫仿鳥跡，以造文章。』（段注說文解字卷十五）此皆以文爲迹也。試問吾中華民族之遺跡，有可觀法者乎？

文也者，猶曰表也。文，說文作彣。段玉裁云：『凡言文章，當作彣彰。作文章者，省也。』從彡，『以毛飾畫而成文章。』曹丕與吳質書云：『以犬羊之質，服虎豹之文；無衆星之明，假日月之光。』（魏志二十一裴注，左傳宣十五年正義）「文者，物象之本。」不曰物之本，而曰物象之本者，猶曰虎豹之文，蓋取其外象耳。試問吾中華民族之象，型有可稱道者乎？

文也者，猶曰敏也。詩大明云：『明明在下，赫赫在上。』『敍曰：「文王有明德。」』論語公冶長篇：『子貢問曰：「孔文子，何以謂之文也？」子曰：「敏而好學，不恥下問，是以謂之文也。」』是則以文爲明敏也。試問吾中華民族之明敏，果有足以當此「文」而不慚立「文」垂制煥乎著明耶？

論語泰伯篇載孔子贊堯「煥乎其有文章」，孔氏正義：『煥，明也；言其立文垂制，又著明也。』又子罕篇：『子畏於匡，曰「文王既沒，文不在茲乎？天之將喪斯文也，後死者不得與於斯文也，天之未喪斯文也，匡人其如予何。」』『顏淵喟然歎曰：……「博我以文，約我以禮。」』此處「文」字，皆合於上述三解者。又顏淵篇稱：『棘子成曰「君子質而已矣，何以文為？」子貢曰「惜乎夫子之說君子也，駟不及舌。文猶質也，質猶文也，虎豹之鞟猶犬羊之鞟。」』則是以文為采飾，以質為本原，又具一義。

然文之意義，限於一平面上；至於「化」，則有「因襲其文」「因時成化」之縱的意義矣。茲亦釋其三義，引伸於下。

一則曰：創化也。易繫辭云：『是以天生神物，聖人則之；天地變化，聖人效之。』所謂「聖人」，即係創制之智者。如曰：『古者庖犧氏之王天下也，仰則觀象於天，俯則觀法於地，觀鳥獸之文與地之宜，近取諸身，遠取諸物，於是始作八卦，以通神明之德。』如曰「上古穴居而野處，後世聖人易之以宮室，上棟下宇，以待風雨。」由無而有，由隱而顯，則化之意義一也。

二則曰：變化也。論語為政第三云：『子張問「十世可知也？」子曰「殷因於夏禮，所損益可知也；周因於殷禮，所損益可知也；其或繼周者，雖百世可知也。」』正義曰：『此章明創制革命，因沿損益之禮。……子張問於孔子，夫國家文質禮變，若相承至於十世，世數既遠，可得知其禮乎？夫子答以……雖多至百世，以其物類相召，世數相生，其變有常，故皆可豫知也。』然則孔子所知之「百世」，即在損益成變，即所謂因窮生變，變則能通，而又能久，此則化之意義二也。

易繫辭亦謂『神農氏沒，堯舜氏作，通其變，使民不倦。神而化之。』孔氏正義云：『若黃帝已上，衣鳥獸之皮。其後人多獸少，事或窮乏，故以絲麻布帛而制衣裳，是神而變化，使民得宜也。易窮則變，變則通，通則久者，言易道若窮則須隨時改變；所以須變者，變則開通得久長，故云通則久也。』（周易彖義卷八）此釋變化之起基於窮，變化之致致於通。所謂因沿損益，便是此意。

三則，曰：進化也。即以衣裳爲例：小戴記（禮運）謂：『昔者未有麻絲，衣其羽皮，後聖有作，然後治其麻絲，以爲布帛。』而尚書（禹貢）有絲、紵絲、之別，則蠶絲之制用甚早。然取野生之蟲育以爲蠶，而又知抽之成絲，織之成帛，則吾先民之於絲也，所以展轉改進而後成其爲用，允非一朝一夕之故。淮南子（泰族訓）云：『繭之性爲絲，然非得女工煮以熱湯而抽其統紀，則不能成絲。』知蠶，一也；知繭，二也；知抽其統紀，三也……一絲之微，後人以爲平凡無足道者。然其制用之進化，則猶有型跡可尋。此則化之意義三也。

又如衣，亦古今日常久用者。衣，於文作兗，象覆二人之形，是通言之也。禦雨則有衰，於文作㲻，從衣；象形中衰草也。禦寒則有裘，於文作求，中象皮也。（說文解字卷八）因物境之有移，起制作之變化，此變而趨於進者也。即以衣裘言之：『魏文侯見路人反裘而負芻，曰「臣愛其毛。」文侯曰：「裹盡而毛無所恃。」明年，東陽上計，錢布十倍。文侯曰「此無異夫路人反裘而負芻也」』（新序雜事）可見，古人雖衣裘，然外毛內鞹。及至後人，護鞹以布帛，乃至於外鞹內毛。一裘之微，其進步變化如是。

綜上以觀，則知所謂文化，乃係創造而變通，變通而進步，彰明昭著之美跡焉。由此以微文化發生之狀相，則更有三跡可尋。

其一，所謂文化由於創造者，蓋即文化由乎環境之說焉。莊子逍遙游『宋人資章甫而之越，越人斷髮文身，無所用之。』然則冠裳之起，蓋乃由於氣候。如可文身，如可斷髮，則無需於衣服冠裳之造制也。

案如衣，於文從亠二人之形；段注，以無貴賤均用之，故從兩人。近人柳詒徵引其友顧惕森說，謂『衣何以從二人？義亦不可解。衣字之下半，當即北字。古代北方開化之人，知有冠服。南方則專治文身，故衣字象北方之人戴冠者。』上古文化史第七章 案北作𠦂，從二人相背，與衣字同在人部。說文解字卷八上 解衣字之從北，即文化由於環境說也。

其二，所謂文化由於變通者，言窮則思變，文化發生於困難之說焉。易繫辭謂：『上古結繩而治，後世聖人，易之以書契，百官以治，萬民以察。』是謂由結繩以趨文字之化，完全由於聖人之作爲。然按淸張慶祥黎岐紀聞二頁謂：『生黎地不屬官，亦各有主。間有買賣授受者，以竹片爲券。蓋黎內無文字，用竹批爲三，計丘段價値，劃文其上。兩家及中人，各執之以爲信，無敢欺者。近日狡黠輩，頗紛紛以詐僞生爭矣。』由是以觀，則求治求察，結繩削木，所以進而爲文字者，殆有詐僞等之困難，有以驅策之焉。

論語十六季氏章：『生而知之者上也，學而知之者次也。困而學之，又其次也。』注云：「困，謂有所不通。」不通者，固所以求通者乎？此亦因變求通之意。

其三，窮則爲變，變則能通，通則能久者，是謂文化隨環境而創，隨困難而變，而變也者，所以致通久；即謂進步之說焉。北宋徐積云：『欲求聖人之道，必於其變。蓋盡中道者，聖人也；而中道不足以盡聖人。故必觀於變，蓋變則縱橫反復，不主故常，而皆合道，非賢人之所能。』（宋元學案卷一引仲車語錄）易繫辭亦言：『往者屈也，來者信也，曲信相感而利生焉。尺蠖之曲，以求信也；龍蛇之蟄，以存身也。』斯皆釋變化之期期於通久，使文物進步，成爲曲線形的進展焉。

三　史之解釋

然則所謂中國文化者，蓋指吾民族創變窮通之事，而所以記載此創變窮通之跡者，則舍變安歸？

說文（卷三下史部）『史，記事者也，從又持中；中，正也。』禮玉藻云：『動則左史書之，言則右史書之。』不云記言者，蓋以記事包之夫以「中正」而論，則所謂史者，誠有去取與舍，褒貶賦奪之義耶？以史爲持中正者，雖爲後起之義，要亦治文化史者所可準則者也。

王國維云：『中正，無形之物德，非可手持。然則史所從之「中」，果何物乎？吳氏大澂曰：「史象手持簡形。」然中與簡形殊不類。江氏永周禮疑義舉要云：「凡官府簿書謂之中，故諸官言治中受中，小司寇斷庶民獄訟之中，皆謂簿書，猶今之案卷也。」……顧簿書何以云中，亦不得其說。案周禮太史職，凡射事飾中舍筭。……是「中」者，盛筭之器也。……筭與簡策本是一物，又皆爲史之所執，則盛筭之「中」，蓋亦用以盛簡。簡之多者，自當編之爲篇，若數在十簡左右者，盛之於中，其用較便。』（觀堂集林卷六釋史）由是觀之，則「史」字之起原，乃係手持盛簡之器，初無所謂「中正」。以史爲持正，雖合刪繁取要，博收約取，鑑別是非，審正美醜之意，而其解乃起於漢人也。

考我國史官建置最早，故王國維云：『史爲掌書之官，自古爲要職。殷商以前，其官之尊卑，雖不可知，然大小官名，及職事之名，多由史出。則史之位尊地要，可知已。』（觀堂集林卷六釋史）今不問周禮五史，其職掌何如？然漢時郡國上計，猶先上太史。故葛洪（西京雜記卷六）謂司馬遷之父「談死，以世官復爲太史公，位在丞相下。天下上計，先上太史公，副上丞相。」是亦古時史官職掌隆重之一徵焉。

西京雜記雖未必爲西漢實錄，然考古代史官責重，則知洪語有所本。史通外篇（卷一史官建置）云：『蓋史之建官，其來尚矣。昔軒轅氏受命，倉頡、沮誦實居其職。至於三代，其數漸繁。案周官、禮記有太史、小史、內史、外史、左史、右史之名。太史掌國之六典；小史掌邦國之志；內史掌書王命；外史掌書使乎四方；左史記言，右史記事。曲禮曰「史載筆」，大事書之於策，小事簡牘而已。大戴禮曰「太子既冠成人，則有司過之史」。韓詩外傳云「據法守職而不敢爲非者，太史令也」。斯則史官之作，肇自黃帝，備於周室，名目既繁，職務咸異。』王國維釋史云：『大史與大宰同掌天官，固當在卿位矣。……內史之官雖在卿下，然其職之機要，除冢宰外，實爲他卿所不及。』（觀堂集林卷六）亦同葛洪意焉。

史官職掌隆重之外，又爲文獻所歸。『案呂氏春秋曰「夏太史終古見桀昏亂，載其圖法，出奔商。商太史向摯見紂迷亂，載其圖法，出奔周。晉太史屠黍見晉之亂，亦以爲法歸周」』（史通外篇卷一史官建置）是知史官所職，又有圖法，不限於文字焉。左傳（昭公二年）載：『晉侯使韓宣子來聘，且告爲政而來見，禮也。觀書於太史氏，見易象與魯春秋，曰：「周禮盡在魯矣，吾乃今知周公之德與周之所以王也。」』然則政制、圖書又古史氏所掌錄者焉。古史氏之居處，乃含有圖書館、博物館之作用者矣。

文獻依歸之外，又爲是非所判。左傳崔杼弑其君，而齊之『太史書曰：「崔杼弑其君。」崔子殺之。其弟嗣書而死者二人。其弟又書，乃舍之。南史氏聞太史氏盡死，執簡以往，聞既書矣，乃還。』（襄二十五年傳）又謂趙盾出奔，趙穿殺晉靈公之後，『太史書曰：「趙盾弒其君。」以示於朝。宣子（趙盾）曰：「不然。」對曰：「子爲正卿，亡不越境，反不討賊，非子而誰？」宣子曰：「烏乎，我之懷矣，自貽伊戚，其我之謂矣。」孔子曰：「董狐，古之良史也，書法不隱；趙宣子，古之良大夫也，爲法受惡。」』（襄二十五年傳）夫以記載筆誅，不避權貴，論之，則史之足以別善惡，資勸勉也，亦明矣。是非判定以外，則又有翦裁潤色也。論語（雍也篇）『子曰：「質勝文則野，文勝質則史。」』邢昺疏云：『人若質多勝於文，則如野人之言鄙略也；文勝質則史者，言文多勝於質，則如史官焉。』然則所謂史者，固不僅據事直書，固不僅案事排比，如昔人所斥之斷爛朝報矣。

史通內篇（二十二敘事）云：『昔夫子有云：文勝質則史；故知史之爲務，必藉於文。自五經已來，三史而往，以文敘事，可得見焉。而今之所作，或異於是。其立言也，或虛加練飾，輕事雕彩；或體采賦頌，或詞類俳優，文非文，史非史。』足見子玄論史，亦以翦裁潤色之功爲重。

夫以史爲手持中正，則判斷尚矣，卽所謂史識焉；以史爲職掌隆重，文獻所歸，則史學尚矣；以史爲是非之所判，勸勉之所資，則史德尚矣；至於翦裁潤色，勒成一家之言，則卽昔人所謂史才。

昔袁山松撰後漢書，謂：「書之爲難也有五：煩而不整，一難也。俗而不典，二難也。書不實錄，三難也。賞罰不中，四難也。文不勝質，五難也。」（史通內篇二十八擬模篇引）唐劉知幾又創爲三難之論，謂學難，識難，才難。後人步武其說，大抵守「三難」之訓，而淸之章學誠，則又益以史德，列成「四難」。——然則究吾民族剝復窮通之跡，無其學固不可；無其識，亦無以博收約取於其學也；無其才，不能以其所得，翦裁潤色之也。至若無其德者，則成見之所囿，習俗之所拘，僻性之所偏，又烏能勒成一家之言，而不爲桀驁狂妄之論耶？

錢大昕潛研堂文集（卷二十八）跋柯維騏宋史新編云：「柯氏宋史新編，較之方山（薛應旂續通鑑）用功已深，義例亦有勝於舊史者。惜其見聞未廣，有史才而無史學耳。後之有志於史者，既無龍門扶風之家學，又無李淑宋敏求之藏書，又不得劉恕范祖禹，助其討論，而欲以一人之精力，成一代之良史，豈不難哉？」是錢氏論史，偏於「史學」一方面也。章學誠文史通義（內篇三史德）：「才學識三者，得一不易，而兼三尤難。千古多文人，而少良史，職是故也。昔者劉子元蓋以是說，謂足盡其理矣。」又云：「非識無以斷其義，非才無以善其文，非學無以陳其事。」「劉氏之所謂才學識，猶未足以盡其理也。……能具史識者，必具史德。德者何謂？著書者之心術也。」意若謂博徵史料（學）施以抉擇（識）不拘於私己成見（德）又能善爲排比貫通（才）有斯四者，則洵乎其爲良史。若近儒著史，舉漢宋經說，以爲古有其事；則「識難」見矣。零碎敍述，章自爲文，文自爲意，則「才難」見矣。倚其頑老，厭惡新潮；如改良漢字之議，不爲著錄。文言合一之事，痛施詆斥，而不知求諸國史，固非無因而至者。全憑意氣，何以服人？則「德難」見已。但以螢末之光，自照今古，即謂以爲繁博，則「學」亦豈不「難」哉？有感於茲，「僭書其所見於此。」（用亭林談朱子語）

第二章　中國文化史資料論

四　中國史料之紛繁

以「史官建置」之早而言，則知中國史史料，紛繁極已。公羊傳云：「公子益師卒。何以不曰？遠也。所見異辭，所聞異辭，所傳聞異辭。」（隱公元年）則史料之攝取，固自古以爲難已。

王世貞四部稿（卷一四四藝苑卮言一）云：「天地間無非史而已。三皇之世，若泯若沒，五帝之世，若存若亡。噫，史其可以已耶。六經，史之言理者也。編年、本紀、志、表、書、世家、列傳，史之正文也。敍、記、碑、碣、銘、述，史之變文也。訓、誥、命、冊、詔、令、教、劄、上書、封事、疏、表、啓、牋、彈事、奏記、檄、露布、移、駁、諭、尺牘，史之用也。論、辨、說、解、難、議，史之實也。頌、贊、銘、箴、哀、誄，史之華也。」是則言凡爲記載，皆屬於史矣。

王氏以「六經爲史」之言，即章學誠六經皆史之權輿。章氏文史通義（內篇一易教上）云：「六經，皆史也。古人不著書，古人未嘗離事而言理。六經皆先王之政典也。或曰：『書詩禮樂春秋，則既聞命矣。易以道陰陽，願聞所以爲政典，而與史同科之義焉？』曰：『……韓宣子之聘魯也，觀書於太史氏，見易象春秋，以爲周禮在魯。易象亦稱周禮，其爲政教典章，切於民用，明矣。』」良以即就易象而言，古人風俗民情，亦必有流露其間者，此所以與史同科耳。

梁啓超歷史研究法（頁一）云：「中國歷史可讀耶？二十四史兩通鑑九通五紀事本末，乃至其他雜史別史等，都計不下數萬卷，幼童習焉，白首而不能殫，在昔猶苦之，況於百學待治之今日？」「大抵關記載，汗牛充棟，已覺涉獵爲難」。彭光斗高處士傳謂高城在明社將亡時，「於書靡所不讀，嘗有買換二十一史，截僻句挑之，城應聲指卷頁，無一錯置不取直而去。」（俞誠齋儒林瑣記卷十引吳宣含寶文鈔）而謝在杭述朱滄海語：「每閱一事，必尋繹數過，掩卷茫然，輒復不省。」故雖有勤苦之勞，而常廢於善忘。』（文海披沙卷一秦淮海語條）即在明季，梨洲以一代學人，自言：『憶余十九二十歲時，讀二十一史，每日丹鉛一本，遲明而起，雞鳴而已，蓋兩年而畢。然付性移鈍，一傳未終，已迷其姓氏者，往往有之。』（南雷文約卷四補歷代史表序）意者芮乃自謝之虛，黃秦則實言之是。朝抉夕披，含英咀華，人生有限，茲事不易，豈不聞有一部十七史何處說起之語乎？

文天祥文文山集（卷十五紀年錄）『文山被執，見博羅丞相。文山曰：「自古有興有廢，天祥今日，忠於宋以至此，幸早施行。」博羅曰：「你道有興有廢，且道盤古到今，幾帝幾王？」文山曰：「一部十七史，以何部說起？今非赴博學宏詞科，不暇泛言。」』此雖有爲而發，然足證史事之繁。

又如司馬光通鑑，胡三省稱：『（温公）徧閱舊史，旁采小說，摘抉幽隱，薈萃爲書，勞矣。而修書分屬；漢則劉攽，三國訖於南北朝則劉恕，唐則范祖禹，各以其所長屬之，皆天下選也。歷十九年而成，則合十六代一千三百六十二年行事爲一書，豈一人必思耳目之力哉？』（通鑑注敘）蓋光爲通鑑，『先爲長編，後爲考異。高似孫緯略，載其與宋敏求書稱「到洛八年，始了晉宋齊梁陳隋六代。唐文字尤多，依年月編次爲草卷，以四丈爲一卷，計不減六七百卷。」』『光作通鑑一事，用三四出處纂成，用雜史諸書凡二百二十二家。李巽岩集亦稱張新甫見洛陽有資治通鑑稿，盈兩屋。』（四庫總目提要卷四十五）則通鑑采擷史料之時，其繁重可知。

然以兩屋之稿，勒成二百九十四卷之書，而成書以後，人猶厭其繁重。『温公嘗語人曰：「自吾爲資治通鑑，人多欲求觀，未終一紙，已欠伸思睡，能閱之終篇者，惟王勝之耳。」』（宋史二八六王益柔傳益柔字勝之）則温公於二百餘家之書爲稿兩屋，雖曰輔助有人，然亦艱辛可知。

又如通典通考之類，稽列代之文物，爲名家之鉅著，於繁複之中，略尋頭緒，計其苦辛，可得而言。即如馬氏通考，端臨雖言「竊伏自念，業紹箕裘，家藏墳索，插架之收儲，趨庭之問答，其於文獻，蓋庶幾焉。」然終自媿：「欲以末學陋識，操觚竄定其間，雖復窮老盡氣，劌目鉥心，亦何所發明？」故希夫後之君子，「略矜其仰屋之勤，俾免於覆車之愧。」（文獻通考自敍）則於一生精力所萃者，雖鬼驚博雅而已，不自信歟！

閻若璩潛邱劄記（卷六）詠馬端臨詩自注「馬端臨之父延鸞，卒後爲冥府，謂其鄉人曰：「可憐吾兒讀書，將來自有用處。」蓋自元訖今，徵古者必於文獻通考，鬼固已先知之矣，異哉！」此亦足見端臨致力之苦。

但與通鑑通考廿一史而言，猶爲史料之已經蒐別者，其未經蒐別而有待於博取約收者，蓋亦多矣。如金石圖畫之屬是已。

試以金石爲例而陳說之。

朱一新無邪堂答問（卷四）云：「石刻之有益於史者，惟年月地理官制諸端，須史學通貫，乃能及之。其中贗體錯出，宜加審訂，未可全據也。……翁覃溪言金石可證史，不可證經，其說良是。」（見復初齋文集）是一新所言，於金石猶有微詞。

然鄭君戒子之書，房喬元齡之辨，取資碑版，果足辨史；則金石未可恝置歟？

俞正燮癸巳存稿（卷七）鄭君戒子書云：「後漢書鄭康成傳戒子益恩書云「吾家舊貧，不爲父母兄弟所容。」元以後人多持此語，謂康成非聖賢。今高密有金承安五年立唐萬歲通天元年史承節所作碑文云，並疏本傳之文，載此書則曰：「吾家舊貧，爲父母羣弟所容。」是宋以前本如是，「不」一字，宋以後，字匠誤衍也。」

又如唐名相房元齡，舊唐書作「房喬字元齡，」（舊唐書元齡傳）新唐書一作「房元齡字喬，」（新唐書元齡傳）又作「房元齡字喬松，」（新唐書宰相世系表）一書之內，歧異紛披，不必論新舊歧異焉。秦趙紹祖古墨齋金石跋（卷三）引左春谷曰：「洪景盧謂余記先公自燕還，有房碑一册，于志寧撰，乃元齡字喬松，本欽宗在東宮時所藏。」則新書世系表所述不謬。此歧異所決，乃決於石刻者。

更以畫象為例而陳說之。

如弓足一事，關係中國婦女社會，為時至長，為禍至烈。道山新聞，謂始於南唐李後主之宵娘，郎瑛七修類稿，亦主此說。然至明人之唐妄者，則謂「纏足，胡元瑞以為起於唐，盛於宋元。楊用修初不得其說，後讀漢雜事祕辛，而方知漢世已有，至以疎陋自嗤。二公該洽，其辨訂閨閤中事如是。余見一書，稱纏足始於帝辛時，妲己妖狐，故纏其足，以避宮人也。此道最古，亦必有據。」（明何偉然廣快書四十八引戲瑕）夫弓足瑣細，記載難詳，明人橫生異議，輒高託之遠古，非援古畫以折之，又何所置信乎？

俞正燮癸巳類稿（卷十三書舊唐書輿服志後）「明人忽有異說，謂古亦弓足。……言孝山堂漢畫女人足前銳，今審石刻，男足亦前銳，前銳乃側畫體。且畫惟方履則見稜，婦人至晉始方履，漢畫宜前銳也。古鏡鑄舞女像，足亦前銳，舞用利屣，屣前銳，非足銳也。」引畫證史，實要言不煩也。

試以發掘為例而陳說之。

近吳稚暉為張繼譯夏德支那上古史敍，謂求漢族上古之文明，當以發掘黃河流域兩岸為準，則此言有意之發掘也。有意之發掘，其俾益史學，今固已肇其端。至於無意之發掘，其影響於史料者，漢許慎說文解字敍，已謂

『郡國亦往往於山川得鼎彝，』說文解字卷十五 而晉書束皙傳，亦謂太康三年，『汲郡人不準盜發魏襄王墓，或云安釐王基。得竹書數十車，……銅劍一枚長二尺五寸，』晉書五十一 此爲治古史者一大公案，雖屬於無意的發掘，亦可徵發掘與史料有關。

綜言之，欲成其爲信史，須有賴於廣取。吾生有涯，而史事無涯；信手操觚，率爾論定，固戛戛乎其難哉？所以書此，亦自儆焉。

五　主料與副料

且於各種史料之中，非僅兼收並蓄，細大不捐，即可自命爲良史也。又須分別主料副料矣。

主副之別，一則以來自別之所謂直接者爲主，間接者爲副是也。

如史記夏本紀，嘗節取禹貢；孔子世家，又節取論語語。然則就史記以論孔子，不如求諸論語之爲得也。但遷之所述，固有直接史料存者。西京雜記稱其『使乘傳行天下，求古諸侯史記。』卷六 太公史自敍史記卷一百三十 亦謂「紬史記金匱之書；」此謂遷之所作，前有所因，乃間接者。然如『適魯，觀夫子廟堂，』孔子世家 余嘗過大梁，見所夷門；夷門者，城之東門也。』信陵君傳 此則遷所親見者。『余聞之周生曰，』項羽本紀 『余適淮陰，淮陰人數爲余言，』淮陰侯傳 此則遷所親聞者。『余從負薪寒宣房，悲瓠子之詩，而作河渠書，』此則遷所親歷者——觀乎此而主副判矣。

即在史遷之後，如班氏漢書成帝紀謂『臣之姑充後宮婕妤，父子昆弟充帷幄，數爲臣言。』陳壽蜀志二十譙周傳：『余嘗爲本郡中正，請定事訖，求休正家，往與周別，周語余曰：……。』則班陳二氏，有時亦采直接史料焉。自二氏以後，則憑目接身驗者，蓋鮮矣。

二則以性質別之而定其主副。如韓愈上大尹李實書謂『未見赤心事上，憂國如閤下者。』又謂其『條理鎮服，宣布天子威德。』（昌黎集卷十五）而愈修順宗實錄，則斥『實陵轢公卿，勇於斬害。』一手兩記，何去何從？故羅大經鶴林玉露（卷八）斷爲『書乃過情之譽而史乃紀實之體』，衡其情地，主副自見也。

又如張信民曹月川年譜記月川三歲時『氣象端莊』；五歲時『問河圖洛書』；六歲時『知拜祖塋。』七歲時，『見雲生，問雲從何處起？見風起，問風從何處來？……凡六問皆造化之所以然。』夫端莊之度準則無由塗烏黑白，寧有哲理而風雲雷電之問常兒求知之欲亦能逼之使然，不必謂理學大儒自幼卽異於人。——然而所以美詞謚載，殆以爲人年譜例則使然。

年譜之外，則如家乘、族牒、墓志碑碣之類，自古類多溢美，非卽當時實錄。杜甫八哀詩，李邕一篇云：『干謁滿其門，碑版照四裔。』劉禹錫祭韓愈文『公鼎侯碑，志隧表阡，一字之價，輦金如山。』趙德麟侯鯖錄（卷六）云：『唐王仲舒爲郎中，與馬逢友善。每責逢曰：「貧不可堪，何不尋碑誌相救。」逢笑曰：「適見人家走馬呼醫，立可待也。」』此雖戲言，當時風俗可見。（詳顧亭林日知錄卷十九作文潤筆條）然則讀史者固不可不知情地也。

三則以作者判之，則率直者爲主，藻飾者爲副也；平情者爲主，意氣者爲副也。以前者言，則清高宗之經文緯武，東華錄已竭文飾之能，而口舌流傳，則『傳僞高宗南巡時，見田間有稻秧，問爲何草？』（太炎文別錄一）則帝皇之不辨菽粟，非徒肉糜公蛙，流傳人口。蓋流傳之臣無所諱忌，反足取徵。以後者言，則如朱子名臣言行錄，且不取劉安世，無論東軒筆錄之『用私喜怒，誣衊前人』已。

四庫提要卷五十七名臣言行錄提要『劉安世氣節凜然，爭光日月。盡言集元城語錄今日尚傳，當日不容不見，乃不登一字，則終非後人之所能喻。』蓋『時代既近，恩怨猶存，其所甄別，自不及後世之公。』卷五十七琬琰集提要魏泰東軒筆錄提要四庫提要卷一四〇稱其誣蠛，蓋以泰行跡不檢，疑之，余讀東軒筆錄，頗驚其稱章惇而詆范仲淹。然則以人廢言固不可，而聆其言而察其人，則亦不可謂非鑒定主副之準則焉。

四則，以體例別之也。如正史體製貴在綜約，叢錄別記文有增多，此則其事一也。國史所記，牽延忌諱；野乘私史，反有實錄。此則其事二也。社會瑣細，不登史官，私家所記，愛憎由己，取舍憑心，此略彼詳；此則其事三也。務要事增於舊文，不掩實，此則主副判矣。

以文有增多言之，則南宋高宗時，林勳出本政書，宋史林勳傳，亦記其事，宋史四二二然以較羅大經鶴林玉露，卷七則詳略之主副自判。

以野乘私史言之，則如昭槤嘯亭雜錄卷二金元史言：『自古稗史之多，無如兩宋，然一代文獻，賴茲以存，學者考其顛末，可以爲正史之助。如金元兩代，著述寥寥。金代尚有歸潛志中州集等書，史官賴以成編。元代惟輟耕錄一書。』案王士禛跋劉祈歸潛志云『遼金立國規模不甚相遠，而金源人物文章之盛，獨能頡頏宋元之間，非諸君子記述之功，何以至此？』知不足齋本附錄頁二近秉衡居士荷香館瑣言：『元裕之好中州集，大旨在以詩存人，即以存史。今宋史隱逸傳凡十二人，其薛繼光等十二人，全據是集中小傳成文，無一語增損。劉祁歸潛志辨亡篇論海陵多褒詞，謂英銳有志，定官制律令皆可觀，將混一天下，人頗疑之。是集載賈謙益語，辨海陵實錄所載淫惡，皆出虛構，百無一信，較祈所言更詳。修金史者不據以末減海陵之罪，何也？』人文一卷十期）是則私乘野史有時可以爲主料也。

明伍袁萃貽安堂稿金集翼史篇云：『國有正史足矣，又有野史何也？緣秉筆者或見聞之未廣，或綜覈之未精，或有所比而增飾，或有所諱而竄削，將來何所折衷，是故有資於野史矣。野史者正史之翼也。』此蓋亦以體例判主副焉。

以社會瑣細言之，則如木棉之植，宋元史不載一字，僅元史世祖紀有提舉木棉之名，良以無所附麗故也。然「吉貝」之名已見於宋方勺之泊宅編（卷中頁七稗海本），再見於陶宗儀之輟畊錄（卷二十四黃道婆條），則是雜記筆類反得爲主料矣。

原夫人事繁多，史册複重，含英咀華，抉精拔萃，陸士衡所謂：『傾羣言之瀝液，漱六藝之芳潤』『收百世之闕文，採千載之遺韻』（陸機文賦），劉知幾所謂：『上窮王道，下掞人倫，總括萬殊，包吞千有』（史通自敘）——蓋夫人而知其難也。

六　推理與校讎

主副之定，取舍之準，則又有推理之作用存焉。藻飾之文，異同之辨，則又有校讎之事隨焉。蓋所謂總括萬殊，包羅千有，而又必去其贋僞，删其浮夸，卽恆言所謂好古敏求。敏求云者，卽推理與校讎是已。

校讎之學非止限於句讀之或異，波磔之出入，偏旁之不同。就其廣義而言，則含有推敲辨證之意，非書胥是正點畫之事而已。夏炯乾隆諸君學術論云：『據此校彼，改異爲同，明知無用之辨，好爲小慧之行，此抱經廬氏之學也。』蓋前此諸君，徒以校讎爲文字異同，失諸瑣細；遂致如夏氏所譏矣。

披抉繁綜，心貴持平。矜持依附，其失正同。務以覈實爲歸，不期新奇，不泥古舊，此則推理之道也。如大戴記（五十八曾子天圓篇）言『天之所生上首，地之所生下首。上首之謂圓，下首之謂方，如誠天圓而地方，則是四角之不揜也。』孔氏（廣森）補注：謂『地圓之理古聖發之。』此言似屬可聽，然舉古籍以誇西法，其謬一也。又如博愛平等，人性所有，而淸季積學之徒，必謂墨子等於耶穌，是謂附會，此則其謬二也。凡此之類，可謂未嘗推理，以情失之。

案朱一新無邪堂答問（卷四）言『阮文達注大戴禮天員篇頗有精義，而據西法以證地員，甚覺無謂。是朱氏不肯依附也。』但同書（同卷）又言：『西人重學化學電學之類，近人以爲皆出墨子，其說近之。則前後若二人矣。』陳次亮庸言，（外編卷下頁四十七）謂『麼西者，墨翟之轉音也。出埃及者，避秦之事也。是知愛人如己，即倘同兼愛之心也。七日拜天，即天志法儀之論也。衣衾簡略，即節用節葬之規也。蓋墨氏見距於聖門，轉徙遷流而入西域，其抱器長往者，遂挾中國之典章文物以俱行。』——此正矜持依阿，未肯平情推理之失。

蓋平情度理，而知其不足資信者，史例甚多。如吳志陸凱傳，載凱諫孫皓二十事，陳壽謂：『博問吳人，多云「不聞凱有此表。」又案其文殊甚切直，恐非皓之所容忍也。』（吳志十六）案皓好矜持，亡國之後，進詩於武帝，猶有『昔與汝爲鄰，今與汝爲臣，勸汝一盃酒，令汝壽萬春』（蔡絛鐵圍山叢談卷三）之語。豈有獨踞帝產之時，而能從凱之切諫？陳壽推求旁事，引證其非，正據理校讎之良才焉。

又如蜀志（卷五）諸葛亮傳，載亮於劉備枉顧之時，『因屏人曰……。』後人謂孔明未出草廬，已有三分決策。夫「屏人」之言，非衆共聞，陳壽何以知之？疑此中必有虛飾焉。史通外篇（十二暗惑）中，作此類之辨正甚多。

明人郎瑛七修類稿（卷二十二）辨證紙鳶云：『紙鳶本五代漢隱帝與李業所造，爲宮中之戲者。（見李業傳）而紀原以韓信爲陳豨造，以量未央宮之遠近。又曰，侯景攻梁，臺城內外斷絕，羊保令小兒放紙鳶，藏詔於中，以達援軍。二說無理焉。線之高下，豈可計地之遠近？羊保又何必令小兒放之，而紙鳶之墜又可必在於援軍地耶？』此亦據情理而辨證者。

至於據事而知其不足取信者，則如昭君遠嫁，文雖見於正史，西京雜記（卷二）則稱其不肯賄畫工毛延壽，遂爲元帝所指，以聘匈奴。但漢時圖畫技藝何如阿堵傳神，勢難責備，此則其疑一也。元帝之時，匈奴已衰，果愛殊色，曷不「更人」？此則其疑二也。故歐陽修詩：『雖能殺畫工，於事竟何益？耳目所及尚如此，萬里安能制夷狄？』（明妃曲和王介甫作）王介甫詩『意態由來畫不成，當時枉殺毛延壽。』（明妃曲）僅據本事，已足滋疑，讀史貴乎細心，其若此之類乎？又如新唐書（袁天綱傳）及劉肅大唐新語（卷十三）均載天綱相武士彠家，『則天時依男子服，乳母抱出，天綱大驚，曰「此郎君神采奐澈，不可易知。」試令行，天綱曰「龍睛鳳頸，貴之極也。」轉側視之，當是汝爲天子。』吳曾能改齋漫錄云：『此說失於不擇……孰謂男女不辨而可以善相稱乎？』（漫錄卷十）此言至允。

至於據文而知其譌誤者，則如「偸酒不拜」之語，兩度見於世說；史公卒於武帝末年，而竟能知孝昭之謚法，平帝之年號。排比以觀，亂雜自見；更無論登車攬轡澄清天下，一事兩記，傳聞異「人」已也。劉義慶世說新語（卷一）載『孔文舉有兩子，……小者床頭盜酒飲之。大兒謂曰：「何以不拜」？答曰：「偸，那得行禮？」』然同書同卷又言『鍾毓兄弟小時，值父晝寢，因共偸服藥酒。其父時覺，且託寐以觀之。毓拜而後飲，會飲而不拜。既而問毓，何以拜？毓曰：「酒以成禮，不敢不拜。」又問會，何以不拜？會曰：「偸本非禮，是以不拜。」』此同書而一事兩記者。

張璲千百年眼（卷五史記多爲後人竄亂條）云：『太史公沒於武帝末年，而賈誼傳言賈嘉最好學，孝昭時列爲九卿，相如傳引揚雄，以爲靡麗之賦勸百風一。公孫宏傳平帝元始中詔賜宏子孫爵。』此一書而年月錯舛者。

後漢書（九十七）范滂傳『滂登車攬轡，慨然有澄清天下之志。』而世說（卷一）載『陳仲舉言爲士則行爲世範，登車攬轡，有澄清天下之志。』則是異書異說以一事各隸之於一人者。

然於據物而知其僞者，則如萬斯同書建文出亡：『初建文一朝無實錄，野史因有遜國出亡之說。史館纂修，互有同異。斯同決之曰「紫禁城無水關，無可出之理，鬼門亦無其地。」建文書法，由是乃定。』（錢大昕潛研堂文集萬季野傳）斯同之斷建文出奔，乃基於水關鬼門之有無。其正確與否，雖不可知；而據物校讎，固不得謂爲非合史例也！

斯同斷建文無出奔語實不確。明史胡濙傳：『惠帝之崩於火，或言遯去，諸舊臣多從者，帝疑之，（永樂）五年，遣濙頒御製諸書，徧行天下州郡鄉邑，隱察建文帝安在。』（明史一六九）而鄭曉吾學篇（卷十一建文遜國記）亦載建文曾出奔外甸，是建文出奔，非如斯同所言。然斯同據實蹟以論史，終不失爲方法之一。

劉知幾云：『蜀相薨於渭濱，晉書稱嘔血而死。魏君崩於馬圈，齊史云中矢而亡。……同說一事，而分爲兩家。蓋言之者彼此有殊，故書之者是非無定。況古今路阻，視聽壤隔，而談者或以前爲後，或以有爲無。涇渭一亂，莫之能辨。而後來穿鑿，喜出異同。及其紀事也，則堯有八眉，夔惟一足，馬白烏角，救燕丹而免禍，犬吠雞鳴，逐劉安以高蹈。此之乖濫，往往有旃。』（史通內篇十五採撰篇）於此，知史料之分別鑑取，固自古以爲艱，而能辨與否，又讀史者所當念茲在茲者也。

第三章 治中國文化史者的態度

七 因果的見解

治中國文化史者，於史料之鑑定去取，固如是其不易。然僅事鑑別，猶不得爲良史。蓋又須有見解也。若夫鑑往將所以思來，明古則所以藥今，尋其因果乘除之理，則史非無用之學；知其盈昃進退之跡，則史乃窮教之具。蓋所謂窮變通久者，固言人事不能有因而無果，或有果而無因焉。此則治史者之見解者一也。如以學術文藝言之，漢書藝文志輒謂先秦之學，淵源出於「王官」，如言「農家者流，蓋出於司徒之官」。然學術不能無因而至，故淮南子要略言『秦國之俗，貪狼強力，寡義而趨利，可威以刑而不可化以善，可勸以賞而不可以勵以名，故商鞅之法生焉。』後說以歷史之事實專出有因，較爲合於歷史的演變，與漢志所持見解，蓋差勝矣。

又顧炎武日知錄卷二十一藝文云：『三百篇之不能不降而爲楚詞，楚詞之不能不降而爲漢魏，漢魏之不能不降而爲六朝，六朝之不能不降而爲唐也，勢也。』所謂勢者，卽言人事變化，並非無因而至，而有不得不然之因果關係也。附記於此。

語有之，種瓜得瓜，種荳得荳。然文化史上之因果，非如瓜荳之種，轉瞬而可見者也。史上之因果，非如培壅之功，顯而易見者也。若以韻語表之，則曰綿延不絕，紛賾異常，正負別見，顯隱多方。

曷言夫文化史上之因果，綿延而不絕也？『欲知前生因，今生受者是。欲知後世因，今生爲者是。』此雖託辭於一人，於史又何獨不然？前此之因，育今此之果；而今此之果，又爲後此之因。是則綿延之義焉。今以焚書坑儒爲例而說明之。淮南要略訓云：『六國諸侯，力征爭權，故縱橫修短生焉。』是縱橫修短因於力征爭權也。朱彝尊云：『當周之衰，聖王不作，處士橫議，孟氏以爲邪說誣民，近於禽獸。更數十年歷秦，必有甚於孟子所見者。又從人之徒，素以擯秦爲快，所以詬厲之者無不至。六國既滅，秦方以傷心之怨，隱忍未發，而諸儒復以事不師古，交訕其非。禍機一動，李斯上言，百家之說燔，而詩書亦與之俱燼矣。』（曝書亭集卷五十九）是焚書坑儒，因於縱橫修短焉。至於因焚書以結果於古籍之散佚；因古籍之散佚，以結果於漢武之表章六經；因漢武之表章六經，以結果於思想之統一者，尤足見此因彼果，彼果此因，乃緜緜不絕者。

曷言夫文化史之因果紛賾異常也？今以國人之海洋事業爲例，而闡明之。

孔子有言：『道不行，乘桴浮於海。』以道不行而浮海，則是聖人者，其於海也，實持兩端中庸之論。然吾民族之浮海爲家者，仍史不絕書。春秋之世，吳自海而入齊；漢武之世，浮渤海而擊朝鮮；六朝之世，劉裕遣沈田子由海襲番禺。唐玄宗之世，亦轉東南之粟，以赴遼東之營州。然則海軍海運，其來固已久矣。

詳顧炎武日知錄（卷二十九海道行師條又海運條）

即在北宋，歐陽修爲有美堂記，亦言：『海客賈舶，出沒於烟波浩渺之中。』而南宋時，吳自牧夢粱錄（卷十二江海船艦）亦謂『海商之艦，大小不等，大者五千料，可載五六百人。中者二千料至一千料，亦可載二三百人。餘者謂之鑽風，大小八櫓或六櫓，每船可載百餘人。……海洋茫無畔岸，其勢誠險，蓋神龍怪蜃之所宅，風雨晦冥時，惟憑針盤而行。』則兩宋間之海洋事業，蓋尙繁盛。其後以元之強，二次海道行師，俱不得志於日本，於是明祖懲之，「片板不許下海，」列日本爲不征之國，海洋事業之挫折，此殆其一也。

案明祖雖禁海，而其子成祖，遣鄭和下西洋。顧起元客座贅語卷一寶船廠條言：『今城之西北，有寶船廠。永樂三年三月，命太監鄭和等，行賞賜古里滿剌諸國。通計官校旗軍勇士士民買辦書手，凡二萬七千八百七十餘員，各寶船共六十三號，大船長四十四丈四尺，闊一十八丈，中船長三十七丈，闊一十五丈。』則中國人不熟諳海事之羞，足以洗刷也。

明季以來，因倭寇而海禁益亟，謝在杭謂：『駔儈之徒，冒險射利，視海如陸，視日本如鄰室。……故近來販海之禁甚善。』五雜俎卷四 此海洋事業之挫折二也。其至於淸，則以臺灣鄭氏苦爲明守，尙存勝國衣冠，故順治之末，康熙之初，詔閩省沿海居民，內徙州里。見康熙十七年閏三月東華錄 此海之受挫跌者三也。綜觀於此三者，然則中國海洋事業之所以不能急追西人，一因先聖立敎，未嘗重海；二以倭冠而有海禁；三以臺灣鄭氏而有海禁。……夷至於今，敵人之艦舶，所以周旋於我之門戶，而莫之能禦者，其故(因)豈一二端而已？

曷言夫文化史上之因果，正負別見也？夫種瓜而得瓜，種荳而得荳，此乃「正」之謂也。若夫憂患所以興邦，此屈而有彼伸，其因如此，其果猶彼，則與上文所陳者，蓋有殊也。

例如海洋事業之不發達，固吾國民所當引爲大戚者。淸初如李塨擬太平策第六尙言：『先復元人海運，選熟知海道者，各島立標幟，設救船，建巡兵，使運道無患，且以靖海。』是海運當復，淸初人未嘗不思之。謝在杭言：『運河之開，無風波之患，誠爲良策，而因之遂廢海運，亦非也。』五雜俎卷三 然余毅中言『邇歲以來，橫議突起，至於鉤奇之士，則又欲舍舊而新是圖，又有興復海運之說焉。』顧祖禹讀史方輿紀要一二九——執此而言，則海運之廢，因於漕運之繁者，自亦有之。此屈則彼伸，其在於今，海運興而漕運廢矣。其間因果乘除之故，此進彼退，正負之數，猶可尋焉。

曷言夫文化史上之因果隱顯不常也？夫如上文所言，以秦之禁書爲因，而以漢之綴逸爲果，斯爲人人易見之「顯」。若夫機械之制，盛於中世，近古以來，反有湮沒，推論因緣，事極難徵。如以輪舟爲例而陳述之，南史言祖冲之『造千里船，日行百里。』南史七二 而册府元龜卷九〇八 亦記『唐王皐爲洪州觀察使，多巧思，嘗爲戰艦，挾以兩輪，令踏之，翘風破浪，其疾若掛帆席。』亦見舊唐書卷一百三十一新唐書卷八十 宋史岳飛傳亦有『用輪激水，其行如飛』宋史二六五 之語。宋史虞允文傳，亦有所記。吳自牧夢粱錄卷十二 記西湖車船，亦有『但用車輪，脚踏而行，其速如飛』之語。然則用人力以爲輪舟，吾國起源甚昔，中更湮沒，此制不彰，推求其故，語近無考，豈曰無因而突廢耶？殆以其所以湮沒之因隱晦難尋歟？

又如「記里鼓車」之制，唐杜佑通典『晉安帝義熙十三年四一七年 劉裕滅後秦，獲此車。』而謂未詳其所由。通典六十四 宋書卷十八 所載略同。通鑑卷一百十八 謂『裕收秦彝器渾儀土圭記里鼓指南車，送詣建康。』崔豹古今注謂『大章車，所以識道理也，起於西京，亦曰記里車。車上有二層，皆有木人，行一里，下層擊鼓，行十里，上層擊鐲。』胡三省注通鑑引 晉書輿服志云：『記里鼓車，制如指南，上有鼓，車行一里，人擊鼓一槌。』晉書二五 此車相沿至唐，憲宗元和中，金公立嘗修其制作法上之。宋江少虞皇朝類苑卷五十八及岳珂愧郯錄卷十三 北宋時，此車制爲二層，翢士約十八人。仁宗天聖五年一〇二七 內侍盧道隆上其造法。徽宗大觀元年，吳德仁又修改舊法。宋史卷一四九又愧郯錄十三 元以後雖不言此車，然圖書集成考工典卷一七五 有元楊維楨記里鼓車賦，則知此車之影跡猶存。及至明時則鄭瑛七修類稿卷二十四記里鼓謂：『本朝嘗以記里鼓試士，士多不知爲何物者。知者，又不知始於何時，何人創焉。』——以如此奇偉之科學儀器，而與人力輪船同亡絕於宋後，其因殊晦。得無宋明理學，均以玩物喪志爲戒；高材絕技，不爲世重；文墨之世，有所以隱沒之者乎？趙翼陔餘叢考卷十五亦有「記里鼓」條，然語焉不詳，蓋此車之制湮沒久矣

綜上所言，則知因果之迹，史中常有。惟年祀湮久，蠡溯無由。今欲舉之，或陷於掛一漏萬之病。然讀史者，知因能生果，則必有以奪史；知果亦爲因，則必有以自策。不然者，史寧斷爛朝報，迂腐無用，專記往事之學哉？

八　進步的見解

然治文化史者，於因果之見解以外，尤須知有進步。種瓜得瓜，乃因果也；後世之瓜，有勝於前世所產，則進步也。易言創、變、窮、通，已於因果之中，寓有進步。而考工記言：『知者創物，巧者述之。守之世，謂之工。』言述之者，即言字物之具，雖有賴乎前人之篳路藍縷；而後人有作，繼爲改良，則亦文物開展之要事耳。

自來論史者，類以古勝於昔，昔勝於今爲訓。自先聖有河不出圖，洛不出書，吾已矣夫之歎，因而後人之立言者，均惟古是貴，惟昔是矜。此實以古代爲黃金時代之噩夢，有異夫史家之所謂文物進步者。以音樂言之，浮磬之制，何殊乎小兒之叩石？而必以爲先王之制樂，水之精也。以兵器言，劍柄之短，兵器未進步也，而必謂『先王制兵，不欲殺人，本之以禮，行之以仁。』——此皆惟古是貴，惟今是賤，異乎吾所聞者也。

例如禹貢有「泗濱浮磬」一語，原其極，不過古人樂簡，取浮石以爲器。而顧氏日知錄竟謂：『先王之制樂也，具五行之氣。夫水火，不可得而用也。故寓火於金，寓水於石。鳧氏爲鐘，火之至也。泗濱浮磬，水之精也。

用天地之情，以制器；是以五音備而八音諧矣。』〔詳禹貢錐指卷六〕此言迂腐，吾夙昔雖服膺亭林，殊不欲爲賢者諱也。

阮元商周兵器說〔積古齋鐘鼎彝器款識卷一〕云：『戈之存於今者甚多，以今尺横度之，不過數寸。其柲長古尺六尺六寸，僅與中人之身等耳。古劍今存者，運肘度之，首與肘齊，末與指齊，亦甚短矣。先王之制兵，非不能長且大也，限之以制度，行之以禮，本之以仁，故甚短小也。』釋古兵器而曰仁曰禮，其當否人能辨之。其蔑視史中之進化原則，而曲解以是古非今，則亦人能辨之也。

夫太古湮遠，記載不詳，卽有美迹，其流傳於後者，亦當變而爲簡拙。韓詩外傳言：『五帝之前無傳人，非無賢人，久故也。五帝之中無傳政，非無善政，久故也。虞夏有傳政，不如殷周之察也；非無善政，久故也。夫傳者久則愈略，近則愈詳；略則舉大，詳則舉細。』〔韓詩外傳卷三〕此言原襲荀子〔非相篇〕。荀子又言：『聖王有百，吾孰法焉？故曰文久而息，卽族久而息。……欲觀聖王之跡，則於其粲然者矣，後王是也。』〔荀子非相〕然則以古之略，視今之詳，古本簡拙，於今不應視古愈於今，而蔑視文物之進步矣。此其一也。所謂以史文之詳略，而知今之進步於古也。

蘇子由孟子解〔頁七——八指海叢書〕云：『作法者，必始於粗，終於精。篆之不若隸也，簡策之不若紙也，車之不若騎也，席之不若牀也，俎豆之不若盤盂也，諸侯之不若郡縣也，肉刑之不若徒流杖笞也。古之不爲此，非不智也，勢不及也。寢於泥塗者，置之於陸而安矣。自陸而後有橐秸，而後有莞簟，捨其不安而獲其所安，足矣。』始粗而終精，始不安而纔乃安，以今之巧，視古之拙；以今之美，比古之陋；則文物之進步，於實物亦可見也。此其二也。蓋以實物之進步，而知今之愈於昔也。

如得以醫藥而推論之，據世本作篇所記：神農和藥濟人。而黃帝時巫彭作醫；堯時有巫咸，初作醫。（高郵茆泮林輯世本佚文）一事之作，記之三人，得無前已有創，後更改進，與時同進，其業益美備乎？古人所以有「醫不三世，不服其藥」之言，蓋積前人之經驗，爲後人所取資，造作亦如積薪，後來往往居上。此其三也。此則以經驗之累積而知後世之愈於先昔焉。

崔應榴吾亦廬稿（卷四）云：『「醫不三世，不服其藥。」呂氏曰：「醫三世，治人多，用物多，功已試而無疑，然後服之，此謹疾之道。」蓋以父子孫相繼爲三世也。』據此，則醫之所以三世而始有其功，殆以前有所承，則後能光大，亦積累推進之意。

如以牛耕爲例而推論之，亦可知積累推進之意矣。宋趙彥衞雲麓漫鈔（卷一）云：『牛之爲用，見於經者，曰：肇牽車牛，曰服牛承馬，惟用於車。周官「牛人」，亦不言耕也。自趙過爲漢搜粟都尉，始教民代田，有牛耕之制。』又曰：『冉耕字伯牛，豈周晚已用牛耕，但未廣及於天下？或云伯牛之字，後人所記。苟如是，則牛之有功於農，後矣。』趙氏謂伯牛之字後人所記，未知何所據而云然。然江永據國語以言，亦謂牛耕不始於趙過者。江氏以外，亦謂牛耕在春秋時已有之也。

江永羣經補義（卷五）雜說云：『有謂漢武帝時，趙過始教民牛耕，非也。觀冉伯牛司牛馬之名字，犂耕用牛久矣。更有一切證：國語竇犨對趙簡子云：「宗廟之犧，爲畎畝之勤。」謂貴者降而爲賤，如宗廟犧牲，恐服勤於田也。豈非牛耕之謂乎？』然則雲麓漫鈔謂伯牛之字，後人所增，固不盡然。

劉履恂秋槎雜記亦謂：『趙策秦以牛田水通糧。』鮑注，以牛田爲地名。吳氏正註，「牛耕積穀，水漕通糧。」或以爲漢田始用牛耕，竊以爲古用木耜，未用金耜。偶耕者，二人並耕，或一人一牛亦可。漢始專用牛耕也。字書犂從牛，冉耕字伯牛，司馬牛名犂，不可謂牛耕非古也。（山海經叔均始作牛耕，郭傳始用牛犂也。說文，犂耕互訓，段氏云人耕謂之耕，牛耕謂之犂）於此可知春秋時已有牛耕。」

趙春沂牛耕說（嚴杰經義叢鈔卷十六引）云：『耕牛之始，說者不一。漢志搜粟都尉趙過爲代田，始用牛犂。後漢書王景遷廬江太守，百姓不知牛耕，景乃驅率吏民，敎用犂耕，是牛耕始於漢之說也。文選籍田賦「總犗服於縹軛，紺轅綴於黛耜。」注，古耕以來，而今以牛者，蓋晉時創制，不沿於古也。是牛耕始於晉之說也。』然則牛耕在西晉時，時人尚以爲創制也。

趙翼陔餘叢考（卷十九牛耕不始於趙過條）論趙過之牛耕，以爲：『南北風俗不同，有用牛耕者，有不知用牛耕者。過第就其不知牛耕者，敎之用牛，如後漢王景……任延，亦以牛耕敎民，皆是開此一方農事之所未有，而其實非自景與延創也。趙過之以牛耕得名，蓋亦本古法，有施之於不知牛耕之地，後世遂以爲牛耕之始。』然則牛耕之法，所以傳說紛紜者，正緣初僅用於一地，後廣佈於兆域，文物之隨時傳播，點滴成渠，而終於成爲吾人日常生活所不可須臾離者。此則以應用範圍之放大，而知今愈於昔焉。

然則所謂進步者，以史文之詳略，而知今之有進於古也；以實物之進步，而知今之有愈於古焉；以經驗之累積，而知今之有愈於古焉；以範圍之放大，而知今之有愈於古焉。

第當注意者，如無上古之略，則何來今世之詳；如無過去之粗，則何來當今之精。無前人之經驗以倚畀，則智昔無所因襲矣。中庸之言曰：『今夫山，一卷石之多，及其廣大，草木生之，禽獸居之，寶藏興焉。』星星之火，可以燎原。

點滴不止，將成江河，則充實其內容，放大其範圍，亦所以成文化之開展者焉。

九　影響的見解

自作自受，用生因果，自推自輓，用成進步；然因果顯明者也；進步必然者也。其有未嘗明顯，未必必然，聲動於此，而響及於彼，雖事後追尋，理有固然，勢有必至，略等因果，而當其演變之際，實無所謂直接驅使之者，而僅有間接熏炙之者，則即所謂影響已。

例如地理之因子，嘗足以影響文化。王制所謂：『廣谷大川異制，民生其間者異俗，剛柔輕重遲速異齊，五味異和，器械異制，衣服異宜。』小戴記四 此言甚明。今姑不縷言地理之影響於人文，但以衣服為例而陳明之，則知地理之影響，其關係文化至鉅。

沈括夢溪筆談卷一言：『中國衣冠，自北齊以來，乃全用胡服。窄袖緋綠短衣，長靿靴，有鞢䪓帶，皆胡服也。窄袖便於馳射，短衣長靿，皆便於涉草。余使北時皆見之。』是謂胡服用於北齊。然案史記卷四十三趙世家，趙武靈王已欲胡服。公子成曰：『臣聞中國者，蓋聰明徇智之所居也，萬物財用之所聚也，賢聖之所教也，仁義之所施也，詩書禮樂之所用也，異敏技能之所試也，遠方之所觀赴也，蠻夷之所義行也。今王舍此而襲遠方之服，變古之教，易古之道，逆人之心，而怫學者，離中國，故臣願王圖之也。』按公子成之意，則知以詩書禮樂中國宜當自尊，以「自尊」為「因」，不宜有胡服也。

趙武靈王復之曰：『夫服者所以便用也，禮者所以便事也。聖人觀鄉而順宜，因事而制禮，所以利其民而厚其國也。夫翦髮文身，錯臂左衽，甌越之民也。黑齒雕題，卻冠秫絀，大吳之國也。故禮服莫同，其便一也。鄉異而用變，事異而用易，……儒者一師而俗異，中國同禮而教離，況於山谷之便乎？』然則趙王所以不遵其古，固由於「山谷之便」，固欲以「觀鄉而順宜」，謂不受地理的影響得乎？

案自胡服入趙之後，則漸影響及於他處。王國維觀堂集林卷二十二胡服考云：『胡服之入中國，始於趙武靈王。戰國之季他國又有效其服者。至漢而爲近臣及武士之服。或服其服，或服其冠，或並服焉。漢末，軍旅數起，服之者多。魏晉以後至於江左，士庶服之，百官服之，天子亦服之。後魏之初以爲常服，及朝服。後雖復古衣冠而此服不廢。』又云：『此服通行於中國者，千有餘年。而沈約乃謂袴褶之服，不詳所起。沈括知其爲胡服而又以爲始於北齊，後人亦無考其源流及制度者，故備著之。』然則地理之所以影響趙王，變服之所以影響後世，蓋綦遠已。

地理之影響而外，則又有受歷史之影響者。

如以諸侯封建言之，自晉八王亂後，有國者率以此爲懲。故有貴爲帝子，而勢僅及中人者。明之興也，以胡元尚在塞外，故於重兵所在，統以諸王，此固有其因而生其果者。迨後，建文嗣位，以諸叔各擁重兵，頗思從事削奪。屠叔方建文朝野彙編卷一頁十四稱：『帝爲太孫時，定位東宮。以諸王尊屬不遜，偶坐東閣門，召黃子澄問之曰：「諸叔各擁重兵，何以制之。」子澄以漢平七國事爲對。上喜曰：「吾獲此謀無慮矣。」』明史黃子澄傳亦記此事 則漢平七國之舊事，固足影響建文之行動也。後至燕王靖難兵起，有『遼人高巍，上書論時政。借漢爲喻，以七國比諸藩。欲上弗行鼂錯削奪之策，而效主父偃推恩之謀。……少其人，小其地，則藩王之權，不削而自弱矣。』朝野彙編卷三 則知主父偃衆建諸侯而小其力之漢史，固亦繫明人之懷抱，而使建文之遇燕王，忽和忽戰，以終至於敗焉。

至於受思想之影響而見於歷史者，則其例尤多矣。

如吾國科學之不發達，今日固無庸爲諱，然古聖昔賢不以新奇技巧爲貴，則載籍具在。因之對於技巧之器，常加以輕蔑。如洪武二年十月『司天監進呈元主所造水精刻漏，命碎之！』（朱國楨皇明大政紀卷二）此等反科學之事實，卽受不以新奇技巧爲貴之思想熏炙而致然者。

又如後魏孝文帝之推行均田，說者皆謂當時之土曠人稀，地不盡闢，使之而然，但當時南朝，非無曠土。如南齊書稱徐孝嗣言：『淮南舊田，觸處極目，陂遏不修，鞠爲茂草。平原陸地，彌望愈多。』（南齊書四十四孝嗣傳）南朝並不均田，可知土曠不足解釋北朝之均田也。均田之制，其所以反生於北朝者，則以均產之制，爲先秦兩漢間經師之主張；而北朝經學隆重，故田制受其影響耳。

案當時南朝人士，傾注清談。北朝新造之國，反知重經禮儒。故孝文帝未行均田前，李安世已言：『井稅之興，其來日久，田萊之數，制之以限。』（魏書五十三安世傳）此其語實受孟子周禮之熏炙者。且孝文帝時，知尊經好古之經生，不僅一李安世。趙翼謂：『北朝穪據偏安之國，亦知以經術爲重。在上者旣以此取士，士亦爭務於此，以應上之求。故北朝經學，較南朝爲盛。』（廿二史劄記卷十五北朝經學條）皮錫瑞謂：『正始以後，人尚淸談。……魏儒學最隆，穪北齊周隋，以至唐武德貞觀，流風不絕。故魏書儒林傳爲盛。』（經學歷史三十九頁）可知北魏均田，與其改族姓，定禮樂……乃同受儒學與盛之影響者也。

又如南宋賈似道之行公田，立「派買」「回買」之目，其時宋已垂亡。時有詩云：『襄陽累載圍孤城，豢養湖山不出征。不識咽喉形勢地，公田枉自誤蒼生。』田汝成西湖遊覽志餘卷五 然案似道之悍然不顧，沒收私人地主之田，固未嘗不受兩宋諸儒之思想羕炙。張橫渠謂『治天下不由井地，終無由得平。周道只是均平。』宋元學案卷十八引橫渠語 程明道亦告神宗言治法十事，謂『富者田連阡陌，跨郡縣而莫之止；貧者日流離餓莩而莫之卹；倖民猥多，衣食不足而莫爲之制。』宋元學案卷十四明道學案下 卽賈似道以前，在宗高南渡之日，尙有林勳其人，上本政三書，以均田爲請。羅大經鶴林玉露卷七 然則賈似道之所以推行「公田」，或宋人田制思想史而言，固綽承前人影響者矣。

案王夫之斥林勳云：『言之娓娓，附古道以罔天下，或猶稱道之不絕。垂至於賈似道而立限以奪民田爲公田，行經界以盡地力而增正賦，怨讟交起，宋社以墟，蓋亦自此啓之也。』宋論卷十 此所謂「啓之」，卽吾所謂影響之也。

其受思想之影響而外，則又有受學藝之影響，而起變化於歷史者。如今日國人之崇奉偶像，猶成爲一時風氣。而其更可笑者，卽孔子亦且有像。孔子者，固曩日學子所斤斤護持，資以排斥佛老之學者也。其爲孔子造像者，固擁戴孔子者。擁戴孔子之徒，而又爲孔子造像，則聖門之內，已不禁而受佛教之影響；更無論兩宋諸儒之言性言理，大受釋道二家之羕炙矣。孫承澤引『邱濬曰：「塑像之設，中國無之，至佛教入中國始有也。三代以前，祀神皆以主，無所謂像設也。彼異教用之，無足怪者。不知祀吾聖人者，何時而始？觀李元瓘言：顏子立側，則像在唐前已有之矣。郡異縣殊，不一其狀，長短豐瘠，老少美惡，惟其工之巧拙，就令盡善，亦豈其生時盛德之容？其非神而明之，無聲無臭之道也。」』春明夢餘錄卷二十一 然則唐宋以還，韓愈傳奕以後，名爲儒者，斤斤以斥佛爲務，而不知佛教之藝術，已影響及於儒家所崇奉之孔廟也。

施可齋閩雜記卷五聖廟像祀云：『聖廟像祀，不知始自何時。朱子禮殿塑像記曰：「聞成都府學，尚有漢時禮殿，各像乃文翁琢石所為者。似漢時已有之。然郡縣皆立學，始於北宋崇寧大觀間。其先天下郡縣，不必皆立學，學亦不必像祀。且文翁禮殿像，乃琢石所為，亦與後世塑像不同。新唐書禮志開元八年三月，國子司業李元瓘，奏顏子配像宜坐。閔子騫等雖立像廟堂，不參享祀；請以顏子等十哲為十像，悉令從祀。曾子大孝，亦塑像於十哲之次。……似其時已像祀。然疑所請，祇國子學。郡縣學皆像祀，或亦始於崇寧大觀間。故朱子作白鹿書院禮殿，初欲臨祭設奠。後從錢子說，亦設塑像也。自此相仍，至明嘉靖九年，張聰請正孔子祀典五事，其二曰不宜像祀。詔從之。遂易聖像以木主，四配十哲皆同。國朝康熙十七年，御史又以為言。則嘉靖舊制，久亦不盡遵矣。康熙以來，則天下郡縣學，無不改用木主者。』——據上可知在宋明理學稱盛之時，有孔殿乃至如梵宇寺觀，良由宋元以來，儒教已受釋道影響。黃氏日抄已言：『周程既滅，學者談虛。借周程之說，逞佛老之私。向也以異端而談禪，世猶知禪學自為禪學。及以儒者而談禪，世因誤認禪學亦為儒學。』（宋元學案八十六引）全祖望題眞西山集云：『近臨川李侍堂穆堂，譏其沉溺於二氏之學：……此豈有聞於聖人之道者？愚嘗考其本末，而知西山之過負重名，尚不止於此。兩宋諸儒，門庭徑路，半出入於佛老。』（宋元學案卷八十一）袁枚答某學士書，亦謂『至宋而儒與釋攙雜不可分，……蓋晉宋之崇釋氏，不過造塔廟，施功德，其跡粗，其事顯。略有識者，俱能辨其非。宋則不然。大抵賢人君子，皆先入釋教中，明心見性。』（小倉山房尺牘卷四）然則宋以來之儒者，已受佛教之影響；而佛教之影響，且侵入於至尊無上之聖廟；宋明人尚斤斤以眞孔子自持，可為一笑！

其於學藝之外而又能影響歷史者，則有如社會風俗，亦能影響歷史例如以婦女地位言之，古代婦女，本可從政。俞正燮癸巳類稿（卷一大象傳后義）云：『案泰傳「后以財成天地之道，輔相天地之宜以左右民」復傳：「先王以至日閉關，商旅不行，后不省方」「漢書安息錢文爲王面，幕爲夫人面大月氏錢同。是后以財成天地之道，輔相天地之宜之事也」』然後世女權日落，此固由於政治的夫權的隆重，經濟的女力的衰薄，一若中國婦女在史上初無地位者矣，然政治之因，經濟之因以外，社會風俗，固有以影響婦女之地位者。如『楊鐵厓詞章奇麗，被文妖之目。』（紀昀槐西雜志一）而輟耕錄載其『耽好聲色，每於筵間見歌兒舞女，有纏足纖小者，則脫其鞋，載盞以行酒，謂之金蓮盃。』（卷二十三金蓮盃條）此文人之侮辱婦女也。然則婦女地位之低落，固有由於社會風氣之影響者。

影響者，本有不足捉摸之義，地理之影響也，歷史之影響也，思想之影響也，學藝之影響也，社會之影響也，雖僃一二可知之例，固無以免於掛一漏萬之譏，雖然豹窺一斑，鼎嘗一臠，讀史者知人事之變演，並非由於一端，則亦庶幾乎於茲數例而知之爾。

第四章　何爲治中國文化史

一〇　中國文化在世界之地位

雖然，治中國文化史者，在應有見解，態度以董理繽紛之史料之前，尤須首先反躬自省，吾曷爲乎而治中國文化史也。

於今國力陵夷，聲勢迫蹙。懷百歲憂者，常有故國文物，日薄崦嵫之感。語有之，諱疾者死，吾又何敢斤斤以中國文化自傲哉？於斯時也，能避免於劣等民族之譏，固已幸矣。

友人盧于道曾有擬神經研究所議（時代公論第十一號）中云：『我們不是自己常驕傲，說我們是四千年的古文明國麼？四千年前，已有那麼些大發明家，發明指南針，發明繅絲，發明日歷，發明醫藥。二千餘年，哲士輩出，思想優越。那時節，紅髮碧眼兒，雖已過了（Neanderthal）的野蠻時代，卻仍在石器時代中過活，這不是我中華人種腦袋的優秀麼？今日呢？……我們今日不要談政治家之卑視中華人種了，冷頭腦尋出眞理之科學家，亦已論中國人或支那蠻（China-man）為劣等民族了。所以新進的家國，如美國憲法上規定中國人不得為美國國民。美國女子嫁給中國人者，即失其國籍。其他世界上的樂土，如加拿大，如澳洲，無不嚴禁華人入口。這種恥辱，凡游歷歐美者，莫不身受目擊。我們中國人是劣等民族麼？德人（Kurz）研究中國人腦，他說中國人似由（Orang）進化而來，為劣種腦子。他因此懷疑以前中國的紙印刷等發明，不是中國人所能夠的。香港大學解剖學教授（Shell Shear），研究中國人的腦子，他說中國人腦子更近猿類。這些是由他們研究所得而下的結論，是眞的麼？』——于道好學深思，遠學異國，所感受者至苦。爰書於此，亦以資邦人君子之警惕爾。

吾民族處於今日之世界，非力自振作，奮發其為世界雄，恐無以免於劣等民族之譏，此固然矣。然故家喬木，終有令人可以式仰者，則亦非妄自尊大之言也。請述中國文化在世界之地位，縷析言之。

一則曰：開創之早也。中國歷年之久，如春秋元命苞云：『天地開辟，至春秋獲麟之歲，凡二百七十六萬歲。』然此就得曰荒唐不經之言也。（後漢書卷八十九張衡傳以緯書爲漢世虛僞之徒所造云）然『卽以今日所傳，確有可稽者言之據書經堯典則應託始於西元前二千四百年；據龜甲古文則作於西元前一千二百年；據詩經，則作於西元前一千一百年至共和紀元以後，則逐年事實皆有可考是爲西元前八百四十一年。』非如『並世諸國，若英若法若俄，大抵興於梁唐已後。卽日本號稱萬世一系然彼國隋唐以前之歷史大都出於臆造不足徵信。』柳詒徵中國古代文化史緒論——此卽以中國文化之年禩久遠而估定其在世界上之地位焉。

詩小星云：『嘒彼小星惟參與昴。』參在西洋之（Orion）星座中昴卽（Taurns）之一部分，與鄰近之一團小星名（Pleiades）者二者皆黃道二十八宮的一宿。郭沫若與宗白華論中德文化書云：『回顧我們幾千年前做人妾媵的女子，竟能借以抒情寫實；我們不能不深自慚愧麼？』此所謂深自慚愧者，卽含有自爲贊許之意在知前人之邁往，痛後來之無繼；然不能以後人無狀抹倒前人之功績焉。

二則曰演員之多也。案吾國人口動稱四萬萬自周禮有司民之會，孔子有負版之式，兩漢之「口算」，唐代之「團貌」，明清之黃册——吾先民之注意於人口調查爲時甚久。自清初併丁入糧而所謂十年編審之例，遂以寖廢。然清史稿地理志載宣統三年各省編戶六千二百九十一萬三千八百三十一口三萬五千三百二十萬七千七百八十。而內外蒙古，青海西藏猶不與焉。有土斯有民，泱泱大國之風，固非世界列國所得蔑視者乎？張其昀中華民族志第五頁謂中國人口約當全世界總人口四分之一，此說未嘗誇大於此，可徵中國與世界關係綦切之一例。

三則曰地域之廣也。『世界大國，有總計其所統轄之面積廣大於中國者。然若英之合五洲屬地，華離厖雜，合稱大國者，固與中國之整齊聯屬，純然爲一片土地者不同。卽以美洲之合衆國，較之中國，其形勢亦復不侔。合衆國之東西道里已遜於我，其南北之距離則尤不逮。（中國東至西凡六十度五十五分。美國東至西凡五十九度三十七分。中國南至北三十八度三十六分，美國南至北凡二十四度二十六分）南北距離既遠，氣候因以迥殊。』（柳著文化史緒論）然則以地域而論，有泱泱大國之風，亦非吾人所能妄自菲薄者也。

夫史者所以綜述人類之活動，所謂人類活動者，固必有賴於時也、地也、人也。觀於中國史之時也、地也、人也，其博綜華貴乃爾，則中國之所以自厠於世界與夫世界之所以衡量中國者，又豈一人一時所能横加掩沒者哉？且念夫尼羅夕照，非復昔日之斜暉；恆河芳草，不似過去之菲綠。則世界古國能屹然不墜，與地中海文明爲珠璧之交映者，舍中國其誰哉？固非私阿所好，囿於一曲之言歟！

新聞報（民國二十年二月二十七日）載『最近荷國雷登大學漢學研究院成立時，漢學教授戴聞達（譯音）氏，曾詳述中國文化有不可撲滅歷史，與西方文化實有相互關係。西人不應以地中海文化，故步自封。對遠東數千年文化結晶之漢學，當加以研究，並希望將來能派若干青年學生來中國與學術家切磋，以資深造。』此固不足爲吾喜，然足爲吾之激勉也。

雖然，片斤自持於過日之繁榮，以傲於人而欺於己；一若現實之委靡不振，均無當於輕重者，此與故家中落，空閣舊日窖金之庫，有何所異！但必主於貴人賤己，抹殺吾數千年之文化於不談者，則亦蹈數典忘祖之譏。式敬喬木，固感舊者所必然；而張大其門戶，亦後起者所必須磨礪以赴之者耳。

以中國今日之學藝論，固不足與世界列國競矣。然雕板之創首在吾國。北宋慶曆中，布衣畢昇，且有活字版之發明。沈括夢溪筆談卷十八而陽曆之濫觴，補筆談卷二捕鼠之巧機，夢溪筆談卷七前史所記，不可厚誣。然則以學藝言之，中國固世界列國中之舊家喬木也。以中國今日之武事論，固不足與世界列國競矣，然火器之興，首推中國。南北宋間，已用之於行陳。詳趙翼陔餘叢考卷三十火砲火槍條卽在近時，德京柏林曾開軍器展覽會，其中所羅列之火砲，亦以吾國所製者爲最早。民國十一年一月中華新報而唐蘇鶚杜陽雜編又載飛龍衞士韓志和『善雕木作鸞鶴鵶雀之狀，鳴啄動靜與眞無異，以關戾置於腹內，發之則凌雲奮飛，高三丈至三百步外，方始卻下。』杜陽雜編卷中此亦近世飛機之初祖也。然則以武事言之，中國固世界列國中之舊家喬木也。又如以中國邇日之政治而論，固不足與世界列國競矣。然稽之於古，匪特孟子「民爲貴」之說，最膾炙於人口；卽尙書亦有「天聰明自吾民聰明，」「天明畏自吾民明威」之語。書注疏四論語卷十六季氏篇：『天下有道，則庶人不議。』孔氏正義『議，謂謗訕，言天下有道，則上酌民言，以爲政教，所行皆是，則庶人無所非毀謗議也。』「吾民明畏，」「上酌民言，」然則以政治言之，中國固世界列國中之舊家喬木也。諸如此類，事不備舉，綜言之，中國之在世界，固猶王謝之在江南。如有感於疇昔，冀有策於將來，則豈徒中國受其利哉？世界亦圖賴之已。

二　中國文化在亞東之地位

吾人如不昌言中國文化在世界之地位而卑之無甚高論者，則僅就中國文化在亞東之地位，當恍然有悟於治中國文化史之必要也。

中國文化在亞洲之地位，印度之外，殊無與相頡頏者。在印度文化傳播之廣，固未嘗不如中國；而其性質單純，僅限於佛教與佛教有關之學藝而已。殊未足與中國文化之在亞洲，相提並論也。

中國文化傳播之廣，其在亞洲，東如朝鮮日本，南如印度支那，均吾文化之所衣被者。周商之交，箕子已封於朝鮮。秦漢之際，徐市亦往於日本。隋唐以降，史蹟尤繁。如崑崙奴鬼奴之來華服役，知華人國力常泛溢於太平洋印度洋之上也。元明嗣興，據馬哥孛羅遊記所述，異域殊方之國，率皆服屬於元，而自居於屬下者。又如鄭和之下西洋，其蹤跡實至非洲東岸。觀明史鄭和傳所記，固可想見其彷彿焉。

宋朱彧萍洲可談，（頁八說庫本）云：『廣中富人，多畜鬼奴。絕有力，可負數百斤。言語嗜欲不通，性惇不逃徙，亦謂之野人。色黑如墨，唇紅齒白，髮卷而黃，有牝牡，生海外諸山中。食生物，采得時以火食飼之，累日洞泄，謂之換腸。緣此或病死，若不死，即可畜。久畜能曉人言，而自不能言。有一種近海入水，眼不眨，謂之崑崙奴。』於此可徵中國民族，唐宋間在亞洲海上之活躍，初不待「三保太監下西洋爲一代盛事」焉。

至於中國文化在亞洲之地位，區分其性質而言，則亦可分爲下列四者。

一則曰居於祖先之地位也。

例如東鄰日本，今日強橫蔑以加矣。然案彼國所用文字，不外我國之偏旁波磔，剌取急就篇千字文而成者。此則人所共知者也。『明初嘗欲征倭國，彼使哈哩嘛奉表乞降。上問「倭國風俗如何？」哈哩嘛以詩答曰「國比中原國，人如上古人。衣冠唐制度，禮樂漢君臣。銀甕培新酒，金刀膾細鱗。年年三二月，桃李一般春。』（楊家駱勝國文徵卷一倭國風俗詩中報館聚珍版叢書本）是則日本風俗，導源我國，我固日本文化之祖國也。

二則曰居於傳保之地位也。

唐王定保摭言卷一云：『貞觀五年，太宗數幸國學，遂增築學舍一千二百間，增置學生凡三千二百六十員。無何，高麗百濟新羅高昌吐蕃諸國酋長，亦遣子孫請入國學之內，八千餘人，立學之盛，亘古未有。』王西莊記日本尚文云：『舊唐日本傳日本國者，倭國之別種，以在日邊，故以日本爲名。……長安三年，其大臣朝臣眞人來貢方物。……眞人好讀經史，解屬文，容止溫雅，則天宴之於麟德殿，授司膳卿，放還本國。開元初，又遣使來朝，因請儒士授經，詔四門助教趙元默就鴻臚寺教之。乃遺元默闊幅布以爲束修之禮，題曰「白龜元年調布」。所得錫賚，盡市文籍，泛海而還。其偏使朝臣仲滿，慕中國之風，因留不去，改姓名爲朝衡，歷仕左補闕儀王友，衡留京師五十年，好書籍，放歸，逗留不去。……新唐書張薦傳，祖鷟早惠絕倫，新羅日本使至，必出金寶購其文。又文藝中蕭潁士傳，倭國遣使入朝，自陳國人願得蕭夫子爲師。觀此三條，日本之尙文可見。』十七史商榷卷九十二是日本之於唐，意將有所求誨益也。唐與日本之外，凡中國之訓益外國者，其例多有。容可自矜：中國者，亞洲諸族之總傅保也。

胡仔苕溪漁隱叢話卷十九引今是堂手錄云：『日本使者過海，有詩曰：「水鳥浮還沒，山雲斷復連。」時賈島佯爲梢人，即聯其下云：「棹穿波底月，船壓水中天。」使者嘉歎久之，自此遂不敢言詩。』此言日本詩人受唐詩人之訓炙也。

王世貞弇州史料前集卷九云：『洪武三年，高麗生入試者三人，惟金濤登三甲第五，授東昌府安邱縣丞，餘皆不第。三人俱以不通華言，請歸本國。詔厚給道里費，遣舟送之。濤尋爲其國相。』是明與高麗，固猶嚴師之與弱徒也。

清姚元之竹葉亭雜記卷五云：『琉球國遣官生入監讀書，自康熙二十二年部議准行。無年限，每逢册封之年請與使臣回京面奏。其來也，率以四人，以四年而歸。歸其國，則授四品官。嘉慶七年，其子弟來，吳蘭雪時以博士教之，頗聰穎。十四年己巳還國，過山東。蔣別駕第護送之。其子弟有贈蔣詩者，有「詩草卽今傳海國，筆花何止屬江郎」，工秀可誦。』是淸與琉球固有師生關係者。

近讀斯文雜誌（十四編第五號）載鹽谷溫大滿洲國肇建誌喜詩云：『兵火紛紛二十年，馬蹄蹂躪舊山川。鶯花無限春回日，皷腹重開堯舜天。』考斯文學會，固日人之以尊孔爲榜標者。鹽谷溫舊亦受業於葉德輝者，今以受洗於中國之人，在推崇中國之會，作效擬中國之詩，而以之吟哦與誦於剝蝕中國之土地，不亦重可慨歟！特書於此，亦「夫差爾忘越王」之意也。

三則曰居於介紹之地位也。

例如中國之得佛教，固有間接求法，與直接求法二事。曰間接者，卽非直接求諸印度，而由西域展轉傳得者。曰直接者，則如玄奘之直向印度求法是也。其在東鄰日本，則所崇信之佛教，初乃由中國介紹而得。李肇國史補云：『佛法自西土，海東未之有也。天寶末，揚州僧鑒眞，始往倭國，大演釋教，經黑海蛇山，其徒號過海和尚。』（國史補卷上）而羅大經鶴林玉露（卷四）亦云：『余少年時，於鍾陵解后見日本國一僧，名安曉者，自言離其國已十年，欲盡記一部藏經，乃歸。念誦甚苦，不舍晝夜，每有遺忘，卽叩頭佛前，祈佛陰相。』然則佛教之至日本，固經中國之介紹傳授者。

四則曰居於改善之地位也。

所謂改善者，卽言吸收亞東各處之文化，而又以創造之意，略爲修改，使之完善。如以佛教言之，佛教原自印度；而梁王懺，則中國所創爲者也。錢希白云：『懺之始，本自南齊竟陵王，因夜夢往東方普光王如來，所聽彼如來說法。後因述懺悔之言，覺後即賓席梁武王融謝朓沈約，共言其事。王因就乃述成竟陵集二十篇，懺悔一篇。後梁武得位，思懺六根罪孽，即將懺悔一篇召眞觀法師慧式廣演其文，述引諸經而爲之。』南部新書卷庚 則佛教儀式固有經吾族，采用而改進者矣。

如以日常用具言之，則昭槤論秦腔云：『自隋時以龜茲樂入於燕曲，致使古音湮沒，而番樂橫行，故琵琶樂器，爲今樂之祖，蓋其四弦能統攝二十八調也。』嘯亭雜錄卷八 是則琵琶之制，初非屬於吾國，自經吾采用改進，而竟於爲『國樂』之一部矣。又如摺扇之用，據明人郎瑛云：『摺扇自成化初高麗貢至，朝命效製以答後書格言以賜羣臣，民遂效而爲之。……不知北宋已有之矣。東坡云：「高麗白棆扇，屏之廣尺餘，合之只二指」，正謂此也。』七修續稿卷六 然則因高麗之齎而效製摺扇，因效製摺扇而書格言以資觀玩警惕，如今世之用摺扇者，尤可見改善之痕跡也。

又案七修續稿卷六記眼鏡云：『少嘗同貴人有眼鏡，老年看書，小字觀大，旁人得而製之，以遺中國，爲世寶也。……後與霍都司子駸言，霍送予一枚，質如白琉璃，大可如錢，紅骨鑲成，兩片若圓燈翦然，可開合而摺疊。問所從來，則曰：「舊任甘肅，夷人貢至而得者。」』然則眼鏡之制，固亦自外族傳入而我國施以改進者也。

如以文學言之，則宋詞元曲之名，由來已久。讀史者咸知詞乃中國之文，而曲則爲昔時外族之遺。然菩薩蠻之小令，尚導源於女蠻國人，通鑑貞元八年注 至於曲則王世貞所謂：『三百篇亡而後有騷賦，騷賦難入樂，而後有古樂府，古樂府不入樂，而後以唐絕句爲樂府。絕句少宛委，而後有詞；詞不快北耳而後有北曲。北曲不諧南耳，而後有南曲。』四部稿一五一 藝苑卮言一 蓋『曲者詞之變，自金元入中國，所用胡樂，嘈急淒緊緩急之間，詞不能按，乃更爲新聲以媚之。……大江以北，漸染胡語，時時採入，而沈約四聲遂缺其一；東南之士，未盡顧曲之周郎，逢掖之間，又希辨撾之王應，稍稍復變新體，號爲南曲。』四部稿卷一五一 近王季烈螾廬曲談卷二 亦謂『北曲牌名，雖與詞同，句法彼此各異，可見北曲爲金元異域之樂，與詞不相襲，南曲則折衷於南詞北曲之間，以調和南北之音。』——綜上所言，知北曲爲異域之樂，而南曲起時較晏，固已經吾族之改張者矣。

然則中國文化在亞東之位置，豈特佔域甚廣而已，蓋爲亞洲文化之祖先也。豈特爲祖先而已，蓋嘗有所啓迪異族，煦育外國也。豈特啓迪煦育而已，蓋嘗有得之於彼，施之於此，而盡介紹之職責者。又豈特介紹而已，中國向日並不力拒外來文物之傳入；獨於傳入之外來文物，亦多施以改革，使盡善美。——明於上述，數千年來，蔚然挺然而成爲亞洲之故國者，其故有在，非私阿所好者，故加揄揚之言也。

然則以中國文化在世界之地位而言，以中國文化在亞洲之地位而言，「曷爲乎而治中國文化史哉？」此不難有解答矣。

卷一 上古卷

第一章 古代史上之難題

一 所謂古代

以有所特創而言，以有所改進而言，以有所影響而言，則不得不推求中國古代文化之實在。第既推求古代文化，自當先明何者謂之古代也？

所謂推求古代之事，歷來學者，有以爲甚關重要者矣；有以謂非愚卽誣者矣。無有以古爲不足信矣；有以古爲足取法者矣。邶風大雅毛傳云：『古，故也。按故者，凡事之所以然，而所以然皆備於故，故曰古，故也。』以古爲所以然之由來，「是古而非今」，卽以古爲甚關重要也。

小戴記三十一中庸稱孔子言，文武之政，布在方策。而論語八佾篇述孔子好古敏求之勇，至於入太廟，每事問。足徵儒家之訓，先古後今。如孟子言必稱堯舜，尤爲重古之表示。僅有荀子持法後王之說。非相篇云：『欲觀聖王之跡，則於其粲然者矣，後王是矣。』但荀所謂法後王，非屏古不論，如流俗所揣測於荀子者。錢大昕十駕齋養新錄卷十八法後王條云：『荀卿法後王之說，王伯厚深詆之。愚以爲，王氏似未達荀子之意也。孔子曰：吾學周禮，今用之，吾從周。孟荀生於衰周之季，閔戰國之暴，欲以王道救之。孟言先王，與荀言後王，皆謂周王。非謂三代不足法也。』朱一新無邪堂答問卷四『……荀子語意甚明，奚煩穿鑿？劉端臨補注「後王，指文武而言。」是楊注以爲近時之王者誤。』案荀子稱堯舜舜禹至多，非僅稱許文武。別詳余所著荀子哲學頁九一至九七此不備列然則荀子固亦託古者，以古爲足重者也。特爲辨錄於此。

然亦有以古爲不足置信者。列子引楊朱之言『太古之事滅矣，孰誌之哉？三王之世，若存若亡；五帝之事，若覺若夢。』列子楊朱篇 而世傳『王荆公初參知政事，下視廟堂，如無人。一日爭新法，怒目諸公曰「君輩坐不讀書耳。」趙清獻同參政事，獨折之曰「君言失矣。如皋夔稷契之時，有何書可讀？」荆公默然。』邵博河南邵氏聞見後錄卷二十 是則言古更有古，非假古可以服人，意亦以古爲不足盡信也。

案說文解字卷三上云：『古，故也。從十口，識前言者也。』段玉裁云：『識前言者口也；至於十口，則展轉因襲，是爲自古在昔。』以展轉因襲訓古，足見以古字本義而言，原有不可盡信處。

疑古與信古，非特今日思想界如斯，前乎此亦未嘗不然。自韓非有「非愚卽誣」之語，而李斯之斥博士淳于越，亦言『三代之事，何足法也？』此疑古輕古者也。然南宋張載生丁非古之世，而謂『爲治不法三代，終苟道也。』宋元學案卷十八橫渠學案 此信古尊古者也。

張端義貴耳集卷上又載張栻『自桂帥還朝，以平日所著之書，並奏議講解百餘册，裝璜以進。方鋪陳殿陛間，有小黃門忽問左司，「甚文字許多？」南軒斥之曰「教官家治國平天下。」小黃門答云「孔夫子道，一言可以興邦！」孝宗聞此言，亦笑。』此處極鋪張信古輕古者之兩大壁壘。

雖然，語有之後之視今就今之視昔。然則所謂古者勢也於今而以三四千年前爲古，焉知三四千年後之不以今爲古也？泉流滚滚瞬息萬變順敍推進，良無已時。斷流而分上下，斷代而分今古斷流而分清濁之別斷時而生古是今非之論；似均非事勢所許者。

故斷代與不斷代之別，後世史家多所論列。司馬遷作史記上起黃帝，下訖太初雜糅爲一，未分今古。知馬遷之未嘗以古今而定低節也。至班氏漢書，始含斷代爲史之意略古而詳今。（班氏之今即西漢一代也）劉知幾盛稱之，以爲『究西都之首末，窮劉氏之廢興包舉一代撰成一書。言皆精練，事甚該密。故學者尋討，易於爲功。』（史通內篇卷十六家）考知幾所以稱固，正以學者尋討，易於爲功若以順敍推進前因後革之義測度則妄分今古，不以史實聯成一線，誠有如鄭樵所非者矣。

鄭樵云：『司馬氏世司典籍，工於制作，故能上稽仲尼之意，會詩書左傳國語世本戰國策楚漢春秋之言，通黃帝堯舜至於秦漢之世勒成一書。……班固非其人，遂失會通之旨司馬氏之門戶由此衰矣。是致周秦不相因古今成間隔。……孔子曰：「殷因於夏禮，所損益可知也周因於殷禮，所損益可知也。」自班固以斷代爲史，無復相因之義。雖有仲尼之聖，亦莫知其損益。』（通志總敍）蓋以相因而言，則何時爲今何時爲古，殊無顯著之鴻溝可判。知班氏斷代之爲人訾議，知劃分中國史爲上古中古者，更有不妥處。何則？漢唐元明，確係易制改元起訖明顯；而後人猶以爲非。至如上古中古之劃分，全憑作者一人之見地，當更無以服人。

蓋由相因而言，則史上當無所謂古今，而更無所謂劃代。相因云云，蓋言史實如泉流滾滾，不能截取劃分也。然不得已而劃斷截分者，誠欲如劉知幾言『學者尋討，易於爲功。』由水而言，泉流滾滾，固不能截取其一點，以定清濁；而在山者清，出山者濁，大致自有差異。由人而言，如時敍雖變換，『我』固未嘗更易，不得謂今吾故吾，有所界別。然苟取三十年前我所留影，以較諸三十年後我所留者，則肥瘠之異同，榮枯之得失，「今吾」非「故吾」矣。中國史固未嘗可斷爲今古也，然取其大要，而覘其文化用具之不同，思想學術之歧異，政治經濟之變遷，人種社會之移易，勉定其各異，而判定其古今，亦「學者尋討，易於爲功」者歟！

所謂上古者，吾定爲自有史至秦初。

此時期中，一切在草創中。以文化用具言，則文字在草創也；以思想學術言，則儒道百家，在競萌焉；以政治經濟言，則多頭之封建制度，自開創而崩潰；私有財產之色彩，自淺薄而濃厚。以民族社會言，則漢族在發揚，姓氏在創立也。——凡茲數者，均可視爲上古史上之特徵。

所謂中古者，吾定爲自秦初至五季。

此時期中，言文化用具，則文房四寶胥以時興。言思想學術，則百家雖息，歸諸一尊，而佛教傳華以後，思想界學術界，均受其波撼。以政治經濟言，則政權歸於一尊，富力集於少數。雖有東晉鮑敬言無君之論，雖有北魏孝文帝均田之制，亦無由挽狂瀾於既倒。以民族社會言，則五胡亂華，異種雜糅。閥閱隆重，世族翺翔。以思想學術言，則佛學隆重，儒教低頭——此亦犖犖大者。

所謂近古者，吾定爲自宋初至明季。

此時期中，印刷術之發明，最足爲歷史生色。發揚文化之工具，非前此可比。其在思想學術，則兩宋理學，訖於元明，不過儒釋道三者之雜和。言政治，則君王之專斷有加。言經濟，則均田不能而爲均稅，世業口分之制墮而爲兩稅。至於民族社會問題，亦有契丹女直蒙古之加入中華民族集團，征服者與被征服者之榮枯頓殊，（如明初江浙閭之「惰民」）男子與女子之地位頓殊，——此爲其昭昭大者。

所謂近代者，吾定爲自明季至清季。

此時期中，以文化工具言，雖云西洋較新之印刷術，其來華已在此期之末，然就學術思想言，則除反理學之清學而外，基督教教徒挾其新奇之器，人所未知；傳其本土之教，後來居上，固不能不謂爲此期中之特徵也。至於在民族社會史上，則有滿洲之入主，則有女性地位之更落；在政治經濟史上，則君權益隆重也，貧富益不齊也。積弊相沿，外力侵之，侵之能勿潰乎？

所謂近世者，蓋指自清季以至於今。

此時期雖尚簡短，然變化不可謂不劇。一切政治思想社會經濟，無不受外力而改絃易轍。改君主而爲共和也，定男女之平權也，節制資本與平均地權也，——諸如此類，胥足表示中國之在轉動中也。

如此分期，未必有當於愚者之一得，庸敢侈言爲「學者尋討易於爲功」乎？長江之水，起於涓滴；燎原之火，基自星星。匪特強加區分，有所未便，卽專就上古而言，涓滴之來，自星星之先導，原多人所未解者，而敢以更博綜之史實，曲爲部別，以自詡其一得之見哉？

二　古代已來之中國民族

言歷史之分期，如江河之不易區斷，然江河尚有原也，江河尚有所止也。而中國歷史之起源，中國歷史之底止，則殆無人能置答者。無人，何以有史？今但向中國人種之來自而知中國文化之起源之不易解也。

中國人之來自，疇昔諸儒，有持西來之論。丁謙中國人種從來考云：『法人拉克伯里著支那太古文明西元論，引據亞洲西方古史，證中西事物法制之多同，而彼間亦實有民族東遷之事。於是中東學者，翕然贊同，初無異詞。且搜采古書，以證明其說。如劉氏光漢之華夏篇思故國篇黃氏節之立國篇章氏太炎之種姓編蔣氏觀雲之中國人種考，及日本人所著之興國史譚等，雖各有主張，要無不以人種西來之說爲可信。茲不具述，略揭其大要如下：依西亞古史，中國人種，爲丟那尼安族。其族分二派，一思米爾，一阿加逖，皆起於亞洲中境。思米爾人先入美索波達米亞境，建立加勒底國，阿加逖人，後至沙峻山麓，建都城於蘇薩，稱霸南國。其王廓特奈亨台兼併加勒底諸部，既乃率其族人，遷入中華，謂卽黃帝。……考黃帝事蹟，中國古史，記載頗詳。……至其他逸事，如登崑崙見西王母。歸而平治天下。但有由東而西，無一由西而東之說。……按西史謂徙中國者，爲巴克民族。巴克乃盤古轉音，中國人謂盤古氏開闢天地，未免失實，而盤古氏之爲中國始遷祖，則固碻有可考矣』——丁氏云云，雖不信黃帝之自西而東，猶執盤古之洵爲東遷之祖。夫西來徑道，山高磧廣，古人簡朴，何以堪此？得無僅據一名一地之聲似，而輕斷遂古之事蹟耶？

案盤古或有以爲乃國名者，詳葉氏過庭錄卷三；或有以爲當訓盤互，卽當訓元氣者，俞樾之說是也。後漢書南蠻傳又有盤瓠，含吳將軍首之神話，要之盤古非碻實可信之人名；丁氏執盤古爲卽巴克，且信爲碻有可考，殊失輕信。

中國史書上雖有崑崙有黃帝之宮字樣，然不足據此以證古代之中西交通。有人謂中西交通，在洪水時期以前本無問題。如陳次亮庸書（外編卷上，西書條，光緒二十二年刊）謂西人之學，皆來自中國：『若夫政令之嚴整，務農殖貨，尊重富強，軌里連率，日圖兼併，則管子之霸形也。教法之混同，傳道拜天，日忘祖考，摩頂放踵，以餂途人，則墨氏之兼愛也。崑崙有黃帝之宮焉，度當日萬國來同，本無中國，兼洪水之說，中外記載略同，可知昏墊懷襄，彼此人民，遂相隔絕。』此以崑崙之宮，證東學之西去，正與證華族之西來者，同於爲清代末年，調停中西差異之附會者耳。

章炳麟太炎文初錄（卷一，徵信論）云：『漢人自西域來者，說近情實。遠之可傳身毒大夏，而近之猶在氐羌之世。以爲三苗乃神州舊人，漢族攘其地有之，益失實狀。漢族雖自西方來，傳記所及，不及安息條支沙磧之地。今人復因以傳會，此爲陳平祕記之流。』揆此，則太炎亦不信漢人之來自小亞細亞也。

民族西來說以外，則又有謂中國民族爲南來者。章鴻釗漢族起源近說言：『美國人類學協會，遠東部主任威廉士氏（Edward T. Williams）嘗著一論，討論中國民族之起源，中引 Dr. Wieger 所記漢族之發祥地，在印度震旦半島。其理由亦有四。（甲）漢族紀元三千年前所創造之象形文字中，多熱帶植物之形。（乙）中國今日南部蠻民所用文字，有與漢族古代象形文字相類似者。（丙）中國語言南方諸省較爲簡純；愈北則愈繁雜。（丁）中國語言重音調，印度震旦半島之語言亦然。凡此皆明漢族起源熱帶，而與印度震旦半島爲尤近。』——然此說，亦無足置信。

今日中國可考之象形文字，其行用時期，當不出紀元前一千二百年間。是時漢族實已繁殖於揚子江流域；與南方民族交通頻繁。熱帶動植，自所常見；況象形文字中，描繪溫帶動植物爲尤多。如牛羊等字，皆然。可見漢族在草昧時代，必以畜牧爲業；若熱帶人民，固不知畜牧者也。乙丙二說，亦不盡然。蓋中國語言，雖南純於北，然若漢族起於北方，次第南下；則先往者必居最南之地，而語言亦自較純粹也。至印度震旦之語言，南方蠻民之文字，雖時復與漢族相同，亦可謂漢族先行者之所留遺耳。徵之史實，自南遷北，扞格殊多。不得以一二語言爲據，即定民族之南來爲可信也。

以今論之，中華民族，龐大紛雜，年祀湮遠，初無由細分其來自；且自發掘進步以還，中國已成爲曾產「原人」之地，而不必爲西來南來捉影捕風之說矣。

曷言夫中華民族爲中國文化之「演員」者，其紛雜乃至於無由細分其來自也。

滿蒙回藏之加入中華民族集團，其事跡斑斑可考；而所謂漢族者，於今視之，初無純血種人。昔冉閔之滅胡羯也，『死者二十餘萬。……於時高鼻多鬚，至有濫死者半。』（晉書一〇七）是五胡亂華之際，有高鼻多鬚者，混入吾之民族集團矣。北史（卷九十七）于闐傳『自高昌以西諸國人等，深目高鼻；唯此一國，貌不甚胡，頗類華夏。』是五胡亂華時，高鼻深目者，與華夏乃相間而居也。——然則就體魄面龐言之，中華民族之非純血也久矣。

此所謂高鼻多鬚，深目高鼻，不必深文周內，即斷爲西洋人一流人。然亦足見中華民族之複雜，其自甚久。

即屏體魄面龐於不論，但就姓氏而論，亦足明中國人種之非純血也。

俞正燮百家姓書後云：『南史王僧儒傳云：「劉湛爲選曹，始撰百家以助銓敘。」舊唐書高士廉傳云：「作民族志二百九十三姓，千六百五十一家，爲九等。」李義府傳言「士廉民族，勒爲百卷；」宋沈括筆談云：「唐時民族，大率高下分五等，通有百家，皆謂之士族。此外，則爲庶姓。」……明時官書，有千家姓；明文衡，載吳沈進千家姓表云：「約爲韻語，凡得姓一千九百六十八，名曰千家姓。洪武十四年五月朔日，翰林編修吳沈典籍劉仲質吳伯宗等進，」其書今不行。宋時有韻語村書，稱百家姓，言百家者，取其名美。或曰吳越時書也。宋陸游秋日郊居詩云：「兒童多學鬧比鄰，據案愚儒卻自珍，授罷村書閉門睡，終年不着面看人。」自注云「……所讀雜字百家姓之類，謂之村書。」』——然則別姓氏以明血統，自六朝已後下及於明，有志者未嘗不殷殷垂意焉！

以上見俞正燮癸巳類稿卷七。案姓氏之別，詳顧炎武日知錄（卷二十三姓條）又日知錄（姓氏書條）顧氏謂譜牒起於世本，則辨明血統之工具，其起源乃更早於俞氏所稱也。

然民族血統之不易尋，不易依姓氏以取準，則與姓氏書之起源相並而來。晉書石苞傳：『曾孫璞，沒於寇。石勒以與璞同姓，引璞爲宗室，特加優寵。』是石氏非純血矣。北魏孝文帝其人則固胡也，而改姓爲元，臣下翕然從風。然則五胡亂華之際，異種之冒稱漢人者，固亦多矣。顧炎武言：『章邱志言「洪武初，翰林編修吳沈奉旨撰千家姓，得姓千九百六十八，而此邑如亢，如馮，尚未之錄。今訪之亢姓，有三四百個，自云「金丞相亢虎高琪之後。」……以此，知單姓之改，並在明初，而今代山東民族，其出於金元之裔者多矣。」』（日知錄卷二十三）然則遼金元猾夏之後，其混而入於漢族者亦多。

洪武九年閏九月，淮南府海州儒學正曾秉正言：『臣見近來蒙古色目人，多改爲漢姓，與華人無異。有求仕入官者，有爲富商大賈者。非吾族類，其心必異。宜令復姓，庶可辨識。』然永樂三年，卒賜把都帖木兒爲吳允誠，『自此遂以爲例。而華宗上姓，與旃裘之種相亂。』（日知錄二十三）考曾氏所以致歎於異種亂華者，求諸明律，適得其反。明律卷六蒙古色目人婚姻條云：『凡蒙古色目人與中國人爲婚姻，不許本類自相嫁娶；違者杖八十，男女入官爲奴。注「胡元入主中國，其種類散處天下者，難以遽絕，故凡蒙古色目人，所與中國之人相嫁娶爲婚姻……不許蒙古色目之自相嫁娶」』是則國家雖忌異族而未嘗不思爲融會貫通者、也。

漢金日磾本匈奴休屠王太子，唐王世充本西域胡人，異族之人，自漢以來，混入華夏者何限。故謂中華民族，龐大紛雜，無由細分其來自，寧有語病？必一一探求其源，洵不可也。

近在民國十一二年間，澳洲古生物家（Dr. O. Idansky），在北平房山縣屬周口店，掘得化石甚多。賫至瑞典整理，得前臼齒及臼齒各一，定爲較爪哇猿人更古之齒，十五年冬，瑞典太子來華，安特生氏於歡迎席上宣布此齒爲北京齒（Peking Tooth）而稱生此齒者爲北京人（Peking man）。民國十七年間，北平地質調查所楊鍾健裴文中二人又在周口店得猿人化石牙齒數枚，不完整之牙牀兩個，破碎頭骨數塊。翌年，裴君又續有所發現，於是人類最古之北京猿人，遂爲科學界所公認。科學十四卷八期裴文中中國猿人化石之發見由此觀之，中國未必非產生人類之地；而產生以後，又復龐大紛雜，無由細分其來自，則西來南來之說，就文字以證明民族來自者，當無以免於捕風捉影之嘲也。

比見時事新報二十三年七月二十六日云：『英國學者伍特沃德，在地質學大會發表論文，謂人類之起源，在於非洲。因在非洲較古之地質構造內，已發見人類遺骸及曾有人類生存之證據，其地質之構成，遠古於「北京人」所發見之地。』此乃新說，爰誌於此。

三　古代史中之時與地。

原夫史之造成，卽係人類在空間上經過某一時間之創作變演。言中國古代史中之「人，」無以決定其原始頗令人聯想於古代史中之時間與空間，亦復難於論定。言古代史中之「人」則近於恍惚而言古代史上之時地，則每近於『荒謬』荒者蓋言誇大而不經；謬者卽言是非之舛誤。

言古史之時間而或近於荒大者，則如春秋元命苞云：『天地開闢，至春秋獲麟之歲，凡二百七十六萬歲。』此卽續漢書律歷志所本雖以較西洋人言古史天地造於紀元前四千四年者，臆造之精粗有殊，然不得不謂之誕妄也。

廣雅卷九上云：『天地辟設，人皇以來，至魯哀公十有四年，積二百七十六萬歲，分爲十紀。』王念孫廣雅疏證云：『續漢書律歷志引蔡邕議云：元命苞乾鑿度皆以爲開闢至獲麟二百七十六萬歲。文選魯靈光殿賦注，及春秋命歷序云：皇伯皇仲皇叔皇季皇少五姓同期，同駕龍，號曰五龍。』此說也，宋盛如梓庶齋老學叢談卷上頁十五知不足齋本已斥其非。『路史泰皇氏注，春秋命歷云：「自開闢至獲麟，二百二十七萬六千歲，分爲十紀。乾鑿度及春秋元命苞皆云二百七十六萬七千歲，廣雅因之，均爲誕妄。」』然而皇極經世書言天地開闢之數，據劉勳隱居通議卷二十八所引：『天地一開一閉，謂之一元。總計十二萬九千六百年。開自寅己至戊戌而後閉，開之時凡二百四十星，計八萬六千四百年。閉自戊戌至寅己而後開，閉之時凡一百二十星，計四萬三千二百年。自夏禹八年過午，至今猶屬午之中上。必待滿足一萬八百年，然後過未。自開闢至今，約三萬八千年。自今以往，猶須經過四萬八千四百年。』雖其所云長短，與緯書所述者迥異，然均之為臆想之談耳。

言古史之時間，而實近於謬誤者，則如文王世子（禮記六）言：『文王九十七乃終，武王九十三而終。成王幼，不能涖阼，周公相，踐阼而治。』夫七十生子，庸得名之非遲？而果如此，計武王之死，成王當年已弱冠，而猶謂之幼耶？無怪夫羣經識小所謂：『成王踐阼，書曰沖人。晉應韓皆成王之弟，豈武王諸子，皆生於八十後乎？』（新義錄卷十一）李冶敬齋古今黈云：『后稷摯堯契四人，同為帝嚳高辛氏之子。契則十三葉而得湯，稷則十四葉而得文王。然夏之世，歷四五百年，而商之世，又歷五六百年。計千餘年，而文王始生。若以代數較之，文王之於湯，但不及一葉耳。是則殷之先一何夭？周之先一何壽乎？此為其可疑者，意前志必有脫誤。』（古今黈卷三）此所舉例，洪邁容齋隨筆（卷一史記世次）亦以為疑；較成王之年代，更難問矣。

又如舜之南巡，檀弓謂：『舜崩於蒼梧之野，蓋二妃未之從也。』劉知幾根據此說，遂有「二妃不從，遠曠生離」之語。一若舜與皇英，以少年而新婚別者。考舜崩之時，年已百，又何必遠游？『司馬公詩云：虞舜在倦勤，薦禹為天子。豈有復南巡，迢迢渡湘水？張文潛詩曰：重瞳涉方時，二妃蓋老人。安肯泣路傍，灑淚泣叢筠。』（困學紀聞卷十二）然則以年齡而論，固不必有二妃與舜之離別歟？

又如左傳言蔡哀侯繩息媯於楚子，楚子因滅息，虜息媯歸。三年不言，生堵敖與成王焉。其後寡居之間，自守甚嚴，子元雖蠱惑之不動也。此記載，驟視之似無甚誤，然一考其年代，則矛盾立見。孫文玉言：『古者女子二十有家，息媯過蔡，在（魯）莊（公）十年，雖甚少，亦當十六七歲。至三十年，子元伐鄭，歸而處王宮，息媯年逾四旬矣，子元雖甚荒淫，何致蠱此老嫗？又考史記成王弒兄堵敖，在魯莊二十二年。距楚文致息嬀時，亦僅十一二年。成王爲弟，尚不及十年，豈能行篡弒之事？然則生堵敖及成王之說，亦未見確』（新義錄卷七十九）此亦由年代以辨史實者也。

言古史之時間，既不免於誇大謬誤，言古史之地理者，又何獨不然。自鄒衍有大九洲之說，（史記鄒衍傳）蘇東坡因之亦有大九洲之論。（朱少章曲洧舊聞卷五第五頁）而緯書如春秋命歷序云：『神農始立地形，甄度四海，遠近山川林藪所至，東西九十萬里，南北八十三萬里』此見開元占經地占篇所引。廣雅釋地（卷九下）又謂『帝堯所治九州地二千四百三十萬八千二十四頃，其墾者九百一十萬八千二十四頃。夏禹所治四海內地東西二萬八千里，南北二萬六千里，出水者八千里，受者八千里。』此見於山海經（中山經）管子（地數篇）呂覽（有始覽）淮南子（地形訓）者也。

此說誇誕已極，今日之中國南北固不及八十三萬里，東西更不及九十萬里，謂三代時之中國，草昧未啓，而能廓大至斯乎？無怪乎爲容齋隨筆所譏誹也。洪邁容齋隨筆（卷五）周世中國地云：『成周之世，中國之地最狹。以今地理考之，吳越楚蜀閩皆爲蠻；淮南爲羣舒；秦爲戎；河北眞定中山之境，乃鮮虞肥鼓國。河東之境，有赤狄里氏留吁鐸辰潞國。洛陽爲王城，而有楊拒泉皋蠻氏陸渾伊雒之戎。京東有萊牟介莒，皆夷也。杞都雍丘，今汴之屬邑，亦用夷禮。邾近於魯，亦曰夷。其中國者，獨晉衞齊魯宋鄭陳許而已，通不過數十州，蓋於天下特五分之一耳。』案洪氏此說，宋永亨搜采異聞錄（卷一第三葉稗海本）已言之。且徵之古昔，楚之稱王，自曰「吾蠻夷也」；（史記楚世家）司馬錯謂『蜀西僻之國；

而戎翟之倫，敝民勞衆，不足以成名。得其地，不足以爲利。』燕昭王之告張儀，亦云：『寡人蠻夷僻處，雖大男子，裁有如嬰兒言不足以采正計。』均見史記張儀傳此可見楚燕蜀等國自居化外，更可知古代中國文化所及衣被之地，斷不能如廣雅所云之曠大也。

古史地理，除浮夸不足信外，則又有謬誤迷惑者。

如太原者，今人所熟知者也。詩稱「薄伐玁狁，至于太原。」『其以爲今太原陽曲縣者，始於朱子。』獨顧炎武以爲『當卽今之平涼，而後魏立爲原州。計周人之禦玁狁，必在涇原之間。』因以決定周宣王之「薄伐」，實不能尅平戎禍。『宣王之世，其患如漢之安帝也；幽王之世，其患如晉之懷帝也。戎之所由來，非一日之故，而三川之震，檿弧之謠，皆適會其時者也。』日知錄卷三太原條吾人讀史，初以宣王中興，未幾而幽王亡國，平王東遷；引以爲惑。今知太原之勝，非能長驅橫虜，不過略爲擋禦；則如史實演變，積漸而至，初非突然者也。然則以太原爲今之太原而衡量周時形勢者，蓋陷於地理上的謬誤矣。

所謂迷惑者，卽言古代地理，學者所記，聚訟紛紛，未易賫後人之裁決也。

如伯夷叔齊餓死於首陽山，此首陽山果何在乎？顧炎武天下郡國利病書卷十五引楊恩首陽山辨云：『首陽山在中古以前，一山耳。自孔子稱伯夷叔齊餓於首陽之下，其名遂與五岳爭高。後世好奇之士，爭欲私之。說文以爲在遼西，劉延之以爲在偃師，馬融以爲在蒲坂，方輿勝覽以爲在隴西，曹大家注通幽賦亦云在隴西。莊子云：北至岐山，西至首陽，故索隱以爲在岐山之西。寰宇中遂有五首陽。後來不知何時，斷以河東蒲坂者爲是，卽其地祠而祀之。至今相因，以爲此夷齊餓處也。』而實則蒲坂爲周地，固夷齊之所不願居者。

楊氏謂：『夷齊既以恥食周粟而去，亦必遠引其心始安。蒲坂去豐鎬不四百里，固周之畿內地也。避周而願居畿內不食其地之粟，又食其地之薇乎？』又謂『今蒲坂首陽薇所不產，每致祭則取於別所。後來好事者移植亦復不多。』然則首陽山之所在，迷惑人者久矣。

又如禹會諸侯於塗山執玉帛者萬國，讀史者或以爲在會稽；（史記）或以爲在濠州；（左傳杜注）或以爲在渝州（後漢書郡國志注）或以爲在當塗。（漢書地理志注）說者因謂禹之治水，不止一處，「會稽諸侯」固當不限一地。詳孫文玉新義錄卷七 聚訟紛紛，此又難以斷定者也。

綜而言之，言中國古代史者，時也，地也，兩者皆不易決定。更無論人之來自，無以稽核其實也。稽核云云，此眞治古代史者所難者也。南粵而有盤古墓，人可知其誕妄；會稽之有禹陵，事亦可疑。我儕將盡信書乎？抑當存古史難讀之見，而思爲推敲辨證乎？

四　事物創製之尋討

古代史上之「人」也，「時」也，「地」也，其不易研求，既聲述如上；至於古代史上之事物創製，其可信之限度，與可知之實在，正如古史上之「人」「時」「地」三者。

夷考各民族之古史，無不荒談創造。道書言：『天地初闢，一日雞，二日狗，三日豬，四日羊，五日牛，六日馬，七日爲人。』猶太舊教言：『上帝一日造天，二日造地，三日造海洋，四日造植物，五日造動物，六日造人。』波斯古傳說言：『五十日成天，六十五日成水，七十五日成地，又三十日成草木，八十五日成鳥獸，七十五日成人。』尋追萬物之來源，要爲初民所同於不解因以型成荒唐之神話，猶諸中國史上之侈言盤古也。

案六經中並無盤古字樣，盤古之名當起於秦漢以後。孔子論語及孟子七篇，僅言堯舜（孟子滕文公篇有「有爲神農之言者許行」亦奚落之詞非孟子所信）。至元史祭祀志竟記：『至元十五年四月，修會川縣盤古祠祀。』則後來傳說，言之鑿鑿，一若眞有其人矣。元豐九域志載廣陵有盤古冢。始興縣志謂縣南十三里有盤古墓，河北靑縣志亦言有盤古冢，皆土人附會之說，且爲後起者也。後漢書南蠻傳載高辛氏時，募得犬戎吳將軍頭者，妻以少女。其所畜狗名盤瓠者，果銜其首至，帝遂妻以女，生六男六女，爲南蠻之祖。說者因謂盤古爲南蠻神話，非干中土。但將軍之號起於周末，疑此傳說亦起於周衰之時，不關上古焉。

中國載籍言盤古之創造者，如述異記則稱：『昔盤古氏之死也，頭爲四岳，目爲日月，脂膏爲江海，毛髮爲草木。』五運歷年記云：『元氣濛鴻，萌芽滋始，遂分天地，肇立乾坤，啓陰感陽，分布元氣，乃孕中和，是爲人也。首生盤古；垂死化身，氣成風雲，聲爲雷霆，左眼爲日，右眼爲月，四肢五體爲四極五嶽；血液爲江河，筋脈爲地里，肌肉爲田土，髮髭爲星辰，皮毛爲草木，齒骨爲金石，精髓爲珠玉，汗流爲雨澤，身之諸蟲，因風所感，化爲黎甿。』此皆以盤古爲創物者。求之於史，固極荒唐，然準之以原始人羣對於古史之揣度，則知東西各國人不相遠也。何也？蓋同謂宇宙之生成，萬物之建設，乃有造物主者在焉。

案俞樾釋盤古云：『盤古者元氣之名，猶盤互也。漢書谷永傳，百官盤互；師古註，盤互，盤結而交互也。亦作磐互，劉向傳，宗族磐互是也。古與互同部字，史記封禪書秋涸凍，索隱引小顏曰：「涸讀與沍同。」涸從固聲，即從古聲，而與沍同讀。此盤古所以爲盤互也。旁薄即盤互，旁礡雙聲，薄互疊韻耳。』（陳漢章上古史頁七引）此以盤古爲旁薄之音轉，卽以爲元氣之謂，未免強詞奪理；然其旨不可厚非。

考俞寧世可儀堂文集云：『有人自云八百歲，能知天地之數。處士邵雍聞之，昧旦而往，日晡，始見。謂之曰：吾知子來，欲問混沌之說耳？夫天地之混沌，未可言旣也。吾試與子言今日之事，夫一念初萌，萬象未動，非盤古乎？明而求衣，晨而求食，非黃農乎？於是內省德業，外習詩書，非唐虞三代之時乎？人事益多，物感漸熾；往來雜而愛惡生，此時也卽漢唐以來數千年之事也。』此以盤古爲混沌時之象徵，以不解解之，勝諸等傳說，遠矣！

良以古人對於開闢，苦無見解可得。故不期然而造爲神話，文飾其事，而故實其人。故五運歷年記謂造人者爲盤古氏，而御覽卷七十八又三六〇引風俗通：『天地初開，未有人。女媧摶黃土爲人，力不暇給，乃引絙於泥中以爲人。故富貴者，黃土人也；貧賤者，絙人也。』案女媧之名，司馬貞以爲「男子爲帝」；風俗通以爲伏羲妹，李宂獨異志則稱女媧兄妹爲夫婦，雌雄之辨，人多異詞，而敢斷定其造人乎？意者古人不知人所由來，勉求其解，則或尊盤古，或推女媧；必欲求一創物者，則所得之創物者，乃爲神而非人矣。

崔豹古今注卷下『程雅問董仲舒曰：「三王三才也，五常五帝也。三王，三明也；五帝，五嶽也。」』亦以開闢時期之聖哲，作爲抽象之神明，而非具實之人物。

姑不問宇宙之開闢，卽論一器一物之制作，古史亦不能確指其人，而僅能虛指其人。世本所載：『古者觀落葉，因以爲舟』；淮南子言『古者見竅木浮而知爲舟』；拾遺記言，『舟楫之造，爲乘桴之變』。然則一器一物之作，一由於環境的引誘，一由於經驗之累進，初非有一定之智者聖者突然能製作也。

考工記云：『知者創物，巧者述之守之世，謂之工。百工之事，皆聖人之作也。爍金以爲刃，凝土以爲器，作車以行陸，作舟以行水，皆聖人之所作者也。』夫知者之創，僅由於環境之引誘，安在而必爲聖人？巧者所述，乃由於經驗之累進，又何與於奇知與殊能？必欲指某也作某，某也造某，則某也某也，自非有神人之能力不可也。

例如構巢之事，南宋周去非猶及見之：『深廣之民，結柵以居，上設茅屋，下豢牛豕。上編竹爲棧，不施椅、桌、牀榻，惟有一牛皮爲裀席，寢食於斯。牛豕之穢，昇聞於棧罅之間，不可嚮邇。彼皆習慣，莫之聞也。考其所以然，蓋地多虎狼，不如是，則人畜皆不得安，乃上古巢居之意歟！』（嶺外代答記卷四）然則巢居之事，原由於地多虎狼。莊子盜跖篇云：『古者禽獸多而人民少，民皆巢居以避之。晝拾橡栗，暮栖木上，故命之曰有巢氏之民。』是知「有巢氏」者，正初民生活之一時期，不必如後世所記之過於神而明之也。

有巢之創，爲穴居野處之進步，正如火之發見應用，爲茹毛飲血之進步。然禮記禮運則謂：『昔者未有火化，食草木之實，鳥獸之肉，飲其血，茹其毛。後聖有作，然後修火之利。』韓非子云：『上古之世，民食果蓏蚌蛤，腥臊惡臭，而傷害腸胃，民多疾病。有聖人作，鑽燧取火，以化腥臊，而民悅之，使王天下，號曰燧人氏。』（五蠹篇）譙周古史考云：『太古之初，人吮露精，食草木實，穴居野處。山居則食禽獸，衣其羽皮，飲血茹毛；近水則食魚鼈螺蛤。未有火化，腥臊多害胃腸。於是有聖人造作，鑽木取火，教人熟食，始有燔炙，裹而燒之，曰炮。民人大說，號曰燧人。』曰「後聖有作」，曰「有聖人作」，曰「有聖人造作」，明火之造作，由於聖人。正如巢之造作，亦謂由於聖人。言聖人者，言製造之非出於常人也。而不知器物之作，由於環境之需要，由於經驗之推進，固非一聖人所能爲力者。

易繫辭稱：『古者庖犧氏之王天下也，仰則觀象於天，俯則觀法於地，觀鳥獸之文，與地之宜，近取諸身，遠取諸物；於是始作八卦，以通人民之德』是言八卦乃由於神明之德也。又云：『上古穴居而野處，後世聖人易之以宮室，上棟下宇，以待風雨。』又云：『古之葬者，厚衣之以薪，葬之中野，不封不樹，喪期無數。後世聖人易之以棺槨。』又云：『上古結繩而治，後世聖人易之以書契。』此又言宮室棺槨書契乃由於後世聖人之「聖」也。夫聖人何以獨聖於上古？上古之聖人，何以在君主中爲獨多？後世之君主，何以獨多肉糜公蛙？此皆令人可疑者也。

平心論之，器物之創制，當有修共復合之四大景相，非僅一人之創始而已。一人肇始，衆人繼之；知者創首，巧者述之，卽我所謂修也。如世本稱：『神農作琴，長三尺六寸六分，上有五絃，曰宮商角徵羽，文王增二絃。』意者瑟本簡朴，後加改進，推陳出新，事非一節；求其創制之主名，自屬難尋。

所謂共者，卽言甲製器於乙地，丙造物於丁方，初無滯通之機緣，同爲利用而阜生。如黃帝之時，據世本作篇所載，羲和占日，后益占歲，容成造歷，此乃謂留意於自然之景象者，初非限於一人，亦非謂一時間內僅有一人製作。蓋有無意而爲合作，閉戶造車，及其成也，乃皆可用也。

所謂復者，蓋謂初已有所制作，中更失傳，而後有人舉之於已廢之後。則如世本言：『神農和藥濟人，』而黃帝之時又有『巫彭作醫。』堯之時又有『巫咸初作醫。』意者，神農黃帝之醫術，距久而失傳；（古無文字記載以助記憶，則其失傳也，自不如後世之難）故及巫咸之世，而猶云『始作醫』耶？

至於甲造其一，乙造其二，二者相和而爲美器；是則吾所謂「合」也。章炳麟曰：『作篇曰「夷牟作矢，揮作弓。」一器相倚以行，而作之者二人。余讀胡非子云：「一人曰吾弓良，無所用矢！一人曰：吾矢善，無所用弓。羿聞之，曰：非弓何以往矢，非矢何以中的？令合弓矢而教之。」（登原案：胡非子已佚，此據御覽卷三四七）以此知古之初作弓者，以土丸注發；古之初作矢者，以徒手縱送；兩者不合，器終不利。……故晚近視以爲一器一事者，皆數者相待以成；古者或不能給其相得，而匱乏已甚；雖一人之巧，什伯於儕無益。』（檢論卷二尊史）此卽梁任公所謂「共業」者，殆近是乎？

綜言之，初民以宇宙創造爲神聖之力，以器物製作爲賢智之功；前者固不足令人置信，後者亦蔑無此專。必知修、共、復、合之理，則始足明古人之制作器物也。章炳麟云：『夫古器純樸，後制麗則，故有名物大同，形物革良者，一也（若古自有笛，漢丘仲亦作笛，京房乃備五音是也）；禮極而褫，樂極而崩，遺器墜失，光復舊物者，二也（若前漢袞冕已亡，明帝始作）；此既冠帶，彼猶毛薪，則其閉戶創造，眇與他會者，三也（今時牀几，由來久矣；而席地之儀，猶在日本。古之九州，亦若神州東國，進化異時，諒無多怪者也）；三者非始作，然皆可以作者稱之。』（檢論二尊史篇）蓋猶修、共、復、合之義焉。

第二章　洪水時期與中國文化

五　洪水之傳說

古代史之範疇，古代史中之人種時關地域以及最初之事物創製，既如是其不易決定，有如上述。而所謂事物創製者，古史所記往往列諸洪水時期之前後。以此知洪水時期，固亦不可問也。何也，所謂洪水者，固初民傳說之一焉。

洪水傳說，非吾民所獨有，如伽勒底古史稱洪水前凡八十六王，歷三萬四千八十年，多以天神治人事；洪水將作，有薛素陀羅者，夢神告之曰：『某月十五日洪水忽至，上帝將生殺世人。』又舊約希伯來創世記：『上帝謂亞當後人那亞曰：「予欲起洪水，蕩滅全世界，愛汝一人，使保生命，宜造大船，攜汝婦及子女，盡入船中。」那亞乃刳木爲方舟，以瀝青塗其內外，載親戚及各生物之族類牝牡各一。既而霪雨晝夜不息。自正月至三月，洪水遍地，人民及各生物覆溺垂盡。歷百二十日乃消。七月十七日，那亞方舟止於阿臘山巔。』印度肥大司此士經：『印度之初，有大魔竊去肥大司書。大神衞世努降世爲魚，告一人名馬努者曰：「洪水將降，人物將滅；海有方舟，可偕友人並物種登舟！」從之，而洪水至。』回教可蘭經：『創造天地，萬物一主，名阿丹。千餘載後，洪水泛濫，人民漂沒。三月而洪水退，有大聖努海受命治水，使其徒衆分往四方。』又雲南猓猓古書：『古有宇宙乾燥時代，其後洪水時代，有兄弟四人，三男一女，各思避水。長男乘鐵箱，次男乘銅箱，三男與季女同乘木箱。後惟木箱不沒，而人類遂存。』——準此，則東西民族，原各有洪水傳說，可蘭經所謂大聖努海受命治水，又與中國史所載略同也。

平情論之，中國上古之文明，大抵偏於北部；其北部之水利，則黃河之小決與改道是也。如以小決而言，則只舉清代乾隆一朝，江南黃河之決口，計有七年、十年、十五年、十八年、十九年、三十一年、三十八年、三十九年、四十五年、四十六年、五十一年，凡十一次，而河南黃河之決口，則有十六年、二十六年、四十五年（兩處）、四十六年（兩處）、四十九年、五十二年，凡七次。（詳姚元之竹葉亭雜記卷二頁十六）至於大決而爲改道，胡渭謂：『中國之水，莫大於河。……河自禹告成之後，下訖元明，凡五大變，而暫決復塞者不與焉。一、周定王五年，河徙自宿胥口東行漯川，至長壽津與漯別行，而東北合漳水，至章武入海。二、王莽始建國三年，河決魏郡，泛清河平原濟南，至千乘入海。三、唐仁宗時，商胡決河，分爲二派。北流合永濟渠至乾寧軍入海，東流合馬頰河至無棣縣入海，二流迭爲開閉；宋史河渠志所載是也。四、金章宗明昌五年，河決陽武故隄，灌封丘而東注梁山濼，分爲二派，一由北清河入海，一由南清河入淮是也。五、元世祖至元中，河徙出陽武縣南，新鄉之流絕，二十六年，會通河成，北流漸微，及明宏治中，築斷黃陵岡支渠，遂以一淮受全河之水是也。』（禹貢錐指敘略）然渭不及見咸豐五年之河又北徙，且以陻塞淮之口也。合前後而論之，大改道蓋六度也。

故黃河者，殆爲中國治水利之本。雍正八年四月上諭：『古稱黃河之神，上通雲漢，光啓圖書。禮曰：「三王之祭川也，皆先河而後海。」惟神澤潤萬國，福庇兆民，自古及今，功用昭著。……本朝順治三年，封黃河神爲顯祐通濟金龍四大王之神，康熙三十九年，加封爲顯祐通濟昭靈效順金龍四大王之神。』（雍正東華錄八）此等崇奉黃河之舉措，頗能令人聯想於司馬遷所稱『禹抑鴻水，十三年過家不入……然河菑衍溢，害中國也尤甚，唯是爲務，故導河……』（史記二十九河渠書）以是而知黃河之病我中國，深也。

考黃河自青海發源之後，『載之高地，』（用河渠書語）龍門孟津以下，折入平地，其行漸緩；其行漸緩，其泥漸積；其泥漸積，河牀漸高；河牀漸高，決口漸易。是以天下郡國利病書，謂明英宗『正統初，黃河泛濫，每水一斗，其泥數升，匯而丘者十餘里，運舟不通。』（卷三十一）又引嘉靖十五年李如圭論黃河云：『今之論黃河者，惟論其瀰漫之勢，又以其遷徙不常，而謂之神水。殊不知黃河之水，泥沙相半，流之急則沙泥並行，流之緩則泥沙並積，而停積則淤之漸矣。淤之既久，則河高而不能行。水性就下，必於其地勢之下者而趨焉，趨之既久，則岸面雖若堅固，水行地下，岸之根基，已浸灌陳散而不可支矣。及遇大雨，至連旬不晴，河水泛漲，瀰漫浩蕩，以不可支之岸基而遇此莫能禦之水勢；頃刻崩潰，一瀉千里，遂成河決，無足怪也。』卷三十一此均古人言黃河之所以作祟者。不知此作祟之理，則以黃河爲神祕莫測矣。

李白詩：黃河之水天上來，奔騰到海不復回。蓋古人不深知河，故有此神祕之說法。卽如以河源而論，漢張騫雖云「嘗窮河源」，然無明確之敍述。楊愼升庵集：『武帝因按古圖書，名河所出山曰崑崙。班固以爲騫未嘗見崑崙。唐薛元鼎使吐蕃，自隴西成紀出塞二千里，得源於悶磨黎山。……故蔡氏尚書禹貢傳兼取二說而歸是於薛，然皆非耳目聞見之實。元至元十七年，命都實佩金虎符，往來河源。自河州四閱月，始抵其處。……元有天下，薄海內外，皆置驛使，通道絕域，如行中國。都實又以河源事特往所詣多鄉導指授其所記載，始有證據。』郡國利病書卷五十五引是謂國人之明知河源，已在元代。王端履重論文齋筆錄卷四云：『乾隆四十七年，高宗命兵部侍郎大理寺卿陸錫熊等編撰河源紀略三十六卷，千古異同，一朝論定。』此則論河源之確定，定於清時也。

知河源之不易尋覓，可推想古人不易了解黃河泛濫之故。淮南子本經訓云：『舜之時，共工振滔洪水，以薄空桑。龍門未開，呂梁未發，江淮通流，民皆上邱陵，赴樹木。禹疏三江五湖，闢伊闕，導纏澗，洪水漏，九州乾。』言洪水爲共工所振滔，正緣不知河患何來故也。

其實，以黃河而有洪水，爲北方之大菑，初乃自然生成。後史言禹之治水，得無過於文飾其功，故禹鑿龍門，則朱子疑之。『朱子語錄云：「今人說禹治水，始於壺口，鑿龍門，某未敢深信。方河水洶湧，其勢迅激，縱使鑿就龍門，而下流水未分殺，必且潰決四出。」』禹貢雖指卷二是朱子以禹鑿龍門為烏有也。且河流廣大，施功非細，縱使竭禹之力，亦未必能成。夏德支那太古文明史謂『夫古代支那之大紀念物，即萬里長城，雖以非常之勞而作成，其長亦不過三百力格。然此鉅大之建設，實亘非常之歲月。其初秦趙燕等諸國，業已陸續建造。至秦始皇帝不過修繕而增設之耳。且以此等泥土築造之城，比之綿延一千二百乃至一千五百力格之大河，修築隄防，開浚水道之事，猶為容易之業。然其難且如此，則禹之治水，需多大之勞苦與歲月乎？彼禹之修改支那之大河，幾與修正微弱之小川之水道無異；則此等具有怪力之禹，殆非人間之人！』朱子蓋從地勢而疑之，夏德蓋從工事而疑之，要之，均嫌禹治洪水之蹟，或有文飾過甚焉。

案禹鑿龍門，為治水一大掌故，語見淮南子修務訓；淩杰經義叢鈔卷十七有禹鑿龍門考。至於禹之治水工程，則詳禹貢及史記河渠書。禹之治水工程，依禹貢所載，導江導淮，初不限於一河，即以黃河論之，自龍門而下，長約二千里，禹之施功，尚已艱難無比，而況重之以江淮耶？

竊嘗論之，蓋有二者可以解釋禹之治水也。

禹雖治水，而禹以前，亦有治水者矣。禮記祭法：『昔共工氏之霸九州也，其子曰后土，能平九州，故祀以為社。』是共工氏之子，其平水土也，民嘗念之。尚書洪範云『我聞在昔，鯀陻洪水，汨陳其五行。』是鯀陻洪水，箕子亦嘗聞之。可知禹以前有治水者，治水者不限於一禹。

禹雖治水，而治水之時，非禹一手一足之烈也。淮南子謂：『禹之時，天下大水，禹身執虆垂，以為民先。』要略訓胡渭謂『禹平水土，非一手足之為烈。當時佐禹者必衆。……周語太子晉言共工之從孫四岳，能為禹股肱心膂，以養物異人韋昭云：共工從孫爲四岳之官，掌帥諸侯，功禹治水。是四岳亦禹之佐也。殷本紀載湯誥之言曰：古禹皐陶久勞於外，四瀆既修，萬民乃有居。是皐陶亦禹之佐也。呂刑曰「乃命三后恤功於民，伯夷降典，折民惟刑。禹平水土，主名山川，稷降播種，農殖嘉穀，」是伯夷亦禹之佐也。……不然禹雖櫛風沐雨，胼手胝足，亦何濟之有？』（禹貢錐指卷二）綜上所記，可知禹同時有治水者，治水者不限於一禹！

意者河肆其暴，人盡其力，先民與水患決鬬非止一人一時一地，而古史簡略，禹乃獨尸其功，以至爲人所疑歟！古往今來，集某項事業之大成者，非必出於一手。正如一將之成名基於千萬之枯骨，吾於禹之治水亦云然也。

至於吾先民在洪水時期之建樹，即對於歷史之影響，則亦有下列二者：

其一，因有水患而巧器漸作。如史記夏本紀言：『禹之治水，陸行乘車，水行乘船，山行乘欙，泥行乘橇。』愼子曰：『爲橇者患泥之塗也。』泥塗爲患而橇斯作，正如世本謂鯀造城郭爲障陘水患而作。可知吾先民經此浩劫，多難興邦。

其二，因有水患而治水者之足跡寖廣，因有水患而土壤之調查亦起。是以禹貢之載九州「厥土」「厥絲」……諸多論列。因治水故而利用土地之知識更進一層，亦因禍得福，所謂文化生於困難焉。

若夫後人思所以報功，則孔子有『禹吾無閒然』之歎，而劉定公亦謂『美哉禹功，明德遠矣，微禹，吾其魚乎？』（左昭元年）後人不免於驚奇，則又有鯀化黃龍之說。左傳（昭七年）記子產語韓宣子曰：『昔堯殛鯀於羽山，其神化爲黃龍，以入於羽淵，實爲夏郊，三代祀之。』此類者可勿論也。

六　君權與人權

關於禹之治水，既闡述如上，至於禹之行迹所以爲後世滋疑者，則非限於治水一事；蓋以其嘗爲政治上之領袖焉。而邃古之時，政治上之領袖往往與神不分，換言之，一方爲酋長而一方亦爲牧師，掌政掌祭，一身共之，揆其始末，殆非始於禹而限於禹。

左傳襄二十六年，衛獻公與寧喜言曰：『苟反，政由寧氏，祭則寡人。』亦可見爲國君者，如其不得政權，要亦得神權以自娛耳。而楚語卷下『王曰「祀不可以已乎」觀射父曰「祀所以昭孝息民，撫國家，定百姓者也，不可以已，……上所以教民虔也，下所以昭事上也。』亦言君權者之利用神權。

梁書卷五十四『毗騫國去扶南八千里，王之身長丈二，頭長三尺，自古來不死，莫知其年，南方號曰長頸王。王常樓居，不血食，其子孫生死如常人，惟王不死，亦能作天竺書。』是毗騫國之王，神人無殊也。其在近世，如西藏之活佛換生，昭槤嘯亭雜錄所謂：『西藏喇嘛，自宗卡巴興揚黃教，其徒達賴喇嘛班禪額爾德尼，率言永遠轉生，以嗣其教。行之日久，其徒衆稍有道行爲人推許者，亦必踵其轉生之說，以至「呼畢爾罕」多似牛毛，蒙古王公有利其寺之財產者，乃請託達賴喇嘛指其子姪爲的胤，互相承授。純皇帝習知其弊，因其陋習已久，難以遽革，因命置金丹巴瓶，設於吉祥天母前，遇有「呼畢爾罕」圓寂時，卽揀其歲所生子之聰慧者數人，書名於籤，令達賴喇嘛會同駐藏大臣封名掣之，賄請之弊始絕，時謂之活佛掣籤云。』嘯亭雜錄卷二 是則西藏之王，神人無殊也。

昔西洋中世時，政教不分，教皇之權，可以生殺予奪列國之國主；揆其起原，當由初民之畏神，而一二傑出之野心家，欲型成其統治，不得不借助於神，以便其自欺欺人之企圖。求諸中國史所謂篝火狐鳴，拔劍斬蛇等等，正如天命玄鳥，降而生商，非徒以煽惑人心，且以徵帝皇之出，神靈協助焉。漢以下猶然，而況漢以前乎？

史記陳涉世家謂陳勝吳廣將起事前，『乃行卜，卜者知其指意。曰：足下事皆成，有功；然足下卜之鬼乎！陳勝吳廣喜，念鬼，曰此教我先威衆耳。乃丹書帛曰「陳勝王，」置人所罾魚腹中。卒買魚烹食，得魚腹中書，固以怪之矣。又閒令吳廣之次近所旁叢祠中，夜篝火，狐鳴呼曰：「大楚興，陳勝王。」』史記四八 史遷寫到此處，神采奕然，是於陳勝之假託神權，深致不滿。然高祖紀又記龍負劉媼斬蛇當道之事，無怪乎孫文玉新義錄言：『漢高祖斬蛇之事，不過陰託詭詞。卽陳勝吳廣罾魚狐鳴之故智也。』卷十三 豈史遷爲所欺乎！

其在東漢光武帝本以力征而開王業；然初起之時，則假借於李通之圖讖；後漢書五十八通傳 成功之時，則桓譚言讖非經，帝卽大怒而斥「以非聖無法。」後漢書五十七譚傳 又嘗與公孫述辨論符命，謂『天下神器，不可力爭。』後漢書四十三公孫述傳 足見光武之利用神權。

劉備微時，「舍東南角籬上，有桑樹生，高五丈餘。」先主自言：『吾必當乘此羽葆蓋。』蜀志卷二 六代時，沈約符瑞志敍謂：『體睿窮幾，含靈獨秀，謂之聖人。』宋書二十七 而劉裕初生，『有神光照室，其夕甘露降於墓樹。』宋書二十七 此正如隋文帝幼時，『忽見頭上角生，徧體鱗起，皇妣大驚，墮皇祖於地』隋書卷一 也。他如劉鼎卿隋唐嘉話卷上 謂：『隋文帝夢洪水沒城，意惡之，乃移都大興，術者云：「洪水卽唐高祖之名也。」』而史世良善相，相高祖『必爲人主。』舊唐書卷一 王世充亦拜受道士柏法嗣之孔子閉房記。舊唐書五十四 盧格言宋太祖之生，有赤光之符。客游漢東，有紫雲黑龍之符。祝允明罪知錄卷二引 則唐宋之君，其自詡奉天承運，固亦假託於神。

元史卷一 言：太祖十世祖母寡居，夢白光化爲金色神，來榻而娠。而明太祖兜鍪中，置蛇五條，『火光騰空而去，諸將自是畏服。』徐禎卿翦勝野聞卷一 泗州楊家墩墩下地，爲太祖祖熙祖所葬。其地，則『以枯枝裁之，十日必生葉』者。而太祖幼時，爲人牧牛，烹牛而食，插牛尾於地：『誑主者曰：「陷地裂去也。」主者拽尾，轉入地中，眞以爲陷。』其後爲僧，『掃梵宇以帚擊伽藍像，令縮足起，待吾掃，卽縮起。佛前燭鼠傷，責伽藍不管。書其背曰：「發去三千里。」其晚，僧夢伽藍辭行曰：「當世主遣發三千里矣，」明旱僧覘伽藍背有字，追問之。太祖曰，「戲耳，今釋之。」晚，又夢伽藍來謝。』以上見王文祿龍興慈紀頁一至四 其在於清，則佛庫倫以神雀含朱果而孕，卽愛新覺羅氏之祖。東華錄卷一 ——此又元。明。清。三代假神權以取皇權者也。

以今論之，知漢以下之皇權者，尙須利用神權，則漢以前之有政治野心者，更可想知。大約釐述，可分爲三。

其一，則言古帝王之降生與衆不同。大戴記六十三帝繫篇 謂：『鬼方氏之妹，謂之女隤氏。産六子，孕而不粥。三年，啓其左脇，六人出焉。』干寶曰：『先儒學士，多疑此事。譙允南作古史考，以爲作者妄記，廢而不論。然案六子之世，子孫有國。……天將興之，必有尤物乎。若夫前志所傳，修己背坼而生禹，簡狄胸剖而生契，歷代久遠，莫足相證。』據孔廣森補注引 此卽簡狄呑卵，姜嫄踐迹一流；以降生之特殊，而令人置信於地位之特殊。此皇權之所以與神權混合者，一也。

啓脇而出六子，此卽詩所謂「不坼不副，無災無害，」詳趙翼陔餘叢考卷二坼副條 至於簡狄呑卵而生契，毛傳以爲元鳥降時，簡狄適從高辛，故娠。姜嫄踐武而生稷，毛傳亦以爲姜嫄適從高辛，故娠。自史記有呑乙鳥卵，踐巨人跡之說，後之說經者皆宗之。洪容齋力斥其妄，以爲不如毛傳之可信：『夫適野而見巨跡，人將走避之不暇，豈欲故履其迹，以求不可知之禎祥？飛鳥墮卵，知爲何物；而遽取呑之？以古揆今，人情一也。』容齋隨筆卷七姜嫄簡狄條此說雖是然於古者帝王之利用神權，未道及也。趙翼則力爲史記辨，謂『帝王之生，亦自有不可常理論者，』因列舉烏孫王子之有狼來乳，伊有鳥銜肉翔其旁；漢書張騫傳夜郎之初，有女子浣溪，得竹節中有號聲，剖之乃男兒也，長爲夜郎王。後漢書夜郎傳鮮卑大人檀石槐之母吞雹而生石槐；索離國王本國王侍婢吞氣大如雞卵所娠。北史載高句麗王之先，其母以日影相逐而娠。後魏之先，偶於天女；蒙古之先，以光明照腹而娠。高昌王本樹癭所裂而生者。『據此則吞卵踐迹，或亦事之所有也。』陔餘叢考卷二實則容齋所記爲皇權發達神權銷沉後之懷疑論調，甌北所集，乃神權皇權相互爲用時之初民傳說。在史上雖確無其事，而在政治進化史上，則碻有其傳說者也。

其二，則謂古帝王之容止與衆不同。如通鑑外紀稱：『伏羲人身蛇首，神農人身牛首；』春秋元命苞稱：『神農母安登生子人面龍顏，始爲天子。』列子黃帝篇稱：『女媧爲蛇身。』要之，徵古之受命者，其形態已與衆人不同。洪适辨漢武梁祠畫像云：『帝王世紀稱上古聖人牛首蛇身之類，亦猶世之言相者有龜脊虎掌犀形鶴形之比。俗儒作圖譜，遂眞爲異類之狀。』言帝王之有特「相」，其說差愈於帝王世紀，然亦古人王神不分之所遺也。

奚止古帝王之形態不同而已，宋書卷二十七稱劉裕『少時誕節嗜酒，自京都還，息於逆旅。逆旅嫗曰：「室內有酒，自入取之。」帝入室，飲於盎側，醉臥地。司徒王謐有門生居在丹徒，亦至此逆旅。逆旅嫗曰：「劉郎在室內，可入告飲酒。」此門生入室，驚出，謂嫗曰：「室內那得此異物。」嫗遽入之，見帝之覺矣。嫗密問向何所見。門生曰「見有一物，五采如蛟龍。」』此亦人面龍顏之傳說加以變化者焉。

其三，則言古帝王之聰明與衆不同。

大戴記六十二五帝德言黃帝「生而神靈，弱而能言，幼而慧齊，長而敦敏，成而聰明；」帝顓頊「洪淵以有謀，疏通而知事，動靜如物，大小之神，日月所照，莫不砥礪；」高辛「生而神靈，自言其名，聰以知遠，明以察微；」帝堯「其仁如天，其知如神，就之如日，望之如雲；」帝舜「叡明通知，爲天下王。」易繫辭稱「伏羲仰則觀象於天，俯則觀象於地，觀鳥獸之文與地之宜，近取諸身，遠取諸物，於是始作八卦，以通神明之德，以類萬物之情。」——所謂古聖王之聖德，類皆與衆不同，聰明才知，即所以自廁其身於神靈首出者。

凡大戴記五帝德所述五帝之聰明才知，司馬遷五帝本紀論記略同。司馬貞史記索隱以爲史遷從大戴云云，此說不具論。但古人以古帝王爲聰明非常，則讀史記而知其益信！

民國二十二年四月二十四日大公報昆明通訊云：「邱北縣苗人極多，性素兇悍，十年之前，曾兩次產生草皇帝，聚衆築城，所幸均經官兵擊潰。近該縣所屬地方有一項姓（苗人）婦產生一子，據傳稱三日即能言語，今已三歲，煮米一升，能敷數百人之食，並能飛簷走壁，且謂此草皇品貌極好。」此即今日民間之「五帝德」也。

約言之，古帝王降生之神祕，容貌之非常，聰明之逾恆，皆可使古帝王之人格與神相混。項峻始學篇謂：「天地立，有天皇十三頭，號曰天靈，治萬八千歲。地皇十一頭，與於熊耳龍門山，治八千歲。人皇九頭，兄弟各三百歲。」然則古所謂帝皇，即演義所謂「頭領」「頭目」而已。安在其必仁聖如天哉？爾雅「林、烝、君也」。然則古之酋長，多擁山穴以自固，其範圍甚狹，安在而必其人之仁聖如天哉？良以桀酋首出，非飾詞無以動聽；非假神無以威衆。後之史人，取千年以前之傳聞記籌火狐鳴爲實錄，以致古之帝王，率含神之意味，即此故也。

東萊集卷十八孟子說云『禹惡旨酒，坐以待旦，』大抵惟識聖人者，方能說得聖人分明。若不識聖人者，皆不於平常處看聖人。惟孟子看得聖人破，故以日用平常事言聖人。且如揚子不見聖人，故臆度聖人，乃曰聖人聰明淵懿冠於羣倫，卻抱大言語包羅，意欲說得聖人着。』蓋祖謙亦以說古帝之神聖爲疑也。

七　生活與生活型式

但原初時代，君權之所以利用神權者，固亦由當時一般民衆，知識草昧，故一二出類拔萃之徒，得以用其才智，躍而居上（卽自鳴其誕生之奇，氣質之奇，在後世爲妖言惑衆者，在古時亦不失爲才智人之所爲也）才智爲當時草昧生活所需要，而才智之徒所以得造成政治型式，而自爲酋長者，蓋以其才其智能適應於一般人之生活。而一般人之生活，亦爲才智之所利用，而馴之另成一種型式焉。

政治固生活型式之一種，然政治固有由於生活者。

莊子盜跖篇『古者禽獸多而人民少，民皆巢居以避之，晝拾橡栗，暮棲木上，故名之有巢氏之民。』是明以有巢爲生活型式之一。然而韓非子五蠹篇則言：『上古之世，人民少而禽獸衆，人民不勝禽獸蟲蛇，有聖人作，構木爲巢，以避羣害，而民說之，使王天下，號曰有巢氏。』則是言初民生活單純，偶有一人爲生活型式之改進，則人致其愛戴，而酋長斯立。換言之，酋長之來自乃由一般人之生活所造成者。

又如火之發見，亦爲初民生活變化之一端。小戴記禮運篇謂：『昔者未有火化，食草木之實，鳥獸之肉，飲其血，茹其毛。後聖有作，然後修火之利。』戴記所謂後聖者，韓非子五蠹篇則謂『上古之世，民食菓蓏蜯蛤，腥臊惡臭而傷害腸胃，民多疾病。有聖人作，鑽燧取火，以化腥臊，而民悅之，使王天下，號曰燧人氏。』風俗通謂遂天之意，故曰遂人。譙周古史考亦謂『太古之初，人吮露精，食草木實，穴居野處，山居則食鳥獸，衣其羽皮，飲血茹毛，近水則食魚鼈螺蛤，未有火化，腥臊多害腸胃。於是有聖人造作鑽木出火，教人熟食，始有燔炙，民人大悅，號曰燧人。』——統各家之說而觀之，知政治型式中之所以有燧人，蓋由於生活變化而「民悅之」焉。

食德報功，民致其敬，如工廠中之工徒，敬禮技術較優之工人，初無神祕之足言。但火之應用，在古史中自屬大事。宋敏求云『周禮以四時變國火，春取榆柳之火，夏取棗杏之火，夏季取桑柘之火，秋取柞楢之火，冬取槐檀之火。而唐時惟清明取榆柳火，以賜近臣戚里。本朝（宋）因之，惟賜輔臣、戚里、節察、三司使、知開封府、樞密直閣事中使，皆得厚賜，非常賜例也。』（春明退朝錄卷中）夫於宋時，而敬視「取火」如斯，則初民之敬火，何如？初民對於火之發明者，崇禮何如，胥可知已。

考宋濂鑽燧說云『宋子閒居，見家人夏季改火，不用桑柘，取赤檖二尺，中折之，剜成小孔，側開以小隙，一劖圓大與孔齊，稍銳其刃端，上端截竹三寸，冒之，下端寘孔內，以細絢纏之，別藉卉毛於隙下，左手執竹，右手引絢急旋轉之，二檖相軋，磨空木成塵，烟輒起，塵自隙流卉毛上，候其烟蓬勃，以虛掌覆空鬱之，則火炎炎生矣。』然則鑽木發火，在明時尚有用者，無怪乎初民之對於火之發明，崇禮有加！

政治生活以外，宗教亦生活型式之一；然宗教之型式，亦有來自生活者。禮禮運云：『禮之初，始諸飲食，其燔黍捭豚，汙尊而杯飲，蕢桴而土鼓，猶若可以致其敬於鬼神。』謂禮始諸飲食，言禮為生活之型式，而型式起於生活本身也。至於酋尊諸字，酋本繹酒之義，尊則酒器之名，引伸之則為酋長尊長，皆有敬禮之意。又如祭字，殷墟文字作「[illegible]」商承祚云：『此字變形至夥，然皆像持酒肉於示前之形。[illegible]像肉，[illegible]持之，點形不一，皆象酒也。』殷墟文字類編第一 蓋由農家作苦，釀有斗酒，佳醴初試，或先進其所尊，或供養於亡者，則尊敬之型式，固起於農家之生活者也。

初民之宗教型式，無非尊敬寅畏。言尊敬之來自，已如上述，至於寅畏，蓋亦自生活而來。『宰我問於孔子曰：「昔者予聞諸榮伊，言黃帝三百年。請問黃帝者，人耶？抑非人耶？何以至於三百年乎？」孔子告以「勞心力耳目，節用水火財物，生而民得其利百年，死而民畏其神百年，亡而民用其教百年。」』五帝德 不啻言黃帝之為民所畏，由於民得其利也。

宗教生活以外，家庭亦生活型式之一。然家庭之來，自固亦來自生活者。白虎通謂：『古之時未有三綱六紀，但知其母，不知其父。』此言古無室家也。今案家字本義，從宀從豕。意者，必有室下覆豕之生活，而後有家之型式可言。如飢即求食，飽即棄餘之時，人競逐於野；何家之可言哉？又如族字本義，乃所以標衆矢之所集。後更引伸而為親族之誼。得無同事畋獵之時，因血統之相近，而有集矢合作之事，而為族之起原歟？集矢合作，生活也；由集矢合作而成族，則為一定之型式矣。

禮運又言：『故玄酒在室，醴醆在戶，粢醍在堂，澄酒在下，陳其犧牲，備其鼎俎，列其琴瑟管磬鐘鼓，修其祝嘏，以除上神，與其先祖，以正君臣，以篤父子，以睦兄弟，以齊上下，夫婦有所，是謂承天之祜。』然則祖孫父子兄弟夫婦之義，乃起於玄酒及犧牲也。

清張慶祥黎岐紀聞頁三 云：『黎人以牛之有無多寡，計貧富。大抵有十頭者，即為殷實。有養至數十頭，及數百頭者，黎內謂之大家當。』徵此，則家之型式，固由於畜牧生活也。

家庭生活以外，如社會亦生活型式之一。然社會之來自，固亦來自生活者。如相見而道無它，社會交際之一也。而無它則由於無蛇。淮南子氾形訓云：『古者民澤居覆穴，冬則不勝霜雪霧露，夏則不勝暑蟄蟁蝱。』說文它部注：「上古草居患它，故相問無它乎？」是握手勞苦，初由於多蛇野宿之生活也。又如相見而道「無恙」，亦為社會上人與人相與之儀節。然據風俗通佚文：『上古之時，草居露宿，恙，噬人蟲也，善食人心，人每患苦之，故相問曰：「無恙乎？」』則慇懃照拂，初由於草居露宿之生活也。

社會生活之外，禮節亦生活型式之一；而所謂禮節，固亦來自生活。禮運謂：『禮之初，始諸飲食。』已見禮俗之與生活有關。推而論之，則喪葬云云，固亦由生活而來。吳越春秋勾踐外傳稱楚人陳音曰：『弩生於弓，弓生於彈，彈起古之孝子。古者人民朴質，飢食鳥獸，渴飲霧露，死則裹以白茅，投於中野。孝子不忍見父母為禽獸所食，故作彈以守之，絕鳥獸之害。』然則廬墓之守，古人所稱以為大孝者，乃起於彈害保屍之生活也。孟子滕文公上篇云：『蓋上世嘗有不葬其親者，其親死，則舉而委之於壑。他日過之，狐狸食之，蠅蚋姑嘬之。其顙有泚，睨而不視。夫泚也，非為人泚，中心達於面目。蓋歸反虆梩而掩之。』然則掩埋之葬，乃起於鳥獸噬屍之生活也。

又如弔今亦為禮俗之一，然說文解字則謂：『弔，問終也。古之葬者，厚衣之以薪，從人持弓，會敺禽。』是弔之型式，乃起於從人持弓以敺禽之生活耳。

即如藝術之來源，固亦由於生活。

淮南子本經訓云：『凡人之性，心和欲得則樂。樂斯動，動斯蹈，蹈斯動，動斯歌。』是言樂之起源，由於「心和欲得」之生活。擊壤之歌曰：『日出而作日入而息，鑿井而飲，耕田而食。』則所謂心和欲得，固由於飲食既足後之生活也。毛詩正義云『原夫樂之所起，發於人之性情。性情之生，斯乃自然而有故嬰兒孩子，則懷嬉戲抃躍之心。玄鶴蒼鸞，亦合歌舞節奏之應。』言發於人之性情，而性情之愉快恣睢，則受生活之牽掣者。然則謂樂乃由於飲食既足，可也。

案王灼碧鷄漫志卷二亦謂歌曲之作，自有生以來有之。第所謂有生，乃指衣食既足之後。不然者，人方救死之不暇，而暇爲曼聲度曲，阿堵傳神哉？

綜言之，政治之型式，蓋由於生活所需要也。宗教之型式，亦由於生活之趨逼也。家庭之型式，亦由於畜牧社交之型式，則由於互助。而禮樂之來自，固亦來自生活。劉獻庭云：『余觀世之小人，未有不好唱歌看戲者，此性天中之詩與樂也。未有不愛看小說聽說書者，此性天中之書與春秋也。未有不信占卜祀鬼神者，此性天中之易與禮也。聖人六經之教，原本人情。』廣陽雜記卷二 此言六經之型成，由於愛唱歌等等之生活；固亦主張高尙之典型，乃由於原始之生活者。第以唱歌聽歌，爲性天中之所必有；有不期然而自然者，則讀史者或有不慊之辭，須知唱歌聽歌，嘗有飽食暖衣之生活爲之基；非突然無所憑藉而生者。此則論文化者所不可不知者也。

八　結繩圖畫與文字

夫洪水時期之前後，其最足爲人稱道者，豈非由結繩圖畫，而漸進爲幼稚之文字型式乎？結繩何以結？圖畫何以畫？則又與當時之生活有關者也。述之如下。

結繩之制，始於何時，說文敍謂『神農氏結繩而治，』易繫辭言：『上古結繩而治；』又言庖犧氏『作結繩而爲網罟。』然結繩之事，眞相何如？周易正義引鄭玄注云『事大大結其繩，事小小結其繩。』小結大結，僅表大小；鄭康成云云，亦憑臆見。然則結繩之事，無可考也。然結繩所以便記憶，欲記憶之便利，正由於生活之漸複者，則諸書所記，猶足徵信焉。

實在記結繩之法者，據予所知，首當推李心傳。心傳建炎已來朝野雜記乙集卷二十云：『（韃靼）無城池屋字，但爲氈帳，擇便利水草而居焉。無耕織，製皮爲裘，以牛羊爲糧。人皆狡獪，堅忍嗜殺，不知歲月，以青草一度爲一歲，亦無文字。每調發軍馬，卽結草爲約，使人傳達，急於星火。或刻木爲契，上刻數劃；各收其半，遇發軍，以木器合同爲驗。』按此，則所謂結繩者，蓋由於『水草之便，』故『結草爲約，猶是起於生活也。』嚴如熤苗疆風俗考云『苗民不知文字……，性善記，懼有忘，則結於繩，爲契劵刻木以爲信，太古之意猶存。』然亦不言如何結也？

若林勝邦涉史餘錄述法國白爾低猷氏之人類學嘗記祕魯之「克伊普」法曰：『祕魯國土人，不知文字，惟以「克伊普」爲記號。「克伊普」者，卽以條索織紐而成，於其各節各標表示備忘之法也。凡人民之統計，土地之界域，各種族及兵卒之標號，以及刑法宗教之儀仗，無不用「克伊普」。且各異其種類……大抵以色彩示意，赤色爲軍事及兵卒；黃色爲黃金；白色爲銀及和睦；綠色爲穀物。其記數以繩索之節數爲符號，如單結雙結二結等，卽所以示其單數複數及十百千萬等之數也。又其記載家畜之法，以一大繩爲軸，附以小繩若干；其第一繩爲牡牛，第二繩爲牝牛，三爲犢，四爲羊。其頭數年齡，悉以結節表之。』又曰『琉球所行之結繩，分指事及會意兩種。凡物品交換租稅賦納用以記數者，爲指事類。使役人夫，防護田園，用以示意者，則爲會意類。其材料多用藤蔓草莖或木葉等。今其民尚有用此法者。』此所述較詳，然中國古代結繩是否如此，仍難問也。

結繩而外，則又有圖畫，蓋亦所以便俗利民者。

說文序云：『古者庖犧氏之王天下也，仰則觀象於天，俯則觀法於地。觀鳥獸之文，與地之宜。近取諸身，遠取諸物，於是始作易八卦，以垂憲象。』是則，許愼以八卦爲取諸身取諸物之憲象；卽云八卦之原始形式，乃圖畫也。張彥遠歷代名畫記云：『史皇，黃帝之臣也，始善圖畫，劃制垂法，體象天地，功垂造化。』是亦以圖畫爲文化工具之一焉。案原初之文字，當與圖畫相近，固無容疑。說文序所謂：『黃帝之史倉頡，見鳥獸迒蹏之迹，知分理之可相別義也，初造書契。』則倉頡所以取材而爲書契者，因鳥獸之跡，猶與圖畫相距不遠已。

圖畫而外，則又有所謂刻契也。

釋名：『契，刻也。刻識其數也。』北魏書帝紀敍：『不爲文字，刻木紀契而已。』隋書突厥傳：『突厥無文字，刻木爲契。』張慶祥黎岐紀聞（頁三）云：『生黎地不屬官，亦各有主。間有典賣授受者，以竹片爲劵，蓋黎內無文字。』陸次雲峒谿纖志云：『木契者，削木爲符，以志事也。苗人雖有文字，不能皆習，故每有事刻木記之，以爲約信之驗。』是刻契之制，蓋信乎有之。

三者之中，以何一爲起原最早，頗爲史家所聚訟。案刻契須用金屬，圖畫須用墨汁，結繩則但用草索；以工具言之，似最早爲結繩；次圖畫；次刻契也。然就表見之能力而言，則圖畫較爲具體，結繩較爲抽象。似圖畫當在結繩之前。吳敬恆三十五年來之音符運動云：『結繩而後，仰觀俯察，以及細辨鳥獸蹏迒之迹，這便像小學生先把點畫曲折，熟知於胸中，然後預備寫字。最初的試造，先畫出一畫與兩斷，成功了一個八卦，代表天地、風、雷、水、火、山、澤，這是何等概括而偉大！不媿庖犧氏一個聖人。從而有人，依了太陽作了一圈，依了半月作了半圈，……從而有人，又大膽算一畫爲平面，於一畫之上，加一小畫，硬算做上。於一畫之下，加一小畫，硬算做下。』（最近三十五年來之中國教育頁四十二）是吳氏以結繩爲在圖畫之前，而以文字爲在圖畫之後也。文字在圖畫之後，固無疑義。然說文序記「庖犧畫八卦」，而「神農氏則結繩而治」，又以結繩爲在圖畫之後也。

吾不云乎？文化常因困難而生。結繩之畧，契刻之艱，圖畫之繁，似均不便於用，故逐漸改革，文字斯作。「約定俗成」（用荀子語），符號斯立，及文字之創也，而文化史上又另開一天地矣。

說文序分字爲六種：一曰象形，日月是也。二曰指事，上下是也。三曰形聲，江河是也。四曰會意，武信是也。五曰假借，令長是也。六曰轉注，考老是也。敍稱『倉頡之初作書，蓋依類象形，故謂之文。其後形勢相益，卽謂之字。』是隱言六書之來，非齊驅並駕，蓋先有象形，而後有形聲相益也。

史記（二十八）封禪書：『管仲曰：古者封泰山禪梁父者七十二家，而夷吾所記者，十有二焉。』然則文字演化，有爲仲所不識者。由此可知文字之歸納而爲六類，乃後起之事；非原始造字者，卽能分門別類，有其法而後創爲者也。

即是創字之人，有人以爲黃帝之史倉頡，有人以爲古帝另有倉頡，前者即說文敍之說，而後者則呂覽君守篇稱：『倉頡作書，』勿躬篇又稱『始皇作圖。』明古帝別有倉頡，造字者非黃帝之史也。然則，倉頡有二矣。衛恆四體書勢云：『昔在黃帝創始造物有沮誦倉頡者，始作書契以代結繩，蓋二人皆黃帝史也。』（說文卷十五段注引）王侃衡言（卷一）云：『倉頡沮誦同制字，聖宮獨禮倉頡而不知有沮誦，此亦亦古人有幸不幸之一證也。』然則倉頡造字之外而又有沮誦矣。荀子解蔽篇：『好書者衆矣而倉頡獨傳者壹也。』然則造字者倉頡之外，又不止沮誦一人矣。由是觀之，書契之作，以時論，則不限於一時，故先有象形之字而後有指事等等。以人論，則亦非一人之力，倉頡之外，又有倉頡，倉頡之外，又有沮誦，沮誦之外又有衆人。吳敬恆曰：『這種人是否庖犧時代之古帝倉頡，或是黃帝時代之倉頡沮誦，現在可以不必鑿說。我可以大膽斷言的就是造字決非一個人造成。今日留於說文的九千幾百字，自然非出於一人，亦非出於一時。就是許多初文如象形四五百指事三四十，載在說文者，亦必經過若干人綿亘數千年。或者始自庖犧時代之倉頡，以至於黃帝時代之倉頡沮誦，至於刻龜鑄金而後粗粗完備。』（三十五年來之音符運動）經過若干人綿亘數千年，明文化之非一蹴而幾，徵創製之有修、共、復、合，亦可謂考前史而不謬，俟後聖而不惑者矣。

前人不守此義，故倉頡造字之神話，同於女媧補天，盤古造物，世所豔稱，倉頡造書契，天雨粟，鬼夜哭，是也。盧文弨抱經堂文集（卷十五）漢倉頡廟碑跋云：『是碑已全損，惟「倉頡天生德於大聖四目靈光」數字可識。』馮孟顓君語予：寧波范氏天一閣所藏列代帝王名臣圖，其中倉頡之象，正是四目。可知必以倉頡爲造字者，則必以伊爲神爲聖，所以自漢以後，即象倉頡以四目焉。

余誦劉獻庭廣陽雜記，記『高麗書以牛爲魚，以魚爲牛，無足長尾，宜爲魚也。讀矮爲射，讀射爲矮，謂委宜矢爲射，而寸身宜爲矮也。高麗人號稱能讀書，而不能究六書之原委，杜撰若此，固夷狄也。』（廣陽雜記卷一）案魚字非從四足，說文所謂『象形，魚尾與燕尾相似。』（卷十一下）牛字『象角頭三封尾之形，』（說文二上）用知字之所起，起於象形，迨後來有所更易，則其造端混淆，而不爲人所察；奚止高麗人爲然。

又嘗誦周去非嶺外代答記：『廣西，俗字甚多。如𡘫音矮，言矮則不長也。𡙇音穩，言大坐則穩也。奀音勸，言瘦弱也。𡚻音終，言死也。𡗨音臘，言不能舉足也。仦音嬾，言小兒也。奀，徒架切，言姊也。閂音還，言門橫關也。𡿨音磡，言岩厓也。氽音泗，言人在水上也。氼音魅，言沒人在水下也。』（代答記卷四俗字條）是知止戈爲武，人言爲信，皆後起之字。意先知有止，先知有戈，而後能造武字；先知有人，先知有言，而後能造信字。猶如知「人」知「小」，而「仦」字斯作；知「女」知「大」，而「奀」字斯作；亦足以明六書之非起於一時。而荀子所謂『好書者衆矣，』所謂『約定俗成謂之名，』蓋卓乎其爲至理名言也。

九　古代無一統及堯舜禪讓

以文字之由漸而成，知古代之政治組織，當亦逐漸完密，非一蹴而卽有根深蒂固之政府者。酋爲昔酒，尊爲酒器，政治組織之起初由於生活，上文已有述及。由此推之，則古代政治組織，其初亦當簡略。曲禮所謂『問國君之富，數地以對山澤之所出。』此猶見古之所謂國君者，其勢力猶不雄厚；故可「數地以對」。說文「臥」字云：『伏也。從人臣，取其伏也。』（說文解字八上）可知統治之義，原起於強者凌弱之日常生活，其起因固極細末也。然則以當日酋長之勢力而言，古代政治組織之草昧可知。

章炳麟神權時代天子居山說云：『古之王者以神道設教，草昧之世，神人未分，而天子爲代天之官，因高就丘，爲其近於穹蒼，是故封泰山禪梁父，後代以爲曠典，然上古視之至恆也。山海經云「鼓鐘之上帝臺之所以觴百神也。」又曰「帝堯臺帝嚳臺帝丹朱臺帝舜臺，臺四方，在昆侖西北。西王母之山有軒轅之臺，係昆之山有共工之臺。」蓋人君恆居山上，雖宮室既備，猶必放而爲之，有時且直營岡阜，以爲中都。說文云「京，人所爲絕高丘也。」詩稱公劉「乃涉南岡，乃覯于京。」其後則春秋以天子所居爲京師，亦彷彿其名而爲之耳。爾雅釋詁曰：「林，烝，君也。」林爲山林，烝即林烝，是天子在山林中明甚。後代此制既絕，而古語流傳，其迹尚在。故秦漢謂天子所居曰禁中，禁從林聲，禁者林也。……又尋尙書有納於大麓之文，古文家太史公說曰「堯使舜入山林以澤」，此讀麓爲本字，所謂林屬於山爲麓也。今文家歐陽夏侯說云昔堯試於大麓者，「領錄天子事，如今尙書令也。」……卽實言之，則天子居山，三公居麓，麓在山外，所以衞山也。』（太炎文錄卷一）然則以古代酋長居處所在而言，知當時政治組織之草昧也。

左氏傳引郯子云：『昔者黃帝氏以雲紀，故爲雲師而雲名。炎帝氏以火紀，故爲火師而火名。共工氏以水紀，故爲水師而水名。太皞氏以龍紀，故爲龍師而龍名。我高祖少皞摯之立也，鳳鳥適至，故紀於鳥，爲鳥師而鳥名。鳳鳥氏，歷正也；玄鳥氏，司分者也；伯趙氏，司至者也；青鳥氏，司啓者也；丹鳥氏，司閉者也。祝鳩氏，司徒也；鴡鳩氏，司馬也；鳲鳩氏，司空也。五雉爲五工正，利器用，正度量，夷民者也。九扈爲九農正，使民無淫者也。自顓頊以來，不能紀遠，乃紀於近，爲民師而命以民事。』（左傳昭公十七年）然則以當日職官之名義幼穉言，知古時政治組織之草昧也。

宋陳隨隱云：『傳曰「因生賜姓，胙土命氏。」及字諡官邑六者而已。今推廣為十七類，一曰以國為氏，魯衛齊宋之類是也……二曰以邑為氏，原以周邑而得字，中以楚邑而得氏。』（隨隱漫錄卷四頁二稗海本）劉師培氏族原始論（國粹學報第四期）云『古之所謂部落者，不稱國而稱氏。古孝經緯有言古之所謂氏者氏即國也。吾即此語而推闡之，知古帝所標之氏，指國言，非指號言。如盤古氏，即盤古國也……陶唐為帝堯之國，故稱陶唐氏；有虞為帝舜之國，故稱有虞氏。……足證古代之所謂氏者，猶言國也。無國則無氏。左傳曰胙之土而命之氏，此氏字最古之義。是古時之氏，大抵從土得名，無土則無氏矣。』於此可知後世之所謂氏族，其起原顧乃起原於古代之國家（部落）。「國」之與「家」在古時，不甚可分，以「家」「國」不分而言，又可徵古時政治組織之草昧也。

史記（三十一）魯世家：『魯公伯禽之初受封之魯，三年而後報政周公。周公曰「何遲也？」伯禽曰「變其俗，革其禮；喪三年然後除之，故遲！」太公亦封於齊，五月而報政周公。周公曰「何疾也？」曰「吾簡其君臣禮，從其俗為也。」及後聞伯禽報政遲，乃歎曰「嗚乎，魯後世其北面事齊矣。夫政不簡不易，民不有近。平易近民，民必歸之。」』以禮從其俗言之，又可徵古時政治組織之草昧也。

在此政治組織之時，而古史所記，乃有唐虞禪讓之事。

讓國之事，其載於尚書者『帝曰「格汝舜，……三載汝陟帝位。」舜讓于德弗嗣。……二十有八載帝乃殂落。月正元日，舜格于文祖。』（堯典）其載於孟子者『舜相堯二十有八載，堯崩，三年之喪畢，舜避堯之子於南河之南，天下諸侯朝覲者不之堯之子而之舜，訟獄者不之堯之子而之舜，謳歌者不謳歌堯之子而謳歌舜。夫然後之中國，踐天子位焉。』『昔者舜薦禹於天，十有七年舜崩。三年之喪畢，禹避舜之子於陽城，天下之民從之，若堯崩之後，不從堯之子而從舜也。』（孟子萬章上）史記亦謂：『堯知子丹朱之不肖，不足授天下，於是乃權授舜。授舜，則天下及其利，而丹朱病。授丹朱則天下病，而丹朱得其利。堯曰：「終不以天下之病而利一人，」乃卒授舜以天下。舜子商均，亦不肖，舜乃豫薦禹於天。』（史記五帝本紀）如此循環禪讓，得無在人情之外乎？

後漢書李固傳：『昔堯殂之後，舜仰慕三年，坐則見堯於牆，食則覩堯於羹。』閻百詩質之，以爲『此卽舜居堯喪之事，注疏皆未之及。』（潛邱劄記卷二）風俗通（正始篇）引孟子語：『堯舜不勝其美，桀紂不勝其惡。』見牆見羹，此眞不勝其美矣。南史（王敬則傳）載王敬則『逼宋順帝禪位於齊，引令出宮。順帝不肯，敬則曰：「官家先取司馬家，亦如是！」』堯之禪舜如是，而舜之禪禹「亦如是，」蓋所以引人滋疑者，正在「亦如是」中。史通（史官建置）云：『生則厚誣當時，死則致惑來代。而書之譜傳，借爲美談，載之碑碣，增其壯觀。昔魏文帝有言，「舜禹之事，吾知之矣。」此其效歟？』蓋魏志文帝紀注引魏春秋，謂文帝受漢獻禪後，『登壇禮畢，顧謂羣臣曰：「舜禹之事，吾知之矣。」』足見曹丕亦以人情而疑堯舜之禪讓也。

考古史記，歛屣尊榮者，太伯仲雍以父愛弟，而讓弟季歷。（史記吳世家）伯夷叔齊，以父愛叔齊，而相率俱避。（史記伯夷傳）然此猶得委爲父子之情，兄弟之誼也。晉侯執曹伯而諸侯將見子臧於王而立之，子臧逃奔宋。（左傳成公十五年）闔廬使專諸刺吳王僚而致國於季子，『季子曰：「父子兄弟相殺，終身無已也。」去之延陵，終身不入吳國』（左襄二十九年）然此猶得委爲大國之脅，禍亂之逼也。董悅七國考（卷四守山閣叢書）引薛氏孟子章句云：『燕噲作禪臺，禪於子之之後，昭王復登禪臺，讓於樂毅。毅以死自誓，不敢受其禪臺，一名堯舜臺，』然此，猶得委爲報功班祿，託古行賞也。曷爲乎而僅以其子之不肖，遽棄國君之養乎？誠無怪夫劉知幾之疑之也。

史通疑古篇云：「汲冢書云：舜放堯於平陽，而書云某地有城，以囚堯爲號。識者憑斯異說，頗以禪授爲疑。據山海經謂放勳之子爲帝丹朱，而列君於帝者得無舜雖廢堯，仍立堯子，俄又奪其帝者乎？」又云：「虞書舜典云五十載陟方乃死。注云：死蒼梧之野，因葬焉。案蒼梧者，地總百粤，山連五嶺，人風婐劃，地氣歊瘴。百金之子，猶憚經履其途；萬乘之君，而堪迎幸其國。兼復二妃不從，怨曠生離，萬里無依，孤魂溘盡。讓王高蹈，豈其若此？」又云：「汲冢書云：舜放堯於平陽，益爲啟所誅。又曰：太甲殺伊尹。凡此諸事，語異正經。……舜之放堯，無事別說，足見其情。益與伊尹並戮，並與正書猶無其證。推而論之，如啟之誅益，仍可覆也。何者，舜廢堯而立丹朱，禹黜舜而立商均，益手握機衡，事同舜禹，而欲因循故事，坐膺天祿。其事不成，自貽伊咎。觀夫近古篡奪，桓獨不全，馬乃反正。若啟之誅益，亦猶晉之殺玄者乎？舜禹相代，事業俱成，惟益覆車，伏辜夏后。亦猶桓效曹馬，而獨致元興之禍者乎？」此則因後世奸雄，假借禪讓，疑古人亦以禪讓飾其爭奪也。

蜀志譙周傳云：「堯舜以子不善，知天有授，而求授人。子雖不肖，禍尚未萌，而迎授與人。」蜀志十二 是譙周以堯之禪，舜爲避禍之不得已，此猶何偉然廣快書卷三十九引何心隱言：「天地一殺機，而堯不能殺舜，舜不能殺禹，故以天下讓。湯武能殺桀紂，故得天下。」以禪讓爲見逼也。王世貞云：「太白詩有云：禹堯幽囚舜野死，按續述征記小城陽城在陽城西南半里許，俗云囚堯城。括地志云：故堯城在濮州鄄城縣東北十五里。竹書云：昔堯末德衰，爲舜所囚也。又有偃朱故城，在縣西北十五里。竹書云：舜囚堯，復偃丹朱，使不得與父相見也。又述異記，朝歌有獄臺，相傳爲禹逼舜之宮。韓非子云：「舜逼堯，禹逼舜。」蓋自昔有此等議論矣。」弇州山人四部稿卷一百五十九 是古人原有舜逼堯禹逼舜之論也。

前引司馬光詩，已見本書十四節。案韓非子外儲傳云：『堯欲傳天下於舜，鯀諫曰：「不祥哉；孰以天下而傳之於匹夫乎？」堯不聽，舉兵而誅殺鯀於羽山之郊。共工又諫曰：「孰以天下而傳之於匹夫乎？」堯不聽，又舉兵而誅共工於幽州之都。』呂覽行論篇亦謂『堯以天下讓舜，鯀為諸侯，怒於堯，……於是殛之於羽山。』然則先秦諸子固亦視堯舜禪讓為可疑，非僅由劉知幾始也。

顧亭林天下郡國利病書言『鄄城東北五里有堯城，竹書紀年以為堯之末年德衰，為舜所囚在此。演義，囚堯城在相之湯陰。又濮陽有偃朱城，在鄄城西北十五里。竹書謂舜已囚堯，偃塞丹朱在此，使不得見。蘇鶚謂是丹朱休沐之所，非塞之。而山海經：「放勳之子，為帝丹朱。」故劉知幾疑舜已廢堯，仍立其子，俄又奪之。而又謂任昉記：「朝歌有獄基，為禹囚虞舜之宮。」要之，謂讓國為虛語，荒甚矣。』卷四十山東六 亭林又謂『此皆戰國人所造之說。』又謂『詩書不載，千世之遠，其安能信之？』同見日知錄二十二堯冢靈臺條 然僅以戰國人所造而抹倒陳說，固亦無以免於武斷之譏。

楊慎升庵集卷四十四 汲冢文誣云：『汲冢瑣語，其文極古。然多信而不信，如謂舜囚堯，太甲殺伊尹；又謂伊尹與桀妃末喜交，其誣若此。小人造言，不起自戰國之世，伊尹在相位日，被其黜戮者為之也。然則何以知之？曰：「其文不類戰國！」』

平心論之，堯舜之禪讓，非毫無可能性者。

黃宗羲云：『有生之初，人各自私也，人各自利也。天下有公利而莫或興之，有公害而莫或除之。有人者出，不以一己之利爲利，而使天下受其利。不以一己之害爲害，而使天下釋其害。此一人之勤勞，必千萬於天下之人。夫以千萬倍之勤勞而己又不享其利，必非天下之人情所欲居也。故古之人君，量而不欲入者，許由務光是也。入而又去之者，堯舜是也。初不欲入而不得去者，禹是也。』明夷待訪錄原君 此蓋謂古代爲君本甚刻苦，既無所謂尊榮，自無所謂敝屣。

梨洲蓋但由君權君利着想也。由余觀之，古代無一統，所謂堯舜，亦不過部落之長，政治組織，方在草昧；爲酋長者，非如後世之乘輿警蹕，威儀儼然，禪讓之事，有如今世之「鄉長辭選，」中世之中正辭徵，事有可能，無庸疑怪。若以後世萬乘之君，窮淫極欲之主，視堯舜，則非徒不合於古史政治之實，抑亦疑其曷爲舍淫欲而去之也。卽如近世村長民選，縣長官委；然前者則往往有避不應選者，後者則不少殘民以逞而驅之不去者。良以範圍大小，權利厚薄，大相逕庭。如以漢祖唐宗而視堯舜，則禪讓之事，碻乎可疑；若以古代政治領域之小而言，酋長權利之薄而言，則禪讓自無足疑。

一〇　女性中心與男系社會

政治組織之初本散漫，亦猶社會家庭之初本簡陋也。

蓋家庭及社會之起，其初由於女子，而非由於男子。良由男子逐水草，事狩獵，未能安息於家，而女子則以哺乳鞠育出乎天性。非不欲徙遷也，勢自不能。白虎通云『古之時，未有三綱六紀，民人但知其母，不知其父，能覆前而不能覆後。臥之詓詓，起之吁吁。飢卽求食，飽卽棄餘。於是伏羲仰觀象於天，俯察法於地，因夫婦，正五行，始定人道。』知有母而不知有父者，卽以母能養育其子；而父則徙遷不定，故不爲其子所「知」也。

晉書卷四十九阮籍傳『有司言有子殺母者，籍曰：「嘻！殺父猶可，至殺母乎？」坐者怪其失言。帝曰：「殺父，天下之極惡，而以爲可乎？」籍曰：「禽獸知有母而不知父，殺父，禽獸之類也。殺母，禽獸之不若！」衆乃悅服。』

吾謂初民略愈禽獸，事理至明。邵博河南邵氏聞見後錄卷五言：『說文云：「姓，人所生也。古之神聖之人，其母感天而生，故從女。」又古姓姚嬀姬姜之屬，皆從女，其義甚異，典籍難考云。』實則其義並無甚異？不過初民知有母而不知有父耳。

以母爲重而以父爲輕，則如長發之詩曰：『有娀方將，帝立子生商。』據史記殷本紀：『殷契，母曰簡狄，有娀氏之女，爲帝嚳次妃。三人行浴，見元鳥隨其卵，簡狄取吞之，因孕生契。』契爲殷人之先，然殷人祭有娀，而不祭帝嚳也。生民之詩曰：『厥初生民，時維姜嫄；生民如何，克禋克祀，以弗無子，履帝武敏歆。攸介攸止，載震載宿，載生載育，時惟后稷。』案史記：『姜原爲帝嚳元妃，姜原出野，履鉅人跡，心忻然說，欲踐之，踐之而身動如孕者，居期而生子。』后稷爲周人之先，然周人頌姜原而不頌帝嚳也。此皆古者重女之碻證也。

劉師培氏族原始論：『說文「姓」字下云：「古之神聖，母感天而生子，故曰天子。」余案古史之言太昊也，祇言其母感臣跡而生，不言其父何人。神農以降，古史雖詳其父母，亦必言其母感天而生。如帝王世紀言神農母任姒以龍首感生神農；黃帝母附寶以電火感生黃帝，而緯書之言少昊高陽高辛堯禹也，皆言其母感大氣而生。餘如契母感元鳥而生契，稷母感鉅人而生稷，皆載在詩經。蓋以其父不明，故託爲感天不明之說，以示神奇。』緯書所記，雖不可盡信；然詩爲記誦上古人情風俗之信史，吾人僅徵於詩，可知古者重女也。

俞理初大象傳后義（癸巳類稿卷一）云：『案泰傳，后以財成天地之道，輔相天地之宜，以左右民。復傳先王以至日閉關，商旅不行，后不省方，姤傳后以施命誥四方。是三者不言諸侯也。說文云：「后，繼體君也，施令以告四方者，君后也。」復傳先王后連文，故說文之言如此。然不能通之泰姤。……此三言后，則實爲周之王后也。周官內宰職云：「凡建國，佐后立市……」漢書「安息錢文爲王面，幕爲夫人面。」大月氏錢同，是后以財成天地之道，輔相天地之宜之事也。……後漢魯恭傳云「君以夏至日施命令，止四方行者，以助微陰。」……是后不省方之義也。……「內小臣掌王后之命，后有好事於四方，有好令於卿大夫則使往」……是后以使命誥四方之義也。』此言古代女子在政治上亦有地位，雖其所依據者爲敷會女主之書之周禮，未可據爲定論，但謂古人之並不看輕女性，則正於此見其端末也。

彭崧毓漁舟續談（卷三）記夷俗云：『雲南初本夷地，至今猶有稚髻裸體之名。其俗男壯則出贅，女長則招婿，皆從婦姓。或有以家產涉訟者，官欲爲立嗣，而曾不能得其一姓之人。』「官」蓋近世男系社會中所出，以男系社會之人無以了解古代之女系社會，故「不能得其一姓之人」也。此亦原始時期，女權甚盛之證。

但古時重女，並非輕男；此與後世之重男輕女絕殊。

劉師培言：『上古婚禮未備，以女子爲一國所共有，故民知母不知父。且當時之民，非惟以女子爲一國所共有也。且有刦奪婦女之風。凡戰勝他族，必係虜婦女以備嬪嬙。故取女必於異部，而婦女亦與奴婢相同。其始也盛行一婦多夫之制；及男權日昌，使女子終身事一夫。故一妻多夫之制革，而一夫多妻之制仍獨盛行。伏羲之世，慮刦掠之易於造亂，乃創爲儷皮之禮，定夫婦之道。儷皮之儀，卽賣買婦女之俗也。故視婦女爲財產之一，後世婚姻，行「納采」、「納吉」、「問名」、「納徵」、「請期」、「親迎」六禮。納采納吉皆奠雁，而納徵則用玄纁束帛，所以沿賣買婦女之俗也。而親迎必以昏者，則古代刦掠婦女，必乘婦家之不備，且使之不知爲誰何，故必以昏時。』（中國歷史教科書）

劉氏所言，蓋謂古時男子，憑其武勇，雖不能撫兒育女，成家立業，然亦環境使之然，非社會之輕視男子也。

大抵男子地位之所以隆重，當由於農業；旣興，女子地位之所以隆重，則由於家事操作。故說文言「男丈夫也。從田力，言男子力於田也。」「婦從女持帚灑掃也。」灑掃爲家務之象，力田爲農事之徵。但在農業未興之前，力田之功未著，而穴居野處，親子之愛，相濡相煦，家庭情愛，反存於母子之間，則知有父而不知有母亦無庸致怪者矣。

卽以姓氏之別言之，知古代原爲母系社會也。

『女生曰姓，』（左昭四年傳釋文）姓本自女而來。『天子建朝，因生以賜姓，』（左隱八年）似姓自男而有。然左傳定四年，有公孫姓，而公穀皆作公孫生，知「姓」「生」一也。至於「氏」，據日知錄云：『禮記大傳正義：「諸侯賜卿大夫以氏。若同姓，公之子曰公子，公子之子曰公孫，公孫之子，其親已遠，不得上連於公，故以王父字爲氏。……若百姓，則以父祖官及所食之邑爲氏。以官爲氏者，則司馬司城是也。以邑爲氏，韓趙魏是也。』（日知錄二十三）所謂由其父祖而來，明言氏之出於父系也。

顧亭林文集（原姓）云：『男子稱氏，女子稱姓，氏一再傳而可變，姓千萬年而不變。最貴者國君，國君無氏，不稱氏。踐土之盟，其載書曰「晉重、魯申、衛武、……，」考之於傳二百五十五年之間，有男子而稱姓者乎？無有也。女子則稱姓，古者男女異長，在室也稱姓，冠之以序，叔隗季隗之類是也。已嫁也，於國君，則稱姓，冠之以國，江芊息嬀之類是也。於大夫，則稱姓，冠之以大夫之氏，趙姬蒲姜之類是也。……伍員屬其子於齊爲王孫氏，智果列其族於太史爲輔氏，……是故氏也者，所以爲男別也；姓也者，所以爲女防也。』此言先姓後氏之事甚明。詳亭林文集。卷一

故所謂「同姓不婚，」其發源亦由於女系之社會；由於母的關係而非由於父的關係。故魯昭公娶於吳爲同姓，謂之吳孟子。良由吳之男子，其氏雖變，而吳之女子，其姓不變。魯爲姬姓，而吳亦姬姓，故不得謂之「吳姬」而僅謂之吳孟子也。左傳襄公二十五年謂『齊棠公之妻，東郭偃之姊也。東郭偃臣崔武子，棠公死，偃御武子以弔焉。見棠姜而美之，使偃取之。偃曰：「男女辨姓，今君出自丁，臣出自桓，不可！」』足見偃也杼也，棠姜也，以男系而言，皆齊侯之遺裔。然而或爲東郭，或爲崔氏，已變矣；第女子不變姓，仍有其「姜」。然偃氏東郭，杼亦氏崔，故氏雖有異而忘其女系之同源矣。

換言之，即同母者不得爲婚，同祖母者不得爲婚，同高祖母者不得爲婚……，魯姬姓，其最遠之祖母姓姬。吳姬姓，其最遠之祖母亦姬姓。昭公娶於吳，春秋譏之。猶之今之民法，表姊妹兄弟不得爲婚；第古人猶推之遠耳論語述而云『陳司敗問昭公知禮乎？孔子曰：「知禮。」……曰：「吾聞君子不黨，君子亦黨乎？君取於吳爲同姓，謂之吳孟子。」』注云：「魯吳與姬姓，同姓不婚，而君娶之，當稱吳姬，謂是同姓，故諱之。」』此猶如崔杼雖氏崔，而其出自姜，故不能取棠姜也。可知所謂姓者由女系而來，所謂氏者由父系而來。如舜娶堯之女，以男系社會言之，則爲。

同氏而婚；以女系社會言之，則未必爲同姓而婚也。何也？國語稱黃帝二十五子，其同姓者，僅二人；猶言同母者僅二人。此二人同姓，其後裔不得互相婚配；若其餘二十三人之後裔，則在父系爲親族，在母系爲戚眷，（猶後世之中表）反可互相婚配也。執此而論，齊桓公姊妹不嫁，非異事也。

後世廢姓用氏，其始約始於秦漢之交。國策甘茂曰：『昔者曾子居費，費人有與曾子同名而殺人。』可知當時庶人並不稱氏，僅稱名焉。至史公作史記，『本紀於秦始皇則曰姓趙氏，於漢高祖則曰姓劉氏。』亭林謂『自秦以後之人，以氏爲姓，以姓稱男，而周制亡，而族類亂，』（日知錄二十三）蓋大致不謬。

廢姓用氏，以姓稱男，正表男系之見重於世，而女系之爲世所輕。陳隨隱云：『傳曰，因生賜姓，胙土命氏；及字、諡、官、邑，六者而已。今推廣爲十七類：一曰以國爲氏，……魯衞齊宋之類是也。二曰以邑爲氏，原以周邑而得氏，申以楚邑而得氏……三曰以鄉爲氏，四曰以亭爲氏，……五曰以地爲字，居傅巖者爲傅氏，徙稽山者爲稽氏。……六曰以姓爲氏，……七曰以字爲氏，八曰以名爲氏，如公孫夏王子狐之後爲夏氏狐氏。……九曰以次爲氏，如伯仲叔季之類是也。十曰以族爲氏，族近於次者，氏之別也。孟氏仲氏，別兄弟也，丁氏癸氏，別先後也。……十一曰以官爲氏，太史太師司馬司空之類是也。十二曰以爵爲字，皇王公侯是也。十三曰以諡爲氏，莊氏出於楚莊王，康氏出於衞康公。……十四曰以吉德爲氏，如趙衰人愛之如冬日，後爲冬氏。……十五曰以兇德爲氏，英布被黥，爲黥氏。……十六曰以夏爲氏，夏后氏遭有窮之難，后緡方娠，逃出自竇而生少康，子孫以竇爲氏。……十七曰以技爲氏，巫覡之後爲巫氏，以及卜氏匠氏。』（隨隱漫錄卷四頁二）所謂以國爲氏，以官爲氏，以事爲氏，以技爲氏，……可徵以政治故，以經濟故，以職業故，男子之地位日隆，故馴至於廢姓用氏。同氏不婚，而同姓反可婚；同姓可婚，而猶謂之同姓不婚。

也。

蓋今之「同姓不婚，」揆諸古代當曰「同氏不婚。」

第三章　周前文化

一　農業文明之表見

男子地位之加高與穩固，自當在農業既啓之後，故說文訓男爲力田，訓里爲安居。力田，則以生活而見男子地位之加高；安居則以生活而見男子地位之穩固。男子在田勞苦，歸而斗酒自勞；既不如狩獵時代之奔徙無定，又不如游牧時期之付養育之責於女子。則知有母而不知有父者，匪久卽知有父；且匪久而知父之地位高於母矣。

且不僅氏族之關係，確定於農事既建之後，卽其他各種文明之表見，固亦有基於農事者。

農業之起，古史率以爲起於神農。白虎通所謂：『因天之時，分地之利；創耕耜，敎民耕作，神而化之，使民宜之；故謂之神農氏。』又謂『古之人民皆食禽獸肉，至神農，人民衆多，禽獸不足。』太白陰經所謂：『太古之時，人食禽獸肉，坐其皮，後代之人寖多，時禽獸寡少，見食不足。於是神農敎以植穀，導以紡織。』要皆傅會之談耳。更不必論神農牛首人身之說矣。

通鑑外紀記神農爲牛首人身，春秋玄命苞又記神農之母安登生子人面龍顏，禮含文嘉則謂神農就田作耒耜，天應以嘉穀，可言：『神農生一歲而能言，二歲而能行，三載而知稼穡之事。』此皆古人不知創物之理，而加以傅會者爾。

新語道基篇管子地員篇則言『民人食肉飲血衣皮毛至於神農，以爲行蟲走獸，難以養生。乃求可食之物，嘗百草之實，察酸苦之味，敎民食五穀。』此言農業由養生而生。蘇洵嘉祐文集易論則云『生民之初，不耕而食其民逸……而聖人者使之耕而復食，率天下而勞之，奪其樂而易以所苦，而天下之民亦遂肯棄逸而卽勞，遵蹈其法制者，禮則使然也。』此言農事由禮而生，尤覺本末倒置也。

然由農業之影響文化言之，則假定眞有發明農業之一人者，固無怪於我先民之致其神奇崇拜也。何也？留存於今之各種之文明表識，固由農業旣啓而來者。

如室家之制，說文卷七下謂『家，尻也，從宀，豭聲。』段玉裁注：『竊謂此篆本義乃豕之尻也，引伸假借以爲人之尻。字之假借，多如此。牢，牛之居也，引申以爲所以拘罪之牢；庸有異乎？』然則所謂家尻，由於畜豕；而畜豕，亦農事之一也。又如「里」字本義「有田有土而後可居」。然則所謂鄉里之雛型，固亦始於有田，有田則農事之本也。

——以上證家族社會之由於農業者。

又如酋尊本義『酋，繹酒也（卽昔酒）從酉水半見於上。禮有大酋，掌酒官也。尊，酒器，從酋手以奉之。』則知政治組織之雛型，起於昔酒之奉敬其尊長。淮南子主術訓云『神農之治天下也，月省時考，歲終獻功，以時嘗穀，祀於明堂。』然則尊卑之敍，乃由於歲時獻農功也。

其見於經濟者，則如私產之起，當亦盛於農產旣興。故疆者，界也，象田疇曲折之形，足徵私有田產起於農人，非如游牧人之逐水草而徙，貴貨而不貴土焉。

說文：『畕，比田也。疆界也，從田，三其界畫也。』考初民之知農業者，大抵能知私有其土地。宋范成大桂海虞衡志（第三頁）記邕州之羈縻州洞云：『其田計口給民，不得典賣，惟自開荒者由己，謂之祖業口分田。』清張慶祥黎岐紀聞（頁二）云：『生黎地不屬官，亦各有主。間有賣買授受者，以竹片爲劵。蓋黎內無文字，用竹批爲三，計邱段價值，畫文其上，兩家及中人各執之以爲信。』然則通典（卷一）所言：『昔者黃帝始經土設井，以塞爭端。立步制畝，以防不足。使人家爲井，井開四道而分八宅，鑿井其中。一則不洩地氣，二則無費一家，三則同風俗，四則齊巧拙，五則通財貨，六則存亡更守，七則出入相同，八則嫁娶相媒，九則有無相貸，十則疾病相救。是以情性可得而親，生產可得而均，均則欺陵之路塞，親則鬬訟之心弭。』十全之美，固未必然，而塞欺陵弭鬬訟，則可見農業社會與私有田產，固相因而至焉。

其見於天文算象者，白虎通訓歲爲遂，以日一周天萬物畢成爲一遂，可知歲之長短，原由於農產之周而復見。正如月圓月昃，因以成月；則麥生麥熟，未嘗不可以成歲爾。羅大經鶴林玉露（卷四）復有言之。

藝文類聚初學記太平御覽均引皇甫謐帝王世紀云：堯時，『有草夾階而生，隨月生死。每月朔日，生一莢。至月半，則生十五莢。至十六日後，日落一莢，至月晦而盡。若月小，則餘一莢，厭而不落。』此草爲何草，固不可得而知，然歲月之長度，由於植物之榮枯而定，此亦一例也。

考尚書堯典已有二分二至之定。（趙翼陔餘叢考卷三十四謂堯典只有二分二至，二十四氣全者，首在淮南天文訓，及漢書律歷志。逸周書時訓解，雖有「周公辨二十四氣，以順天時，作時訓解」之語，其書晚出，未足爲訓云云）惟『至不繁冬夏，分不繁春秋』（萬斯大學禮質疑卷一）可見其歷甚簡，而此簡單之歷，由堯典「敬授人時」而觀，固不得謂與農事無關。

陔餘叢考（卷三十四二十四節氣名）云：『二十四節氣名，其全見於淮南子天文訓，及漢書律歷志。三代以上，堯典但有二分二至。其餘多不經見。惟汲冢周書時訓解始有二十四節名，其敍云「周公辨二十四氣之應，以順天時，作時訓解」，則其名蓋定於周公。今按楚語楚范無宇曰「處暑之既至」，韋昭注曰：「七月節也。」管子，亦有清明、大暑、小暑、始寒、大寒之語。』夫「至」「分」既起於堯典之「敬授人時」，所謂敬授人時者；『人時謂耕稼之候，凡民事早晚之所關也。』『授時以耕稼爲首務，而民事所包甚廣，考靈曜云「昏中可以種穀，火中可以種黍，虛中可以種麥，昴中可以收斂」，蓋舉一以例其餘耳。』（盛百二尙書釋天卷二）可知所謂授時，原由農業起焉。

夏小正云『正月啓蟄，田鼠出；二月往耰，來降燕。三月攝桑，妾子始蠶，祈麥實，五穀之先。四月取茶，五月乃瓜。六月煮桃，七月灌荼。八月剝瓜，九月菊榮而樹麥。』時敍推易，農物變換，固亦見月令與有農事有關。然則歷象之起，謂之起於農業，可也。

其見於科學者，則如算數之起，固亦起於農產。故孫子算經云：『度之所起，起於忽，欲知其忽，蠶吐絲爲忽，十忽爲一絲，稱之所起，起於黍，十黍爲一絫，十絫爲一銖；量之所起，起於粟，六粟爲一圭，十圭爲一撮。』（算經卷上）其他如夏小正釋良蜩之具五采，言雀入於海爲蛤——此等幼稚之科學知識，固亦起於農人農餘之觀察也。

可如「榦」「枝」之起，因亦起於農產物，如甲象陽氣萌動，乙象草木寃曲而出，丙象萬物炳然，丁象萬物丁實，辛象萬物成熟，以上關於天榦。子象陽氣動萬物滋，卯象萬物冒地而出，辰象電雷振民農時，午象萬物冒地而出，酉謂黍成可以製酒。以上關於地枝，說文解字卷四下亦記數之所起也。

其見於禮俗者，則如論語記『宰我問三年之喪，期已久矣，舊穀既沒，新穀既升，鑽燧改火，期可已矣。』卷十七此言喪祭之禮係之農時。禮禮運云：『夫禮之初，始諸飲食。其燔黍捭豚，汙尊而杯飲，猶可致其敬於鬼神。』是祭祀之初，由於黍豚既得也。曲禮謂『天子以犧牛，諸侯以肥牛，大夫以索牛，士以羊豕。』牛豕與羊，在廣義言之，固亦農家之所產也。孟子謂：『飽食暖衣，逸居而無教，則近於禽獸。聖人有憂之，使契為司徒，教以人倫：父子有親，君臣有義，夫婦有別，長幼有序，朋友有信。』管子謂衣食足而知榮辱，倉廩實而知禮節——可知信義榮辱，原起於飽食暖衣之後也。

由此觀之，家庭之制也，政治之起也，私產之愛護也，歲月長度之確定也，科學知識之初啓也，禮教風俗之建樹也，未必因農事而始創，然必以農事而確定滋大堅實。然則古史所以與神農以神怪之崇仰者，非無以也，非無以也。

神農人格之建樹，大約當在戰國時，故孟子記為神農之言者許行，而班書食貨志引神農之教，有「湯池十仞，帶甲百萬，而無粟，不能守也。」神農之時，有何「帶甲」？無非戰國攻戰之際，視粟甚重，因以視農業之初發明者，非有神明之力不可。夫嘉穀由於野草，家犬由於狡狠，栽培陶冶，豈一人一地一時之事？故荀子解蔽篇有「好稼者眾矣，而后稷獨傳者」之語，明農事進步，乃竭羣智，策羣力，積羣功，以為之者；其意甚是。——然觀於農事之影響文明也如斯，後人食德而無處報功，遂使神農后稷尸居「功人」之位勢，則然矣，無足怪也！

二　夏商間的文明

中國農業文明之初盛，當起於夏。顧炎武日知錄言：『夫子之稱禹也，曰盡力乎溝洫。而禹自言，亦曰「濬畎澮距川。」古聖人有天下之大事而不遺其小如此。』孟子以「禹平水土」與后稷「教民稼穡」並舉，蓋均以農業進步在禹治水之效。

然夏時之文明，史料至貧乏也。觀夫史記撰次，雖起原於黃帝，而於夏本紀，則云：『禹本紀山海經所有怪物，予不敢言之，』則史遷固亦不敢盡信書也。

其時之事，故老流傳，十口不殊者，則有家庭中倫理之已經建樹。孝經開宗明義謂：『先王有至德要道。』釋文引鄭氏說云：『禹，三王之先者，』則是論次孝道，始於禹也。禮記祭法云：『有虞氏祖顓頊而宗堯，夏后氏祖顓頊而宗禹，』然則有虞氏尚宗異姓之堯，而夏后氏則始以父配天矣。此所謂孝，非必即指順從親意，或立身行道，揚名於後世；然以此象徵家庭中親子關係之漸切，則固確鑿可信者。

史記夏本紀載禹治水之後，自言：『予辛壬娶塗山，癸甲生啓，予不子，以故能成水土功。』曰「予不子」者，知洪水滔天，無室家可理也。及至水土既平，則又有敦敍九族，衆明高翼之語，明室家之愛，盛於水土既定後也。啓之既立，討伐有扈，又有『用命賞于祖，不用命戮于社』史記之誓，凡此，見夏時之重父至矣。

孔子云：『禹，吾無閒然矣；卑宮室而盡力乎溝洫，菲飲食而致敬於鬼神。』所謂致敬，當係致敬於逝者。何也，墨子之教，最敬則禹，而漢志謂：『墨家者流，出於清廟之守；宗祀嚴父，是以右鬼。』可見右鬼與祀父有關也。

然家庭組織，雖漸穩定，而政治組織，未穩定也。禹之傳子，無非親子之愛之一種表示。非眞如後世之國有長君，動戚協輔；新詔一頒而四方貼然聽命也。觀夫啓之伐有扈，其起釁之由不過『有扈氏威侮五行，怠棄三正。天用勦絕其命，今予惟共行天之罰。』明有扈之與啓，非有主屬關係；其誓師之標的，無非「左不攻於左，右不攻於右，女不共命；御非其馬之政，女不共命！」豈王師之行天討，而戰競其若斯？蓋亦地醜德齊，拔刀相斫；故脅其部落如此諄諄，即致得勝，亦不過如春秋之世晉之勝齊。

竊嘗論之，周人代商，商人伐夏，一隅之變，無關全局。然周之史家，必欲以周爲重，則必引商自重；欲引商自重，則夏亦不可輕也。猶諸陳壽以魏爲正統，爲非爲司馬氏地步；第後史迹詳，故壽雖宗魏，而吳蜀之自主，仍顯。若亦如古史之簡略，則吳蜀能不流傳爲魏之叛臣逆子乎？

淮南子（齊俗訓）云『有扈氏爲義而亡。』高誘注『有扈，夏啓之庶兄，以堯舜舉賢，禹獨與子，故伐啓！』而呂覽（先己篇）則謂『夏后伯啓（今本作相，此據御覽改）與有扈戰於甘澤而不勝。六卿請復之，夏后伯啓曰「不可。吾地不淺，吾民不寡，戰而不勝，是吾德薄而教不善也。」於是處不重席，食不二味，琴瑟不張，鐘鼓不修，子女不飭，親親長長，尊賢使能，期年而有扈氏服。』由地不淺，民不寡，戰不勝，三語觀之，則啓與有扈，勢均力敵，無非兩個酋長火併。傳啓爲「討逆」者固謬；即傳有扈爲伐罪者，亦不足憑信也。

故在有扈戰後，有如武觀之亂，則謂啓之五子作亂也。然史記不載，惟見於墨子（非樂上）周書（嘗麥解）有如帝相失國，少康中興，則謂有窮后羿寒浞之代相誅滅也，而史記亦不載，惟見於左傳魏絳之引夏訓。（襄四年傳）意者，斫伐相尋，初非一次，羣酋角逐，初非一時，故史遷亦淡然忘之耳——此可以證夏時之政治勢力，並不集中於一隅，夏后氏之子孫稱王，而其他亦有稱王者在也。夏后氏之子孫雖稱王，而大權未嘗在一人之掌握也。

尚書大傳云：古者『諸侯得專征者，鄰國有臣弒其君，孽伐其宗者，雖弗請於天子而征之，可也。』足見古時酋長之隨意斫伐，古人原亦信之。

王國維殷卜辭中所見先公先王考『商於虞夏時，已稱王。詩商頌「玄王桓撥」，毛傳曰「玄王，契也。」國語「玄王勤商，十有四世而興」，荀子成相篇「契玄王，生昭明」，是契之稱玄王，舊矣。書湯誓於湯伐桀，誓師時稱王，文王亦受命稱王。蓋夏殷諸侯之強大者，皆有王號，本與君公之稱無甚懸隔，又天子之於諸侯，君臣之分，亦未全定。天澤之辨，蓋嚴於周公制禮之後，即宗周之世，邊裔大國，尚有稱王者，蓋仍夏殷夷俗，不能遽以僭竊論矣。』此即公羊注文『天子與諸侯，俱南面而治，有不純臣之義』也。

又考書之洪範，據箕子自云，固天所以錫禹者。洪範言『凡厥庶民，極之敷言，是訓是行，以近天子之光。』又言：『汝則有大疑，謀及乃心，謀及卿士，謀及庶人，謀及卜筮。』皆足徵夏商之際，國君之統地尚小，故可謀及庶人，家諮戶詢！國君之勢力尚穉，故肯謀及庶人，詢於芻蕘！政治之運用，尚與宗敎不甚相離，故又謀及卜筮也。

史記記夏后氏之諸君，如太康之盤游失國，孔甲之好事鬼神，皆當時政治領袖，尚在草昧惰態之徵，游牧之習氣尚存，畏鬼之恐怖不改。故洪範謂『汝則從，龜從，筮從，卿士逆，庶民逆，吉。』明神權王權兩者合併，則高於一切也。至於『庶民從，龜從，筮從，汝則逆，卿士逆，吉』者，則可徵王權在利用神權以外，不能自由運用；而部落狹小，民意亦必須尊重。所謂『天視自我民視，天聽自我民聽，』是也。

以政治言之，酋長之自尊，部落之公意，宗教之敬畏，三者正混合而莫相上下。正如由經濟言之，畜牧與農事，亦相與俱在也。以前者言，則湯之伐桀也，一則曰：「余畏上帝，不敢不正，」再則曰：「爾尙輔予一人，致天之罰，予其大賚汝。爾無不信，朕不食言。」脅之以天威，誘之以大賚，自稱曰「予一人，」而後湯與桀之爭鬬，始可取勝乎？

桀紂者，古史中似爲兩個亡國之君，然案史記：『帝桀之時，自孔甲以來，而諸侯多叛夏。』則桀之所以失其領袖酋長之地位者，初非漫然無因。卽紂之亡國，亦傳之者，過甚其惡。列子楊朱篇云：『天下之善，歸之堯舜；天下之惡，歸之桀紂；』論語子張十九引『子貢曰「紂之不善，不如是之甚也。是以君子惡居下流，天下之惡皆歸焉。」』淮南子繆稱訓亦謂：『桀紂之謗，千載之積毀。』論衡語增云：『傳書家增其實也。』此亦可覘桀紂爲世積毀之故。且桀之與湯，無非兩個酋長，初無君臣統屬之係，如後世所比擬者。彼此斫伐，得失成敗，亦事之常。自後世君臣大義之說顯，欲以湯武爲是，則自不能不文飾桀紂之惡。殊不知就當時之政治而論，紂卽有惡，不過造虐一方，與商人也何與？訥庵筆談謂：『桀紂暴虐，止行於畿內；四方諸侯之國，彼不能暴虐也。』崔述夏考信錄卷二引 可謂一言破的矣。故崔述於商考信錄亦云：『夏自太康失道，已非禹之舊矣。況至於桀，善政尙有復存者乎？且湯之事，與禹不同。湯承先世之業，崛起一方；自相土上甲微以來，必有良法美政，宜於民而不當變者。』考信錄提要卷下 要之，皆言桀之於湯，初無君臣關係也。四部稿卷一五九引：『竹書紀年云：「桀棄其元妃於洛，曰妹喜氏，以與伊尹交，遂以夏亡。」則妹喜以棄而亡國，非以嬖而亡國也。』又引國語曰：『妹喜比伊尹，妲己比膠鬲，』蓋初無主屬之關係，故縱橫捭闔，無所不爲耳。

所謂畜牧與農事之相與俱重，蓋亦有說。

尚書敍云『自契至於成湯八遷。』此等遷移，當有「行國」之性質。卽如湯之用伊尹也，世盛傳『伊尹以割烹要湯。』孟子萬章篇『上古有湯至聖也伊尹至智也至智說至聖然且七十說而不受身執鼎俎爲庖宰昵近習親，湯乃僅知其賢而用之。』韓非子難言篇 後史記伊尹爲善宰烹之庖人，十口不殊，可知伊尹之習於牲畜焉。

湯用伊尹，以其善庖，亦見莊子庚桑楚篇，墨子尙賢中，呂覽本味篇，史記殷本紀，文子自然篇。本味篇載伊尹說湯曰『夫三羣之蟲，水居者腥，肉玃者臊，草食者羶，凡味之本，水最爲始，五味三材，九沸九變，火爲之紀，滅腥去臊除羶，無失其理。』誠如呂覽言，則伊尹眞不媿爲庖烹專家矣。

卽以伊尹之傳說爲戰國時人所託造，而伊尹之割烹，不能指爲商人畜牧之證者，然案王國維王亥殷卜辭中所見先公先王考云『觀其祭日，其牲則五牛，三十牛，四十牛，乃至三百牛，乃祭禮之最隆者，必爲商之先王先公無疑；』觀堂集林卷九 用牛何多？必以畜牧得之。

但殷人農業自亦有其相當之歷史。孟子滕文公下篇云：『湯居亳，與葛爲鄰。葛伯放而不祀，湯使人問之曰：「何爲不祀？」曰：「無以供犧牲也。」湯使遺之牛羊。葛伯食之，又不以祀。湯又使人問之曰：「何爲不祀？」曰：「無以供粢盛也。」湯使亳衆往爲之耕，老弱饋食。葛伯率其民，要其有酒食黍稻者奪之，不授者殺之。』然則湯固已能耕食黍稻；非專以割烹自悅犧牲獻祖者矣。觀其部落間相斫之起釁之由而知之也。

商雖建都於河南，能奪桀之大會之位置，而自湯至紂亡之五六百年間，亦猶禹至桀之四五百年間，文物簡陋，舊史不詳，所謂色尙白，爲重屋，封爵三等，要亦不可深稽者。其尙可推見者，則有下列。

一則曰多遷徙。史記謂「自契至湯八遷，」而自湯以後，諸王亦不常厥居，『湯至盤庚有五遷，且盤庚後，更有遷者。然亦惟殷之所都在河南北，屢受河患，故屢遷。——盤庚三篇其隱言河決曰無盡劉，曰天降大虐，曰罔知天之斷命；其明言河決則曰恐沉於衆，曰惟胥以沉。』（詳毛奇齡經問卷八）是知殷之居處範圍甚狹，故所遷但在河之南北，而終無以離河而遠之焉。

殷之遷徙，若必指為游牧行國，則不可。以其閱時頗長，然後移徙；非如行國之年年逐水草者。

二則曰「先鬼。」葛伯不祀之罪，即先鬼之表徵。羅振玉殷商貞卜文字考云：『光緒己亥，聞河南之湯陰發見古龜甲獸骨，其上皆有刻辭。翌年傳至江南，予一見詫為奇寶。又自估人之來自中州者，博觀龜甲獸骨數千枚，選其尤殊者七百，並詢知發見之地，乃在安陽西五里之小屯，而非湯陰。其地為武乙之墟。又於刻辭中得殷帝王名謚十餘，乃恍然悟此卜辭者，實為殷室王朝之遺物。其文字雖簡略，然可正史家之違失，考小學之源流，求古代之卜法。』蓋亦惟商人之崇神先鬼，故卜辭得以蔚為大宗，傳流至今。

非僅龜甲古文多述祭卜，即商頌五篇，如烈祖之詩曰：『豐年穰穰，來假來享。』備見其收穫之後，祭其祖先，歌以慰先靈也。

三則曰好田獵。殷墟文字中，所言次數之多，言祭而外，又推言獵。如曰「逐鹿獲，」「貞其射鹿獲。」而史記又載『武乙獵於河渭之間，暴雷，武乙震死。』孟子言「湯之囿七十里。」淮南子（泰族訓）亦言：『湯之初作囿也，以供宗廟犧牲之具。』意者如滿洲之合圍，『派吃跳神肉，』併田獵祭祀之舊習，而成其特殊風俗乎？

昭槤嘯亭續錄（卷一）謂大內於元旦及仲春秋朔日，行大祭，滿王貝勒六卿，均得欽派喫肉：『上自用御刀，割析諸臣皆自樹割，導國俗也。』則祭與田獵，固有闕者。

異日武王伐紂聲誅其罪，『今殷王受惟婦人言是用，自棄其先祖肆祀不答，昏棄其家國，遺其王父母弟不用。乃維四方之多罪逋逃，是崇是長，是信是使，俾暴虐於百姓，以奸宄於商邑。』（據史記）必以其廢祀爲罪者，猶如湯之責葛伯，因殷人之「先鬼」，故蹈其瑕而攻其隙爾。

一三　古田制與古兵制

知夏商三代之政治與社會，可知其時尙無健全之經濟組織。

而古書盛傳則盛傳夏貢、殷助、周徹之田制。孟子（滕文公上）所謂『夏后氏五十而貢，殷人七十而助，周人百畝而徹，其實皆什一也。』龍子曰「治地莫善於助，莫不善於貢。貢者校數歲之中以爲常，樂歲粒米狼戾，多取之而不爲虐，則寡取之；凶年糞其田而不足，則必取盈焉。……惡在其爲民父母也？」夫世祿，滕固行之矣。詩云「雨我公田，遂及我私。」由此觀之，雖周亦助也。』言井田至此認眞也。

此一系之說法，如穀梁傳（宣十五年）言『古者三百步爲里，名曰井田。』何休注公羊（宣十五年）亦謂『井田之法，以分之。一夫一婦受田百畝，以養父母妻子；公田十畝，卽所謂什一而稅也。』

而僞周官又謂『乃經土地而井牧其田野，九夫爲井，四井爲邑。』（小司徒職文）又謂『凡治野，夫間有遂，遂上有徑。十夫有溝，溝上有畛。百夫有洫，洫上有涂。千夫有澮，澮上有道。萬夫有川，川上有路，以達於畿。』曰九夫，則似有井而無公田。曰十夫，則是有溝洫而不畫井。鄭康成以爲『周制畿內用夏之貢法，稅夫無公田；邦國用殷之助法，制公田不稅夫』一書之內而有兩制；康成調和折衷，意亦良苦，而其實不過臆說爾。

夫以人情論之，『古者八家同井同養公田，此亦宜於古而不宜於今。今若用此法，必致八家各顧其私，互相覲望。公田竟至荒蕪不治！』（東華錄三十七引清高宗語）然則孟子所謂『方里而井，井九百畝，其中爲公田，八家皆私百畝，同養公田，公事畢，然後敢治私事。』者，古今人當不相遠，何以知其能爾：

又以工事言之，如實行井田之制，則『百里之間爲澮者一，爲洫者百，爲溝者萬。』工事繁重可知。昔宋張橫渠『有志於三代之法，以爲仁政必自經界始。經界不正，卽貧富不均，敎養無法。雖欲言治，卒架而已。與學者將買田一方，畫爲數井，以推明先王之道，未就而卒。』（宋元學案卷十七橫渠學案上）數井尙不能就，況舉中國而盡井之乎？篤古力行者猶不能就，況在初民之智識幼穉乎？

又以地形地勢論之，亦不能必井田之可以通行無阻。禮謂：『廣谷大川異制，民生其間者異俗。』（王制）商君書（來民篇）亦謂『地方百里者，山陵處什一，藪澤處什一，部邑蹊道處什一，惡田處什一，良田處什四。』宋盛如梓庶齋老學叢談云：『前輩謂井田之法，如畫棋局，則丘陵原隰，必之可行。遂謂井田不可行於後世。襄公二十五年，楚蔿掩爲司馬，子木使庀賦，掩書土田，有曰「度山林，鳩藪澤，町原防，井衍沃。」東萊先生曰：「原防之間，其地不得方正如井田，則別爲小頃町。至衍沃平美土地，則用井田之法。先王之制，曷嘗概之以棊局之畫哉？」』（卷上頁十一）可知豈腐干塊式之棋局之畫，昔人固有所譏議焉。

考夏小正雖有「初服於公田」之語，然管子亦有：『正月令農始作服於公田，農耕及雪釋，耕始焉，芸卒焉。』（乘馬篇）揆其語氣，似以政府所有者爲公田，私人所有者爲私田。陳澧言：『古者君授民田，其君若今之業主，其民若今之佃戶。』東塾讀書記卷七 人民既耕已墾之田，復盡力於酋長之田，是謂初服於公田；竟不必硬派公田爲中百畝之公田歟!

即執孟子之言而研索之。如孟子言，夏則五十而取其五畝之入以爲貢，殷則七十而藉其八分之七十之力以爲助；又安得曰「其實皆什一也?」行貢法時實種五十而輸賦五畝，行助法時實種一百十畝而輸賦十畝，賦率不同，又安得謂其實皆什一也?

行助法時民有私田百畝，而公田百畝之中，（據韓詩外傳卷四，八家於公田中，家取二畝半以爲廬舍。共二十畝）八家分耕八十畝，是人耕百十畝而出賦僅十畝，是謂什一取一。

顧亭林云『周之疆理，猶古之遺法也。……夫井田之制，其間爲川爲路者一，爲澮爲道者九，爲洫爲涂者百，爲溝爲畛者千，若使夏必五十，殷必七十，周必百，則是一王之興，必將改畛涂，變溝洫，移道路以就之，爲此煩擾而無益於民之事也?豈其然乎?蓋三代取民之異，在乎貢助徹而不在乎五十、七十、百畝。其五十七十百畝，特丈尺之不同，而田未嘗易也，故曰「其實皆什一也。」』日知錄卷七 然同是一塊田，何必更名畝數?故崔述痛駁之云：『夫王者興利除弊，制禮作樂，……豈尚不足新天下之耳目，而必取民之井疆變易之。』又云『若然，則商周之授田與夏無異，仍其名焉可已，何必改之，使若多者，是率天下之人而教之僞也?』皇朝三大典考三代經界通考 然則孟子之「其實皆什一也」，固不易令人得解者。

又，孟子原曰：『詩云「雨我公田，遂及我私」，由此觀之，雖周亦助也。』孟子何必由「詩」而「觀，」無怪夫李覯盱江集卷十九平土書二十 詆孟子云『由此觀之，雖周亦助也。則疑之之詞也。……夫如是，則詩春秋論語孟子，皆不知周公之制有公田後儒解之者，非也！』又無怪夫胡適云：『他又引詩來說「雖周亦助也」。這可知道孟子實不知道周代之制度是什麼。不過從一句詩裏推想到一種公田制。這證據已很薄弱了。他不能知道周代的制度，偏要高談一千多年前的助制，這不是韓非所謂非愚卽誣嗎？』（井田制度之研究頁二十）可知孟子之井田記其證據脆薄如此。更無論周禮之僞爲傳說矣。

周人授田均言夫田百畝，一見於何休所傳，（公羊宣十五年注）一見於韓嬰所傳。（韓詩外傳卷四）又見於孟子所述。而周官大司徒言『不易之地家百畝，一易之地家二百畝，再易之地家三百畝。』以美惡別多少，不爲笨板之規定，顯見爲後起之傳說。而遂人職文則言「上地夫一廛田百畝，萊五十畝。餘夫亦如之。中地夫一廛田百畝，萊百畝，餘夫亦如之。下地夫一廛田百畝，萊二百畝，餘夫亦如之」』遂人上地有萊五十畝之附加，而大司徒則無之。顯見授田畝數，作僞者未能通齊劃一焉。

又周禮小司徒『井牧其田野九夫爲井』而遂人則謂：『夫間有遂，遂上有徑；十夫有溝，溝上有洫。』從九與從十，又爲顯然異趣之制度。後儒雖有種種曲解，亦未能爲之辨明。

然則井田之制，至多亦僅能行於一時，行於一地，非通之一代一國而皆然者。惲敬三代因革論云：『是故貢、助、徹三者，聖人皆先自國都行之。推之而至於諸侯之可行者而亦行之。其不可者待之。其可更者更之。不可更且不必更者，仍之。如是而已。……是故五十而貢，夏禹治田之法，而其時黃帝之井田在焉；夏小正曰：「初服於公田」是也。七十而助，成湯治田之法，而其時公劉之徹行焉；詩曰：「徹田爲糧」是也。百畝而徹，文王治田之法，而其時湯之助法存焉。公羊傳曰「古者什一而藉」是也。』（大雲山房文稿初集卷一）惲氏以後，異時崔述亦言：『是故夏之五十而貢，夏之圻內，夫受田五十畝，而行貢法也。諸侯之國，不必皆五十而貢也。殷之七十而助，殷之圻內，夫受田七十畝而行助法也；諸侯之國，不必皆七十而助也。周之百畝而徹，周之圻內，夫受田百畝。諸侯之國，不必皆百畝而徹也。詩曰：『徹田爲糧，豳居允荒，』公劉當夏商之時，乃不行貢助而行徹。是夏商之貢助，不必盡行於天下之明驗也。……然則殷之先世，亦必本行助法，故湯因之。非夏時諸侯皆用貢，至湯而盡變易天下之溝洫以爲助也。』（三代經界通考）此皆言貢助等法，不過一部分推行之制。與上古時期之政治組織，較爲脗合；非如侈談井田者之浮夸無當焉。

蓋古代無整齊劃一通行「天下」之制度，實基於當時政治的與社會的環境。田制如是，兵制亦然。且也其時之兵，固皆農也；其時之農，固皆兵也。故公羊（宣十五年）何注，謂：『吏民春夏山田，秋冬入保城郭。』異日管仲之作內政以寄軍令，商君之爲戶籍而相伍，猶可見古者兵農不分之確徵焉。

漢書（二十三）刑法志云：『殷周以兵定天下矣，天下既定，戢藏干戈，教以文德，而猶立司馬之官，設六軍之衆，因井田而制軍賦。……有稅有賦，稅以足食，賦以足兵。故四井爲邑，四邑爲邱，丘十六井也，有戎馬一匹，牛三頭。四丘爲甸，甸六十四井也，有戎馬四匹，兵車一乘，牛十二頭，甲士三人，卒七十二人。（鄭氏曰甲士在車上也）……一同百里，提封萬井。除山川沈斥城池邑園囿術路三千六百井，定出賦六千四百井，戎馬四百匹，兵車百乘，此卿大夫采地之大者也。是謂百乘之家。一封三百十六里，提封十萬井，定出賦六萬四千井，戎馬四千匹，兵車千乘，此諸侯之大者也。是謂千乘之國。天子畿方千里，提封百萬井，定出賦六十四萬井，戎馬四萬匹，兵車萬乘，是謂萬乘之主。皆於農隙以講事焉！』此卽文飾田制與兵制之關係，而言之過於整齊者。

故湯之伐桀也，有「格爾衆庶，悉聽朕言」之誓。而武王之伐紂也，師尙父亦言：『總爾衆庶，與爾舟楫。』武王亦屢曰：『西土之人！』以上均據史記 即下至春秋之世，晉楚治兵，『晉侯登有莘之墟以觀師曰：「少長有禮，其可用也；」遂伐其木以益其兵。』左傳二十八年 戰國之世，信陵君奪晉鄙軍以救趙，『下令軍中曰：父子俱在軍中，父歸；兄弟俱在軍中，兄歸；獨子無兄弟，歸養。』史記七十七信陵君傳 亦可見兵出於農，臨時徵集，故曰「格爾衆庶」，曰「西土之人」，曰「少長有禮」，曰「父子俱在」也。

春秋時，管子之作內政以寄軍令，疑亦將原有的兵農不分之事實略爲次敘而已。通考卷一四九 載其內政軍令之法云：『五家爲軌，軌爲之長；十軌爲里，里有司；四里有連，連爲之長；十連爲鄉，鄉有良人焉。』（以上民政）『以爲軍令：五家爲軌，故五人爲伍，軌長帥之；十軌爲里，故五十人爲小戎，里有司帥之；四里爲連，故二百人爲卒，連長帥之；十連爲鄉，故二千人爲旅，鄉良人率之；五鄉一帥，故萬人爲一軍，五鄉之帥帥之。』（以上軍政）良以古者兵農不分，故軍治與民治亦不分也。又如晉楚等國，其執政者亦往往掌中軍。故蔿賈之哂子玉，『子玉剛而無禮，不可以治民。過三百乘，其不能以入矣。苟入而賀，何後之有？』左僖二十七年 上文明明言「治民」，下文忽言「治軍」，蓋由古者兵民不分，故民治與軍治亦未可分耳。

一四　封建制度

謂井田僅能通行於一時一地，謂古時兵農不分，意即言古時無強有力之中央政府，足以推行某某之制於「天下」，而治民之官與治兵之官不分，亦足見小區域上之「地方官」其權威不可輕視。——斯二者皆封建制度所表顯者。

考古史之言封建制度者，孟子萬章篇載北宮錡問爵祿之制，孟子曰：『公侯皆方百里伯七十里；子男五十里。不能五十里者，不達於天子附於諸侯曰附庸。』而禮記王制則謂：『凡四海之內九州，州方千里。州建百里之國三十，七十里之國六十五十里之國百有二十。凡二百一十國名山大川不以封，其自以爲附庸閑田八州，州二百一十國。』而周官大司徒職則謂：『諸公之地方五百里，其食者半。諸侯之地方四百里，其食者參之一諸伯之地方三百里，其食者參之一諸子之地方二百里，其食者四之一。諸男之地方百里其食者五之一。』如孟子王制之說卽所謂列爵惟五，分土惟三。如周官之說則爵五而土亦五矣。

案此三家之封建論，實則均不甚可靠。周禮本不足信。王制爲漢儒敍錄之書。而孟子原文則：『北宮錡問曰「周室班爵祿也，如之何？」孟子曰：「其詳不可得聞也諸侯惡其害己也，而皆去其籍。然而軻也嘗聞其略也。」』萬章下篇則孟子所述之「爵五土三」似亦傳聞而已。

於此傳說中吾人首須問者，封國之制是否可以整齊劃一過於後世之定省縣之界？周禮與孟子之得失，其眞實究爲如何？

以前者言，封國之不能整齊劃一，如王制所謂「凡九州千七百七十三國」也！許宗彥鑑止水齋集謂：『夫文王率商之叛國以事紂，武王觀兵孟津，諸侯會者八百，此皆二代之所建。至於紂時，其地之廣狹，固未必悉仍其初封。文武撫而有之，要與之相安而已，豈得而盡易其疆界哉？武王克商，封國七十有一所可限以分土之制者，惟此。而所其封，取之所滅國與隙地，地或狗牙相錯，贏不足之數，不能不遷就焉……

後世郡縣大小，率以形勢爲差等，不能以里數之多寡定限；大郡縣若千里，小郡縣若千里也。』（卷一讀周禮後記）此言殊讐闢，蓋斥五十七十百里之決非事實也。約言之，則謂古者無一統，而地理難分割，故封建不能行！

以後者言，孟子周禮之或異，唐仲友以孟子之「公百里」，舉其食封言之；周禮之「公方五百」，包其附庸言之。故如魯之境內，原有顓臾；論語（季氏十六）載：『季氏將伐顓臾，冉有季路見於孔子曰：「季氏將有事於顓臾。」孔子曰：「求！無乃爾是過歟？夫顓臾昔者先王以爲東蒙主，且在邦域之中矣，是社稷之臣也。」』孔氏注云：『顓臾爲附庸，在其域中。』此一解也。惲子居以五十七十百里之所以化爲百里二百三百者，乃由於後此之兼併滋大，則又一解矣。

大雲山房文稿初集（卷一三代因革論二）云：『古者洪荒之世，自民初歸而各立之君。其時政刑未備，羈縻所及，大者百里而已。殺於百里者，則七十五十里焉。聖人準之，以差封國之土。是故百里七十五十者，聖人之中制也。國立矣，不能無爭；爭矣，不能無所併。黃帝之時萬國，成湯之時三千餘國，武王之時，一千七百七十二國。蓋所併者幾十之七八焉。若是，則保無有百里而爲五百四百里者乎？七十五十里，而爲三百二百百里者乎？』伊蓋以後來兼併，釋孟子周禮之異同焉。

平情以論，割據式的封建，固古時部落狀態使然。淸世宗謂：『古者疆域未開，聲敎未通，各君其國，各子其民，有聖人首出庶物，而羣然向化，雖不欲封建而封建之勢已定。』（大義覺迷錄卷一）斯言也，正不得以人廢言。劉獻庭『因讀史謂宗夏曰：『古之諸侯，卽今之土司也。後之儒者，以漢唐宋之眼目，看夏商周之大訓，宜其言之愈多而愈不合也。』（廣陽雜記卷四）此零碎割據之態，後則以互相兼併而滋大。左傳引欒貞子曰：『漢陽諸姬，楚實盡之。』（僖二十八年）謂楚之成大國也，此語可謂實得其情。顧祖禹讀史方輿紀要卷一云：『傳稱禹會諸侯於塗山，執玉帛者萬國。成湯受命，其存者三千餘國。武王觀兵，有千八百國。東遷之初，尙存千二百國。迨獲麟之末，二百四十二年，諸侯更相吞滅，其見於春秋經傳者，凡百有餘國。而會盟征伐，彰彰可紀者，約十四君。』魯衛齊晉宋鄭陳蔡曹許秦楚吳越。亦可見多數之部落，漸次混同，而成爲少數之國。初不能以五百百里限之！

史記謂『黃帝置左右二監，監於萬國』。五帝本紀 此萬國者，似爲黃帝所建。然柳宗元河東集卷一封建論 云：『封建非聖人意也。生人之初，與萬物皆生，草木榛榛，鹿豕狉狉。……爭而不已，必就其能斷曲直者而聽命焉。……由是君長刑政生焉。故近者聚而爲羣，羣之分，其爭必大；大而後有兵有德。又有大者，衆羣之長，又就而聽命焉，以安其屬。』案柳氏此說，呂覽恃君 已言之矣：『凡人之性，爪牙不足以自守衞，肌膚不足以捍寒暑。猶且裁萬物，制禽獸，服狡蟲，寒暑燥濕不能害，不唯先有其備，而以羣聚之耶？利之出於羣也，君遂立也。』蓋亦謂政治之立，立自鬭爭。袁枚於柳氏封建論，深表不滿；小倉山房文集二十三書柳子封建論後 乃深信古有一統之病也。

故封建之制，固有封之建之，斑斑可考者：如富辰所謂：『周公弔二叔之不咸，故封建親戚，以藩屏周。』左僖二十四年 如子魚所謂：『昔武王克商，成王定之，選建明德，以藩屏周。』左定四年 如魏獻子所謂：『昔武王克商，光有天下。其兄弟之國，十有五人。姬姓之國，四十人，皆舉親也。』昭二十八 由此觀之，要不得以封建爲無也。然亦有仍舊羈縻，如後世之於土司者，呂覽所謂：『周之所封，四百餘；服國，八百餘』觀世篇 是已。亦有消滅舊部落者，北宮文子言：『周書數文王之德曰：「大國畏其力，小國畏其德。」』左僖三十一年 畏德，卽羈縻之謂；畏力，卽兼併之謂。約言之，封建制度者，建樹自己的羽翼，覊縻原有之部落，消滅異己的酋長，如此而已。而又安得謂百里七十、或五百四百哉？

梁啓超中國政治思想史（六八頁）云『後儒多言封建爲唐虞以來所有，非也。夏殷以前所謂諸侯，皆邃古自然發生之部落，非天子之所能建之能廢之。眞正封建，自周公始。武王克殷，廣封先王之後，不過承認舊部落而已。及周公弔二叔之不咸，乃衆建親賢以屏藩周。』梁氏云云，蓋指新建覊縻二種而言之。日知錄（卷七文王以百里）云：『湯以七十里，文王以百里，孟子爲此言以證王之不待大爾。其實文王之國，不止百里。周自王季伐諸戎，疆土日大。大王自岐遷豐，其國已跨三四百里之地。伐崇伐密，自河以西，舉屬之周。至於武王而西及梁益，東臨上黨，無非周地。紂之所有，不過河內殷墟。其從之者，亦但東方諸國而已。』然則在原始的部落狀態下，固有兼併之事。初不待由百餘而爲十二諸侯，由十二諸侯而爲七國，由七國而爲一秦，中間演進，始有待於兼併也。顧棟高春秋大事表（列國都邑表敘）云『三代之諸侯，皆以次相授。』此乃言覊縻。『別爲建置者，不過百餘國耳』此乃言新建；『得其道則爲湯武之征伐，失其道則爲秦齊之兼并，』此乃就兼併而言。——言簡而意該矣。

以上所述之封建制度，蓋由中國史上常用之術語而言之。猶之馬端臨所稱述者。吾嘗謂所謂封建制度，當分縱橫二方面。由地域之割據言之，卽所謂列爵封土等等，所謂橫也。至若縱也者，則指寶塔式的封建。其人數愈少者，其位置愈高；其人數愈多者，其位置愈低；其涵義有似乎西史中的封建制矣。

請舉數例以明之。

其一，古之君臣，非如後世之君臣，其權力之相去，實不過一間。

論語季氏章載孔子曰：『天下有道，則禮樂征伐自天子出。天下無道，則禮樂征伐自諸侯出。自諸侯出，蓋十世希不失矣；自大夫出，五世希不失矣；陪臣執國命，三世希不失矣。天下有道，則政不在大夫。天下有道，則庶人不議。』又曰：『祿之去公室五世矣，政逮於大夫四世矣。』考孔子所以以權威下移爲歎，正注目上有天子，中有諸侯公室，下有大夫之三層割據。蓋政權軍權，均層層分割也。

古貴族不僅與國君平分政權，亦有軍權在握：如季氏將有事於顓臾，即一徵。又晉楚城濮戰前，楚子本不欲戰，以子玉力請『王怒，少與之師，唯西廣東宮與若敖之六卒實從之。』事詳左傳僖二八年 杜氏注「若敖指子玉之祖」，然則子玉之家固有兵而不屬楚王之命者也。

其二，當時國君固爲貴族，而上級官吏亦爲貴族，平民得參政者，下級吏胥之屬耳。俞正燮云：『周時鄉大夫比於鄉，考其德行道藝而與賢者出，使長之，用爲伍長也。與能者入，使治之，用爲鄉吏也……其用之止此。王制推而廣之，升諸司馬曰進士焉，止矣。諸侯貢士於王，以爲士也，止矣。太古至春秋，君所任者，與共開國之人，長其子孫也。上士、中士、下士、府、吏、胥、徒，取諸鄉興賢能；大夫以上，皆世族，不在選舉也。』癸巳類稿卷三鄉興賢能論 徵此，可知上有特權階級，而平民爲數至多，其地位乃至低者。

其三，當時社會似有階級存在，所謂「君子」「小人」之別是已。

故潁考叔爲潁谷封人，對鄭伯則言：『小人有母。』左隱公元年傳 而申叔時之告楚莊王，亦自謙爲『吾儕小人。』左宣十一年傳 叔時之對楚莊王也，又曰：『敎之禮，使知上下之則；』『明等級以導之禮。』楚語上 陰飴甥之語秦伯，亦言『小人恥失其君而悼喪其親，……君子愛其君而知其罪。』僖十五年 知武子則謂『君子勞心，小人勞力。』左襄九年 君子則謂：『世之治也，君子尙能而讓其下，小人農力以事其上。』左襄十三「曰悼喪其親」者，知所謂小人者，乃指秦晉戰後，士卒之家屬也，猶言平民也。

癸巳類稿卷三君子解云『喪服傳曰：「君子子者，貴人之子也。」……傳以君子爲貴人之子，言君子，貴人也。……傳以君子爲貴人者，周人語也。』左傳哀七年云：『曹人或夢衆君子立於社宮，』貴人狀也。國語：『陽人不服晉，晉侯圍之，倉葛呼曰「此誰非王之姻親，其俘之也。」晉侯聞之，曰「此君子之言也，」乃出其民，』以王之姻親，終不能爲晉民，故出之，亦以「君子」爲貴人也。』胡適哲學史大綱謂：『君子本義爲君之子，乃是階級社會中貴族一部分的通稱。君子，指士以上的上等社會；小人，指士以下的小百姓。』頁一一四 此與孟子士之子恆爲士同義。

其四，古者貴族之勢至不可侮。故伯有爲鬼，子產以其「從政三世，」「取精用宏，」「其族又大，」而釋其爲厲之宜，左昭七年 故『晉獻文子成室，晉大夫發焉。張老曰：「美哉輪焉！美哉奐焉！歌於斯，哭於斯，聚國族於斯。」文子趙武曰：「武也得歌於斯，哭於斯，聚國族於斯，是全要領以從先大夫於九京也。」北面再拜稽首。』禮記三檀弓上 而宋『昭公欲去羣公子，樂豫曰：「不可！公族，公室之枝葉也。若去之，則本根無所比蔭矣。葛藟猶能庇其本根，故君子以爲比，況國君乎。」』左傳文公七年 國君猶花，而護持之者，則以公族爲枝葉，明公族在政治上之重要也。

又如晉文公由流亡返國，『及河，子犯以璧授公子曰：「臣負羈絏，從君於天下，臣之罪甚多矣，臣猶知之，而況君乎，請由此亡。」公子曰：「所不與舅氏同心者，有如白水。」』左僖二十四年 然則文公固承認子犯之當分佔政權也。

孟子梁惠王下篇記『孟子見齊宣王曰所謂故國者，非謂有喬木之謂也有世臣之謂也王無親臣矣。』是孟子雖主張選賢與能然亦不能看輕世臣在政治上之地位也

此種寶塔式的封建，令特權在少數人之手人數愈少，權利愈大上下相治事同割據故楚無宇云：『天有十日，人有十等下所以事上上所以共神也故王臣公，公臣大夫大夫臣士，士臣皁皁臣輿，輿臣隸隸臣僚，僚臣僕僕臣臺。』左昭七年秩敍儼然上下相制貴族享有特權，小臣等於僕妾故石碏旣以『賤妨貴少陵長爲六逆』左隱四年而師服亦曰『吾聞國家之立也本大而末小，是以能固故天子建國諸侯立家，卿置側室大夫有貳宗士有隸子弟庶人工商。各有分親皆有等衰。』桓公二年本大末小，皆有等衰寶塔式的封建，固信而有徵者。

孫文玉新義錄卷五十八云：『東坡刑賞忠厚之至論稱「臯陶曰殺之三，堯曰宥之三，」歐公問所出典曰：想當然耳東坡暗用戴記而一時忘對也按文王世子公族有罪公曰宥之有司曰在辟公又曰宥之有司又曰在辟三宥不對，走出公使人追之曰雖然，必宥之！』此與通常所謂刑不上大夫者，均指古人對於貴族地位優越之認可焉。

章炳麟專制時代宰相用奴說太炎文錄卷一云：『僕射者，賤官之名也。禮記檀弓言君疾，僕人師扶右，射人師扶左此近臣最微末者……侍中者，又賤官之名也。漢初侍中，非奉唾壺，卽執虎子。至東漢，則侍中比二千石；元魏以降，益隆著，唐時以侍中爲眞宰相矣。』此言君臣之關係，由於階級社會。其後君之權力型式發展，而臣子，僕妾之名不改，亦可徵古代政治與其寶塔式的封建有關。

第四章　封建制度之崩潰

一五　封建制未隳前之各方面

然縱的封建，與橫的封建。春秋之後固漸顯崩頹之象，關於後者，屬於列國間之相互兼併；關於前者，則爲貴族的各種特殊權利之破頹，即貴族之「壟斷」之漸次消滅也。

蓋在周之中葉，爲貴族者，居階級之上層者，固壟斷學術者也。例如晉侯使韓宣子聘於魯『觀書於太史氏，見易象與魯春秋，曰：「周禮盡在魯矣。吾乃今知周公之德與周之所以王也。」』（左昭二年傳）然則中祕之書，非以「大使」之尊，例難得閱，而魯之典籍，蓋祕於公室者。又如『孔子入太廟，每事問；或曰：「孰謂鄹人之子知禮乎？入太廟，每事問！」子聞之曰：「是禮也。」』（論語三八佾）其在曾子，亦云『君子所貴乎道者三：動容貌，斯遠暴慢矣；正顏色，斯近信矣；出辭氣，斯遠鄙倍矣；籩豆之事，則有司存。』（論語八泰伯）此蓋明言在下位者例不必問國家典制掌故，而自有主司董理。此與孔子之「入太廟每事問」，同可見貴族之壟斷學術。正義以『執籩豆行禮之事，則有所主者存焉，此乃事之小者，無庸親之』爲訓，陋矣。

或人呼孔子爲鄹人之子，顯有斥孔子爲鄙野之意。曾子自謙於不治籩豆，當係不肯越俎代謀。非然者，孔子之學，原重習禮。孔子在衞，『靈公問兵陳。孔子曰：「俎豆之事，則嘗聞之；軍旅之事，未之學也。」』（史記四十七孔子世家）以此知曾子之語，固有爲言之，非不願習俎豆也。

豈但壟斷學術而已，則又有怙寵害能，爲政治上之威福自擅。即賢如孔子，『與下大夫言，侃侃如也；與上大夫言，誾誾如也。』（論語十鄉黨）亦不免於兩副面孔之譏。『子疾病，子路使門人爲臣。病閒，曰：「久矣哉，由之行詐也！無臣而爲有臣，吾誰欺，欺天乎？』論語九子罕 蓋子路爲增飾孔子之威勢，故使門人爲臣；此與孔子所謂『以吾從大夫之後，未嘗步行』者其意正同，具見已加入貴族行列者，不得不稍稍採用貴族之自尊自重焉。

孔子一生，實受貴族之壓迫，以至於老不見用。其在齊也，景公將以之尼谿田封孔子，而晏嬰不可，論語公冶長稱『晏平仲善與人交，久而敬之。』孔子稱晏如此，而晏竟不汲引。『齊大夫欲害孔子，孔子乃行。』其後，在魯爲司寇，未幾而去。雖魯有季桓子遺命，令召孔子，而桓子三子季康子，卒以公子魚一言而罷。即其在楚，亦扼於令尹子西。足見貴族之妒害，其力如此。異時孔子卒，魯哀公誄之「以不慭遺一老，」子貢即以「生不能用，死而誄之」非之；以上均詳史記四十七孔子世家 然哀公所以不能用孔子，豈僅伊一人之過；正有公子魚一流人作祟耳。左傳定公四年載鄭子太叔語晉趙簡子有「無始亂，無怙富，無恃寵，無違同」……諸語，而異日，商君之於秦，趙武靈之變胡服，史率以見扼公族爲言，可知貴族之怙寵勢作威福，其來自遠已。

貴族，豈止怙寵害能而已，而又壟斷教育也。

古之所謂八歲入小學，十五入大學者，蓋全指王及貴族之子弟而言。公羊僖十年何注所謂『諸侯之子，八歲受之少傅，教之以小學，十五受之太傅，教之以大學。』然則諸侯國之王子，有小學大學之教也。禮內則篇云『十年出就外傅，朝夕學幼儀，請肄簡諒。十有三年，學樂誦詩舞勺，成童舞象學射御。』此則言國子之教也。且如僞周禮所言，『周人以鄉三物教萬民而賓興之，』然則萬民固有受教育之機會歟？而下文忽言『其德六，知、仁、聖、美、中、和；其行六，孝、友、婣、睦、任、卹；其藝六，禮、樂、射、御、書、數；』則是由其教科言之，六德以培丰度，六行以馭上下，六藝以飾華奐，要之爲統治者所需要之教育而已。於平民無與，平民學之，亦無所致用也。

記古平民有受教育之機會者，惟小戴記（卷四王制）言『命鄉論秀士，升之司徒曰選士；司徒論選士之秀者而升之學曰俊士。……樂正崇四術，立四教，順先王詩書禮樂以造士，春秋教以禮樂，冬夏教以詩書，王太子王子，羣后之太子，卿大夫元士之適子，國之俊選皆造焉。』是國之俊選，亦得與於樂正之教。——然竊疑無此事也！

第一，古代教育，甚重尊卑之敍。（如前清考試時屠夫及賤民之子弟同考者不齒其人）大戴禮所謂：『帝入東學，上親而貴仁，則親疏有敍，而恩相及矣。帝入南學，上齒而貴信，則長幼有差，而民不誣矣。帝入西學，上賢而貴德，則聖智在位，而功不匱矣。帝入北學，上貴而尊爵，則貴賤有等，而下不踰矣。』（保傅篇）今假定大戴記為漢傳經說，非周人實錄。然至少可見漢人之以周人為注意於親疏有敍，長幼有差，聖智在位，貴賤有等者也。凡民之俊秀，何得與太子王子共學乎？

第二，俊秀如孔子，當無問題。然孔子之語哀公『丘也小人，不足以知禮。』（哀公問二十七）而史記言『孔子之所嚴事，於周則老子；於衞蘧伯玉；於齊晏平仲；於楚老萊子；於鄭子產；於魯孟公綽。』（史記六十七仲尼弟子列傳）除老子為周室典藏之史以外，蘧伯玉、晏平仲……其人皆貴族也。足見孔子並不曾受眞正之國家教育，僅於私人友朋中間接得到知識也。

貴族，豈止壟斷教育而已，蓋又壟斷經濟財貨也。

左襄十年鄭四富族奪民之田。其後『鄭飢民病，子皮以子展之命餼國人粟，戶一鍾。』（襄十九年）子皮，子展，鄭之賢者，而積穀如此，可以見當時風氣。故晏嬰使於晉，遇叔向，『叔向曰：「齊其何如。」晏子曰：「此季世也，吾勿知齊其爲陳氏矣。公棄其民，而歸於陳氏。齊舊四量豆、區、釜、鍾，四升爲豆，各有其四，以登於釜，釜十則鍾。陳氏三量皆登一焉，以家量貸，而以公量收之。民參其力，二入於公，而衣食其一。公聚朽蠹，而三老凍餒。……」叔向曰：「然。雖吾公室，今亦季世也。……庶民罷敝，而宮室滋侈。道殣相望，而女富溢尤。政在家門，民無所依。」（左昭三年傳）是以見公族操縱經濟權衡之利害，在社會國家，均爲大蠹。故如令尹子文之逃祿，魯公儀子之拔葵，當時已如鷂鳳出羣，時人歎爲清德莫及；而孔子流食四方，自平民視之，亦無以逃於「不勤」之譏。

漢書（九十九）王莽傳注：「令尹子文自毀其家，以紓楚國之難，仕而逃祿，朝不及夕。公儀子，魯國相公儀休也。拔其園葵，不奪園夫之利。」仲尼亦指斥臧文仲之「妾織蒲」，以爲「不仁」。（左傳文公三年）漢書（五十六）董仲舒傳：「故受祿之家，食祿而已，不與民爭利。……故公儀子相魯，之其家，見織帛，怒而出其妻；食於舍而茹葵，慍而拔其葵，曰：吾已食祿，又奪園夫女紅利乎？……及至周室之衰，其卿大夫緩於義而急於利，亡推讓之風，而有爭田之訟，故詩人疾而刺之，曰：「節彼南山，惟石巖巖。」……」蓋古人已知貴族專利之過。如子路與孔子共行，「子路從而後，遇丈人，以杖荷蓧。子路問曰：「子見夫子乎？」丈人曰：「四體不勤，五穀不分，孰爲夫子？」植其杖而芸。子路拱而立，止子路宿，殺雞爲黍而食之，見其二子焉。明日，子路行，以告子曰：「隱者也。」使子路反見之，至則行矣。」」（微子第十八）則是社會上之不勞而獲者，時人已多所非議焉！

凡貴族之壟斷學術威福敎育經濟財貨等，胥可視爲寶塔式的封建之現象。然而此寶塔式者，在春秋之季，固已漸漸崩潰。

寶塔之第一層爲周天子；周天子自成、康以降，勢已不競。幽、厲、平王以後，則有齊、晉之勤王，則有楚子之問鼎；要之皆顯周室之日卑。

其第二層，爲列國國主。然國主之權，固下移於大夫。如秦晉殽戰以後，晉得秦之三帥，而晉襄公以母文嬴之語釋之。『先軫朝問秦囚。公曰「夫人請之，吾舍之矣。」先軫怒曰「武夫力而拘諸原，婦人暫而免諸國，墮軍實而長寇讎，亡無日矣。」不顧而唾！』左僖三十三年傳 此可見晉國大臣之威權傾主也。魯有三桓，『陳成子弒（齊）簡公，孔子沐浴而朝，告於哀公曰「陳恆弒其君，請討之。」公曰「告夫三子！」孔子曰「以吾從大夫之後，不敢不告也，君曰告夫三子者。」之三子告，不可。孔子曰「以吾從大夫之後，不敢不告也。」』論語憲問 此可見魯大臣之威權傾主也。『崔子弒齊君，陳文子有馬十乘，棄而違之。至於他邦，則曰猶吾大夫崔子也。違之。之一邦，則又曰猶吾大夫崔子也。』論語公冶長五 然則列國之中，均有崔子其人。

其第三層，爲列國卿大夫，即春秋時期事實上之執政人，而亦見脅於陪臣，見制於家奴。即如以魯而論，則季氏之宰公山弗擾以費畔，召而孔子欲往。以晉而言，則趙簡子之邑宰『佛肸以中牟畔，召孔子，孔子欲往。』論語陽貨 可見陪臣家臣亦起而與卿士大夫爲難也。

周天子最先沒落，列國國君亦先後被篡奪於大夫，則在上之三層，不啻混而爲一。然舊日陪臣，新爲大夫者，仍介於舊時大夫今時國君之間，則實塔式的封建，泯而未滅。因之以舊大夫而爲國君者，欲制服舊陪臣而爲新大夫者，自非借助於平民之傑出者不可。故戰國之初，有布衣而爲卿相者，其人率皆能匡佐新國君，舊時大夫 以制裁新大夫。舊時陪臣 者也。語在下文。

司馬光資治通鑑，已能看破實塔式封建崩潰之景象，故通鑑之起，始於『威烈王二十三年，初命晉大夫魏斯、趙籍、韓虔爲諸侯。』光於此下斷云：『臣聞天子之職，莫大於禮。……夫以四海之廣，兆民之衆，受制於一人，雖有絕倫之力，高世之智，莫不奔走而服役者，豈非以禮爲之紀綱哉？是故天子統三公，三公率諸侯，諸侯制卿大夫，卿大夫治士庶人。貴以臨賤，賤以承貴。上之使下，猶心腹之運手足，下之事上，猶手足之衞心腹，支葉之庇本根，然後上下相保而國家治安。』戰國之時，諸侯之不能制卿大夫，正「貴以臨賤，賤以承貴」之不能行也。故孟子梁惠王篇：『萬乘之國，弒其君者，必千乘之家；千乘之國，弒其君者，必百乘之家。萬取千焉，千取百焉，不爲不多矣。』亦謂寶塔式的封建之不可久。

一六　政治上之兼併

所謂戰國者，固指橫的封建上，兼弱攻昧，強食弱肉之一種趨勢。此趨勢，亦非始於威烈王之二十三年。湯之伐葛，文王伐密，「大國畏其力，小國畏其德，」足徵文王之時，固嘗有以力服人者。第割據式的封建，彼此併吞，後來爲烈；而史家所記，亦後詳於前。故一若兼併之起，起於春秋戰國之間，而不知其實非也。

柳宗元封建論云：『生人之初，……假物者必爭，爭必就其能斷曲直者而聽命焉。故近者聚而爲羣，羣之分，其爭必大，大而後有大德者，衆羣之長又就而聽命也。』（柳河東集卷一）此語，原襲荀子王制篇『其爭必大』一語，正所以解釋戰國時之兵爭所以猛烈於春秋之時，而春秋時之兵爭，所以猛烈於春秋前之兵爭。非謂春秋前，毫無兵爭，至春秋而周室既衰，羣諸侯遂相斫伐焉！

韓非（難二篇）謂：「文王侵盂，」呂氏春秋（具備篇）亦謂：「武王嘗窮於畢程。」則「周雖舊邦，其命維新；」其意亦可知也已。孟子稱周公相武王，滅國者五十。又稱周公膺戎狄，懲荊楚。然則讀詩之破斧，周書之作雒解，知周室兼併弱小之甚。

漢書地理志云：『昔者黃帝旁行天下，方制萬里，畫壄分州，得百里之地萬區。周爵五等，而土三等。蓋千八百國。而太昊黃帝之後，唐虞侯伯猶存。周室既衰，轉相吞滅。數百年間，列國耗盡。至春秋時，尚有數十國，五伯迭興，總其盟會。陵夷至於戰國，天下分而爲七。合從連衡，經數十年，秦乃併兼四海，分天下爲郡縣，盪滅前聖之苗裔，靡有孑遺者矣。』此言可徵由萬而爲千八百，而爲數十，而爲七國，正以明政治上之兼併，往古已然，非始於春秋戰國時焉。

案子服景伯言：『禹會諸侯於塗山，執玉帛者萬國。今其存者無數十焉。惟大不事小，小不事大也。』左昭二十八年 亦言國數之少，由於兼併也。

春秋之初，周天子名爲共主，實則徒擁虛名。故鄭祭足帥師取溫之麥，又取成周之禾。周鄭交質，而卒於周鄭交惡。左隱三年 有識者，亦不過謂『君子結二國之信，行之以禮，又焉用質？』是明認周鄭爲交戰團體，非如後世之君臣互鬬。正如晉衞治兵，故曰「二國」也。

案周室地位之隆重，初由於儒家之擡高，及霸者之利用。以前者言，孔子作春秋，高擡尊王之義。如襄王之奔，原見逐於太叔，而春秋必書之「天王出居於鄭」。僖二十四年 晉文公踐土之盟，晉實召王與會，而春秋諱之曰：『天王狩於河陽。』僖二十八年 此皆儒者故意提高天王之位置，以期於「正名分」之政治主張也。案富辰之言曰：『昔周公弔二叔之不咸，故封建親戚，以藩屏周。……其懷柔天下也，猶懼有外侮，扞禦侮者莫如親親，故以親屏周。』僖二十四年 然則周初之衰弱萎瘓，而天王之所以為天王，可知也已。

春秋之時，抱有政治野心者，偏愛利用周室。如秦穆公之享公子重耳也，『公賦六月，六月詩小雅道尹吉甫佐宣王征伐 趙衰曰：「重耳拜賜。」公子降拜稽首。公降一級而辭焉。衰曰：「君稱所以佐天子者命重耳，重耳敢不拜。」』左僖二十三年 是晉文之霸也，畜意於利用周室，在奔徙時已然！異日『狐偃言於晉侯曰：「求諸侯莫如勤王。」』僖二十五年 即此之謂也。然襄王與晉侯以陽樊溫原之田，而「陽樊不服」，原亦以圍始下，同上 則周天子之命令固不足；及其甸內晉侯勤王，非尊崇之，殆以便其私圖，有所假借耳。

自五霸治兵，往往以兵戎相見，而究其主要之工作，則為剗微去弱而已。齊桓公以繼絕存歿為言，而當其盛時，『楚鬬穀於菟滅弦，弦子奔黃。於時江黃道柏方睦於齊，弦子恃之而不事楚，又不設備，故亡。』左僖五年 而晉獻公亦假道於虞以伐虢。左僖二年 然則葵丘之會，所謂『凡我同盟之人，既盟之後，言歸於好，』正所以解決各大國間對外兼併之關係，而非謂停止兼弱併昧也。

葵丘之會，與者為魯齊宋衞鄭許曹七國。周天子之代表『宰孔先歸，遇晉侯，曰：「可無會也。齊侯不務德，而務遠略。故北伐山戎，南伐楚，西為此會也。東略之不知，西則否矣。其在亂乎！」』徵此可知齊侯之所謂興亡繼絕者，不過建設傀儡政府，無怪當時之「義士以為薄德」也。

第春秋之世，列國之國數，雖在減少，而中國文明所披及之地，則亦隨武力而擴大。故『子貢曰：「管仲非仁者與？桓公殺公子糾，不能死，又相之。」子曰：「管仲相桓公，霸諸侯，一匡天下，民到於今受其賜。微管仲，吾其被髮左祚矣。』論語十四憲問 此齊之外攘也。『晉無終子嘉父，使孟樂如晉，因魏莊子，納虎豹之皮以請和諸戎。晉侯欲伐之，魏莊子曰：「……和戎有五利焉：戎狄荐居，貴貨而易土，土可賈焉，一也。」』左襄四年 此晉之外攘也。而秦穆公并國二十，遂霸西戎，史記八十七李斯傳 則秦之外攘也。『楚大飢，戎伐其西南，……庸人率羣蠻以叛楚，麇人率百濮聚於選，將伐楚。乃出師，旬有五日，百濮乃罷。羣蠻從楚子盟，遂滅庸。』左文十六年傳 則楚之外攘也。

以疆土言則爲開拓，以國數言則爲減少，此橫的封建所以崩潰之象。然國土愈大，國數愈少，則兵凶戰危之局，更以促進政治上之兼弱攻昧。且晉分爲三，姜化爲田，舊時大夫今時國主，政權漸集於一尊，寵祿不徧於世族，而兼弱攻昧之動力更強，此春秋之所以異於戰國焉！

史公表楚漢之際曰：『秦起襄公，章於文繆，獻孝之後，稍以蠶食六國，百有餘載，至始皇乃能並冠帶之倫。蓋一統若是之難也。』然始皇之混一六國，原有六國秦亦在內之混一，弱小爲之前導，故橫的封建破焉。韓非子有度篇 謂「荆莊王併國二十六，」呂覽直諫篇 謂「楚莊王併國三十九，」說苑正諫篇 謂「荆文王併國三十，」荀子仲尼篇謂「齊桓公併國三十五，」韓非子有度篇 謂「齊桓公并國三十，」又十過篇 謂「秦穆益國十二，」可徵秦之滅列國，有列國之兼弱攻昧爲之前驅。

至於縱的封建的寖頽，亦始於春秋之世，蓋以兼併之故，則不得不於平民中選用眞材而排斥無用的閥族，語詳第二二節中。

戰國之初，兼併之行爲，所以摧毀橫的封建者，其勢益亟，而兼併之行爲，則影響於下列三者。

其一，則曰以兼併故而軍事繁也。

昔欒武子之稱楚國云『楚自克庸以來，其君無日不討軍實而申儆之。』左宣十二年傳 此實針對春秋時兼併之需要。其在戰國時，則軍事益烈矣。『齊宣王出獵於社山，父老相與勞王。王曰「賜父老田不租，賜父老無徭役，」閭邱先生不拜，曰：「春秋冬夏振之以時，無煩擾百姓，臣可稍得以富也。」』說苑善說 此所謂「煩擾百姓」者，大都卽指兵役。如長平之戰，秦將白起坑趙卒至四十萬；王翦之伐楚也，『非六十萬人不可。』史記七十三 而所謂戰者，又皆孟子所謂『無義戰』盡心篇 也。

近人陳漢章上古史卷下頁四十七『都計春秋二百四十二年中，秦晉用兵十八，晉楚用兵二十二，吳楚用兵二十四，吳越用兵十，齊魯用兵三十五，魯邾用兵二十五，魯莒用兵十二，齊楚用兵三，宋齊用兵三，宋楚用兵四，宋鄭用兵五十二，齊晉用兵三，吳齊用兵二。又計戰國二百四十八年中，魏趙用兵四十八，魏韓四十九，魏秦七，魏楚二，魏伐宋鄭中山各二，伐翟燕齊各一。韓秦用兵二十一，韓伐齊鄭各三，伐宋二，救魯一。趙秦用兵二十，伐燕一，燕伐齊趙各一，齊伐魏九，伐魯燕各三，伐趙莒各一，楚救鄭伐鄭各二，攻魯三，伐燕齊秦各一，秦伐楚九，伐燕伐齊各三，伐蜀三，五國伐秦二，三國擊秦二，五國擊秦一，四國擊楚一，三國伐楚二，三國救趙一，六國敵秦無。』則是二四二年中，大小戰二一三次；而二四八年中，大小戰二二二次也。

二則曰以兼併故而取民亟也。

蓋什一而稅，爲古人取稅於民之理想標準，逾此者無以免於橫征暴歛之譏也。而春秋之世，魯哀公已曰『二，吾猶不足。』至戰國之時，淮南子覽冥訓 云『晚周之時，七國異族，諸侯制治，各殊習俗，縱橫間之，舉兵而相角，攻城濫殺，覆高危安，掘墳墓，揚人骸，……質壯輕足者爲甲卒千里之外，家老羸弱悽愴於內，廝徒馬圉，軵車奉餉，道路逵遠，霜雪亟集。短褐不完，人羸車弊。泥塗至滕，相攜於道。奮首於路，自枕格而死。』（高誘注曰『格，撈也；收民賦役不畢者撈之於格上，不得下，枕格而死。』）孟子亦謂『有布縷之征，粟米之征，力役之征；君子用其一，緩其二。用其二而民有殍，用其三而父子離。』（盡心上）荀子亦謂『成侯嗣公，聚斂計數之君也，聚斂者亡。』（荀子王制）此皆足見爲戰爭故，故取民不免無藝焉。

三則曰以兼併故而需人材急焉。

春秋之時，爲國者已重於得人。故齊桓公之初得國也，鮑叔薦管夷吾，『桓公曰：夫管夷吾射寡人中鉤，是以濱於死。』『鮑叔對曰：夫爲其君動也。』乃請之於魯，『比至，三釁三沐之。桓公親逆之於郊，而與之坐問焉。』（國語齊語六）即如魯陽貨亦『謂孔子曰：「來，予與爾言。」曰：懷其寶而迷其邦，可謂仁乎？曰，不可。好從事而亟失時，可謂知乎？曰，不可。日月逝矣，歲不吾與。孔子曰：諾，吾將仕矣。」』（論語十七陽貨）執此而言，則陽貨亦知愛才，而況列國之君？其在戰國之初，則商君之用於秦；其在戰國之季，則李斯之用於秦。荀子所謂『好士者強，不好者弱。』（荀子議兵篇）所謂『得師者王，得友者伯，自疑者存，自爲謀而莫已若者亡。』（堯問篇）蓋已一時風氣所趨者矣。

綜言之，兼弱併昧，所以促橫的封建之崩潰，此其始，非始於先秦，蓋導源於太古，而古史所記莫詳；蓋盛行於春秋，而其時「率初大禍初烈」。蓋激進於戰國，則七雄並峙，地醜德齊，攻城以戰，流血盈野，然而生民之禍亟矣！以軍事亟而有政治之改革，以取民亟而有經濟的變動，以人才重而促世家卿族，縱的封建的中層階級之崩潰，自春秋（前七二二年至四八一年）至戰國（前四〇三年至二二一年）五百年間之大變革，正爲秦之擡高君權，罷侯置縣，下一個準備；而上古史，亦變爲中古史矣。

一七　因時世而起之文物進步

自春秋至戰國五百年間，諸侯以力戰而滋大，以滋大而作戰更力，則所以促橫的封建之崩潰。平民以多事而顯其才，以顯其才而益至多事，因以促縱的封建的崩潰。然而變革尚不止此。

試讀史記張儀傳，知張儀能用事於秦，首以蘇秦之逼迫，繼以自己之表白。後者即張儀以遭時多事而顯其才；前者則蘇秦欲顯其才，而益至多事，交相爲因果。而春秋以來貴族之憑藉族閥者微矣。

其變革之見於內政者，則爲申明約束，蓋即軍法之起源。昔湯之伐桀，武王之伐紂，雖亦申儆其衆，然其致，不過「用命賞，不用命戮爾其如熊如羆」而已。而此五百年中，則管仲之內政，商君之變法，司馬穰苴之兵法部伍，均前後與焉。管仲之作內政以寄軍令也，『制國五家爲軌，軌爲之長，十軌有里，里有司，四里爲連，連爲之長，十連爲鄉，鄉有良人焉。（以上民政）以爲軍令：五家爲軌，故五人爲伍，軌長帥之。十軌爲里，故五十人爲小戎，里有司帥之。四里爲連，故二百人爲卒，連長帥之。十連爲鄉，故二千人爲旅，鄉良人帥之。五鄉一帥，故萬人爲一軍，五鄉之師帥之。』充其所至，蓋於農即兵也之原始組織，審時度宜，使『人與人相疇，家與家相疇，世同居，少同游，故夜戰聲相聞，足以不乖；晝戰目相視，足以相識，其懽忻足以相死，居同樂，行同和，死同哀，是故守則同固，戰則同強。』（國語六齊語）蓋修明內政，而其目的，則仍在『方行於天下』（用齊語語）也。

今存管子，雖不足以代表管仲所親著者，然霸言篇言爭天下者必先爭人！權修篇謂「有人不治，奚待於家？有家不治，奚待於鄉？有鄉不治，奚待於國？有國不治，奚待於天下？」小匡篇與立政篇所陳內政，亦與齊語大致不殊。以此，知管仲實主張修明內政以應付外難者也。

管仲以外，其修明內政者，則如鄭之子產亦使『都鄙有章，上下有服，田有封洫，廬井有伍。』（左襄三十年）而楚之蔿冠子亦謂『郡大夫退修其屬縣，嗇夫退修其鄉，鄉師退修其扁，扁長退修其里，里有司退修其伍，伍長退修其家。』以使民『化立俗成，少同儕，長同友，游敖同品，祭祀同福。……安平相馴，軍旅相保，夜戰則足以相信，晝戰則足以相配。』王鈇篇 亦是令民有組織以便戰也。嗣後則有秦之商君『令民爲什伍而相收司連坐，不告奸者腰斬，告奸與斬敵首同賞。』史記六十八商君傳 蓋亦欲修明內政以應時艱耳。秦本紀於獻公十年已記『初爲籍戶相伍。』商君相秦在孝公時，可知戶籍之法，原係世變所推；非商君所能首創者也。

然申明約束，非止戶籍版伍而已。即如申不害『故鄭之賤臣，學術以干韓昭侯，昭侯用爲相，內修政教，外應諸侯。終申子之身，國治兵彊，諸侯無敢侵韓者。』史記六十三不害傳 可知凡足以外應諸侯之政教，均須先自內修之。通鑑卷一記周烈王六年『齊威王召卽墨大夫，語之曰「子之居卽墨也，毀言日至。然吾使人視卽墨，田野闢，人民給，官無事，東方以寧。是子不事吾左右以求助也。」封之萬家。召阿大夫，語之曰：「自子守阿，譽言日至。吾使人視阿，田野不闢，人民貧餒。昔日趙攻鄄，子不救；衞取薛陵，子不知。是子厚幣事吾左右以求知也。」是日烹阿大夫……於是羣臣聳懼……齊國大治，彊於天下。』觀「東方以寧」「衞取薛陵」二語，知兼弱攻昧之所以影響於內政之修明者，奚止版籍一端而已！

內政修明，間接所以便利兼併，而軍政則直接以致用於兼併者也。

管仲之定內政，原以富國強兵；而商鞅之修內政，則尤在乎使民之勇於公戰，怯於私鬬。所謂『有軍功者，各以率受上爵；爲私鬬者，各以輕重被刑；』『宗室非有軍功，不得爲屬籍；』史記六十八 知商君之安內以攘外，原由當時之時勢逼成。即如司馬穰苴，亦以『齊師敗績，』故齊景公用之。穰苴自言：『將受命之日，則忘其家；臨軍約束則忘其親；援枹鼓之急，則忘其身。』如此嚴厲之軍令，亦正以『敵國深侵，邦內騷動，士卒暴露於境，君寢不安席，食不甘味』耳。（史記六十四）然則軍事之進步，豈不由於各諸侯之相互兼併哉？

軍政所以發動兼併者，而糧食則所以資軍者也。因而，重農積穀之事生矣。

戰國時人引神農之教謂『湯池十仞，帶甲百萬，無粟則不能守。』（漢書食貨志）蓋足食足兵，乃兼併期中所倶需者。觀夫欒武子之稱楚國曰：『楚自克庸以來，其君無日不討軍實而申儆之……訓之以若敖蚡冒篳路藍縷以啟山林。』（左宣十二年傳杜注：二君勤儉以啓土）足見春秋時人重農貴粟之說法，以較諸戰國人，其語未尖銳也。

至戰國時期，則積穀之事甚顯。豈止商君傳所謂「致粟帛多者復其身」而已。

此等積穀之現象，如魏文侯有「御廩，」公子成父以爲當藏於境內。（說苑雜言）梁惠王則『河內凶則移其民於河東，移其粟於河內；河東凶，亦然。』（孟子梁惠王）齊飢，齊宣王亦嘗『發棠邑之倉，以振貧民。』（同上盡心）蘇秦說齊，亦曰：「齊粟如丘山。」說楚威王，趙肅侯，燕文侯，皆曰「粟支十年。」（史記蘇秦傳）春申君爲楚造二倉，西倉名曰均輸，東倉周一里八步。（越絕書外傳）即韓地險惡山居，亦有敖倉於廣武山。（太平御覽卷一九〇）秦轉輸天下，其中『藏粟甚多。』（史記酈生傳）成都郭外，亦有秦時舊倉。（後漢書公孫述傳）倉儲之興，胥積穀之表徵；而常平之制，實濫觴於此時。

孟子：『狗彘食人食而不知檢，』實即言豐年時，不知聚粟之非。即如李悝盡地力之教，其結果亦不過『大熟糴三舍一，中熟糴二，小熟糴一。小飢發小熟之所斂，中飢發中熟之所斂，大饑發大熟之所斂。』（漢書二十四食貨志）蓋猶是積粟之政耳。

卽非戰如墨子者，亦言：『凡五穀者，民之所仰也。君之所以爲養也。故民無仰，則君無餐，民無食，則不可事。故食不可不務也，地不可不力也，用不可不節也。』七患第五 重粟爲時代要求，於此可見。又如商君之相秦，中飭紀綱是一事，抑制豪族是一事，教民勇於作戰又是一事，而重農貴粟，亦爲其作爲中之一事。今存商君書一則言：『舍農游食而以言相商也，此弱國貧民之教也。』農戰篇 再則言：『訾粟而稅，則上一而民平。』墾令篇 史記商君傳 亦言：『大小僇力本業，耕織致粟帛多者，復其身。事末利及怠而貧者，舉以爲收孥。』則是商君書容或不可信，而商君重粟，信而可徵也。

重農積穀，所以預備兼併者也。而兵器之創製，生活工具之改進，亦間接以利兼併者。以前者言，則有如海軍騎射，以後者言，則如改深衣爲胡服，非由軍事而創生，卽始創以利軍事。海軍卽海道行師，日知錄謂：『海道行師，古人蓋屢行之矣。吳徐承率舟師自海入齊，此蘇州下海至山東之路。越王勾踐命范蠡舌庸，率師沿海泝淮，以絕吳路，此見國語十九吳語 此浙東下海至淮上之路。』日知錄卷二十九海師條 然則吾民族浮海爲家之生活，因列國兼併而滋生也。

騎者，亦爲兼併之利而設。『詩云：古公亶父，來朝走馬。古者馬以駕車，不可言走。曰走者，單騎之稱。古公之國，鄰於戎翟，其習尚有相同者。然則騎射之法，不始於趙武靈王也。左傳昭公二十五年 左師展將以公來馬而歸。正義曰：古者服牛乘馬，馬以駕車，不單騎也。至六國之時，始有單騎，蘇秦所云車千乘，騎萬匹，是也。曲禮云：「前有車騎，」禮記漢世書耳，經典中無騎字也。』『春秋之世，戎狄之雜居於中夏者，大抵皆在山谷之間，兵車之所不至。齊桓晉文，僅攘而却之，不能深入其地者，用車故也。……騎射所以便山谷也，胡服所以便騎射也。』日知錄卷二十九騎 然則騎之使用，亦由於軍事而然者。

胡服者，其影響，漢以後胥感受之。（詳第九節）然考其起源，則亦由於衆弱攻昧之環境逼之而然。史記（四十三趙世家）記趙武靈之欲胡服也蓋欲「開於胡翟之鄉」，故「胡服騎射以教百姓。」誠以「雖驅世以笑我，而胡地中山吾必有之；」故雖有公子成之堅持反對，而武靈王語之曰：『今叔之所言者俗也，我所言者所以制俗也。吾國東有河薄洛之水，與齊中山同之，無舟楫之用。自常山以至代上黨，東有燕東胡之境，而西有樓煩秦韓之邊。』雖有趙文等之勸阻，而武靈王告之曰：『齊民與俗流，賢者與變俱。故諺曰：以書御馬者不盡馬之情，以古治今者不達事之變。循法之功，不足以高世；法古之學，不足以制今。子不及也！』可知所謂胡服云云，固因時世之「今」而起之文物也。

卽文字之變易，故亦與當時世變有關。

自文字初創以後，其變化固逐漸而演，然春秋戰國之間，其變亦烈。許愼說文解字敍曰：『周宣王太史籀，箸大篆十五篇，與古文或異。至孔子書六經，左丘明述春秋傳，皆以古文，厥意可得而說。其後諸侯力政，不統於王，惡禮樂之害己，而皆去其典籍。分爲七國，田疇異畮，連涂異軌，律令異法，衣冠異制，言語異聲，文字異形。』（說文解字十五上）所謂言語異聲者，則同是筆也，而『楚謂之聿，吳人謂之不律，燕謂之弗，秦謂之筆。郭璞云：蜀人呼筆爲不律也，語之變轉。』（爾雅疏卷五）所謂文字異形者，則戰國時秦用籀文，六國用古文。蓋以『六藝之書行於齊魯，發及趙魏，而罕流布於秦。其書皆以東方文字書之。漢人以其用以書六藝，謂之古文。而秦人所罷之文，與所焚之書，皆此種文字；是六國文字卽古文也。……故古文籀文者，卽戰國東西二土文字之異名，而秦居宗周故地，其文字猶有豐鎬之遺。』（王國維觀堂集林卷七）然則文字之紛歧，猶當時列國交峙之形勢爲之也。

至於閥閱之沒落，平民之崛起，法律型式之固定，富商豪族之更迭，與兼併之時世，胥有間接的或直接的關係，語詳於下。卽如國疆開展，亦由於兼併之時世也。

一八　因時世而起之國疆開展

自春秋至於戰國之季，五百年間，內政軍令，重農積穀，胡服騎射，海道行師，——因時世而起。然當時之時世，對內之兼併，所以促封建制之崩潰；然對外則亦有兼弱攻昧之事實，以使吾民族之國疆開展者。非如後世之僅知「內則同室操戈」，而不顧於「外則疆場日蹙」者。

蓋自周初以至戰國，未華化之民族，（卽所謂蠻夷）非僅雜居邊塞，抑且薦處腹心。魏絳所謂『戎狄薦居』（左襄四年）者，蓋非止限於晉國也。

卽如周室之孱弱，而穆王亦『征犬戎』，『得四白狼四白鹿以歸。』（周語上）周襄王之四年，王子帶亦召揚拒泉臯伊雒之戎，同伐京師，晉齊秦共平之。而『楚子伐陸渾之戎，遂至於雒，觀兵於周疆，問鼎之大小輕重。』（左宣三年傳）——則是赫赫宗周，固在未華化民族之脅制下也。

左傳（僖二十二年）云：『初平王之東遷也，辛有適伊川，見被髮而祭於野者，曰：「不及百年，此其戎乎！其禮先亡矣。」秋，秦晉遷陸渾之戎於伊川。』伊川逼近周京，而猶有戎，可知未開化民族之潛處者，多矣。

昔孔子嘗『欲居九夷』，而墨子亦謂吳王夫差『東而攻越，九夷之國莫不賓。』（非攻中）說苑亦謂：『越王勾踐，與吳戰，大敗之，兼有九夷。』（說苑君道篇）淮南子亦謂：『越王勾踐霸天下，泗上十二諸侯，皆率九夷以朝。』（泰族訓）從「泗上」兩字覘之，知九夷卽詩大雅所謂淮夷，而吳楚之國，致力於綏靖此夷者，較之其爭霸中原，事功絕殊，——此東方也。

小雅采芑爲宣王南征之詩，說詩者以「蠢爾蠻荊，大邦爲讎，」爲指斥楚國之詞。然求諸史記十二諸侯年表及楚世家，知宣王之世，楚實未與周敵。則所謂蠻荊者，當係楚國內之未開化民族。猶諸匡王二年，『楚大飢，戎伐其西南，至於阜山，師於大林。又伐其東南，至於陽秋，以侵訾枝。庸人率羣蠻以叛楚，麇人率百濮聚於選，將伐楚，……楚人謀徙於阪高，』後以蔿賈之言，傾國一戰而卒滅庸，左文十六年傳 蓋荊山江漢之間，未華化者多焉。——此中部也。

荀子彊國篇：『秦西有巴戎；』而司馬錯言伐蜀之利：『欲富國者，務廣其利；欲彊兵者，務富其民。……夫蜀西僻之國，而戎翟之長也。以秦攻之，譬如使豺狼逐羣羊。得其地，足以廣國。取其地，足以富民。繕民不傷衆，而彼已服焉。拔一國而天下不以爲暴，利盡四海而天下不以爲貪，是我一舉而名實附焉。』惠王從其言，『秦益以強，富厚輕諸侯。』史記七十張儀傳 則是秦在東向以兼併六國同時，亦南向以入巴蜀焉，此南方也。

史記李斯傳載斯諫逐客書云：穆公『幷國二十，遂霸西戎。』秦所謂西戎，在今時疆界方面，亦偏於南。

自穆王征犬戎後，『後二百有餘年，申侯與犬戎，共殺周幽王於驪山之下。』史記匈奴傳 春秋之世，齊桓公北伐山戎，而晉無終子嘉父亦納虎豹之皮，以和諸戎。左襄四年 其後，戎子駒支，語晉范宣子曰：『昔秦人負恃其衆，貪於土地，逐我諸戎。惠公蠲其大德，謂我諸戎，是四嶽之裔胄也。毋是翦棄，賜我南鄙之田，狐狸所居，豺狼所嘷。我諸戎除翦其荊棘，驅其狐狸豺狼，以爲先君不侵不畔之臣，至於今不貳。』左襄十四年 則是晉在東向以爭霸業，固亦措置其邊疆之戎；此西方也。

然以東方之淮夷，楚之荆蠻，秦之巴蜀，晉之戎胥為未華化，而雜居國中者。其在北方，則「胡」之患，實乃上古史中漢族之威脅。詩小雅七月言周宣王之北伐，有『玁狁孔熾，我是用急』之語，時人至歎為『靡室靡家，玁狁之故。』漢書匈奴傳引宣王雖能逐之，顧亦不能服之。及在戰國之時，則秦趙與燕，均竭力為備胡之事。胡服也，騎射也，胥由此而來。即今所艷稱之萬里長城，其起因亦起於防胡。觀於始皇之以絕世雄略，而致驚於『亡秦者胡』，則北方蠻族之猖獗於先秦之世，蓋可知已。

史記秦本紀載惠文王後七年時，韓趙魏燕齊帥匈奴共攻秦。『秦使庶長疾與戰修魚，虜其將申差。』此時，正司馬錯伐蜀前之二年，匈奴已干預中國事也。又史記李牧傳載牧居代鴈門，『備匈奴，以便宜置吏，市租皆輸入幕府，為士卒費。習射騎，謹烽火，多間諜，厚遇戰士。為約曰：「匈奴即入盜，急入收保，有敢捕虜者斬。」匈奴每入，烽火謹，輒入收保，不敢戰。如此數歲，亦不亡失。然匈奴以李牧為怯，雖趙邊兵亦以為吾將怯。趙王使他人代將，歲餘，匈奴每來出戰，出戰數不利，邊不得田畜。趙王乃復彊起牧，使將兵。』然則趙之良將，於匈奴，不過堵禦而已。

大抵春秋之世，列國間參錯而處之未華化民族，逐漸消滅混併；而戰國之世，則秦趙燕瀕北之境，率大抵受困於胡。即兩漢征討匈奴之起源也。而西南之地，如楚遣莊蹻伐滇，由黔中通牂牁，亦即漢世從事西南夷之起源也。——凡此民族活動範圍之放大，即華化推行之先聲也。

即如朝鮮，為箕子所封之地，依尚書大傳，箕子之入朝鮮，初不過泰伯仲雍之遁荆蠻。漢書地理志則云：『殷道衰，箕子去之朝鮮，教其民以禮義田蠶織作。』則箕子，曾推行中國文化於邊圉矣。史記載：『楚威王時，使將軍莊蹻將兵循江上，略巴蜀黔中以西……蹻至滇池，地方三百里，旁平地肥饒數千里，以兵威定屬楚。欲歸報，會秦擊奪楚巴黔中郡，道塞不通，因還，以其衆還滇。』卷一一六西南夷傳莊蹻之爲滇君，正箕子之入朝鮮。其所以便其俗而訓之政者，非武力征服所可概括者焉。

第五章 救世主義

昔孔子稱管仲之功，致歎於「微管仲，吾其被髮左衽」。然秦穆公得戎人由余而致霸，趙王因胡服騎射以致強。由是觀之，古中國與四裔之互易所長，正與古中國與四裔間之斫伐史之悲慘，背道而馳。顧祖禹引呂氏曰：『秦變於戎者也，楚變於蠻者也，燕變於翟者也。』讀史方輿紀要卷一吾人若置兵戎之事於不談，而僅論其彼此互變，則春秋至戰國間之對外軍事，又豈止國疆之擴張而已，文化之以雜配而滋榮也，實利賴之矣。

一九 儒家的救世策

然征奪相尋，殺戮相繼，在當時人觀之，自能蹙然起救世之念矣。漢志所謂九流十三家，由今考之，其重要者，大抵應世運而生者也。

漢志漢書三十謂『儒家出於司徒之官，墨家出於清廟之守……』，是謂九流出於王官之論。然孔子之正名，墨子之非攻，胥應時而生，與司徒清廟之守，復何所與？淮南子要略訓謂：『孔子修成康之道，述周公之訓，以教七子，使復其衣冠，修其篇籍，故儒者之學生焉。』『墨子學儒者之術，受孔子之業，以爲其禮煩擾而不說，厚葬靡財而貧民，服傷生而害事，故背周道而用夏政。』『齊桓公憂中國之患，苦夷狄之亂，欲以存亡繼絕。崇天子之位，廣文武之業。故管子之書生焉。』『齊景公內好聲色，外好狗馬，故晏子之諫生焉。』『六國諸侯，力征爭權，故縱橫修短生焉。』『申子者，韓昭釐之佐。韓，晉別國焉；晉國之故禮未除，韓國之新法重出。新故相反，前後相繆。百官背亂，不知所用。故刑名之書生焉。』『秦國之俗，貪狼強利；寡義而趨利。可威以刑，而不可化以善。可勸以賞，而不可厲以名。故商鞅之法生焉。』然則諸家之學，原由時世而起者。（胡適有九流不出於王官論立論同此載於中國哲學史大綱附錄）漢志所載，儒家、道、陰陽、法、從橫、墨、雜、名、農、小說。（班氏以此爲九有云『諸子十家可觀者九家而已』）以及詩賦、兵、數術、方技。除小說詩賦外，餘皆與當時之世運有關。且班氏原謂：『王道既微，諸侯力政，時君世主，好惡殊方。是以九家之術，蜂起並作。齊引一端，崇其所善。以此馳說，取合諸侯。其言雖殊，猶水火相滅，亦相生也。』則必以爲出於王官之一守，而無與於世變者，亦非班氏之本意也。

即以儒者論之，先秦所謂儒者，固非盡如宋儒之尊德性而道問學，爲痲痺不知痛癢之人。故世皆言秦人坑儒，而史記獨言『燔詩書，坑術士。』（儒林傳語）然則儒，固有術也。孔子異於孟子，荀子異於孟子，荀子之徒，有李斯，爲政治家；曾子之徒，有吳起爲將。而孔子之徒，亦有樊遲之學稼學圃，則是先秦儒家，固嘗與世推移，非若宋明理學，篤守一先生之門戶，而迂腐不切於用者。

韓非子（顯學篇）云：『孔墨之後，儒分爲八，墨離爲三。取舍相反，不同，而皆自謂眞孔墨。孔墨不可復生，將誰使定世之學乎？』蓋在兼併時期之「變」動中，立論者以時世而推移，針時立論，非如後世之思想，統於一尊也。

爲儒家首創者之孔子，其對症而發藥，辛勤於救世，固有足令人崇奉者。

孔子救世之基礎，全在「託古」二字；故一則稱「久矣，吾不復夢見周公，」再則言：「河不出圖，洛不出書，吾已矣夫！」老子詆之曰『子之所言者，其人與骨皆已朽矣。』（史記老子傳）此語實可謂窺見孔子之腹心。既託於古，則維持周天子之權威，維持上下相統之階級政治，實爲孔子救世之政治哲學。故論語（季氏）稱：『天下有道，則禮樂征伐自天子出；天下無道，則禮樂征伐自諸侯出。天下有道，則庶人不議。』而『齊景公問政於孔子，孔子對曰：「君君；臣臣；父父；子子。」公曰：「善哉！信如君不君，臣不臣，父不父，子不子，雖有粟，吾得而食諸？」』（論語顏淵）而其徒『子路曰：「衛君待子而爲政，子將奚先？」子曰：「必也正名乎。」子路曰：「有是哉，子之迂也。奚其正？」子曰：「野哉，由也。君子於其所不知，蓋闕如焉。名不正，則言不順；言不順，則事不成；事不成，則禮樂不興；禮樂不興，則刑罰不中；刑罰不中，則民無所措手足。」』（論語子路）「正名」云云，蓋孔子「別是非」「著逆順」之救世策；而要之在維持上下相統之舊政治，所以明貴賤，別同異，而異夫當時國君抗天子，大夫叛國君，陪臣攻大夫之混亂狀態者也。

董仲舒春秋繁露（深察名號篇）言：『名者，大理之首章也。錄其首章之意，以窺其中之事，則是非可知，逆順自著。』荀子（正名篇）言：『今聖王沒，名守慢，奇辭起，名實亂，……貴賤不明，同異不別。』此皆爲孔子正名下注腳者。可知孔子所謂「正名」，正欲君君臣臣，上下相制，名實相應，以糾正當時之混亂狀態焉。

孔子嘗語曾子，謂「吾道一以貫之。」而曾子述「夫子之道，忠恕而已矣。」充此忠恕一貫之精神，則對於當時之兵事，孔子自當斥責。故『衛靈公問陳於孔子，孔子對曰：「俎豆之事，則嘗聞之矣；軍旅之事，未之學也。」明日逐行。』卽對於申明約束之刑法政治自亦有所不滿，故曰：『道之以政，齊之以刑，民免而無恥；道之以德，齊之以禮，有恥且格。』論語為政——然而孔子殆亦有為言之也。重軍事及重法律之時代要求，孔子未嘗否認之。左傳昭公六年，鄭子產為刑書，叔向非之；昭二十九年，趙鞅鑄刑鼎，孔子非之。然子產將死，『謂子太叔曰：「我死，子必為政。唯有德者能以寬服民，其次莫如猛。夫火烈，民望而畏之，故鮮死焉；水懦弱，民狎而翫之，則多死焉。」大叔為政，不忍猛而寬。鄭國多盜，取人於萑苻之澤。太叔悔之，曰：「吾早從夫子，不及此。」興徒兵以攻萑苻之盜，盡殺之，盜少止。仲尼曰：「善哉！政寬則民慢，慢則糾之以猛。……」及子產卒，仲尼聞之出涕曰：「古之遺愛也。」』左昭二十年傳 然則因時立政，孔子固未嘗不尊法也。又如夾谷之會，『魯定公且以乘車如往，孔子攝相事，曰：「臣聞有文事者必有武備，有武事者必有文備。」』史記四十七孔子世家 此與『臨陣無勇非孝也』正見孔子洞矚列國之局面，不斤斤於弭兵也。卽如論語言「足食足兵民信之矣」之後忽言去兵，繼言去食，然不過為襯托「民無信不立」句，非眞以兵為可去也

孔子之救世策容有可議，然其救世之熱誠，則不媿為後世師表也。其解釋「仁者」也，則曰：『己欲立而立人，己欲達而達人。』論語雍也 其立身也，則『發憤忘食，樂以忘憂，不知老之將至。』論語述而 其處世也，則栖栖皇皇，未遑寧處。吾人讀論語時，未嘗不為感動也：『子路宿於石門，晨門曰：「奚自？」子路曰：「自孔子。」曰：「是知其不可而為之者歟？」』憲問第十四 知其不可為而為之，固聖人救世，佛入地獄之眞諦。『長沮桀溺耦而耕，孔子過之，使子路問津焉。長沮曰：「夫執輿者為誰？」曰：「為孔丘。」曰：「是魯孔丘歟？」曰：「是也。」曰：「是知津矣。」問於桀溺，桀溺曰：「子為誰？」「為仲由。」曰：「是魯孔丘之徒歟？」對曰：

「然。」曰：「滔滔者天下皆是也，而誰以易之？且而與其從辟人之士也，豈若從辟世之士哉？」耰而不輟，子路以告，夫子憮然曰：「鳥獸不可與同羣，吾非斯人之徒與而誰與？天下有道，丘不與易也。」』（論語十八微子）憮然有作，聖人救世之篤志可想；「正以天下無道，故丘不甘寧息耳」！

然孔子之時代兼併雖烈，未如戰國之『羣之大者其爭更烈也。』至孟子之時，則如水益深，如火益熱矣。

孔子春秋絕筆，（前四八一）又二年而卒。（前四七九）司馬光通鑑起於周威烈王二十三年，（前四〇三）明此八十許年之事，不敢擅續以褻春秋也。至於孟子之生，則明都穆聽雨說談（頁六明人小說本）謂：『史記孟子列傳，不書其生卒年月，余嘗觀孟氏譜云「孟子周定王卅（卅字疑衍）七年四月二日生，即今二月二日。赧王二十六年（前二八九）正月十五日卒，即今之十一月十五日，壽八十四。」』則孟子之生，距孔子之死，約百餘年，所謂『受業子思之門人』者，知孟為孔子四傳弟子也。

孟子所處之時代既與孔子異，故置周天子於不道，而惟希梁惠王齊宣王之行仁政。昔人詩云：『乞丐何曾有二妻？鄰家焉得許多雞？當時自有周天子，何必紛紛說魏齊？』因世論人，此刺實乖。周室之擁戴已成過去，而惟希於『以齊王若反手然』，雖不能如孔子之正名，要亦不得已耳。昔晉文公『踐土之會，實召周天子，而春秋諱之曰「天王狩於河陽。」』（用史記孔子世家語事見左傳僖二十八年）是則孔子尊王也，而孟子一則言：「民為貴，社稷次之，君為輕。」再則言：「聞誅一夫紂矣，未聞弒君也。」三則言：「君之視臣如土芥，則臣視君如寇讎。」惡君之殘民以逞，竭其兼併之狂欲，而孤人子，寡人婦也，蓋亦孟子之不得已。

後世多以孔子重視君權，孟子重視民權，軒輊孔孟，然因時立論，因世論人，則知源流不殊。孔子不云乎：

『天下有道，則庶人不議。』正義謂『議，謂謗訕。言天下有道，則上酌民言以爲政教所行皆是，則庶人無有非毀謗議也。』論語十六季氏 然則，在天下無道之時，孔子未嘗不許處士之橫議焉。

孟子之言頗多對症發藥之言，故人稱「公孫衍張儀，豈不誠大丈夫哉？」孟子則謂：『富貴不能淫，貧賤不能移，威武不能屈，此之謂大丈夫。』當時列國率以縱橫捭闔爲事；孟子則謂：『得道者多助，失道者寡助。寡助之至，親戚畔之。多助之至，天下順之。』當時列國率以武力爲用，因而厚取於民。而孟子獨謂：『行仁政而王，莫之能禦也。且王者之不作，未有疏於此時者也；民之憔悴於虐政，未有甚於此時者也。』公孫丑篇 至於臣弑其君，子弑其父，殺僇相尋，混亂至極。志士仁人宜如何廢然而興歎？而孟子獨謂：『惻隱之心，人皆有之；羞惡之心，人皆有之；辭讓之心，人皆有之；是非之心，人皆有之。』明仁義禮智之爲人所固有，不以亂世而絕望於移風改俗，則又孔子栖栖皇皇之救世精神已。

『孟子去齊，尹士語人曰：「不識王之不可以爲湯武，則是不明也；識其不可，然且至，則是干澤也。千里而見王，不遇故去，三宿而後出晝，是何濡滯也！士則茲不悅。」高子以告。曰：「夫尹士惡知予哉？千里而見王，是予所欲也。不遇故去，豈予所欲哉？予不得已也。予三宿而後出晝，於予心猶以爲速。王庶幾改之。王如改諸，則必反予。夫出晝而王不予追也，予然後浩然有歸志。予雖然，豈舍王哉？王由足用爲善。王如用予，則豈徒齊民安，天下之民舉安。王庶幾改之，予日望之！」』公孫丑下 此段文字，一則見不遠千里而爲游說者匪止公孫衍張儀，再則見孟子之苦口婆心，亟亟於救世安民焉，故全錄之！

荀卿少孟子四十餘年，時世又不同也。孟子之時，商君也，蘇秦張儀也，已極反古亂常之能事。而荀子之世，則孟嘗君好客養士，范睢「遠交近攻」，白起坑趙長平卒四十萬之世也。故荀子雖亦受儒家之教，雖以一趙人而入齊、入秦、回趙，而老死於楚，有如孔孟之周游列國，（荀子時代參考拙作荀子哲學荀子傳）然其立說又異矣。

荀子在當時的混亂局面中，似欲求強有力之中央，故曰：『君者民之原也，原清則流清，原濁則流濁。』（君道篇）又曰：『主者民之倡也，上者下之儀也。……故主道明則下安，主道幽則下危。』（正論篇）又曰：『君者儀也，儀者景也，君者槃也，槃圓而水圓，君者盂也，盂方而水方。』（君道篇）此與孔子所謂「政者正也，子率以正，孰敢不正」意近而言峻矣。

然儒家之政治哲學，無有不重視民者，故荀子又言：「天之生民，非為君也；天之立君，以為民也。」（大略篇）又云：『能用天下之謂王，湯武非取天下也，修其道，行其義，興天下之同利，除天下之同害，而天下歸之也。……天下歸之之謂王，天下去之之謂亡，故桀紂無天下，而湯武不弒君。』（正論篇）由此觀之，痛斯民之被虐政，『聞誅一夫紂矣』，荀子當亦云然耳。

荀子在當時之混亂局面中，諸多感觸，故曰：『人之性惡，其善者偽也。』（性惡篇）後人執此一語，以為荀子之病。但性者，生也，而揆荀子所言之性，則大抵指後起的，而能為外物引蔽習染之「情」，（說詳荀子哲學頁一五五至一六一頁）非謂性惡也，乃謂情惡也。故大略篇謂『義與利者，人之所同有也。』樂論篇謂雅頌之聲『足以感動人之善心』，性惡篇謂『塗之人可以為禹』，即其明徵也。蓋『荀子覩時日之大難，人情之險惡，特為抵抗孟子之性善論，而自創性惡之說，名義上雖為「性惡」二字，而實際上則歷舉情欲之惡，以為立論之根據』，蓋必言性惡，而後教育陶冶之功著；而後時世險惡之現象明，因時立論，又荀卿之不得已。

又當時學術界有一普遍之象，即以人處衰亂之間，動神農黃帝「神聖徂伏」之歎，反而思古，亦人之恆。故墨子喜談夏道，許行爲神農之言，玄言高遠，無補世道。荀子所以主張「法後王」，亦荀子之不得已。孟子道性善，言必稱堯舜。孔子論語亦追敍至堯舜爲止。（大戴禮五帝德要不能證爲孔子之言）而戰國諸子，反能侈言黃農，荀子故以法後王矯之，要非謂當法秦昭王齊襄王也。朱一新云：『荀子語意甚明，奚煩穿鑿。劉端臨補注，「後王，指文武而言」，是也。揚注以爲近時之王者，誤。荀子「欲知上世，則審周道。」又曰：「禹湯有傳政，而不若周之察也。」其指文武甚明。』（無邪堂答問卷四）錢大昕十駕齋養新錄云：『荀卿法後王之說，王伯厚深詆之，愚以爲，王氏似未達荀子之意也。孔子之吾學周禮，今用之，吾從周。孟荀生於衰周之季，閔戰國之暴，欲以王道救之。孟言先王，與荀言後王，皆謂周王。與孔子從周之義不異也。荀卿豈逆料李斯之仕秦，而令其用秦法哉？七國僭號，名雖王，實諸侯也。孰可以當後王之名而荀卿乃宜法之也？方是時，老莊之言盛行，皆妄託於三皇，故特稱後王，以鍼砭荒唐悠謬之談，非謂三代不足法也。』（卷十八）此釋荀卿之法後王，由於救世，證斷簡明。案荀子（儒效篇）謂『百家之說不及後王，則不聽也。』又（王制篇）謂『王者之制道不過三代，法不貳後王。』以三代與後王並舉，更足證明大昕立說。

然儒家之思潮，固亦隨時世而變。孔子之言王道，視孟子之言仁政；孔子之尊天王，視孟子之「由齊王若反手然。」——孟子似較爲考慮環境矣。其在荀子，則更受時代之推移。觀其一則言：「政令教化，刑下如影」（臣道篇）再則言：「征暴除悍，治之盛也。殺人者死，傷人者刑，是百王之所同也。」（正論篇）可知儒家之荀子，已不能守孔子之矩矱。而李斯韓非，亦遂以荀卿之弟子，爲法家樹立宏遠之規模矣。此亦因世變而不得已者也。

二〇　道墨之救世策

案儒家之救世策，固從精神上入手，然其態度，則爲積極的。其由精神上以消極的態度救世，則道家也；其由精神上以更積極的態度救世，則墨家也。至於縱横、兵、農、數術之技，則不過兼併者之工具；陰陽、小說、詩賦、方技，亦不過由於人事，非能左右世變，略而不論可也。

漢志所載陰陽家書，目今無一存；度其內容，不過『舍人事而任鬼神』。名家則如公孫龍子，雖云由於世變，然與世變無補。縱横家如蘇秦、蘇子，亦不過助亂滋暴。雜家如呂氏春秋，其書無所不包，而無所依麗。農家如神農書，亦不過爲重農積穀之時世所用。小說、詩賦、數術、方技，亦皆無與於救世者。

老子約與孔子同時，其道在清靜自正，無爲自化。莊子『與梁惠王、齊宣王同時。』（史記六十三老莊申韓列傳）則亦與孟子同時，斯二人者，道家之代表也。孟子言楊墨之道盈天下，而語不及莊生。近人頗疑莊子即楊朱，其說難稽。然以「無爲」爲救世之治，則莊楊大致無殊。

近人蔡元培以莊楊音似，疑莊楊爲一人。今如以楊朱列諸道家，然列子楊朱篇係僞書，故不取楊氏說，只取莊子說也。

老子之言曰『有物混成，先天地生，寂兮寥兮，獨立不改，周行而不殆，可以爲天下母。吾不知其名，字之曰道。』（老子道德經）然則彼所謂道者，乃指寂寥混成之自然法則，意欲以自然法則救濟紛紜雜綜之人事焉。老子又云『輔萬物之自然而莫敢爲；』此與儒家所謂「人能弘道，非道弘人」立意異矣。

韓非子喻老云：『宋人有爲其君以象爲楮葉者，三年而成。豐殺莖柯，亂諸楮葉之中而不可別也。此人遂以功食祿於宋邦。列子聞之曰：「使天地三年而成一葉，則物之有葉者寡矣。」故不乘天地之資而載一人之身；不隨道理之數，而學一人之智，此皆一葉之行也。故冬耕之稼，后稷不能羨也；豐年大穫，臧獲不能惡也。以一人力，后稷不足；隨自然，則臧獲有餘。故曰：恃萬物之自然而不敢爲也。」』此正以人爲爲不足貴，自然爲不可違，乃道家救濟世變之根本主張也。

以隨自然爲訓，則當時之文物進步，無論其爲政治的，社會的，教育的，在道家視之，皆反自然者，皆滋亂者也。當日之栖栖皇皇，從事於教育、弭兵，或攻城奪地者，皆助亂者也。其於政治也，孔子則「三月無君，皇皇如也」，「佛肸以中牟畔，召，子欲往。」孟子則「以齊王由反手也」，「三宿而後出晝，於予心猶以爲速。」而老子之語孔子也：『吾聞之良賈深藏若虛，君子盛德容貌若愚。去子之驕氣與多欲，態色與淫志，是皆無益於子之身！』（史記六十二老子傳）而莊子之非伯樂也：『馬蹄可以踐霜雪，毛可以禦風寒，齕草飲水，翹足而陸，（陸跳也）此馬之眞性也。雖有義臺路寢，無所用之。及至伯樂曰「吾善治馬」，燒之，剔之，刻之，雒之，連以羈馽，編之以皁棧，馬以死者十二三也。飢之，渴之，馳之，驟之，整之，齊之，前有銜橛之患，而後有鞭筴之威，而馬之死者，已過半矣。』（莊子馬蹄）燒之剔之馳之驟之意，蓋指當時之政治組織，愈進步，愈嚴密，則殘民乃益甚焉。故曰：『此亦治天下者之過也。』

孔子之答哀公問政也，曰：『政者，正也。子率以政，孰敢不正？』而老子則言：『民莫之令而自正！』此亦儒家論政，與道家論政之根本差異。

其於社會也，老子一則謂：『常使民無知無欲。』再則謂：『不見可欲，使民心不亂。』三則謂：『小國寡民，使有什伯之器而不用，使民重死而不遠徙。雖有舟輿，無所用之；雖有甲兵，無所陳之。使人復結繩而用之，甘其食，美其服，安其居，樂其俗。鄰國相望，雞犬之聲相聞，民至老死不相往來。』可徵老子之傾倒於原始之部落狀態，以小國寡民爲貴，不以兼併征伐爲然。

其於教育也，則老子稱：『大道廢，有仁義；慧智出，有大僞；六親不和，有孝慈；國家昏亂，有忠臣。』是則以仁義孝慈慧智皆起於叔世也。卽莊子之論人，亦謂『不材之木也，無所可用，故能若是之壽。』（莊子人間世）則是謂叔世之來，惟不材可以免於慘禍焉。

要之，老莊均否認現在之一切組織，而以返於無組織之自然狀態，爲救時之要。故老子言：『五色令人目盲，五音令人耳聾。』又言『天下多忌諱，而民彌貧；民多利器，國家滋昏；人多伎巧，奇物滋起；法令滋彰，盜賊多有。』莊子則言『絕聖棄知，大盜乃止；擿玉毀珠，小盜不起；焚符破璽，而民朴鄙；掊斗折衡，而民不爭。』（莊子胠篋篇）又云『爲之斗斛而量之，則並與斗斛而竊之；爲之權衡以稱之，則並與權衡而竊之；……爲之仁義以矯之，則並與仁義而竊之。』（同上）——可知其詛祝時世深已。

然道家以消極爲救世之本，取物我之兩忘，誹制作之禍世，藉使人從其說，相效成風，其於兼併之時代，固亦遠水不救近火者也。儒家以孝弟忠信禮義廉恥立教，水近矣，而於燎原之火，乃覺迂遠也。其急切於救火者，則有墨家。

此蓋由各家之人生觀不同，而於救世之策有所歧異也。道家私其我，而後其我；儒家則重其我，而亦不忘人。墨家則全以毀我成人爲訓者也。道家之私其我也，如列子楊朱篇言『損一毫，利天下，不與也；悉天下奉一身，不取也。人人不損一毫，人人不利天下，天下治矣。』（列子楊朱篇亦非信史，然「一毫」之語孟子引之，宜若可信者然）所謂後其我者，則老子言「不敢爲天下先，」莊子秋水言『吾在天地之間，猶小石小木之在大山也。』所謂『知雄守雌，知白守黑；人皆取先，己獨取後，』（天下篇）均後我而不物競之意也。

儒家之重我也，如曰『身體髮膚，受之父母，不敢毀傷。』（孝經）然孔子屢稱：「仁者愛人，」「己欲立而立人，」「己所不欲，勿施於人，」孟子亦稱：「老吾老，以及人之老。」則「吾」固當重，「人」亦當愛也。不過愛有差等，故中庸稱：「親親之殺，尊賢之等。」孟子稱「人人親其親，長其長，而天下平；」所謂別親疏，正名分是也。

墨家則愛無差等，且期於毀我以成人矣。所謂愛無差等者，墨子謂『盜愛其室，不愛其異室，故竊異室以利其室。賊愛其身，不愛人，故賊人以利其身。』（兼愛上）又謂『視人之室若其室，誰竊？視人之身若其身，誰賊？』（同上）蓋以罪惡所由，由於人己別愛。所謂毀我成人者，孟子已稱『墨子兼愛，摩頂放踵，利天下爲之。』近孫詒讓輯墨子傳略，其中言之尤詳，本書亦有所引及。

道家私「我」，後「我」，故主於無爲，而其救世也，失諸荒遠。儒者重我愛人，故別親疏，正名分，而其救世也，失諸紆迴。墨則人我一體，毀我成仁，其持以救世也，蓋庶乎得之。

墨子見時代之火作於互相猜交相侵也，則矯之以兼愛。故曰：『視人之室若其室，誰竊？視人之身若其身，誰賊？視人之家若其家，誰亂？視人之國若其國，誰攻？』（兼愛上）故曰兼以易別；『吾本原兼之所生，天下之大利者也；吾本

原別之所生，天下之大害者也。』（兼愛下）

墨子見時代之火，作於爭城以戰，流血盈野也，則矯之以「非攻」，故曰：『今有一人入園圃，竊其桃李，衆聞，則非之，上之為政者，得則罰之。此何也？以虧人自利也。至攘人犬豕雞豚，其不義又甚入人園圃，竊桃李，是何故也？以虧人愈多，其不義茲甚，罪益厚。至入人闌廄，取人馬牛者，其不仁義又甚攘人犬豕雞豚。此何故也？以其虧人愈多，苟虧人愈多，其不仁茲甚，罪益厚。至殺不辜人也，扡其衣裘，取戈劍者，其不仁義又甚入闌廄取人馬牛。此何故？以其虧人愈多；苟虧人愈多，其不仁茲甚矣，罪益厚。凡此，天下之君子，皆知而非之，謂之不義。今知大為攻國，則弗知，從而譽之，謂之義。此可謂知義與不義之別乎？』（非攻上）此較諸孔子之羞言五霸，孟子之詰「殺人以梃與刃」用意相類，而態度更激昂矣。

墨子（貴義篇）云：『所攻者不利，而攻者亦不利。』又云：『今大國之攻小國，攻者（即被攻者）農夫不得耕，婦人不得織，以守為事。攻人者，亦農夫不得耕，婦人不得織，以攻為事。』（耕柱篇）蓋非攻篇由道義上斥攻戰之非，而此則由實利上詆戰爭之無益於人焉。

墨子見時代之火，熾於人欲橫流，以享受而起爭奪也，故矯之以儉樸。儒家言樂，（小戴記樂記荀子樂論）每謂其：『廉肉節奏，足以感動人之善心。』而墨子則歷舉『鐘鼓琴瑟竽笙之聲，刻鏤文章之色，芻豢煎炙之味，高臺厚榭邃野之居，』以為『虧奪民衣食之財』者。（非樂上）蓋「非樂」云云，墨子實反對一切藝術也。『三年之喪，天下之通喪也；自天子至於庶人共之。』此儒者之『喪死』也；『食不厭精，膾不厭細；』『可以食肉，可以衣帛，』此儒者之『養生』也。而墨子則謂：『糲粱之食，藜藿之羹，夏日葛衣，冬日鹿裘，其送死，桐棺三寸，舉音不盡其哀。』（司馬談論六家要指）

節用薄葬云云，墨子實反對一切享受也。

享受爲欲望之所自而欲望則使人奔競寵逐，有時爲罪惡之源。觀史記蘇秦張儀諸傳，自明。儒家於人之欲望臨之以「次」，所謂禮有隆殺是也。道家則臨之以「不」，所謂「不見可欲則心不亂」是也。墨家則臨之以「節」，節用薄葬是也。三家對於罪惡之來源，均所洞悉，而其杜閉方法，其立論不同。

道家之返於自然固屬不易辦到，然墨子之毀我成仁，節用薄葬，莊子稱其「以裘褐爲衣，以跂蹻爲服，日夜不休，以自苦爲極，」（天下篇）非有宗教家之精神，曷克推行其訓？故天志明鬼諸篇，神道設教；墨子特以爲其徒之勇於救世之原動力耳。故公輸班之爲楚攻宋也，墨子自魯趨楚：「十日十夜，足重繭而不休息，裂裳裹足，至於郢。」（淮南子修務訓）而淮南子又稱：「墨子服役百八十人，皆可使赴火蹈刃，死不旋踵，化之所致也。」（泰族訓）其師之所爲若此，其徒之所爲若彼，其救世之熱誠，蓋洵乎有宗教之意味矣。

墨家弟子，有所謂「鉅子」者，蓋猶儒家之有大師，佛家之傳衣鉢也。呂氏春秋（上德篇）謂孟勝爲墨者鉅子，將死楚難，「因使二人傳鉅子於田襄子。孟勝死，弟子死之者八十三人。」蓋以自苦爲極，原非有宗教家之精神不可也。

二　法家之救世策

墨家之自苦，儒家之迂闊，道家之荒遠，果足以救世乎？甚未必也。應時而奏效者，其法家乎？「於文：『灋，刑也。平之如水，從水；廌所以觸不直者去之，從廌去。』平之如水者，即云紀綱法度之謂，固亦儒道墨三家所通有者，特法家發揚充實之爾。

儒家如荀子一派，固已重法語詳上述。第荀子以前之儒家，好以禮概法。故孔子以「齊之以刑，」「齊之以禮」對舉，似謂刑異於禮。（論語為政）然於子產之論政寬猛則謂為古之遺愛。（左昭二十年傳）然則孔子雖言齊之以禮而究亦不廢法焉。

史記孔子世家載孔子相魯定公會齊侯於夾谷。齊人以夷狄之樂侏儒為戲而前。『孔子趨而進，歷階而登，不盡一等，曰：「匹夫而熒惑諸侯者，罪當誅，請命有司。」有司加法焉，身首異處。』可知孔子並不廢法也。

蓋古人所謂禮者，與法實大致不殊。故『晉侯謂女叔齊曰：「魯侯不亦善於禮乎？」對曰：「魯侯焉知禮？」公曰：「何為自郊勞至於贈賄，禮無違者，何為不知？」對曰：「是儀也，不可謂禮。禮所以守其國，行其政令，無失其民者。」』（左昭五年）然則禮者，所以守國行政令民者。「禮云禮云，玉帛云乎哉？」蓋玉帛乃儀而已。晏子語曰：『禮之可以為國也，與天地並。君令臣共，父慈子孝，兄愛弟敬，夫和妻柔，姑慈婦聽，禮也。君令而不違，臣共而不貳，……禮之善物也。』（左昭二十六年）然則禮也者，固令君令臣共父慈子孝，蓋猶法也。然則儒者好言禮，儒者固不廢法也。

法固亦道家所需要者。史記以老子韓非等於陳勝吳廣列之同傳，蓋已窺見隱微。梁啓超釋其微云：『道家認宇宙為現成的，人類則與萬物等，同受治於此種一定的因果律之下。其結果必與法家所謂法治思想相契合，而治為一有固然焉。』『蓋道法二家末流合一，事實昭然。』（先秦政治思想史頁一九二至一九三）

墨家需有法乎？墨經上云『君、臣、萌，通約也。』是不啻言在君也臣也萌也之上，須有所謂通約者。尚同（中篇）云『天子之所是，必亦是之；天子之所非，必亦非之。』此所謂上同於天子，固陷於專制之弊；然既有所同，則必有所準則。固猶平之如水之義。（墨子非攻篇由竊人桃李言起以至於國相征伐層層論定義亦法律證斷之意蓋先有一法『凡害人者皆非也』而後推演之耳）

然儒家不肯言法，而始終言禮；道家不肯言法，而始終言道；墨家亦不肯言法，而始終言「同」；至於法家，則以世變之來務實篤行，政治家固欲卑之無甚高論，而有意於信賞必罰矣。故曰，吾以救世也。

左昭六年傳：『鄭人鑄刑書，叔向使詒子產書曰：「始吾有虞於子，今則已矣。昔先王議事以制，不為刑辟，懼民之有爭心也。猶不可禁禦，是故閑之以義，糾之以政，行之以禮，守之以信，奉之以仁，制為祿位以勸其從，嚴斷刑罰以威其淫。……於是乎可任使也，而不生禍亂。——民知有辟，則不忌於上，以徵於書，而徼幸以成之，弗可為矣。夏有亂政，而作禹刑；商有亂政，而作湯刑；周有亂政，而作九刑。三辟之興，皆叔世也。今吾子相鄭國，作封洫，立謗政，制三辟，鑄刑書，將以靖民，不亦難乎？……民知爭端矣，將棄禮而徵於書，錐刀之末，將盡爭之？」……（子產）復書曰：「若吾子之言，僑不才，不能及子孫；既不承命，敢忘大惠？吾以救世也。」』細味此文，覺叔向並不反對用刑法，故曰「嚴斷刑罰」；而所反對者，為公布成文之刑書。恐其「以徵於書，徼幸成之」耳。子產亦不反對叔向之斥，特以「吾以救世」故不得不鑄，而聽民之舞於文以弄其弊也。非然者，叔向何必詆其友，而稱許皋陶之刑（左昭十四）哉？

考刑法之起，為一事；刑法之成文，又為一事。以前者言，舜命皋陶，已言：『汝作士，五刑有服。』（堯典）而呂刑則稱：『苗民弗用靈，制以刑，惟作五虐之刑，曰法。』則又似刑法創於苗民者。然左傳（昭十四年）載叔向言：『惡而掠美為昏，貪以敗官為墨，殺人不忌為賊。昏——墨——賊——殺！皋陶之刑也。』則似皋陶時已有刑矣。然而未言法之成文也。魯太史克曰『先君周公作誓命曰：「毀則為賊，掩賊為藏，竊賄為盜，竊器為姦，……有常無赦，在九刑而不忘。」』左文十八年傳「有常」云云則似周公已定刑書矣。

今案子產之鑄刑書在西元前五三六年，魯昭公之六年，而周景王之九年也。前於子產，固有刑書矣。晉之「被廬」，楚之「茅門」，是也。不必遠引呂刑及皐陶之昏墨賊殺焉。

前六三三年，周襄王十九年晉文公以欲治其民『作執秩之官』左僖二十七年「執秩」未知何解，然仲尼稱『文公是以作執秩之官為被廬之法，以為盟主。』僖二十九年則文公之時固亦重刑法矣。此先於子產者可百年。

前六一三年至五九一年時，楚莊王有「茅門」之法：韓非子右儲說：云『羣臣大夫諸公子入朝，馬蹄踐霤者，廷尉斬其輈，戮其御。』說苑至公篇云『楚國之法，車不得至於茅門。』案莊王之死在前五九一年。是茅門法，亦早於子產五十年也。

卽後於子產，如前五三五年楚人侈陳僕區之法，而前五〇五年，駟顓亦殺鄧析而用其竹刑。其尤足令人垂念於法之不可已者，則前五一三年晉范宣子之為刑鼎也。

楚僕區之法，創於楚文王而楚昭王『為章臺之宮，納亡人以納之。』芋尹無宇云：『吾先君文王作僕區之法，曰盜所隱器與盜同罪。……若以文之法取之，盜有所在矣。』左昭七年然則子產鑄刑書之後一年，楚人固兢兢以法為務；僕區云云，猶今所謂賊贓律也。

前五一三年，叔向之故國『晉國一鼓鐵以鑄刑鼎，著范宣子所為刑書焉。仲尼曰：「晉其亡乎，……民在鼎矣，何以尊貴。」』左昭二十九年是二十三年以前，叔向指斥子產，以為法文不當公開，而防民之避重就輕者；

其說不能用於其國焉。

前五〇五年『鄭駟顓殺鄧析而用其竹刑。（書於竹故云）君子謂「子然於是乎不忠……」詩云：「蔽芾甘棠，勿翦勿伐召伯所茇。」思其人，猶愛其樹，况用其道而不恤其人乎？子然無以勸能矣。』（左定九年）可知「君子」以鄧析能訂刑於竹，視爲能者也。

徵於上述，知子產鑄刑書之救世精神在春秋之末，幾無人可以否認。及至戰國之時，則荀卿所謂：『君人者重禮尊賢而王，重法愛民而霸，好利多詐而危』（大略篇）者亦可見法之當重，卽儒者之好談仁禮虛文者亦不得不曷「霸者」以「重法愛民」也。

蓋戰國之世，有須於法者，非一端也。

其一，遭時多故而貴戚大臣淫鄙昏庸，欲已斯疾，非法焉治？故商君之相秦也，『卒定變法之令，』『於是太子犯法，衞鞅曰：「法之不行，自上犯之。將法太子，太子君嗣也，不可施刑。刑其傅公子虔，黥其師公孫賈。」』（史記六十八商君傳）知「法之不行，自上犯之，」刑公子公孫，而信賞必罰，以視穀梁傳（隱公元年）之評鄭伯克段『緩追逸賊親親之道』有法而不知有親貴，則法之進步一也。

其二，遭時多故，征戰亘數百年，軍事之治，非法焉治？（僞周禮有「刑亂國用重典」一語，此蓋戰國人說法出荀子正論）春秋時，夾谷之會，孔子不廢用刑；而司馬穰苴之爲齊景公將，一則以『軍法期而後至，』斬倖臣莊賈；莊賈則景公命爲監軍者也。再則以『軍中不馳』，威景公之使者，使者則持節赦賈者也。（史記六四）而孫武爲吳王闔廬將，以宮中美女爲陣，以二女大笑，斬之！卒達『前後跪起，皆中繩墨』之境。（史記六十五）皆中繩墨，繩墨卽法也。斯則春秋之末，善治軍者，已善用其法也。信賞必罰，殺敵致果，則法之進步，二也。

軍法與民法雖不可一概而論，然古者軍民不分，所以治軍，即能影響於治兵。且申明約束，無論軍法兵法，其致一也。嘗怪漢書刑法志上半滔滔敍說軍制，而後始言法令，今始知其不誤焉。

其三，春秋之時，對於成文法之明佈，尚多疑慮。故鄭鑄刑書，叔向有「棄禮徵書」之懼；晉鑄刑鼎，仲尼與「民在鼎矣」之誹。——斯皆反對以某罪當誅，某罪當囚，昭示國人者也。然臧文仲之語魯僖公，亦言：『刑五而已，無有隱者，隱乃諱焉。大刑用甲兵，其次用斧鉞；中刑用刀鋸，其次用鑽笮；薄刑用鞭扑，故大者陳之原野，小者致之市朝。五刑三次，是無隱也。』（國語四魯語上）文仲雖未言明佈法文，而於明刑弼教之意，庶幾得之。至戰國之時，則商君定令，明言法當公布，以期得民之信任，於「明白易知而必行」之法矣。此則法之進步，三也。

商君書（定分篇）云：『公（秦孝公）問公孫鞅曰：「法令以當時立之者，明旦欲使天下之吏民皆明知而用之，如一而無私，奈何？」公孫鞅曰：「為法令置官吏，樸足以知法令之謂者，（「之謂」即「之內容」意）以為天下正。諸官吏及民有問「法令之所謂者」，於主法令之吏，皆各以其故所欲問之法令明告之。各為尺六寸之符，明書年月日時，所問法令之名，以告吏民。……此所生於法明白易知而必行。」』案此，則商君豈特公布法令，兼設法令解答員，（如今新聞紙上之法律答問）以期民之明法焉。商君書固未必為信史，然史記商君傳明言商君徙木與金，『以明不欺，卒下令。』則商君立法之意，固在於明白易知必行也。

其四，鄭有竹刑，楚有茅門，晉有被廬刑鼎。春秋之時，國各有其法，各法各有其長短。集思廣益，參同酌異，則法之進步，四矣。如屈平為楚「造憲令，作草稾」（史記八四）而申不害（申死於商君得罪後之一年）相韓，亦以『晉國之故禮未滅，韓國之新法重出。先君之令未收，後君之令又下。新故相反，前後相繆，百官背亂，不知所從。故刑名之書生焉。』（淮南子要略）可知申子之定刑名，由於新故相反，前後相繆焉。晉書（卷三十刑法志）謂『魏文侯師李悝，撰次諸國法，著法經。以爲王者之政，莫急於盜賊。盜賊須網捕，故著網捕二篇。其輕狡越城博戲假借不廉淫侈踰制，以爲雜律一篇。又以其律具其加減，是故所著六篇而已。然亦罪名之制也。商君受之以相秦。』然則李悝法經，集各國刑法之成，非限於一時，非限於一地，以視於前，益有進矣。

唐律疏義（卷首）云『周衰刑重，戰國異制。魏文侯師於李悝，集諸國刑典，造法經六篇：一盜法，二賊法，三囚法，四捕法，五雜法，六具法。商鞅傳授，改法爲律。』立說與晉書小異。然謂李悝之集思廣益，參同酌異，則不殊也。

然而，四象既呈，三弊斯作：

一則曰，制法之權在君上，而君權乃益盛焉。

漢杜周云『三尺（之法）安出哉？前主所是著爲律，後主所是疏爲令。當時爲是，何古之法乎？』（漢書杜周傳）是明言法之所定，定於「主」者。然則韓非子（難勢篇）所謂『且夫堯舜桀紂千世而一出，……抱法則治，背法則亂。背法而待堯舜，堯舜至乃治，是千世亂而一治也。抱法而待桀紂，桀紂至乃亂，是千世治而一亂也。』其意若曰，用法則千世而一亂，不用法則千世而一治。斤斤執法之可治，而不知前主後主，均能以是非改法焉。在其不『人存法舉，人亡法廢』乎？此法治之弊一也。

儒者每言其人存，則其政舉；其人亡，則其政息。法家以法爲可久守。然造法者，仍係於人君；人君，固亦人也。

荀子（非十二子）云：『申子蔽於勢而不知知。』楊倞注曰：『其說但以得權勢，以刑法馭下；而不知權勢待才智，然後治。』假使君非才智則法於何有？其理至明。

二則曰，法家太看輕「人」在政治中之地位，而淡忘「造法」「行法」之「人」。孟子曰「徒善不足以爲政，徒法不能以自行。」自行者，明言行法之時，須有人之位置。荀子（君道篇）亦謂：『法不能獨立，類不能自行，得其人則存，失其人則亡。』又謂：『有良法而亂者有之矣，有君子而亂者，自古及今未嘗聞也。』（王制篇）此眞法治流弊之當頭一棒矣。

管子（七法篇）云「國皆有法而無使法必行之法」，蓋法之必行，仍在乎人。管子書雖不足信，而其言「徒法不行」，意義深遠。

三則曰，法家既視人爲機械，因而刑罰之重，實爲後人所嗟咨。故古者罪人不孥，而秦則有三族之刑，李斯具五刑，夷三族。（史記鄒陽傳鄒陽言）而嫪毐之變，『二十人皆梟首車裂，以徇，滅其宗。』（史記六始皇紀）此秦之嚴刑也？齊亦車裂蘇秦，（史記蘇秦傳）烹阿大夫，（通鑑卷一）楚亦肢解吳起，（韓非子難言篇）刖卞和足，（同上和氏篇）魏亦斷孫臏兩足，（史記孫吳傳）趙漆智伯之頭。（史記刺客傳）凡鑿顛、抽脅、鑊烹、車裂之刑，各國皆前後行之——子產所以救弊者，而二百年後，弊起於所救之具，而莫之能救矣。

史記商君傳引新序論曰：『昔衞鞅內刻刀鋸之刑，外深鐵鉞之誅，步過六尺者有罰，棄灰於道者被刑。一日臨渭而論囚七百餘人，渭水盡爲之赤，號哭之聲動於天地。』（今本新序佚此文）此足見極端的法治之流弊。商君後以失權逃亡，『欲舍客舍，舍人不知其是商君也，曰：「商君之法，舍人無驗者坐之。」』商君喟然歎曰：

「嗟乎，爲法之敝，一至此哉？」』，大本以救弊而孰知弊生於所救。蓋利弊互見，人間恆有儒之勞而寡功，墨之儉而難遵，道之空虛無定以之救世，亦未必無弊也。吾人正不必以法家之有流弊，而抹殺其創始者「吾以救世」之苦衷。

第六章　平民活動之開展

二三　閥陛的升沉

上所述之諸救世主義者，其人非貴族焉。孔子嘗爲委吏，又爲人斥爲鄹人之子。孟軻亦不過鄒人，荀卿亦不過趙人，老子爲周守藏室之史，莊子爲蒙之漆園吏，申不害「故鄭之賤臣」，韓非亦不過「諸公子」，有如商君之爲衞之「庶孽公子」。（以上皆據史記）此其人皆非有閥陛之重，雖非平民，而要與平民接近，非如前此之以公子、公孫、叔孫、季孫，全憑其血統位置之優越而得與於治理者也。

昔人謂漢之初興，亭長作天子，屠狗爲功臣。近人更曲予傅會，指爲平民革命。實則亭長之作天子，正緣世無英雄，遂使豎子成名。（用晉書阮籍過廣武語）以之代表平民能乘時崛起之一種趨向，固可似無庸冠以革命美名，聊書於此。

春秋之前，操有政治權衡，而享有種種特權者，貴族也。即春秋戰國之五百年間，亦爲貴族平民競爭政權之期。

貴族傾而閥閱移矣。

古代貴族與國君僅相去一間。左傳（莊十九年）稱：『初鬻拳彊諫楚子，楚子勿從。臨之以兵，懼而從之。』而孔子請魯公之討陳恆，公云「告夫三子。」（論語憲問）明叔孫仲孫季孫在魯之勢，卽公亦無可如何，更無論周召二公之共和，原爲貴族握持政權之一徵焉。

普通喜以周召共和厲王流彘，爲民權之假借。今案周語（上篇）云：『厲王虐，國人謗王。召公告曰：「民不堪命矣。」王怒，得衞巫，使監謗者，以告，則殺之。國人莫敢言，道路以目。……召公曰：「是障之也。防民之口，甚於防川。川壅而潰，傷人必多，民亦如之。是故爲川者決之使導，爲民者宣之使言。故天子聽政，使公卿至於列士獻詩，瞽獻曲，史獻詩，師箴，瞍賦，矇誦，百工諫，庶人傳語，近臣盡規，親戚補察，瞽史教誨，耆艾修之，而後王斟酌焉。是以事行而不悖。』（左襄十四年引師曠言亦大抵不殊）董增齡正義：『庶人卑賤，見時得失，不得達，傳以語王也。』呂氏春秋高誘注「庶人無官者，不得見王，故傳語，因人以通。」史記正義：『庶人微賤，見時得失，不得上言，乃在街巷相傳語。』然則周召「共和」以前，庶人論政，原與政府百執事有異者。

且周召共和，史記謂厲王出奔彘，召公周公二相行政，號曰共和。國語（周語上）韋昭注，則曰：『彘之亂，公卿相與和而修政事，號曰共和。』呂覽（開春論）莊子（讓王篇）則謂厲王亂後，執政者爲共伯和。——然則，諸家之說，無非謂貴族攝行國政而已，非有當於今日之共和也。

貴族之爲閥閱，一則把持政權，世卿是也。孔子斥『世卿非禮也。』（公羊傳隱三年宣十年）良由『政在大夫，孔子所疾；世卿持祿，春秋爲戒。聖人懇惻，不虛言也。』（後漢書樂恢傳）如『公子季友有功於魯，大夫趙衰有功於晉，田完有功於齊，皆疇其官邑，延及子孫。終後田氏篡齊，趙氏分晉，季氏專魯，故仲尼作春秋，跡盛衰，譏世卿最甚。」（漢書張敞傳）政權之握持，則閥閱之特權，一也。

貴族之爲閥閱，一則爲私有兵權；毛奇齡言：『春秋之時，兵柄皆在世卿。故高子之鼓，國子之鼓，與君分將。而管仲亦終不得豫也。邲之戰，孫叔亦不得主兵事。斯庶姓所以終不能抗也。陽處父爲大傅，其力足以易置中軍，而賈季殺之甚易，亦以無兵也。孔子墮都，亦終是三家主兵，則世卿之勢自難動。』（經史問答卷四）而晉楚城濮之戰，楚將子玉，統其若敖氏之卒以與晉戰。（詳左僖二十八年）則所謂統兵抗令是也。

貴族之爲閥閱，一則爲受國家之特別保護，所謂親親是也。『緩追逸賊，親親之道。』（穀梁傳隱元年）故齊桓之立也，公子糾逃於魯。『鮑叔帥師來言曰：子糾親也，請君討之。管召仇焉，請召而甘心焉。』（左莊九年）而鄭子產之遣公孫楚也，亦曰：『不女忍殺，宥女以遠。』（左昭元年）此與戰國以後，相提並論，罔不同已。

史記李斯傳記二世卽位，公子十二人僇死咸陽市，十公主矺死於杜。則與鄭伯之不殺共叔，「緩追逸賊」意義異也。

卽以此故，平民之以能材而欲參政者，在春秋至戰國之五百年間，非與把持政柄左右國政之「公子」「公孫」決鬬不可也。

故以仲尼之大賢，在魯則阻於季孫，在楚則阻於子西。以商君之大材，爲衞之庶孽公子，魏相公叔痤病，『魏惠王親往問病，曰：「公叔病有如不可諱，將奈社稷何？」公叔曰：「痤之中庶子公孫鞅，年雖少，有奇材，願王舉國而聽之。」王嘿然。』『既去而謂左右曰：「公叔病甚，悲乎？欲令寡人以國聽公孫鞅也，豈不悖哉？」』（史記六八商君傳）則商君亦以閥陛不如而見棄，其後因寵臣景監以用於秦孝公，可見閥陛限人之餘音嫋嫋矣。——此則決鬪之未烈未顯者也。

吳起奔楚，『楚悼王素聞其賢，至則任之爲相。起明法審令，捐不急之官，廢公族疏遠者，以撫養戰鬪之士。……諸庶皆患楚之強，而楚之貴戚大臣多怨吳起者。』通鑑卷一 其後『悼王死，宗室大臣作亂而攻吳起，吳起走之王尸而伏之。擊起之徒因射刺吳起，並中悼王。悼王既葬，太子立……誅射吳起而並中王尸者，坐射起而夷宗死者七十餘家。』史記六十六起傳 商君之得秦孝公也，趙良諫之曰『……積怨蓄禍，……日繩秦之貴公子，詩曰「相鼠有體，人而無禮，人而無禮，何不遄死？」以詩觀之，非所以爲壽也。』其後『孝公卒，太子立。公子虔之徒告商君欲反。』史記六十八 而商君卒爲『秦惠王車裂以徇。』——此則決鬪之烈而且顯者也。

此所謂人而無禮，殆指閥陛高下之名分，趙良以商君過於剷奪秦之閥陛，故以爲無禮也。

然而決鬪之結果，舊閥陛終於沒落，而讓移其權位於平民；而平民得能以材能表白於政治舞臺者，蓋亦有三因。

蓋憑藉血統，以「公子」「公孫」得參大政之閥陛，其才能實不足以應世變，而戰國之世，尤甚焉，此其一也。故魯史稱『齊師來伐，我公將戰。曹劌請見。其鄉人曰「肉食者謀之，又何間焉？」劌曰「肉食者鄙，未能遠謀。」乃入見。』左莊十年 而季桓子之將死也，亦『喟然歎曰：昔此國幾興矣，以吾獲罪於孔子，故不興也。顧謂其子康子曰：「我卽死，若必相魯；相魯，必召仲尼。」』史記四十七 足徵春秋之時，貴族之在魯者，因不能了其國事也。及至戰國之時，李斯嘗遺荀卿書矣：『斯聞得時無怠，時遊者主事。今秦王欲吞天下，稱帝而治，此布衣馳騖之時。』斯諫逐客書，亦謂『穆公取由余孝文用商鞅惠王任張儀昭王得范睢由是觀之客何負於秦哉？』足徵戰國之秦其興也，非其宗室大臣。（即建議逐客者詳史記八十七）之力也。

其二，當時之國君固欲削夷貴族之權，故宋昭公欲去羣公子而樂豫以『公族，公室枝葉爲言。』（左文七年）此在春秋時已然。而平民之有材具者乃所以赴此目的者。故『晉桓莊之族逼，獻公患之。士蔿曰：「去富子，則羣公子可謀也已。」公曰「爾試其事。」』（左莊二十三）其後，『晉侯圍聚，盡殺羣公子。』（左莊二十五年）可徵爲削夷公族，則士蔿有功矣。魯『公孫歸父以（其父）襄仲之立公，欲去三桓，以彊公室。』（左宣十八）欲去三桓則歸父有功矣。及至左昭三年，則晉叔向言『欒郤胥原狐續慶伯，降在皁隸。』是知春秋之末貴族有陵夷者。戰國之時，李斯稱道范睢之功在於『彊公室杜私門。』（史記八十七）則知晉鄙之客所以能得秦之金而行間於魏王謂『諸侯徒聞魏公子，不聞魏王，』卒致魏王疑忌信陵者，非時勢之故而何耶？（詳史記七十七信陵君傳）

史記七十九范睢傳云『……王來而宦者怒逐之曰「王至！」范睢繆爲曰；「秦安得有王？獨有太后穰侯耳！」欲以感怒昭王。……秦王屏左右，宮中虛無人。秦王跽而請曰「先生何以幸敎寡人？」范睢曰唯唯、若是者三！秦王跽曰「先生卒不幸敎寡人耶？」范睢曰「非敢然也。……今臣羇旅之臣也。交疏於王，而所願陳者，皆匡君之事；處人骨肉之間。願效愚忠而未知王之心也。此所以王三問而不敢對者也。……」秦王跽曰「先生，是何言也？……先生奈何有言若是？事無大小，上及太后，下至大臣，願先生悉以敎寡人，毋疑寡人也！……」……然左右多竊聞者。范睢恐，未敢言也。先言外事，以觀秦王之俯仰。……用數年，……因請間說曰「臣居山東時，聞齊之有田父，不聞有王也；聞秦之有太后穰侯高陵涇陽，不聞其有王也。

……妒賢嫉能，御下蔽上，以成其私，……今自有秩以上至諸大吏，下及王左右，無非相國之人者。見王獨立於朝，臣竊爲王恐！」』——就此段文字細味，可見族閥之強，於秦猶然。故曰：「左右多竊聞」，「范雎恐」。可見秦王之思用外人以除內患，故曰「屏人」。有帝王之思獨掌大權，又有匹夫之希得榮通結聯爲一，而族閥始倒焉。

其三，則當時哲人之思想，匪特孔子之譏世卿，卽孟子亦以「輔世長民」爲天下之「達尊」：『天下有達尊三：爵一，齒一，德一。朝廷莫如爵，鄉黨莫如齒，輔世長民莫如德。惡得有其一，以慢其二哉？』（公孫丑下）匪特孟子之稱重「輔世長民」，卽墨子亦以尙賢爲言；匪特墨子以尙賢爲言，荀卿亦稱『以族論罪，以世舉賢，雖欲無亂，得乎？』（荀子君子篇）可知當時之明哲，常詛祝閥閱之顛覆也。語詳下文。（第三六節）

第吾人所當知者，舊閥閱如公子公孫，憑其血統之優越，壟斷國事，排斥賢能，因以引起平民之反抗，斯則然矣。然曩之所謂平民，憑藉才智，躍而居上；及其居上之時，未嘗不成爲閥閱。故漢興，才如賈生，遇君如文帝，終不能見諒於絳灌大族，而卒抑鬱以死。可知憑借血胤之閥閱雖傾，而因緣時會之功狗已生。一邱之貉，不易進退優劣；故曰閥閱昇沉，而未敢言平民擡頭焉。

二三　富族的活動

平民進而爲閥閱，非平民盡爲貴族焉；正如平民之進而爲資產階級，非平民盡進而爲資產階級也。

夷考古昔，貴與富本爲一事，而同隸諸一人。「素封」云云，平民擁有資產之表示，（「素封」見史記貨殖傳）仲長統所謂；『榮樂過於封君，勢力侔於守令，財賄自營，犯法不坐。』（昌言損益篇）此乃後起之事，非「問庶人之富，則數畜以對」之時也。

自庶人之富開展已後；所謂封建制度者，亦分爲兩方面；一則爲政治閥族的割據，（上文已詳）而一則爲經濟財力的割據。史記（一二九貨殖傳）謂『今有無秩祿之奉，爵邑之入，而樂與之比者，命曰「素封」。』又云：『凡編戶之民，富相什，則卑下之；伯，則畏憚之；千，則役；萬，則僕。』執此以與「王臣公，公臣侯……」（左昭七年）兩兩相比，可知兩種封建型式不殊，而來自迥異。前者恃財富，後者恃爵秩，蓋經濟上之封建，其起較遲，而其崩頽亦晚也。

考古時經濟之權，誠屬操之豪族。卽在春秋之世，仲尼尙斥臧文仲之『妾織蒲』，詆其與民爭利。（左文二年）而公儀休不茹園葵，時人卽歎爲清德。（本書第十五節）此皆貴族好貨之反證也。然同時庶民之工商經營，已漸漸發達。左傳（閔二年）稱衞文公復國之後，『大布之衣，大帛之冠，務材訓農，通商惠工，敬敎勸學，授方任能。』而史記（三十二齊世家）亦載管仲相桓公，『設輕重魚鹽之利。』今存管子，雖未必可盡信，然可見春秋之初商人階級已爲政府所重視矣。

且以此時政治統一之初在演進，故列國通商，並無所阻。鄭商人弦高則市於周，（左僖三十三年）鄭賈人又如楚如晉如齊。（左成三年）而弦高之如周，尤足表示商人階級之活動焉。豈止貨殖而已，兼亦與聞國事矣。

左傳（僖公三十三年）秦將伐鄭，『師及滑，……鄭商人弦高將市於周，遇之，以乘韋先牛十二犒師，曰：「寡君聞吾子將步師出於敝邑，爲從者之淹，居則具一日之積，行則備一夕之衞。」且使遽告於鄭。鄭穆公使視客館，（秦三大夫之在鄭者）則束載厲兵秣馬矣。使皇武子辭焉，曰：「吾子淹久於敝邑，唯是脯資餼牽竭矣。」……孟明曰：

「鄭有備矣，不可冀也。攻之不克，圍之不繼，吾其還也！」』可見此役之中，鄭之所以倖免，實商人之力是賴。

至如孔子弟子子貢，『速帛連騎，束修之幣，以聘享諸侯。所至國君，無不分庭與之抗禮。夫使孔子名布揚於天下者，子貢先後之也。』而范蠡既助越王，報會稽之恥，退隱於陶。『以爲陶，天下之中，諸侯四通，貨物所交易也。乃治產積治，與得逐而不責於人。……十九年之中，三致千金。……故言富者，皆稱陶朱公。』以上均見史記卷一二九貨殖傳——以此知春秋之末，孔子所以喟然致歎於「富而可求，雖執鞭之士，吾亦爲之」者，原有所見而云然。故又曰：「使爾多財，吾爲爾宰也。」

及至戰國之世，而富人更顯於時矣。

故成周爲昔日中都所在，而蘇秦傳引：『周人之俗，治產業，力工商，逐什二以爲務。』貨殖傳又言：『周人之失，巧僞趨利，貴財賤義，高富下貧，熹爲商賈，不好仕宦。』卽魯爲周室之裔支，史記亦稱：『及其衰，好賈趨利，甚於商人。』漢書地理志則謂：『周公遺化銷微，孔氏庠序衰壞，……俗儉嗇愛財，趨商賈，好訾毀，多巧僞。』——周魯如此，他可知也。

其在於齊，則蘇秦說宣王曰：『臨淄之中七萬戶，臣竊度之，下戶三男子，三七二十一萬。……臨淄甚富而實，其民無不吹竽鼓瑟，擊筑彈琴，鬬鷄走狗，六博蹹踘者。臨淄之涂，車轂擊，人肩摩，連衽成帷，舉袂成幕，揮汗成雨，家敦而富，志高而揚。』國策齊策然則齊之富人，其態致可知。

其在於魏，則『梁之富人虞氏，家充殷盛，錢帛無量，財貨無貲。登高樓，臨大路，設樂陳酒，擊博樓上。博者射明瓊，張中反兩，擒魚而笑。飛鳶適墮其腐鼠而中之。俠客相與言曰：「虞氏富樂日久矣，常有輕易人之志。吾不侵犯之，而乃辱我以腐鼠！」」淮南子人間訓 則是魏之富人，其態度又何似也？

至於呂不韋爲『陽翟大賈往來販賤賣貴，家累千金。』一見秦公子楚之爲質於趙，『不韋賈邯鄲，見而憐之曰「此奇貨可居。」』告以『不韋雖貧，請以千金爲子西游，事安國君及華陽夫人，立子爲適嗣。』更『以五百金與子楚，爲進用結賓客；復以五百金買奇物玩好自奉。』其後秦圍趙急，『趙欲殺子楚，子楚與呂不韋謀，行金六百斤予守者吏，得亡脫赴秦軍，遂以得歸。』史記八十五呂不韋傳 子楚實始皇之父，異日始皇諱不韋曰『君何功於秦，秦封君河南，食十萬戶。君何親於秦，號稱「仲父」？』然由黃金萬能之說而言，則不韋所以造福於子楚者，實大而財富之力，固不亞於武士技擊矣。

國策秦策 謂『濮陽人呂不韋，賈邯鄲，見秦質子異人，郎子楚 謂其父曰：『耕田之利，幾倍？曰「十倍；」珠玉之贏，幾倍？曰「百倍。」不韋曰今力田疾作，不得煖衣飽食；今立國定君，澤可遺後世，願往事之。』足徵不韋之有政治活動，全由於其懷貨思贏之商賈行爲也。

此種富人橫行之史實，其來源尚有三者：其一，爲閥族間壟斷富源之事已成過去。故平民之雄狡者，可以起而相代。日知錄記周末風俗，謂『春秋時猶論宗姓氏族，而七國則無一言及之。』日知錄卷十三 世族式微之後，平民自可擡頭，得世族所不能久佔之財賄，則平民可以略振。楚語卷下 鬬且廷曰『人謂令尹子文曰：人生求富而逃之，何也？對曰：「夫從政者以庇民也。民多曠者而我取富焉，是勤民以自封也……」』故莊王之世，滅若敖氏，唯子文之後在。』觀於且廷之語，則知若敖未滅，富在若敖。戰國之時，「若敖」既少，則民自可不「曠」而取富矣。其一，則爲國家對於生產事業之提倡，如李悝「盡地力」之教，是也。

漢食貨志云：『悝爲魏文侯作盡地力之教，以爲地方百里，提封九萬頃，除山澤邑居，參分居一，當爲田六百萬畝，治田勤謹則畝益三升，不勤則損亦如之。地方百里之增減，輒爲粟百八十萬石矣。』又曰：『糴甚貴，傷民；甚賤，傷農。……是故善平糴者，必謹視歲有上中下孰。……故上孰則上糴三而舍一，中孰則糴二，下孰則糴一。使民適足，賈平則止。小饑則發小孰之所斂，中飢則發中孰之所斂，大飢則發大孰之所斂而糶之。故雖遇飢饉水旱，糴不貴而民不散。取有餘以補不足也。行之魏國，國以富強。』——此所謂盡地力與平糴糶，要之皆注意生產也。

其一，則爲貨幣之流通。漢志謂：『太公爲周立九府圜法，黃金方寸而重一斤。』是爲中國始有幣制之始。說文貝部云：『古者貨貝而寶貝，周而有泉。』鹽鐵論錯幣云：『夏后以玄貝，周人或紫石，後世或金錢刀布。』可知貨幣之始，或在太公與周之後。及至戰國之時，則金之用途滋盛。故蘇秦爲趙相，「黃金萬鎰」；馮諼出使，孟嘗君與以金五百斤。金之用途既廣，則商業之發達當益盛於疇昔「以物換物」之時，而平民憑其財貨，遂可上躋於公侯貴人之列矣。

但以平民而上躋於公侯貴人之列，則自有以啓當時社會之不安者。而重農積穀，又爲當時時世之所需要。故賤商之政，亦同時發生於商人翺翔得意之際焉。此覘於士農工商階次之論定而可知焉。

士，卽代表舊日貴族及新興階級之能者智者；農，則在重農積穀之時世中，自當重視。卽工亦爲生產者。然穀梁傳（成公元年）謂：『古者有四民，有士民，有商民，有農民，有工民。』漢書藝文志師古注謂穀梁子名喜，魯人。

可知春秋之末尚稱士商農工。至漢書食貨志則稱：「士農工商，四民有業。」史記貨殖傳，亦以「農工商虞」並舉可知「商」之名次之減低乃基於社會上故意之貶斥當在春秋至漢初之間即商人階級甚活動之時期中。

商君書（墾令篇）云「重關市之賦，則農惡商商有疑惰之心，農惡商，商疑惰，則草必墾矣。」然孟子明言：「關譏而不征，則天下之旅皆說。」（公孫丑上）荀子（王制篇）亦言：「關市幾而不征。」幾即呵察之義，明商旅之過只有查驗放行，不必予以重徵。商君書為後出之書力主征商者，蓋深嫉豪民，希以稅賦困折之也。

對於困折商人之方法，史記平準書，載高祖令賈人不得衣絲乘車重租稅以困辱之。又言武帝時立制，商以取利者，雖無市籍，各以其物自占此則今營業稅之權輿也。漢食貨志載商賈人有軺車二算，則今奢侈稅之權輿也——以前漢一代之苛待商人，更可徵秦以前商人活動之烈，以致招統治階級之嫉視。

然新興之富族，雖逢政府之嚴酷制裁，終不以此減其顏色。故蜀寡婦清「其先得丹穴而擅其利數世家亦不訾。清寡婦也能用其業，用財自衞不見侵犯。秦皇帝以為貞婦而客之為築女懷清臺。」史公歎為「禮抗萬乘名顯天下，豈非以富耶？」（貨殖傳）——夫以秦王之雄狠，而不得不傾倒於「富」人，則知戰國時富人之活動，固係昭明顯著之事矣。

二四　土地私有

平民之才智者，上既匡佐國君，削奪貴族之政治地位；中又憑借財貨，以翺翔得意於社會間；其下也者，則又互相爭奪，逞其材力而爲新地主階級。

古代之地主階級，其人皆貴族也。詩稱「溥天之下，莫非王土；」後世則爲『民土而非王土矣。』（用黃宗羲南雷文約卷三賦稅中語）第所謂「王土」者，究係過甚之詞。古代土地之所有人，爲平民以上之各級貴族；當曰「王土，」「侯土」、「大夫土、」「士土」也。

春秋傳云：『鄭四富族奪民之田。』『鄭子泗爲田洫，司氏堵氏侯氏子師氏，皆喪田焉。』（左襄十年）晉『范宣子爲政，分祁氏之田以爲七縣，分羊舌氏之田以爲三縣。』（左昭二十八）足徵各國貴族，千倉萬箱，如坻如京，其地主之威風，可推知焉。

襄二十九年傳：『鄭饑民病，子皮以子展之命，餼國人粟戶一鍾。』皮展皆賢人，而積穀至斯；尙非力耕所得，亦特其地權，削剝佃人耳。

國語（晉語二）載：秦伯遣公子縶，『弔公子夷吾。退而私曰：「中大夫里克與我矣，我命之汾陽之田百萬；丕鄭與我矣，吾命之負蔡之田七十萬。」』左傳（成公二年）記：『楚圍宋之役，師還，子重請取於申呂以爲賞田。王許之，申公巫臣曰：「不可，此申呂所以邑也。是以爲賦，以御北方；若取之，是無申呂也。」』『鄭伯賞入陳之功，享子展賜之八邑；享子產賜之六邑。』（左襄二十六年）『鄭伯如晉，公孫段相，甚敬而卑，禮無遺者。晉侯嘉焉，授之以策曰：「子丰（段父）有勞於晉國，余聞而弗忘，賜爾州田，以酬爾舊勳。」』（左昭四年）——徵於上述，可知田之所有權，在春秋之世，全在統治者之手；取舍予奪，非平民所可得而過問者。

故孟子對滕文公之問，告以「仁政必自經界始。」胡適謂：『細看孟子本文，說貢說助之間，忽插入「夫世祿……」一句，』『可知孟子所談的，不過是把滕國貴族的世祿制度，略加整頓，不過是分田制祿的井田計畫。』井田研究頁二十 蓋孟子之分田制祿，乃針對當時政治的豪族，壟斷地權而言者。

至戰國之時，則有平民爲大地主者矣。此可於商君之決裂阡陌徵之。史記言秦簡公七年『始以禾爲租。』又言『獻公十年始爲戶籍。』卷五秦本紀 可知秦在商君以前，未有推行井田之準備。商君傳又言『致粟帛多者復其身，事末利及怠而貧者，舉以爲收孥。宗室非有軍功論，不得爲屬籍。明尊卑爵秩等級，各以差次名田宅。』『爲田開阡陌封疆，而賦稅平。』由「差次名田」及「賦稅平」二語，知商君實反對貴族之占田，而獎勵平民之占田！

開阡陌之「開」字有二義：一卽開置之開；一卽開墾之開。朱子主於後說，謂其『悉除界限，墾闢棄地。』詳朱子文集七十二開阡陌辨 其所引證據，則爲國策蔡澤語應侯『商君爲孝公平權衡，正度量，決裂阡陌，教民耕戰。』秦策三 然決裂亦有東劃一塊，西劃一塊之意，正可作開置解也。

史記初無商君破井田之記，漢志始有『秦孝公壞井田，開阡陌，……王制旣滅，僭侈亡度，庶人之富者累鉅萬，而貧者食糟糠。』卷二十四 史記言「以次名田」，漢志言「僭侈亡度」；史記言「家給人足」，而漢志言「貧食糟糠」，吾人將信史記耶？則鞅不過獎人力耕，定私人占田之阡陌，限宗室貴族之「名田」！杜佑通典謂『鞅以三晉地狹民貧，秦地廣人寡，……於是誘三晉之人，利其田宅，無知兵事，……故廢井田，制阡陌，任其所耕，不限多少。』卷一 夫旣曰「地廣人寡」，則卽有井田，何至如朱子所云『見阡陌之占地太廣，則病其地利之有遺。』可知商君開置阡陌，不過「辟墾棄地，悉爲田疇」，非「盡開阡陌，悉除界限」。

也。（上十六字皆朱子原文）

且商君之以「依次名田，」限制貴族，以阡陌封疆，均平賦稅；固有旁證者。前者之旁證，則商君確曾制裁貴族也。（詳三十二節）後者之旁證，則如趙奢爲趙田部吏，『收租稅而平原君家不肯出。趙奢以法治之，殺平原君家用事者九人。』（史記八一）然則賦稅之自田出者，固以貴族而不平，固有待於商君之各以爵秩而差次名田也。

蓋以爵秩差次名田，則貴者不能額外多占，而平民致力力耕之機會自多。開阡陌封疆，則賦稅可稽，而不能虛隱，而國家財政之收入弘。前者使百姓『家給人足，』後者使『秦以富強。』史公所記，原淺顯易知。後儒有一井田觀念橫塞胸中，而不知古代初無平均授田之事實，只有貴族包佔之惡習；一念既乖，則黑白顚倒已。

商君以得罪貴族而死，非得罪平民而死，事實具明。一則曰繩秦之貴公子，一則宗室非有軍功不得爲屬籍，一則差次名田——三者皆陛閥所不喜者。昔公孫痤爲魏將，『勝韓，魏王說，迎郊，以賞田百萬祿之。……痤反走而辭曰：「此吳起之餘敎也」……王曰善；於是索吳起之後，賜之田二十萬。』（國策魏一）然則，當商君之前後，固不乏左擁其貴，而右擁其地者。商君所以差次名田，所以求賦稅平；所以置阡陌封疆，所以至家給人足；所以至貴族怨之；——此皆一貫之事實。安得謂商君破壞井田哉？蓋商君無非制裁貴族之占田而已。

商君以後，如始皇遣王翦伐楚，『始皇自送至灞上，王翦行，請美田宅池園甚衆。始皇曰：「將軍行矣，何憂貧？」王翦曰：「爲大王將，雖有功，終不得封侯。故及大王之嚮臣，請園池以爲子孫業耳。」始皇大笑。王翦既至關，使使還請善田者五輩。或曰：「將軍之乞貸，亦已甚矣。」王翦曰：「不然；夫秦王怚而不信人。今空秦國甲士而專委於我，我不多請田宅爲子孫業以自堅，顧令秦王坐而疑我耶？」』（史記七十三王翦傳）曰：「終不封侯，」曰「請美田宅，」可見當時貴族之得田猶以請乞而來。則商君依次限人名田之政固不得已之舉措爾。

限制貴族之占田，以任平民之『聽其所耕，不限多少；』平民固肯出賦者，於國家固爲得計矣，然於社會民生，久也必有積弊。蓋昔之壟斷土地者爲貴族之爲地主者，其視察有所未及，卽剝削有所未周，而今之爲地主者，則係平民之豪，錙銖必較，細大無捐，而民生益以困苦矣。

史記（六十九蘇秦傳）記蘇秦『出游數歲，大困而歸，兄弟姊妹妻妾皆竊笑之曰：「周人之俗，治產業，力工商，今子乃釋本而事口舌，困，不亦宜乎？」』此所謂治產，不知何解？然徵以季子歸來，『嫂委蛇蒲服，以面委地而謝，……蘇秦喟然歎曰：「此一人之身，富貴則親戚畏懼之，貧賤則輕易之，且使我洛陽有負郭田二頃，吾豈能佩六國相印乎？」』以負郭田二頃徵之，可知所謂治產，卽係當時平民爲地主者之行動也。「佩六國相印」與「負郭田二頃」乃當時社會中人所希冀之兩闕矣。

所謂錙銖必較，細大無捐者，如貨殖列傳記『宣曲任氏之先，爲督道倉吏。秦之敗也，豪傑皆爭取金玉，而任氏獨窖倉粟。楚漢相距滎陽也，民不得耕種，米石至萬，而豪傑金玉盡歸任氏，任氏以此致富。……然任公家約，非田畜所出弗衣食，公事不畢則身不得飲酒食肉。』——此於地主之生活，可謂描繪盡致。

且也，平民之地主已建，而貴族之地主未已。其在漢初，『客有說相國曰：「……上……畏君傾動關中，今君何不多買田宅以自活，上心乃安。」於是相國從其計，上罷（英）布軍還，民道遮行上訴，言相國彊買民田宅數千萬。上至，相國謁上。上笑曰：「夫相國乃利民。」民所上書皆以與相國曰：「君自謝民。」』史記五十三蕭何世家 則蕭何固嘗憑其貴而彊得田宅也。『何買田宅必居窮僻處……曰：「令後世賢師我儉不賢毋爲勢家所奪。」』漢書三十九蕭何傳 然則，何固懼勢家之奪田也。

然則土地由貴族之手中爲平民所佔有，徒少數富人而已，固未嘗均也。舊貴族之地權雖已，而新貴族之地權仍在；耕種者固未嘗得利也。得利者亦少數有際會能活數之富族而已。

二五　賢能者的活動

平民中之有少數人能起而與世族平分春色，固不僅在經濟方面。其在政治方面，固亦有賢者能者善於利用時機而得其政治地位者。

蓋春秋之世，世襲漸深，亂世與英才之關係已足打破專用世族之登庸陋習。故如『狄人伐衞，衞懿公好鶴，鶴有乘軒者。將戰，國人受甲者皆曰：「使鶴；鶴實有祿位，余焉能戰？」』左傳閔公二年 其後衞卒以亡。鶴正可象徵有祿位之世族，而能戰之「能」，則即亂世所需要之「能」也。

國語齊語上 載齊桓定國，使鮑叔爲宰。鮑以管夷吾善治國對。『桓公曰：「夫夷吾射寡人中鉤，是以濱於死。」』意蓋不欲。鮑叔又力薦。桓公乃使使迎夷吾於魯，『比至，三釁三浴之。桓公親逆之於郊，而與之坐，問焉。』此顯見桓公爲國家故能用賢能。雖夷吾爲『齊卿姬姓之後，管嚴仲之子敬仲』韋昭說 然其裔流疏遠，已非純粹世族子弟也。又如孔子適齊，『齊景公待孔子曰：「若季氏則吾不能，以季孟之間待之。」』

（論語十八微子篇）則景公固亦有意於孔子之賢，思以貴臣處孔子焉。

左傳（僖公二十四）載『呂郤畏偪，將焚公宮而弒晉侯。寺人披請見，公使讓之，且辭焉曰：「蒲城之役，君命一宿，汝即至。其後予從狄君以田渭濱，女爲惠公來求殺余，命女三宿，女中宿至。雖有君命，何其速也？夫袪猶在，女其行乎。」對曰：「臣謂君之入也，其知之矣；若猶未也，又將及難！君命無二，古之制也。除君之惡，惟力是視。齊桓公置射鈎而使管仲相，君若易之，何辱命焉？行者甚衆，豈惟刑臣。」公見之，以難告。』此段對話述世變與人材之關係，言之更切。

及至戰國之世，世變日亟，而賢能者更得自挺於時矣。

賢能者之所以自挺，一則以私人游學之風盛，教育之權，不爲貴族所壟斷，而平民中之才智特出者，益可自顯其才能也。

春秋之世，『鄭人游於鄉校，以論執政。然明謂子產曰：「毀鄉校如何？」子產曰：「何爲？夫人朝夕退而游焉，以議執政之善否；其所善者，吾則行之；其所惡者，吾則改之；是吾師也，若何之毀之？」』（左襄三十一年）足見民智既啓，則干預政事之事萌矣。然鄉校之中，以古代貴族壟斷教育之情形度之，或未必盡係平民子弟。其後私家授學之風盛，而平民之才智者，更可得一磨須以待之機緣矣。

私人游學之風，孔子之門已蔚爲大宗。史稱『受業精通者七十有七人，皆異能之士也。』（史記六十七仲尼弟子傳）孔子弟子有魯人；（如顏回）有衞人；（如子貢）有吳人；（如言偃）有陳人；（如子張）有齊人；（如公晳哀）有宋人；（如司馬牛）有楚人；（如公孫龍）有秦人；（如秦祖）有晉人；（如公堅定）足見以私人游學之故，列國國界，寖爲打破矣。（詳朱彝尊曝書亭集卷五十六孔子弟子考卷五十七孔子門人考）

其在戰國之時，則如禽滑釐學於墨子。（呂氏春秋當染篇）張儀蘇秦，俱事鬼谷先生。（史記卷七十張儀傳）蘇秦則「出游數歲，大困而歸。」（史記六十九蘇秦傳）孟子亦「受業子思之門人。」（史記七十四軻傳）春申君亦「游學博聞。」（史記七十八春申君傳）蔡澤亦「遊學干諸侯。」（史記七十九蔡澤傳）李斯「年少時，爲郡小吏，」亦「從荀卿學帝王之術。」（史記八十七斯傳）而荀卿趙人，年十五，始來游學於齊。（胡元儀荀卿別傳）吳起亦從學於曾子。（史記六十五起傳）私人遊學之風愈盛，則人材之造就，賢能的表白，——更能促進平民活動之開展矣。

其二，賢能者之所以自挺，亦在乎尙賢使能之空氣，滂溥瀰漫，而成爲一時風會。「大道之行也，天下爲公。選賢與能，講信修睦。」（禮記九禮運）雖未必爲孔子所口語，然戰國時期之思想家，則固以選賢與能爲職志者。墨子云：「今王公大人，有一衣裳不能制也，必藉良工。有一牛羊不能殺也，必藉良宰。故若當之二物者，王公大人未知以尙賢使能爲政也。逮至其國家之亂，社稷之危，則不知使能以治之？」（尙賢中第九）此墨子之尙賢也。孟子云：「尊賢使能，俊傑在位，則天下之士，皆悅而願立於其朝矣。」（公孫丑上）又曰：「天下之達尊三，爵一，齒一，德一。朝廷莫如爵，鄉黨莫如齒，輔世長民莫如德。」（公孫丑下）此孟子之尊賢也。荀子云：「身能相能，如是者王。身不能，知恐懼而求能者，如是者彊。惟便僻左右親比己者之用，如是者危削，綦之而亡！」（王霸篇）此荀子之尙能也。此皆尙賢使能之空氣也，故激昂之言，竟謂貧賤者可以驕人矣！

說苑（尊賢篇）「魏擊（卽魏文侯子）遇田無擇於途，下車趨謁。無擇坐乘如故，擊意不悅，因問曰：「不識富貴者驕人乎？抑貧賤者驕人乎？」無擇曰：「亦貧賤者驕人耳，富貴者安敢驕人？諸侯驕人，則失其國；大夫驕人，則失其家；士貧賤，行不合，言不用，則蹻屣而適秦楚耳，安往而不得貧賤乎？富貴者，奈何能同之哉？」擊乃再拜而後退。』國策齊策『齊宣王見顏斶，曰：「斶前。」斶亦曰：「王前。」……王忿然作色曰：「王者貴乎，士貴乎？」對曰：「士貴耳，王者不貴！」』此眞尙賢使能空氣中之貧賤驕人也。

然而使賢能可以有活動之機緣，則終不在於賢能者所自製之空氣，而終以『家貧思良妻，國亂思良相。』用史記四十四魏文侯謂李克語 世變之亟，賢能卽不欲厠身政府，而政府中人固亦以得賢爲務焉。

春秋之世，秦穆以子車氏之三子殉葬，『皆秦之良也。國人哀之，爲之賦黃鳥。』而君子起『人之云亡，邦國殄瘁』之嗟。左傳文六 其在戰國，則齊威王之論寶以賢人爲貴於徑寸之珠；魏文侯之遇士，每過段干木之廬，必式。燕君之招賢，及於良馬之骨；秦王之好客，跽於范睢之前；豈特容黃鳥之棲止而不加以傷害也！

在商君相秦之際，『齊威王魏惠王會田於郊。惠王曰：「齊亦有寶乎？」威王曰：「無有。」惠王曰：「寡人國雖小，尙有徑寸之珠，照車前後各十二乘者十枚。豈以齊大國而無寶乎？」威王曰：「寡人之所以爲寶者與王異。吾臣有檀子者，使守南城，則楚人不敢爲寇。泗上十二諸侯皆來朝。吾臣有盼子者，使守高唐，則趙人不敢東漁於河。吾吏有黔夫者，使守徐州，則燕人祭北門，趙人祭西門，徙而從者七千餘家。吾臣有種首者，使備盜賊，則道不拾遺。此四臣者，將照千里，豈特十二乘哉？」惠王有慚色。』通鑑卷二 此於賢能與亂世之關係，亦一證明。

通鑑卷一 又載『魏文侯以卜子夏田子方爲師，每過段干木之廬，必式，四方賢士多歸之。』此又見國亂思良相，如何影響魏文侯之行動也。

嚴可均全後漢文卷八十三 載孔融與曹公論盛孝章云：『燕君市駿馬之骨，非欲以騁道里，乃欲以招絕足也。

……故樂毅自魏往，劇辛自趙往，鄒衍自齊往。嚮使郭隗倒懸而王不解，臨溺而王不拯，則士亦將高翔遠引，莫肯北首燕途者矣。』案昭王之先見辱於齊，亟圖報復，此則言昭王在燕齊戰後因時勢之亟，不得不屈尊紆貴以招賢者。

史記七十九范雎傳載雎見秦昭王，『秦王屏左右，宮中虛無人。秦王跽而請曰：「先生何以幸教寡人！」范雎曰：「唯唯。」有間，秦王復跽而請曰：「先生何以幸教寡人！」范雎曰：「唯唯。」若是者三。秦王跽曰：「先生卒不幸教寡人耶？」范雎曰：「非敢然也。……今臣羈旅之臣也，交疏於王，而所願陳者，皆匡君之事，處人骨肉之間，願效愚忠而未知王之心也，此所以王三問而不敢對者也。」』此言昭王在太后穰侯逼制之下，其所求於范雎者深，故跽而請者三也。

蓋變動之事，非族閥可以勝任，如欲得人死力，則自須寵之信之。故吳起之為魏將，『與士卒最下者同衣食，臥不設席，行不騎乘，親裹贏糧，與士卒分勞苦。卒有病疽者，起為吮之。』史記六十五起傳田文亦『傾天下之士，食客三千人；無貴賤一與文等。』卒賴客力以脫於虎狼之秦。史記七十五 趙勝亦以笑客之故，斬美人之頭以謝客。史記七十六 故楚趙之盟，卒得毛遂之力；信陵君魏無忌，則從市屠朱亥游，從監門侯嬴游，卒賴其力以卻秦而存趙。史記七十七 與士卒同甘苦，以及好客養士，胥足證在上者非得在下者之歡心，則不足以成事，蓋猶諸國主之尊賢使能也。

故齊宣王之遇稷下先生也，『自淳于髡以下，皆命曰列大夫，為開第康莊之衢，高門大屋，尊寵之，攬天下諸侯賓客，言齊能致天下賢士也。』而蘇秦張儀蔡澤等人，胥皆出自布衣，一言既合，立取卿相。故鄭樵言曰：『自夫子歷聘列國，孟子以儒術游於諸侯。……繼而蘇秦、張儀之徒，專以口舌干時君，而范雎之於魏冉蔡澤之於范雎，皆逞其辨口，以扼其吭，而奪其位。於是士生斯日，皆以讀書游說爲可以得志而取高位。』（通考一七四）羅大經言：『觀李斯逐客之書，則秦固以客興。觀齊人「松柏」之歎，則齊人又以客亡。客何所不有哉？在吾所擇耳。子思孟子荀卿，亦當時之客也，如時君之不用何？』（鶴林玉露卷十三第四葉）——此又才能活動辨說縱橫之所以然也。

觀乎魯仲連，『好奇偉俶儻之畫策，而不肯任官持職，好守高節；』（史記八十三）史人歎以爲高士之風。而李斯從荀卿學帝王之術，『西入秦，辭於荀卿曰：「斯聞得時無怠。今萬乘方爭，游者主事。秦王欲吞天下，稱帝而治。此布衣馳騖之時，而游說者之秋也。處卑賤之位，而計不爲者，此禽獸視肉，人面而能彊行者耳。故詬莫大於卑賤，而悲莫甚於窮困。久處卑賤之位，困苦之地，非世而惡利，自託於無爲，此非士之情也。故斯將西說秦王矣。」』（史記卷八十七）以「萬乘方爭」，而「布衣馳騖」，此又賢能所以活動之故已。

綜言之，私家游學之風，可使平民多有得知識之機會；尙賢使能之空氣，又足使平民與奮國君注意，而更足促進賢能者之活動者，則以在大變動中，所需於特出之材者，無論其爲國主，爲權臣，均感逼切之需要——積此三因，而蘇秦佩相印，稷下諸儒者爲大夫，李斯亦入秦秉政矣。

二六　先秦之言論自由

由平民在政治經濟界之活動而言，知平民在思想界上，亦有相當之活躍。非如春秋以前，學術思想，爲貴族所專有也。但平民在政治經濟上之活動，其因明，其果顯，非如其在思想學術上之活動，論其因，不過上無一統之專制者；論其果，僅有平民之勇於開口，異說之滋爲紛紜耳。

漢志所謂九流十三家，除儒、道、墨、法四家，其因起於世變，其果結於救世，顯明易見，詳於本卷第三十節者外，縱橫、數術、方技、兵、農，無非爲發動兼併者之工具，無所與於救世之大。至於雜、名、小說、詩賦、陰陽，與救世無甚關；至多僅能謂時在兼併，思想未能統一；上無範圍之束，斯下有異說之播。與世變之關係，只能言一尊之制度未定，故平民敢於開口耳。

滋爲紛紜，卽所謂辨辭也；勇於開口，卽所謂奇想也。

以辨詞言之，儒家中之孟子，其弟子已言「外人皆稱夫子好辨」，而孟子以「予豈好辨哉，予不得已也」爲答。其實孟子固好辨者。今存孟子七篇，其首章卽以梁惠王「何以利吾國之」一問，孟子乃層層駁斥，至「上下交爭利而國危」，爲危詞之恫喝。漢王充詰之曰：『夫利有二：有貨財之利，有安吉之利。惠王曰「何以利吾國」，何以知不欲安吉之利，而孟子徑難以貨財之利也？易曰利涉大川，利見大人，乾元亨利貞；尙書曰黎民尙亦有利哉，皆安吉之利也。行仁義得安吉之利，孟子不且語問惠王「何謂利吾國？」惠王言貨財之利，乃可答。若設令惠王之問，未知何趣；孟子徑答以貨財之利。如惠王實問貨財，孟子無以效驗焉。如問安吉之利，而孟子答以貨財之利，失對上之指，違道理之實也。』論衡刺孟——執此而言，孟子曷嘗不好辨哉？

荀子之言曰：『若夫充虛相施易也，堅白同異之分隔也，是有聖人之智未能僂指也。不知無害爲君子，知之無損爲小人。……而狂惑戇愚之人，乃始率其羣徒，辯其談說，明其譬稱，老身長子，不知惡也。夫是謂之上愚。』荀子儒效篇 誠如是言，則是荀子惡辯也。然吾讀正論篇云：『世俗之爲說者曰「桀紂有天下，湯武篡而奪之」，是不然。……』正名篇云：『今聖王沒，天下亂，姦言起，君子無勢以臨之，無刑以禁之，故辨說也。』又云：『以仁心說，以學心聽，以公心辨。』——執此而論，在『天下亂』時，荀子曷嘗不好辨哉？

在「天下亂」時，無勢以「臨」辨說，無刑以「禁」辨說，——故辨辭來矣，奇想來矣。辨辭之結果，則否認天經地義之現在組織者有人；奇想之結果，則剖析物理有非常識所許而爲俗人所訝者，亦有人。此皆言論自由之奇葩也。

孟子曰：『民爲貴，社稷次之，民爲輕。』荀子亦言：『天之生民，非爲君也；天之立君，以爲民也。故古者列地建國，非以貴諸侯而已；列官職，差爵祿，非以尊大夫而已。』（荀子大略篇）『天下歸之之謂王，天下去之之謂亡。』（荀子正論篇）荀子雖重君，如言『君者原也』；然未嘗不垂念於民生，致恨於暴君，有如孟子之所懷抱。是則以辨詞之故而詆誹天經地義之現在組織，此固言論自由之所生也。

爲暴君而斥責暴君，因以喚起時人對於平民之注意，非獨孟荀爲然。左傳師曠告晉侯：『天之愛民至矣，豈使其一人肆於民上。』（襄十四年）國語（楚語上）引楚『王曰：「是知天卹，安知民則？」右尹子革曰：「民，天之生也；知天必知民矣。」』莊子（讓王）亦於記堯舜讓天下，太公亶父避岐之後，言曰：『能尊生者，雖富貴不以養傷身，雖貧賤不以利害形。今世之人居高官尊爵者，皆重失之，見利輕忘其身，豈不惑哉！』呂氏春秋（卷一貴公覽）亦云：『昔先聖王之治天下也，必先公，公則天下平矣。……天下非一人之天下也，天下人之天下也。』又（卷七懷寵覽）云：『子之在上無道，據傲荒怠，貪戾虐衆，恣睢自用也，辟遠聖制，謷醜先王，排訾舊典，上不應天，下不惠民，徵歛無期，求索無厭，罪殺不辜，慶賞不當，若是者，天之所誅也，人之所讎也，不當爲君。今兵之來也，將以誅不當爲君者也！』蓋亦斥責暴君之意。

列子嘗引舊說云『齊田氏祖於庭，食客千人。中坐有獻魚雁者，田氏視之，乃歎曰：「天之於民厚矣，殖五穀，生鳥魚，以為之用。」衆客亦和之如響。鮑氏之子年十二預於次進曰「不如君言！天地萬物，與我並生，類也。類無貴賤，徒以小大智力而相制，迭相食非相為而生之，人取可食者而食之，豈天本為人生之？如蚊蚋噆膚，虎狼食肉，豈天本為蚊蚋生人，虎狼生肉者哉？」』（列子說符篇）因弱肉強食之故，而惕怵於相食相制之苦，遂生類無貴賤之論，不可見言論自由與世變之關係，以及世變與言論自由之關係。

雖然言論自由固自世變而來，世變亦為自由言論者之標的。然言論既自由，則有不為世變而言論，純為言論而言論者矣。此其起稍後，約盛於戰國中期。蓋純思辨由思辨而來，而思辨則由世變激起，故純思辨起時較後也。

純思辨者，堅白同異，白馬非馬之辨是已。

史記記『趙有公孫龍，為堅白同異之辨』（史記孟荀傳）莊子（天下篇）謂：『南方之墨者，苦獲已齒鄧陵子之屬，俱誦墨經，而倍譎不同，相謂別墨。以堅白同異之辨相訾！』又（駢拇篇）謂：『駢於辨者，纍瓦結繩竄句，游心於堅白異同之間。而敝跬譽無用之言，非乎？楊墨是也。』可知以言論自由之故，救世之墨，自私之楊，其末流亦不免於嘵嘵空言。

關於堅白同異之辨，有公孫龍之堅白論以及墨家之墨經（此非墨子所為，亦「別墨」所撰）又有莊子天下篇。

墨經（經下）謂：『不可徧去而二，說在堅白。』又謂『石一也，堅白二也，而在石，故有知焉有不知焉，可。』而堅白論則謂『於石一也，堅白二也，而在於石，故有知焉有不知焉；有見焉有不見焉，故知與不知相與離，見與不見相與藏。藏故，孰謂之不離。』蓋別墨之言，以為「堅」「白」二德，同在一物，同時同時同在人之感覺以內，故「堅」「白」不能相離。而公孫龍之意，則謂堅者非限於石，白者非限於石，拊而得堅，視而得白，來自既異，故若相離。

堅白同異之辨已外，則有白馬非馬之辨。

公孫龍子白馬論云：『馬者，所以命形也。白者，所以命色也。命色者，非命形也。故曰：「白馬非馬。」』而惠施謂『黃馬，驪牛，三。』（莊子天下篇）驪卽黑馬之意，謂黑馬與黃馬異類焉。司馬彪云：『牛馬以二爲三：曰牛，曰馬，曰牛馬，形之三也。曰黃，曰驪，曰黃驪，色之三也。曰黃馬驪牛，形與色爲三也。』（莊子天下篇注）此則根據「白馬非馬」之意而推演之者。

莊子天下篇云：『惠施（卽秋水篇中之惠子）多方，其書五車。其道舛駁，其言也不中。歷物之意曰，至大無外，謂之大一。至小無內，謂之小一。無厚不可積也，其大千里。天與地卑，山與澤平。日方中方睨，物方生方死。……南方無窮而有窮。（已知爲「無窮」則南方之遠可想故曰「有窮」）今日適越而昔來。連環可解也。我知天之中央，燕之北，越之南是也。（天下無方所在爲中）惠施以此爲大觀於天下，而曉辯者。天下之辯者，相與樂之。卵有毛，（卵未生而毛羽之性已著）雞三足，（兩足須神而行故曰三足）郢有天下，（當時有大九州所稱爲天下者不過九州之一則一州中之一郢鳥在其不可舉以概天下也）犬可以爲羊。（犬羊之名非犬羊也非羊而可以名羊則犬亦可名羊）丁子有尾，（在上爲首在下爲尾世人謂右行曲波爲尾今丁子二字雖左行曲波亦是尾也）火不熱，（熱由人感出故火無熱）山出口，（呼於一山一山皆應形聲並行則是山出口也）輪不蹍地，（輪之所行者跡也）目不見，（無光則暗暗則目不見形目無以爲光故不見物）指不至，至不絕，（指取物不能自至要假物故至也）龜長於蛇，（龜命甚長）矩不方，規不可以爲圓。（猶之繩所以爲直而繩非直也）鑿不圍枘，（鑿枘異實合爲一形鑿積於枘則鑿枘異圍鑿枘異圍是不相圍也）飛鳥之影，未嘗動也。（影由光生鳥動而光未動也）鏃矢之疾，而有不行不止之時。狗非犬，（狗犬同實異名名實合則彼所謂狗此所謂犬也名實離則彼所謂狗異於犬也）黃馬、驪牛、三。孤駒未嘗有母。（母爲駒母非爲孤駒之母孤之名立則母名去也）一尺之棰，日取其半，萬世不竭。（其半常存）辯者以此與惠施相應，終身無窮。桓團公孫龍辯者之徒，飾人之心，易人之意，能勝人之口，不能服人之心！』蓋始於白馬非馬，堅白同異，其後演化多端，致有如許異論矣。

然此等論辯，在辯者以外觀之，則殊覺可厭：故莊子非之，以爲『其道舛駁，其言也不中；』『能勝人之口，不能服人之心。』天下篇荀子非之，以爲『夫堅白同異，有厚無厚之辨，非不察也，而君子不辨，止之也。』修身篇『不知無害爲君子，知之無損爲小人。……而狂惑戇陋之人，乃始率其羣徒，辯其談說，……夫是之謂上愚。』儒效篇韓非非之，以爲『堅白無厚之辭章，而憲令之法息。』韓非子問辨篇呂氏春秋非之，以爲『孔穿謂：……臧三耳，甚難而實非也；臧兩耳，甚易而實是也。』呂覽淫辭篇蓋「堅白同異」純乎爲邏輯上哲理之辨論，於世變初無所與，乃因世變而來者。其如孟子之言「民爲貴」，列子之言萬物一齊，雖亦駭俗振世，要有救世之意，而非純乎爲名學上之爭論也。但無論爲救世之異說，以及因時無一尊而生之純論辯，要之皆思想自由之表徵，非秦以後所能有者。史記卷六始皇本紀載李斯言：『古者天下散亂，莫之能一，是以語侯並作，語皆道古以非今，飾虛言以亂實。人善其所私學，以非上之所建立。』又載李斯言：『不師今而師古，以非當世，惑亂黔首。』以孟子斥責梁王言利之辯言之，則辨詞非上之罪，自覿倖免。以「堅白同異」「白馬非馬」之辯言之，則惑亂黔首，固非貿然斥責者。

第七章　上古文化之結束

二七　變異與統一

以救世言，則儒墨道法之說各殊；以閥陞言，則新舊貴族更迭相代；以經濟言，則庶人之富逐漸開展；以政事言，則賢者能者紛紛活躍；以言論思想言，則有「白馬」「堅白」之辯，有貴民賤君之論。——要之皆自春秋之初，至戰國之季，五百年間之劇變焉。

然變異尚不至此。

變異之最大者，厥爲當變與不當變之辯。後者則所謂師古，前者卽所謂是今。兩派紛爭，而是今者勝，則變異亦大矣。孔子之「久矣吾不復夢見周公」，孟子之「言必稱堯舜」，此師古派之代表也。然儒家一變而至荀卿，則爲法後王之論矣。荀卿一傳而爲李斯，則爲「三代之事何足法也」之語矣。

史記始皇本紀載博士淳于越言：『事不師古而能長久者，非所聞也。』此卽儒家之師古論也。然『於文，從古皆非佳義。從草則苦，從木則枯，從草木則楛，從网則罟，從辛則辜，從文則故，從□則固，從疒則痁，從牛則牯，從疒□則痼，且從人作估，估客非上流也。從水爲沽，孔子所不食也。從女爲姑，姑息之謂細人。吾不知好古者，何去何從也？』（譚嗣同仁學卷一頁十九）然而吾國思想家要皆以古爲根據。蓋春秋戰國諸子之託古，言之儼然，迹之井然，有以範圍後人之思想者至也。

大抵主張復古者，多爲在野之思想者；而着實履行之政治家，則大抵主張變者。例如墨子好稱夏道，莊子多言「古之道術」，無怪夫淮南子言：『世俗之人，多尊古而賤今，故爲道者必託之神農黃帝而後能入說。亂世闇主，高遠其所從來，因而貴之。爲學者蔽於論而尊其所聞，相與危坐而稱之，正領而誦之。』（修務訓）以亂世闇主之語觀之，知淮南所謂世俗之人「尊其所聞」，乃指戰國諸士也。

『尊其所聞』非務實之政治家，在縱橫捭闔之時所樂從也。商君說孝公曰：『疑行無名，疑事無功。且夫有高人之行者，固見非於世；有獨知之慮者，必見敖於民。愚者闇於成事，知者見於未萌。民不可與慮始，而可與樂成。論至德者，不和於俗；成大功者，不謀於衆。是以聖人苟可以彊國，不法其故；苟可以利民，不循其禮。』甘龍駁以『聖人不易民而教，知者不變法而治。』商君則答以『龍之所言，世俗之言也。常人安於故俗，學者溺於所聞，以此二者，居官守法可也，非所與論於法之外也。三代不同禮而王，五霸不同法而霸。智者作法，愚者制焉；賢者更禮，不肖者拘焉。』杜摯駁以「法古無過，循禮無邪。」商君則答以『治世不一道，便國不法古。故湯武不循古而王，夏殷不易禮而亡。反古者不足非，而循禮者不足多。』（以上統見商君列傳）商君斥甘龍之溺於所聞，猶淮南子所謂「蔽於論而尊其所聞」焉；甘龍所謂「不變法而治」，即淮南子所謂「尊古而賤今」也——然而以時世之推移，而有非古者，主變者之成功，而有是今者，不主變者之失敗。

蓋是今者之成功，泥古者之失敗，莫顯著於政治方面，而戰國之時，尤甚焉。左傳（昭公四年）『鄭子產作丘賦，國人謗之曰「其父死於路，己爲蠆尾，以令於國，國將若之何？」子寬以告子產曰「何害？苟利社稷，死生以之。且吾聞爲善者不改其度（主張），故能有濟也。民不可逞，度不可改。」詩云「禮義不愆，何恤于人言？」吾不遷矣。』可知春秋之末，子產小有更變，而人已非之；然子產雖受人之非，而亦終不改其變也。至戰國則變異爲常事，而不變爲拘泥守拙矣。四庫總目提要（卷八十一）董悅七國考提要云：『春秋以前之制度，有經傳可稽；秦漢以下之故事，有史志可考。惟七雄雲擾，策士縱橫，中間一二百年，典章制作，實蕩然不可復徵。悅能參考諸書，排比勾貫，尙一一各得其厓略。』此卽言戰國之事最紛複，意卽言變異最甚焉。

韓非子（姦刦弑臣）云『治國有要術，伊尹得之，湯而王；管仲得之，齊而霸；商君得之，秦而強。此三人者，皆不牽於世俗之言。』趙武靈王之將胡服騎射也，召樓緩謀曰『我先王因世之變，以長南藩之地。……夫有高世之名，必有遺俗之累；吾欲胡服！』肥義曰『臣聞疑事無功，疑行無名。王既定負遺俗之慮，殆無顧天下之慮矣。夫論至德者，不和於俗；成大功者不謀於衆。昔者舜舞有苗，禹祖裸國，……愚者闇成事，智者覩未形，則王何疑焉。』而反對派公子成則謂：『今王舍此（中國之服）而襲遠方之服，變古之教，易古之道，逆人之心，而拂學者，離中國，故臣願王圖之也。』趙武靈王謂：『先王不同俗，何古之法？帝王不相襲，何禮之循？……三王隨事制禮，因時制法，法度制令，各順其宜。衣服器械，各便其用，故禮也不必一道，而便國不必古。聖人之興也，不相襲而王；夏殷之衰也，不易禮而滅。然則反古未足非，而循禮未足多也。……故齊民與俗流，賢者與變俱。故諺曰：「以書爲御者，不盡馬之情，以古制今者，不達事之變。循法之功，不足以高世，法古之學，不足以制今，予不及也。」遂胡服騎射』（七國考卷十一）——以賢者與變俱爲言，見主張變異者之勝利；以胡服騎射言，又見衣冠之變易也。

豈特政治變異而已，衣冠變異而已，即風俗，亦變異矣。

顧炎武記周末風俗云『春秋終於敬王三十九年（前四八一）庚申之歲，西狩獲麟。又十四年，爲貞定王元年，（前四六八）癸酉之歲，魯哀出奔，二年卒於有山氏，左傳以是終焉。又六十五年，威烈王二十三年（前四〇三）戊寅之歲，初命晉大夫魏斯趙籍韓虔爲諸侯。又十七年安王十六年（前三八六）乙未之歲，初命齊大夫田和爲諸侯。又五十二年，顯王三十五年（前三三四）丁亥之歲，六國以次稱王，蘇秦爲從約長。自此之後，事乃可得而紀。自左傳之終以至此，凡一百三十三年，史文闕佚，考古者爲之茫昧。如春秋時猶尊禮重信，而七國則絕不言禮與信矣。春秋時猶宗周王，而七國則絕不言王矣。春秋時猶嚴祭祀，重聘享，而七國則無其事矣。春秋時猶論宗姓氏族，而七國則無一言及之矣。春秋時猶宴會賦詩，而七國則不聞矣。春秋時猶有赴告策書，而七國則無有矣。邦無定交，士無定主，此皆變於一百三十三年之闕史之闕文而後人可以意推者也。』日知錄卷十三 亭林之所謂可以意推者，蓋言風俗之丕變焉。

亭林所謂風俗大部涉及政俗，俞樾補充之曰『此一百三十餘年略見於六國年表觀韓昭侯六年伐東周，周知諸侯無天子也趙襄子元年，封伯魯子周爲代成君，知諸侯得專封也。秦簡公七年，初租禾，孝公十四年初爲賦，什一之法廢矣秦厲公十四年，晉人楚人來賄聘，問之禮壞矣。秦簡公六年，初令吏帶劍，揖讓之容廢矣秦孝公八年與魏戰，斬首七千，首功多矣。秦靈公八年以公主妻河，禮俗變矣。』曲園雜纂卷三十四 蓋卽就政俗而言，變異亦不少；商君等特因時善措，無足怪也。

豈特風俗變異而已，卽人情亦變異也。

王應麟言『左氏載曹劌問戰，莊公十年 諫觀社，莊公二十三年 藹然儒者之言。公羊莊十三年 乃有柯盟之事。太史公遂以曹沫列刺客之首，此戰國之風，此游士之虛語，春秋初未有此習也。而燕丹之用荆軻，欲以齊桓待秦政，不亦愚乎？』王氏之說，蓋一則以游俠興於戰國，二則謂信義衰於戰國，以爲人情愈險之徵焉。

曹劌劫齊侯，以返汶陽之田，見公羊莊十三年，史記八十六刺客傳。然史記記此，爲曹沫事，索隱謂『沫劌聲近，字異實卽一人。』王氏謂曹劌藹然儒者，且刺客之風，非春秋所恆見，正謂人情日惡。史記記荆軻刺秦王之前，燕丹亦以「誠得劫秦王，使悉返諸侯侵地，若曹沫之與齊桓公」爲言。王氏則謂桓公之返侵地，非可望於戰國時之秦王，蓋亦爲人情愈險作注腳也。

蓋游俠之來，初亦由世變而至。譚嗣同仁學卷二頁三十二 云『……若爲任俠，亦足以伸民氣，倡勇敢之風。……儒者輕詆游俠，便比之匪人，烏知困於君權之世，非此益無以自振拔？民乃益愚弱而窳敗，言治者不可不察也。』漢興以後，於斯徒備加抑壓而後民氣愈萎，此又後來之變也。

豈特人情變異而已，卽禮樂亦變異也。

王應麟云：『「猶秉周禮」，閔元年「齊猶有禮」，僖三十三年觀「猶」之一字，則禮廢久矣。』困學紀聞卷六史記二十三禮書謂：『周衰禮廢，樂壞，大小相踰。管仲之家，兼備三歸，循法守正者見侮於世，奢溢僭侈者謂之顯榮。』是則禮有變也。樂書史記二十四謂：『魏文侯問於子夏曰：「吾端冕而聽古樂則唯恐臥，聽鄭衛之音則不知倦，敢問古樂之如彼，何也？今樂之如此，何也？」』是則樂有變也。

李斯諫逐客書史記八十七云：『夫擊甕叩缻，彈箏搏髀，而歌呼嗚嗚耳目者，眞秦之聲也。鄭衛桑間，韶虞武象者，異國之樂也。今棄擊甕叩缻而就鄭衛，退彈箏而取韶虞，若是者何也？快意當前，適觀而已矣。』然則秦之樂固亦有變，非止魏文侯以「好古」之君而喜今樂也。

豈止禮樂有異變而已，卽男女位置亦起變易也。

傳稱郤缺夫婦耕時餽饁，相敬如賓，國語稱勾踐敗於吳國之後，『乃致其父兄昆弟而誓之曰：「寡人聞古之賢君，四方之民歸之若水之歸下也。今寡人不能，將帥二三子夫婦以蕃；令壯者無取老婦，老者無取壯妻。女子十七不嫁，其父母有辠；丈夫二十不取，其父母有辠。將免者以告，公令醫守之。生丈夫，二壺酒，一犬；生女子，二壺酒，一豚。」』國語二十越語上自一犬一豚而言，男女未有所軒輊也。

說文解字十二下「女」部云：『妻，婦與己齊者也。』段注：「妻齊以疊韻爲訓。」是相敬如賓，初不足異。然世事漸興盛，男子愈得顯其身手，如蘇秦之傲其富貴於妻嫂者，當不自秦始，亦不限於秦一人。然春秋之奢婦人，特書：「宋災，伯姬卒。」公羊傳述其故曰：『宋災，伯姬卒焉。稱其謚何？賢之也。何賢爾？宋災，伯姬存焉；有司復曰：「火至矣！請出！」伯姬曰：「不可，吾聞之也：婦人夜出，不見傅母，不下堂。傅至矣，母未至也。逮乎火而死！』襄三十年足見婦人行爲之受束縛，春秋時已然。至戰國時，則韓非六反篇謂：『父母之於子也，產男則相賀，產女則殺之。此俱出父母之懷妊，然男子受賀，女子殺之者，慮其後便計之長利也。』此非僅證溺女之俗，六國時已有，且可知女子地位低落之「所以然」，以女子無「長利」也。

俞正燮曰：『禮郊特牲云：「一與之齊，終身不改；」故夫死不嫁。後漢書曹世叔妻傳云：「夫有再娶之義，婦無二適之夫，故曰夫者天也。」按婦無二適之義，固也；男亦無再娶之義。聖人之所以不定此儀也；曰「禮不下庶人，刑不上大夫；」非謂庶人不行禮，大夫不懷刑也。自禮意不明，苛求婦人，遂爲偏義。古禮，夫婦合體，同尊卑。乃或卑其妻，大名終身不改，「身」則男女同也。七事出妻，乃七改矣，妻死再娶，乃八改矣。男子理義無涯涘，而深文以網婦人，是無恥之論也。』癸巳類稿卷十三節婦說俞氏謂男女俱不得再婚，指七出之義，爲無恥之論。而謝在杭則言：『古者婦節似不甚重。故其言曰：「父一而已，人盡夫也。」展嬴以國君之女，朝辜其弟，夕辜其兄，鶉奔狐綏之行，見於大邦之主，而恬不爲恥。聖人制禮，本於人情，婦之事夫，視子之事父，臣之事君，原自有間。』五雜俎卷八則是言男女俱得再婚也。俞、謝二氏說雖不同，然俱謂春秋時男女平等也。且茅焦之說秦王：『陛下車裂假父，有嫉妒之心；囊撲兩弟，有不慈之名。』此詳說苑正諫篇在帝王之前，指其母之姦夫爲「假父」，嫪毐淫於秦太后者指其母之私子爲二弟，足見婦女之位置雖低，而貞節猶不甚重。

至戰國之季，則皇始在泰山刻石，『則云：「男女禮順，愼遵職事，昭隔內外，靡不淸靜。」在碣石門則云：「男樂其疇，女修其業……」惟會稽一刻，其辭曰：「飾省宣義，有子而嫁，倍死不貞。防隔內外，禁止淫佚，男女絜誠。夫為寄豭，殺之無害；男秉義程，妻為逃嫁，子不得母。」』日知錄卷十三秦紀會稽山刻石 顧炎武歎為秦政之美，追嬗三王，實則三王之世，曷嘗有此重男輕女防範周至之事哉？

綜言之，戰國之世，人多以古為不足貴，而「是今」者，則又多所成功。他如衣冠之變易也，風俗之變易也，人情之變易也，禮樂之變易也，男女位置之有變易也，——均足徵自春秋迄於戰國，國疆之變，政權之變，閥陛之變，經濟之變，學術之變而外，其起而生變者多矣。

然至秦之統一，而變異終止；上古史亦變而為中古史矣。

二八　秦之統一的前晚

秦之統一，使上古史得以告一結束者，固中國文化轉移之樞紐也。譚嗣同仁學卷二頁二十九云『二千年來之政，秦政也，皆大盜也。』此則毀秦者也。顧炎武日知錄云：『漢興以來，承用秦法，以至於今日者多矣。世之儒者言及於秦，即以為亡國之法，亦未之深考乎？』卷十三會稽山刻石 此則譽秦者也。黃汝成論顧炎武曰：『先生頗取秦法，其言政事，急於綜核名實，夾雜申韓之學。』日知錄同上注 申韓之學，固源自先秦。言秦之美者，即言其承受上古遺產也。嗣同「二千年來之政，皆秦政也，」其說固亦有本。史記二十三禮書云：『至秦有天下，悉內六國禮儀，采擇其善，雖不合聖制，其尊君抑臣，朝廷濟濟，依古以來。至於高祖，光有四海，叔孫通頗有所增益減損，大抵皆襲秦故。』此謂自漢以後，多采秦政，而秦則又雜采六國者。

漢書十九上百官公卿表，凡丞相太尉之屬，均注秦官。稱古官者無幾而敍稱『自周衰官失，而百職亂。戰國並爭，各變異；秦兼天下，建皇帝之號，立百官之職。漢因循而不革，明簡易隨時宜也。』此又謂秦制導源戰國，而爲漢制之藍本。明秦之一統，於制度上蓋承先啓後者。比杭縣章厥生先生曾草創秦史，曾語作者，以讀史者知有漢而不知有秦，知有漢之創制而不知有秦之垂後爲病，故列舉史實以明之。章先生已去世矣。斯所舉者不過先生之萬一耳。謹書於此以志感慨。

毀譽且不論，然史事不能間斷，而秦之統一，爲承前啓後之大事，則人無異詞者也。秦不能不承受前人之遺，後人亦不能不承受秦之啓。方苞望溪集卷三漢高帝論云：『二帝三王之治，邊滅而無遺，雖秦首惡，亦漢高帝之過也。方是時，古法雖廢，而易與也。俗變猶近，而易返也。文獻雖絕，而未嘗亡也。天下若敖若焦，同口以苦秦法，則敎易行，政易革也。而高帝乃一仍秦政，故漢氏子孫循而習之，垂四百年不絕。不獨君安其政，民狎其俗，後此復何望哉？古聖人之有天下，若承重負，行畏途，而懼於不勝。至於秦，則用天下之恣睢，而專自慊於上。秦皇帝縱觀，高帝曰：「大丈夫當如是矣。」及叔孫通定朝儀，乃曰：「吾今而知皇帝之貴。」則其所見蓋去秦皇帝一間耳。』——此以君權之恣睢，秦法之苛酷，病漢之不能推翻秦制，而復之上古。然孰知君之恣睢，法之苛酷，秦人固有紹承，有所不得不已，非秦之所能變，抑非漢之所能變焉。何也？在秦之統一之前晚，各國之法固已苛酷矣；君之威權，固已恣睢矣。豈必至始皇統一六國而後然哉？

即以封建而論，由萬國而爲千八百國，由千八百國而爲百餘國，由百餘國而爲十二諸侯，由十二諸侯而爲七雄，由七雄而爲一秦，——國數之由多而少，至秦統一之前晚，其勢始成，事始竣耳。秦固前有所承也，豈秦一國之力而已哉！秦亦適逢其「時」而已！

東坡志林（卷五秦廢封建）云：「聖人不能爲時，亦不失時。時，非聖人之所能爲也。能不失時而已。三代之興，諸侯無罪，不可奪削，因而君之，雖欲罷侯置守，其可得乎？此所謂不能爲時者也。周衰，諸侯相併，齊晉秦楚，皆千餘里，其勢足以建侯樹屏。至於七國，皆稱王，行天子之事，然終不封諸侯，不立強家世卿者，以魯三桓，晉六卿，齊田氏爲戒也。久矣，世之畏諸侯之禍也。非獨李斯，始皇知之。始皇既併天下，分郡邑，置守宰，理固宜然。如冬裘夏葛，時之所宜，非人之私智獨見也。漢高帝欲立六國後，張子房以爲不可也，未有非之者。李斯之論，與子房何異？世特以成敗爲是非耳。……凡有血氣必爭，爭必以利，利莫大於封建。封建者，爭之端而亂之始也。自書契以來，臣弑其君，子弑其父，父子兄弟相賊殺，有不出於封而爭位者乎？封建者，爭之端而亂之始也。自三代聖人以禮樂教化天下，至刑措不用，然終不能已簒弑之禍。至漢以來，君臣父子相賊虐者，皆諸侯王子孫，其餘卿大夫不世襲者，蓋未嘗有也。」——蓋亦謂秦之銷滅封建，由於前此之賊殺。換言之，在秦統一之前晚封建已尙銷滅，秦固前有所承者。

日知錄記秦始皇未滅二國云：「古封建之國，其未盡滅於秦始皇者，衞世家言：「二世元年，廢衞君角爲庶人。」是始皇時，衞未嘗亡也。越世家言：「越以此散，諸族子爭立，或爲王，或爲君，濱於江南海上，服朝於楚。」秦始皇本紀言「二十五年，王翦遂定荆江南地，降越君。」漢興，有東海王搖閩越王無諸之屬，（原注如今世之土司）是越未嘗亡也。西南夷傳又言「秦滅諸侯，唯楚苗裔尙有滇王。」然則謂秦廢五等而立郡縣，亦舉其大勢然耳。」（日知錄卷二十二）以此知七國兼併勢有必至；非全然關於秦之兇暴。不然者，秦何愛於衞越而獨留之哉？

然則秦之統一，無非爲春秋戰國五百年間之世變結一總賬而已。吾所謂結總賬者，卽指承先之變而劃一、整齊、修飾、補充之也。

如文字之混同，史記稱『書同文字』（始皇本紀）王國維云：『自秦滅六國，席百戰之威，行嚴峻之法，以同一文字。凡六國文字之存於古籍者，已焚燒剗滅，而民間日用文字又非秦文不得行用。觀傳世秦權量等，始皇二十六年詔後多刻二世元年詔，雖亡國一二年中而秦法之行如此。』（觀堂集林卷七）此則言秦爲上古文字之變異結總賬也。

六國之時非但文字異趨，卽語言亦有不同。孟子（滕文公下）云：『有楚大夫於此，欲其子之齊語也。……一齊人傅之，衆楚人咻之，雖日撻而求其齊，不可得矣。』此足見齊楚之語，不同。

史記（四十八卷）陳涉世家載涉爲王後，其微時傭耕同伴見之，『俱載入宮，見殿屋帷帳，客曰：「夥頤，涉之爲王沈沈者！」楚人謂「多」爲「夥」，故天下傳之。』服虔曰：『楚人謂多爲夥，頤者，明聲之辭也。』國策秦策：『周人謂鼠未臘者朴，鄭人謂玉未理者璞。周人過鄭賈曰：「欲買朴乎？」鄭賈曰：「欲之。」出其璞，乃鼠也，因謝不取。』足徵六國之時，方言亦不一致。以此推想，知秦之統一，當亦有關於語言而文闕不具也。

如政治組織之釐齊劃一，初亦由秦之故俗，因統一而推諸六國。荀子（彊國篇）云：『應侯問孫卿子曰：「入秦何見？」孫卿子曰：「入境，觀其風俗，其百姓樸，其聲樂不流汚，其服不佻，甚畏有司而順，古之民也。及都邑官府，其百吏肅然莫不恭儉、敦敬、忠信而不楛，古之吏也。入其國，觀其士大夫，出於其門，入於公門，出於公門，歸於其家，無有私事也。不比周，不朋黨，倜然莫不明通而公也，古之士大夫也。觀其朝廷，其間聽決百事不留，恬然如無治者，古之朝也。故四世（孝惠文武昭）有勝，非幸也，數也。」』是知秦之政治組織，嚴密在秦統一以前，已然，秦不過以此嚴密之精神推而行之各地耳。而此嚴密之精神，蓋亦前有所本也。

顧炎武日知錄卷八鄉亭之職云『漢書百官表，縣令長皆秦官。……大率十里一亭，亭有長；十亭一鄉，鄉有三老有秩，嗇夫，游徼。三老掌教化，嗇夫職聽訟收賦稅，游徼徼循禁賊盜。縣大率方百里，其民稠則減，稀則曠。鄉亭亦如之。皆秦制焉。……此其制，不始於秦漢也。自諸侯兼併之始，而管仲蔿敖子產之倫，所以治其國者，莫不皆然！』足見秦政治組織之地方部分，又承前而啓後者。

卽如道路之制，爲統一之表現者。據賈山至言，秦『爲馳道於天下，東窮燕齊，南極吳楚，江湖之上，瀕海之觀畢至。道廣五十步，三丈而樹，厚築其外，隱以金錐，樹以青松，爲馳道之麗，至於此。』據漢書五十一賈山傳 據史記蒙恬傳：『始皇欲游天下，道九原，抵甘泉，塹山堙谷，千八百里，道未就，始皇崩。』則似馳道始於秦也。然顧祖禹讀書方輿紀要卷八十一湖廣七記湖廣永州府『府東八十里有馳道，闊五丈餘，類今之河道。史記秦始皇令天下修馳道，以備遊幸，此其舊跡也。』修道云云，蓋交通之具，秦亦承先啓後者也。

卽如奢靡之建築，世盛稱秦之阿房；然在秦未統一前，六國豈無「阿房」哉？如齊有萬畝之室，而瑯琊臺背山倚流，其高九仞。七國考卷四 楚亦有細腰宮，宮人數千。趙之邯鄲宮，『中有趙王果園，梅李至冬而花，春得食。』同上 燕有明光宮，『金緯玉經，白刃爲表，周宮爲衣，迷不知其所從入。』同上 然則杜牧之阿房宮賦，指秦爲竭帝王之淫欲者，秦固承先啓後者也。

由此觀之，在秦統一之前，晚各種事變，固紛具於秦之前；秦能因其勢而利用此等趨勢，以建樹一切，足爲上古史與中古史之分界，固非秦之君臣能突然驟然，創立新局面也。

卷二 中古卷

第一章 中古文化概說

一 本系文化之延長

上古文化史，旣斷限於秦之統一。然而落紅化泥，更護新葩；蒼狗白雲，相承變幻。窮則變，變則通，通則久，變通之際，固未必有一昭著之鴻溝。請舉中古文化之各方面，而徵其與上古文化相聯繫焉。

夫中古文化史之大事，非曰封建變而爲郡縣乎？然此匪始於中古也。左氏傳：『趙簡子伐鄭，誓之曰「克敵者，上大夫受縣，下大夫受郡。」』杜預注：周書作雒篇「千里百縣，縣有四郡。」（哀公二年）楚莊王之伐鄭也，鄭伯肉袒牽羊以迎，曰：『使致專君，夷於九縣。』（宣十二年）杜注：「楚滅九國以爲縣。」則郡縣之制，固已造端於封建之時矣。且也中古時開始之郡縣，固猶留往昔封建之殘跡。兩漢之時，諸侯王得自紀年，此何異乎春秋之尊魯公：『孔子志在尊王，而修春秋，亦以魯公編年，蓋成例相沿，雖聖人不能改。至漢猶然。史記諸侯王世家紀年不用帝年，而仍以諸侯王之年紀事。』（廿二史劄記卷二漢時諸侯王各自紀年條）其時膺民社者，如郡守得專殺戮，得專辟屬，（詳陔餘叢考卷十六）又無以異於先秦時之諸侯。則封建之制，有殘留於郡縣之時。——可知郡縣之制，特先秦封建殘迹之延長之漸變焉。（刺史郡守殺人不待奏條）

亭林文集（卷一封建論）云：『蓋自漢以下之人，莫不謂秦以孤立而亡。不知秦之亡，不封建亡，封建亦亡。而封建之廢，固由於周衰之時，而不始於秦也。封建之廢，非一日之故也。雖聖人起，亦將變而為郡縣矣。』可謂一語中的。（顧氏春秋大事表（七）云『三代之郡邑，卽後世之郡縣之制，而三代之封建，其國之大者，僅如今之縣，而春秋中葉強兼弱削，列國已來為郡縣，初不始於秦也。必謂郡縣出於李斯之議，不如湯武之封建，此儒者之迂論也』意同）

夫中古文化史上之大事，非曰皇權之隆重耶？然此匪始於中古也。

張端義貴耳集（卷中頁二十七津逮祕書本）云：『堯曰咨爾舜，天之歷數在爾躬。……舍此別無他語。為之傳，則曰有典有則，貽厥子孫。商書則曰垂裕後昆，啓迪後人。周書則曰欲至於萬年，惟王子子孫孫永保民，啓佑我後人。……吁，堯舜之世，未有一語及子孫。則知天下乃天下之公器，天下共之；三代以後，子孫之念重。』可知皇權之重，其來有自。秦皇帝之縱肆，初未足異。卽趙威后之向齊使：『「歲亦無恙耶，民亦無恙耶，王亦無恙耶？」使者不悅曰：「……豈先賤而後尊貴者乎？」威后曰：「不然。苟無歲，何有民？苟無民，何有君？故有舍問本而問末者耶？」乃進而問之曰：齊有於陵子仲，尚存乎？是其為人也，上不臣於王，胡為至今不殺乎？』（國策四齊策）蓋雖強詞自解：以民為主，而以君為賓，然已標不臣之懲。則知皇權之重，端不起於中古之秦。惟至秦及秦已後，而益見有皇權加重之趨向耳。

如秦嘗收天下兵器，然管子國準篇，已有殺人之玉，諸侯無牛馬之牢，不利其器之語。卽在漢武帝亦欲禁民不得挾弓弩，（漢書六十四吾丘壽王傳）漢以後益見有此等事。（詳日知錄十二禁兵器條）

中古史開始時之秦，其妄自尊大，如朱子則詆其自稱皇帝：『黃仁卿問：自秦始皇變法之後，後世人君，皆不能易之；何也？曰：「秦之法盡，是尊君卑臣之法，所以後世不肯變。且如三皇稱皇，五帝稱帝，秦則兼皇帝之號；只此。一事，後世如何肯變？」』朱子語類卷一百三十四『然秦僅稱皇帝耳。至北周宣帝，則每對臣下，自稱爲天，自比上帝。又不聽人有高者大者之稱。諸姓高者改爲姜，……官稱名位，凡謂上及大者，改爲長，有天者，亦改之，』北史卷十周本紀 封演云：『秦漢以來，天子但稱皇帝，無其他徽號也。天子之有徽號，蓋始於唐。』封氏聞見記卷四畿輔叢書本 宋敏求以爲『尊號起於唐中宗，自稱應天神龍皇帝。後明皇自稱開元神武皇帝。陸贄嘗以諫德宗。』春明退朝錄卷中 可知皇權之重，秦承上古之遺，承上啓下，略有端兆而已。

師曰上古皇權，並不奇重。然此事於中古之前期仍可尋得，而以之證明上古文化之延長。其在上古史中，則『齊宣王出獵於社山，』而『閭邱先生不拜。』說苑卷說 騶衍『如燕，昭王擁篲先驅，請列弟子之座而受業。築碣石宮，身親往師之。』史記七十四騶衍傳 然暴雖如始皇，固能受茅焦之直言；猜忌如漢高，亦能聽樊噲之排闥。而『漢制丞相謁見天子，御座爲起，乘輿爲下。翟方進傳注 有疾，天子往問，同上 百官三日一問起居。朝廷遣中使太醫高手膳羞絡繹；及瘳，視事，尚書令若光祿大夫賜以牛酒上尊；太平御覽引漢官儀 薨，則車駕往弔，贈棺斂具，賜錢葬地，葬日百官咸會。』陳樹鏞漢官答問卷一振綺堂叢書本 ——則知上古時，君之與臣，相去一間，中古時，未能純然變之焉。

通鑑卷六 載秦皇遷太后殺嫪毐後，茅焦諫曰：『陛下有狂悖之行，不自知耶？車裂假父，囊撲二弟，遷母於雍，殘殺諫士，桀紂之行，不至於是矣。』始皇起下殿，手自接之曰：「先生起，就衣。今願受教，」乃爵之上卿。』先師洪允祥曰：『漢興以後，論事者每以秦爲喻；故始皇爲後世所詬厲，甚於桀紂。觀於文信侯遷蜀，聽茅焦之諫，始皇固猶有人心者哉？』國風三卷十一期洪著讀史隨筆 實則始皇承六國之君，輒自菲薄之遺，正如漢高祖病臥禁中而『樊噲排闥直入』；史記九十五噲傳文帝幸愼夫人，而『袁盎引卻愼夫人坐』。史記一〇一盎傳賈生召對，而『文帝前席』。史記八十四賈生傳具見秦漢之際皇帝之肯屈尊紆貴，猶仍古代之風。故周煇淸波別志卷下頁十八知不足齋本謂呂后側耳聽周昌之爭辯，田延年更衣，楊敞夫人出見。『以母后之尊，致踞謝臣下，內外淆雜，略不爲嫌。漢眞有太古之風』焉。

又豈但漢時有皇權倘輕之太古遺風。三國之時，劉楨猶平視甄后。魏志卷二十一裴注而晉時王導又嘗與元帝『升御牀共坐』，成帝『幼冲見導每拜，又嘗與導書手詔則云惶恐』。晉書六十五導傳呂覽貴公篇云：『天下者天下人之天下』；而段灼之告晉武帝猶言『天下者蓋亦天下之天下，非一人之天下也』。晉書四十八灼傳——上古思想之延長可知。

如以民生經濟言之，則亦可徵中古文化爲上古文化之延長。史記稱蕭何『彊買民田』，史記五十三何世家漢書稱貢禹應元帝之徵，自言『有田百三十畝，陛下過意徵臣，臣賣田百畝以供車馬』。漢書七十二貢禹傳而張禹家以田爲業，及富貴，多買田至四百頃，皆涇渭灌溉，極膏腴上賈』。漢書八十一張禹傳——此皆土地私有豪富兼併之史實，而在上古史中中牟之人賣田圃，蘇秦思爲洛陽地主，已略現於先矣。

韓非之外儲說：『王登爲中牟令，上言於襄王曰：「中牟有士曰章胥己者，其身甚修，其學甚博，君何不舉之？」王登一日而見二中大夫，予之田宅。中牟之人棄其田耘，賣宅圃而隨文學者半。』是土地之私有賣買，不始於中古也。蘇秦宦達後，喟然歎曰：『使我洛陽有負郭田二頃，吾豈能佩六國相印乎？』史記六十九秦傳是地主階級之安樂偸肆，非始於中古也。

卽以風俗人情而言，其生於上古者，蓋仍有見於中古者。論語稱孔子『鄉人儺，朝服而立於阼階。』儺者逐疫之儀也。其在東漢，仍存此風：『先臘一日大儺，謂之逐疫。其儀選中黃門子弟年十歲以上，十二以下，百二十人為侲子……黃門令奏曰：「侲子備，請逐疫。」……』（後漢書卷十五禮儀志）其在北齊，則『季冬晦，選樂人子弟十歲以上，十二歲以下，為侲子，合二百四十人，……以逐惡鬼於禁中。其日戊夜三唱，開諸里門，儺者各集，被服儀仗以待事。』（隋書卷八禮儀志）謝肇淛五雜俎（卷二）『儺以驅疫，古人最重之。沿漢至唐，宮禁皆行之。王建詩：「金吾除夜進儺名，畫袴朱衣四隊行」是也。今卽民間，亦無此戲，但畫鍾馗與爆竹耳。』則風俗之存於上古者，蓋有沿襲於中古之時。

他如男女在社會中之位置，越語（國語二〇）謂句踐獎民生殖，男女同賞，然韓非子（六反篇）已述溺女之俗。而趙人之送其女，亦以必使勿返為言。（趙策三）因此則知女子之系於夫族，上古之季已然，更不必論。抱朴子（疾謬篇）載世俗戲婦之法，為古代掠奪為婚，慶功讌宴之遺也。又如女慕貞潔，案宋伯姬持『婦人夜出不見傅母不下堂』之訓，卒逮於火而死。（公羊傳襄三十年）則知秦本紀會稽刻石『有子而嫁，倍死不貞。防隔內外，禁止淫佚，男女絜誠，夫為寄豭，殺之無罪，男秉義程，妻為逃嫁，子不得母。』（史記卷六秦本紀）固前有所承，非始皇之作古。然『古者婦節，似不甚重，故其言曰：「人盡夫也，父一而已。」（左傳桓十五年祭仲妻告其女之語）展禽以國君之女，朝事其弟，夕事其兄，竊奔狐綏之行，見於大邦之主，而恬不為恥。聖人制禮，本於人情；婦之事夫，視子之事父，臣之事君，原自有間。』（謝在杭五雜俎卷八）其在孔氏，亦『三世不喪出母。』（檀弓）而中古之時，帝室公主，不卹再醮。蔚宗作後漢書，亦著錄三嫁其夫，狎生胡子之蔡琰。（後漢書卷一百十四董祀妻傳）用知面首三十人，男左右三十人，雖六代人之淫佚，得無上古婦節，似不甚重之遺耶？

後漢書卷五十六宋宏傳『帝（光武）姊湖陽公主新寡，帝與共論朝臣，微觀其意。主曰：宋公威容德器，羣臣莫及。』是當時不以再嫁爲諱至如山陰公主之語宋前廢帝『妾與陛下，雖男女有殊，俱託體先帝。陛下六宮萬數，而妾惟駙馬一人，事不均平，一何至此。帝乃爲主置面首三十人。』宋書卷七鬱林王亦爲皇太后『置男左右三十人。』南史卷十一后妃傳此雖六代之漫佚，要亦得視爲古者婦節似不甚重之延長也。

卽漢初布衣將相之局，『漢禮諸臣，惟張良出身最貴，韓相之子也。其次則張蒼，秦御史；叔孫通，秦待詔博士。其次，則蕭何沛主吏椽，申屠嘉，材官，其餘陳平王陵等皆白衣；樊噲則屠狗者，周勃則給喪事者，灌嬰則販繒者，陸敬則挽車者。一時人材皆出其中；雖曰：「爲天地一大變局，」然七國之時，「其勢已不得不變。」「先從在下者起，」遊說則蘇秦張儀徒步而爲相，征戰則孫臏白起白身而爲將。此巳開後世布衣將相之例。』錄廿二史劄記卷二布衣將相之局條

卽以學術思想言之，說者每謂自秦焚書自漢崇儒之後，先秦古學因多隱滅。然漢文主張薄喪謂『當今之時，世咸嘉生而惡死，厚葬以破業，重服以傷生，吾甚不取。』史記卷十文紀則猶是墨教之遺。『漢興，董仲舒治公羊春秋，始推陰陽爲儒者宗。宣元之後，劉向治穀梁，數其禍福，傳以洪範。』廿二史劄記卷二漢儒言災異條而徐防翟方進等，以災異罷免，以災異自殺。廿二史劄記卷二災異策免三公條則猶是上世陰陽災異之遺。史記卷一百二十一儒林傳稱：『然孝文帝本好刑名之言；及至孝景，不任儒者，而竇太后又好黃老之術。』而司馬談論六家要旨，謂儒者『其事難盡從，』謂道則『乃合大道，混混冥冥；光耀天下，復返無名。』史記卷百三十太史公自敘則莊生老聃之說，又何嘗不延長於中古乎？至於法家思想之存於中古，則更顯矣。

戰國之時，刑戮甚嚴。參看拙作秦始皇評第三節金陵學報一卷頁三〇七——八漢高帝號稱滅刑，然史記傳酷吏，漢人又多以言語獲罪。詳洪

（容齋四筆卷十三）而漢元帝侍宣帝，『從容言陛下持刑太深，宜用儒生。宣帝作色曰：「漢家自有制度，本以霸王道雜之，奈何純任德教，用周政乎？」』（漢書卷九元紀）此正宣帝由衷之言，而秦隋重法之惡未足異也。（參看容齋續筆卷五秦隋之惡條）

由此觀之，雖曰：『自秦統一之後，令讀中古史者之耳目一新。』然以政制、刑法、風俗、社會、民生、經濟、學術、刑法而論，具可徵中古文化爲上古文化之延長，而非突變於秦，守成於漢，因以便史家之劃分時代者焉。

二　中古文化之特色

雖然中國中古文化，若與上古文化比擬，就其大體言之，則顯有與上古不同者。

蓋自秦以迄五季，其顯著之史實，厥爲文化所披及之地區之擴大。

周世中國地，據容齋隨筆（卷五）言：『其中國者，獨晉、衛、齊、魯、宋、鄭、陳、許而已。通不過數十州，蓋於天下（指宋天下）特五分之耳。』秦併中國，漢繼經營，『西漢之世，郡國一百有三，縣邑千三百有十四，道三十二，侯國二百四十一。左東海，右渠搜，前番禺，後陶塗，東西九千三百二里，南北萬三千三百六十八里，可謂盛矣。』（讀史方輿紀要卷二）故秦漢二字，在異國人視之，權威至大。『今之夷狄，謂中國爲漢者，蓋有說焉。西域傳（漢書九六）載武帝輪臺詔曰：「匈奴縛我馬前後足，言秦人，我匄若馬。」注「謂州中國人爲秦人，習故言也。」故今夷狄謂中國爲漢，亦由是也。』（馬永卿嬾眞子錄卷一）嗣後雖有五胡亂華之役，然華化所披，初不以漢族之銷沉而阻抑。自彼以至李唐，則幅員更廣，葉昌熾語石所謂『近俄人常於回紇、突厥故都，訪得唐人紀功碑，』（卷二）具證中古史之有漢唐，眞能爲中古文化生色非少者矣。

漢代拓土之盛，兩都賦所謂：『彊榦弱枝，隆上都而觀萬國。封畿之內，厥土千里，卓犖諸夏，兼其所有。』（後漢書七十班固傳燕然山勒石所謂『恢拓境宇，振大漢之天聲』後漢五十三竇憲傳已足表其一二。其在於唐，則劉昫稱之曰：『北殄突厥頡利，西定高昌，北踰陰山，西抵六漠。其地東極海，西至焉耆，南盡林州南境，北接薛延陀界。凡東西九千五百一十里，南北萬六千九百一十八里，高宗時平高麗百濟，遼海以東皆爲州郡。』唐書三十八地理志如此國威，何時可再令人與感矣？

卽以地圖言之，周禮已有司險掌九州之圖，大司徒『掌建邦之土地之圖，與其人民之數』等語。然周禮實不足置信。其在於漢，則確有地圖。史繩祖云『世言輿地圖，皆謂始於漢光武披閱地圖，而不知前漢淮南王安傳，已有按輿地圖之語。』學齋佔嗶卷一是地圖學始於中古之初。及至中古之中，則裴秀作禹貢地域圖十八篇，『其序曰，制圖之體有六焉。一曰分率，所以辨廣輪之度也；二曰準望，所以正彼此之體也；三曰道里，所以定所由之數也；四曰高下，五曰方邪，六曰迂直，此三者各因地而制宜，所以校夷險之異也。』見晉書三五裴秀傳參看禹貢錐指卷一案宋書八五謝莊傳亦傳莊作左傳方丈圖此由地圖學之進步，而徵地域觀念之擴大也。

中古文化史所及之時間，自秦以迄五代，前二二一年至九六〇年闊時固不及上古之長。然中國文化沾溉之區，固較上古爲廣，卽受其熏陶者亦較上古爲多。易言之，則民族成分較前更複。如漢之金日磾，晉之段匹磾，固爲顯著之華化的胡人，及五胡亂華之時，則劉元海『習毛詩京氏易馬氏尙書，尤好春秋左氏傳孫吳兵法，略皆誦之，史漢諸子，無不綜覽。嘗謂同門生曰「吾每觀書傳，每鄙隨陸無武，絳灌無文。」』晉書二百一元海載記子劉和亦『好學夙成，習毛詩左氏春秋鄭氏易。』晉書百一劉聰亦『究通經史，兼綜百家之言。』同上石勒『雅好文學，雖在軍旅，常令儒生讀史書而聽之。嘗使人讀漢書……』晉書百五勒載記此皆異族人士沐浴華化之證也。更無論後魏孝文帝之蓄意變法矣。

楊衒之洛陽伽藍記卷一云：『伊雒之間，有四夷館，……樂中國土風，因而宅者不可勝數，是以附化之民，萬有餘家。』隋書稱王世充爲胡人。通鑑卷一八一稱其本姓支氏，父收，幼從其母嫁王氏，因冒其姓。而李唐氏族，據最近各家考證；馮承鈞唐代華化蕃胡考女師大學術季刊一卷四期劉盼遂李唐爲蕃姓考歷史語言研究所紀念論文集陳寅恪李唐氏族之推測出於蕃姓，亦似有可信。更足明中古時，自晉至唐，民族成分之繁複矣。

卽如新宗教之加入，固亦爲中古文化生色者。

姑不論回教，言佛教。佛教自漢時傳入中國。具詳本卷第一五節其有影響於中古文化者，初不待宋元理學而見：『朱世英言：予昔從文公於定林數夕，聞所未聞。……嘗……曰成周三代之際，聖賢多生吾儒中；兩漢以下，聖人多生佛中。』釋惠洪冷齋夜話卷十其人與東坡同時『李屏山平日喜佛學，嘗曰：中國之書不及也。又曰：學至於佛，則無所學。』劉祁歸潛志卷九此猶謂佛教之侵入於中國哲學之範圍。若以通常事物之在民間者覘之，則知佛教之爲新宗教，眞中古史中之驕子矣。後漢書卷一〇三陶謙傳載：『大起浮屠寺，上累金盤，下爲重樓。又堂閣周回，可容三千餘人。作黃金塗像，衣以錦綵。』晉恭帝亦『鑄貨千萬，造丈六金像，親於瓦官寺迎之。』晉書卷十當其爲劉裕所弒，將進藥酒，猶惕惕於『佛教自殺者不復得人身。』通鑑一一九南齊江泌『衣敝，恐虱飢死，乃復取置衣中。遇鮭，不忍食。食菜不食心，以其有生意焉。』南齊書五十五泌傳豈曰六代人之闇愚，蓋亦新宗教之撼振人心者甚焉。至於唐代之迎佛骨，如代宗之迎萬佛山，詳蘇鶚杜陽雜編卷上頁四至五稗海本憲宗之迎佛骨，新唐書韓愈傳困學紀聞卷十四懿宗之迎佛骨：杜陽雜編卷下頁四至五『時有軍卒斷左臂於佛前，以手執之，一步一禮，血流灑地。至於肘行膝步，齧指截髮，不可勝數。』則知佛教之入人深矣。

以故中古文化史中嘗產生新學術及新生活。

今世之人標舉國樂，輒推琵琶而不知推手爲琵卻手琶正外族之遺。昭槤謂：『自隋時以龜茲樂入於燕曲，致使古音湮沒而番樂橫行。故琵琶樂器，爲今樂之祖。』嘯亭雜錄卷八 此以樂器言之，外此，則隋開皇中『顏之推上言：禮壞樂崩，其來自久。今太常雅樂，並用胡聲。』隋書音樂志 此則音樂在中世之創革也。

音樂固隨世而變。故『六國之時，魏文侯最爲好古，而謂子夏曰：「寡人聽古樂則欲寐，及聞鄭衛，余不知倦焉，」子夏辭而辨之。』漢書二十二禮樂志參禮記樂記 然此漸變之古樂，至五胡亂華時而益隊失。如後魏道武帝『得晉樂器，不知采用，皆委棄之。』隋書音樂志 降及隋初，無怪顏之推之慨然言之。及唐中葉，胡人南侵，而音樂益受胡化。元稹長慶集卷三十四 法曲云：『自從胡騎起烟塵，毛毳腥羶滿咸洛。女爲胡婦學胡妝，使進胡音務胡樂。』全唐詩第五函第五册 載王建涼州行云：「城頭山鷄鳴角角，洛陽家家學胡樂。」則又一劇變矣。

又如近世好言音韻，而不知反切四聲之學，固亦由西域傳入者。

反切起於孫炎，四聲定於沈約陸厥，蓋亦由西域之教。顧炎武云：『漢以前未有反切之學，許氏說文，鄭氏箋注，但曰讀若某而已。其於後世四聲七音，又豈能盡合哉？反切之學自西域入中國，至齊梁盛行，然後聲病之說詳焉。』音論卷一 例如左傳有寺人披，僖二十四年 而史記卷三九晉世家 作『宦者履鞮。』國語晉語第十 作寺人勃鞮。說詳俞正燮癸巳類稿卷七 反切證義參本卷二十七節 此正反切之祖。然反切之學正式成立，則有待於中世時西域之傳入也。即如四聲之別，雖古人已有長言短言之別。如顧炎武謂：『平上去入之名，漢時未有。然公羊莊二十八年 傳曰：春秋伐者爲客，伐者爲主，何休注：於「伐者爲客」下曰伐人者爲客，讀代長言之，齊人語也。「於伐者爲主」下曰見伐者爲主，讀伐短言之，齊人語也長言則今之平上去聲也，短言則今之入聲也。』（音論「古人四聲一貫條」）長言短言，起於漢世，然而四聲之起於齊梁，則固不能不謂中古史上之大發現矣。

音韻之外，則又有藝術之受外來之影響者。如造像是也。

今世造像之古者，如南之攝山石象，北之雲岡石窟，蓋皆始於六代。清趙紹祖古墨齋金石跋（卷二）跋北魏李仲琁修孔子廟碑（成於興和三年）『其文有云乃命工人修建容象。又云所以雕塑十子，奉進儒冠，似夫子廟本自有像而十哲則仲琁剏置之也。自佛入中國始有像設，吾儕祇作主而已。今乃舉西域之法施於聖人之門，此自不學之過，而特未可以為仲琁責也！』然則中古之新宗教，固有以影響中古之藝術矣。

左春谷曰：『像設不自後世始也。后稷廟所鑄金人，見於周語，（登原案：史記秦始皇本紀亦有鑄金人十二之語）越王命工，以良金寫范蠡之狀，見於國語。土偶人與桃梗相語之說，見於國策。是塑像木像金像，漢以前皆有之。至夫子有畫像，其來已久。漢文翁石室圖，有孔子及七十二弟子像。隸釋有孔子見老子畫像，韓勑修孔廟後碑有改畫聖像之語。而塑像則不知所始。是碑之修建容像，亦不自仲琁始也。明張璁令天下學宮，盡撤塑像，而國朝邵長蘅有復孔聖像議，亦未見其言之非也。』（同上）案以像設懷眷過去，如漢武帝『使黃門畫周公負成王朝諸侯以賜光』，（漢書六八霍光傳）而明帝亦『圖畫建武中名臣列將於雲臺』，（後漢書五十四馬援傳）迭見於史。惟究為不甚通俗經見之事。故葉昌熾謂『造像莫先於元魏，』（語石）金石萃編謂『造像立碑，始於北魏，』其言亦大致不謬也。

藝術之外，則又有文學，蓋亦受外來之影響矣。

文學之首受熏炙者，則基於六朝之譯經。以及爾時高僧之改易文氣。故文風丕變，同異於過昔之漸變。如支道林通莊子漁父，『先作七百餘語，敍致精麗，才藻奇拔，衆咸稱善。』世說文學篇 則乃屬於後者；蓋當時文人，服於高僧之才調也。又如寶雲『以晉隆安之初，遠適西域。……偏學梵書，天竺諸國，音字詁訓，悉皆備解，晚出諸經，多雲所治定，爲衆信服。』高僧傳 而今世所傳古詩，如焦仲卿妻等篇，學者多謂其受六代譯經之熏炙，則乃屬於前者。其在唐代，則文學之受外來影響，蓋益明矣。

中古史上之唐代，文化所披及之地域益廣，民族成分，亦較前更複，而文學之受地廣人雜之熏炙益明。王建涼州行云云，元稹長慶集二十四 法曲云云。此則言歌詞受外來影響也。更具體言之，唐人霓裳羽衣之曲，王灼曰：『蔡條詩話云：……龜茲國王與臣庶和樂者，於大山間聽風水聲，均節成音。翻入中國。如伊州甘州涼州，皆自龜茲致。此說近之。』碧雞漫志卷三知不足齋本 則亦受異族影響者也。又如菩薩蠻之曲，據錢希白南部新書：『（蘇鶚）杜陽雜編云：大中初，女蠻國入貢，危髻金冠，纓絡被體，號菩薩蠻隊，遂制此曲。當時倡優李可及，作菩薩蠻舞，文人亦往往聲其詞。』碧雞漫志卷五頁四 又如蘇幕遮之曲，慧琳一切經音義卷四十 云：『蘇幕遮西戎胡語也。……此戲本出西龜茲國，至今猶有此曲。』王世貞亦謂：『蘇幕遮，胡服也，一曰高昌女子所戴油帽。』弇州山人稿卷一百六十 可知文詞之受外人影炙，初不待宋元戲曲而已然矣。

昔西漢之初，漢使者自安息得苜蓿蒲陶歸，於以釀酒，於以牧馬。史記大宛傳 苜蓿之爲利也，今江南猶受其賜。今以文學藝術音樂聲韻言之，更知中國在中古時，因文化之昌披，因人種之歧雜，域外之交通既繁，殊國之文明斯入。國內之統一既成，對外之疆域斯拓，——此蓋置諸上古史中而罕其例，置諸近世史中而徙與人以惆悵者也。

第三章　郡縣制度與天下爲私

三　天下爲私之表現於郡縣制度者

置諸上古史中而罕見其匹者，則帝皇之天下爲私是也。

帝皇之天下爲私固非始於中古者。（參看第一節引貴耳集）然及中古之秦而此風彌張，後世遵守，此風愈烈。朱子語類所謂，尊君卑臣，『後世如何肯變？』（朱子語類卷一三四）方苞所謂『秦用天下之恣睢而專自慊於上，秦皇帝縱觀，高帝曰「大丈夫當如是矣」。及叔孫通定朝儀，乃曰吾今而知皇帝之貴，則其所見去秦皇帝蓋一間耳。』（方望溪集卷三漢高帝論）可知秦雖首惡，而天下爲私之政治，秦以後益有甚焉。故唐坰謂宋神宗『秦二世制於趙高，乃失之弱，非失之強。』（宋史三二七）

秦以天下爲私產，故始皇曰『朕爲始皇帝，後世以世計，二世三世至千萬世，傳之無窮。』（史記六始皇紀）項籍於始皇渡浙江，謂兄梁曰：『彼可取而代也。』（史記七項羽紀）蕭何之告漢高『天子以四海爲家，非壯麗無以重威。』卽異日漢高之語其父：『始大人嘗以臣無賴，不能治產業，不如仲力。今某之業所就，孰與仲多？』（俱見史記八高祖紀）叔孫通爲制朝儀。『高帝曰：吾乃今日知爲皇帝之貴也。』（史記九十九叔孫通傳）王安石臨川集（卷九叔孫通詩）云：『先生秦博士，秦禮頗能熟。量主欲有爲，兩生皆不欲。草具一王儀，羣豪果知肅。黃金旣徧賜，短衣亦已續。儒術從此凋，何爲返初服！』然歸咎叔孫通，無寧歸咎於天下爲私之積勢。漢宣帝時，蓋寬饒以語五帝官天下，三王家天下得罪。（漢書七十七寬饒傳）異日唐高祖嘗告太宗『今日破家亡軀亦由汝，化家爲國亦由汝矣。』（通鑑卷一八三卽如明太祖，據謝肇淛五雜俎卷六頁三云：『相傳太祖既定天下，募有與己同祿命者，得江陰一人，召至，將殺之。既見一野叟耳，問何以為生？曰：惟養蜂十三籠，取其蜜以自給。太祖笑曰：朕以十三布政司為籠蜂乎？』以民為蜂，則知天子以四海為家，秦以後此念益重。

以此天下為私為主張，則有恐民之反綢密加壓之統治。如『分天下為三十六郡，郡置守尉監，更名民曰黔首，大酺，收天下兵，聚之咸陽，銷以為鍾鐻，金人十二。』始皇本紀 考恐民欲反，禁蓄武裝之令，如隋煬帝『制民間鐵叉搭鉤攢刃之屬，皆禁之。』通鑑卷一八一 唐中宗時，亦議禁嶺南兵器。新唐書卷百鄭惟忠傳 而日知錄卷十二 又稱載秦漢已來「禁兵器」之事，似始皇不得專其醜。卽裂天下為郡縣，直統於中央，蓋亦戰國以來之趨勢致然。所以便專制者之統治焉。戰國之時，卽以信陵君之掌政於魏，而不能號令安陵君，僅怒作而云：『安陵之地，亦猶魏也！』詳通鑑六 則天下為私者，能勿改為郡縣之制乎？『古者疆域未定，聲教未通，各君其國，各子其民，雖不欲封建，而封建之勢已定。……至戰國七雄併吞，而生民之禍極矣。其勢雖欲復封建，而封建之勢不可久，是以秦人乘便因勢，混一天下而郡縣之，封建之變為郡縣，其勢不得不然。』大義覺迷錄卷二『天下共苦戰鬬不休，以有侯王，』則以天下為私者，能勿改為郡縣之制乎？

然此僅指橫的封建言之，若夫縱的封建，秦未能銷也。楚無宇所謂：『天有十日，人有十等，王臣公……』。考禮記射義亦曰：『以賤事貴，有十等焉，像天之有十日。』楊慎謂：『十日十等，古有此說，故左傳禮記，互見之。然不知其所當何義。或謂日中當王，雞鳴當士，夜半當皁人，定當輿。』丹鉛總錄卷十二 則君主與庶人之間，固有封建可尋。如樊噲亦壯士，然於高祖卽位後，其語韓信，猶曰：『大王乃肯臨臣！』史記九十九淮陰傳 司馬光亦謂：

『昔者聖王……知齊民之莫能相治也，故置師長以正之。知羣臣之莫敢相使也，故建諸侯以制之，知列國之莫能相服也，故立天子以統之。』（通鑑卷二四四）惟韓信式之「大王，」及羣臣之臣視齊民，究非天下爲私者所樂，有故一一剷除。後世僅餘下級吏胥，介於君民之間。『葉正則（適）之言曰：今天下官無封建，而吏有封建。州縣之敝，吏胥竊穴其中，父以是傳之子，兄以是傳之弟，以擊州縣之權。』（亭林文集卷一郡縣論八）吏胥之治，蓋縱的封建之殘骸也。

蓋上古之封建，猶諸後世之土司。秦之毀封建以爲郡縣，猶諸改土歸流。（語詳劉獻庭廣陽雜記卷四）故滅人之國，立郡置縣，非始於秦。（語詳日知錄卷二十二郡縣條）卽以秦而論，孝公十三年，廢小鄉邑爲縣。惠文王十三年，取楚地爲漢中郡，此則始皇卽位以前也。（以上見秦本紀）秦滅趙，以其地爲郡。（史記趙世家）始皇二十六年，置郡三十六。此則始皇平天下之時也。始皇三十六年，置桂林南海象郡。（始皇本紀）東越傳（史記一一四）秦既併天下，以其地爲閩中郡，此則秦平天下之後也。改土爲流，事出諸漸，罷侯置縣，亦非突然也。

以上郡縣建置，根據劉師培秦四十郡縣考（國粹學報四十九期地理篇）宋東坡集（卷六）封建云：『周衰，諸侯衆併，齊晉秦楚，皆千餘里。其勢足以建侯樹屏，至於七國稱王，行天子之事，然終不封諸侯，以晉六卿，齊田氏爲戎久矣。世之畏諸侯之禍也，非獨始皇李斯知之，秦王既併天下，分郡置守，理固當然。如冬裘夏葛，時之所宜，非一人之私智獨見也。』事出有漸，其意正同。

且也，秦立郡縣，雖發於天下爲私之私念，然以較後世，尚有「私」不到頭之處。其一，則綱紀未繁。『秦分天下爲三十六郡，漢分爲十三部，一部六郡。』（五雜俎卷三）晉則爲一七三郡，唐爲二九三州，宋有府州軍三二一，元有路一八五府三一，州三五九，軍四。明有府一四〇，州一九三，（方輿紀要卷一至七）愈分愈析而愈細，故葉適慨乎言之：『秦分三十六郡，大於諸侯數十百倍，綱目未繁，粗得體統。漢稍分至百餘，猶不害其爲疏繁。北齊隋唐益以釐析，至今（南宋）愈甚。長吏削弱，代易促遽，天下之貴聚於一人。德不能化，力不能給，而吏胥制其命。』（習學紀言序目卷四十）其二，則集權未甚。秦制雖不可考，然漢制固規摹秦例者。『漢郡極大，又屬吏皆所自除，故其勢炎炎，非後世比。只此會稽郡考之，吳卽蘇州，烏傷卽婺州，毗陵卽常州，山陰卽越州，檇李秀州也，烏程湖州也，餘杭杭州也，鄞明州也。以今考之，今浙東西之地乃合一郡爾。宜乎朱買臣爲之氣勢赫赫如此。』（馬永卿嬾眞子錄卷三頁十八）陔餘叢考又載漢刺史殺人不待奏聞，又得專辟其屬之權。（見卷十六）——若謂漢制有似於秦制者，則知秦雖以天下爲私，而頒郡縣之制，然於地方政權之剝奪，尙不如後世之甚。及至中古之中葉，則隋劉炫所謂：『往者州縣唯置綱紀，郡置令丞，縣置守而已。其餘具僚，則長官自辟，受詔赴任，每州不過數十。今則不然，大小之官，悉由吏部，纖芥之迹，皆屬考功。』（隋書七十五劉炫傳）凡斯二者，讀史者往往推爲秦之郡縣制度之長，然實則法度初立，事近草創，非不欲滅郡縣之地，非不欲削地方之權，直慮不及此，而有待於後世之以天下爲私者之修訂潤色，網益加密耳。——此足徵秦之天下爲私，其涂未周，不背歷史之演進者也。

考漢制實襲秦制，故以漢證秦也。司馬遷云：『學者牽於所聞，見秦帝在位日淺，不察其終始，因舉而笑之，不敢道。此與耳食無以異，悲夫。』（史記卷十五六國表）是司馬氏以秦爲有影響於後來也。揚雄云：『漢祖帝天下，秦餘制度，雖違古而猶繼之。』（劇秦美新）是雄謂漢制踵襲秦制也。叔孫通云：『五帝異樂，三王不同禮……故夏殷周之禮所因損益可知者，謂不相復也。臣願頗採古禮與秦儀雜就之。』（史記九十九通傳）是通願漢制之襲秦也。賈生告文帝：謂『爲官名，悉更秦之法，』（史記八十四誼傳）是誼咎漢因秦制也。班固曰：『自周衰官失，而百職亂。戰國並爭，各變異。秦兼天下，建皇帝之號，立百官之職，漢因循而不革。』（漢書十九上百官表敘）是固知漢制出秦制也。

秦之郡縣之制，有此兩美，足爲秦譽。且以時世而言『唐虞三代，必能不害其爲封建，而後王道行。秦漢魏晉隋唐．必不能不害其爲郡縣，而後霸政舉。』（水心集卷三法度總論一）馬端臨評爲『必欲易之，則書生不識變之論。』（通考卷二六五）張燧謂：『至於周衰，人心未離，而諸侯先畔，謂非封建之弊乎？』（千百年眼卷一）顧炎武謂：『秦雖欲復古之制，一一而封之，亦有所不能。』（日知錄卷二二）王夫之謂：『分之爲郡，分之爲縣，俾才可長民者，皆居民上，亦何爲而非天下之公？』（讀通鑑論卷一）蓋因時度勢，則郡縣之制實佳；立法誅心，則自私之罪難逭，亦不易之定論已。

晨報（二十三年七月四日）載蔣中正言現行制度之通病云：『頭輕脚重，基礎不固。論組織則省龐大而縣縮小論經費，則省極大而縣極微。伴食高官之人員太多，深入民間之人員太少。』以視於秦漢時郡縣初創，後世自不及也。

四　天下爲私之制作

然秦以天下爲私，尚不限表見於郡縣之制者。始皇本紀稱讁獄吏治長城，過秦論稱：『乃使蒙恬，北築長城，而守藩籬，卻匈奴七百餘里，胡人不敢南下而牧馬。士不敢彎弓而報怨。』此與『分天下以爲三十六郡，郡置守尉監，更名民曰黔首大酺。收天下兵，聚之咸陽，銷以爲鍾鐻。一法度，衡丈尺，車同軌，書同文字，』蓋同以天下爲私而然。而焚書坑儒不與。

考長城興築之背景，顧炎武以為『春秋之世，田有封洫，阡陌之間，一縱一橫，亦非戎車之利。至於戰國，井田始廢，而車變為騎，於是寇鈔易而防守難，不得已而有長城之築。』日知錄三十一長城條 按明季閔元衢歐餘漫筆卷八井田可禦虜條云：『今天下財用，南河北虜幾大半，三代以上，獨省此費者，亦以畫井分疆，縱橫溝洫，胡騎南下，難於長驅，玁狁陸梁，且不過至於涇陽而已。』亦有此說，其實虜患之亟，與造城之風氣，已足解釋長城，不必遠推井田之荒渺也。

戎患之深，起於西周之末，宣王前八二七至七八二之薄伐玁狁，至于太原，詩人美之，然已不過略己腹心之患。說詳日知錄卷三太原條 及至戰國，以李牧之良將，對於匈奴之寇鈔，不過『烽火謹，輒屬收保，不敢戰』史記八一李牧傳而已。故及始皇，覺懾於「亡秦者胡」之流言，史記始皇紀 可知始皇之武對於胡尚有戒心，則長城之由來一也。城相傳起於「鯀作城郭」，世本作篇 及至春秋之際，孔子墮強藩之城，而公斂處父有齊人將至於北門之懼。史記四十七孔子世家 是城之功效已見，下至戰國，則孟子稱『三里之城，七里之郭』，公孫丑下 又如石城十仞，湯池百步，帶甲百萬。漢書食貨志引為神農之教。 故顧氏春秋大事表卷三十八：列當時城築之表，移此防禦之方式於邊疆，則長城之由來二也。

長城，蓋起於戰國時相互之防禦，董悅曰『戰國之世，各有長城，秦昭王築長城以備邊，楚有長城，又有扞關以拒邊，趙肅侯築長城以拒邊，齊宣王乘山嶺之上築長城，東至海，西至滑州，以備楚，燕築長城，自造陽至襄平，置上谷漁陽右北平遼東以拒敵，魏之長城，自惠王築也。考竹書紀年，梁惠成王三十二年，龍賈帥師築長城於西邊。魏世家，惠王十九年，塞固陽城，自鄭濱洛以北，有上郡，當是時，秦數侵魏，而西戎義渠稱王，窺中國，故築長城焉。鹽鐵論曰：魏濱洛築長城，阻山帶河以保晉國。』七國考卷三頁一守山閣叢書本 又曰『泰山紀云：泰山西有長城，緣河經泰山，千餘里至瑯琊臺入海。國策蘇秦曰：長城鉅防以為塞。齊紀之齊宣王乘山嶺之上築長城，東至海，西至濟州，千餘里以備楚、括地志，西北起濟州平陰縣，緣河歷泰山城岡上，經淄州，卽西南兗州博城縣，東北至密州瑯琊臺入海。正義，長城西在濟州平陰縣界。竹書紀年，梁惠成王二十年，齊閔王築防以爲長城。郡縣志，故長城首起鄆州平陰縣北二十九里，齊湣王所築。外紀，威烈王十六年，王命韓趙伐齊，入長城，田世家，趙人歸我長城。在齊威王時，山東志，齊長城在諸城縣南四十里，跨安邱境，連亘蒙泰蕪萊，直至平陰，乃齊宣王所築，以禦楚寇者。』卷三頁十至十一——由以「禦楚寇」以「泰山西有長城」等語觀之，知長城雖爲防胡而設，蓋亦爲列國間之爾虞我詐故焉。第以世變推移，而興作更甚爾。

例如趙之長城，七國考以爲始於趙簡子，則與孔子同時：『括地志云：趙武靈王長城，在肅州善陽縣北。今案史記，趙肅侯七年築長城，及趙武靈王北略中山之地，至於房子，遂至代，北至無窮，西至河，登黃華之上，召樓緩曰：我先王因世之變，以長南藩之地，屬阻漳滏之險，立長城。是武靈王之前，巳有長城，疑括地志誤一字，當是武靈王修長城也。圖書記云：趙簡子築長城以備敵，則在肅侯之前矣。』卷三頁十八 由趙簡子之長城，以爲肅侯之長城，以爲武靈王之長城，讀史者可以覩世變矣。日知錄卷三十一長城條云：『史記蘇代傳，齊有長城鉅防，以爲塞。……蘇秦傳說魏襄王曰：西有長城之界，……後漢志，河南郡卷有長城，經陽武到密，此韓之長城也。水經注，盛弘之云：葉東界有故城，……一謂之長城，……此楚之長城也。……以此言之，中國多有長城，不但北邊也。』胡渭禹貢錐指卷五云：『管子云：長城之陽，魯也。長城之陰，齊也。是春秋時，已有長城矣。今案齊長城，絕泰山縣地千餘地，自平陰而東，歷肥城長清泰安萊蕪淄川沂水臨朐莒州，以訖於諸城，皆故址。』語證略同。

世變推移，長城偏重於北，在始皇未一天下前，則有秦之長城，（史記匈奴傳）魏之長城，（魏世家）趙之長城，（匈奴傳）燕之長城，（國策燕）秦皇一天下，『使蒙恬將十萬之衆北擊胡，悉收河南地，因河爲塞，築四十四縣城，臨河徙適戍以充之，而通直道，自九原至雲陽，因邊山險塹谿谷可繕者治之，起臨洮，至遼東萬餘里，此秦併天下之後所築之長城也。』（日知錄卷三十一）自此以來，歷代時有修治。如漢北魏北齊北周及隋，日知錄言之綦詳。卽至明季，戚繼光亦城蘇鎭。（五雜俎卷四）而清時長城『亦有幾處頗完好，似近日曾加以修理者。』（劉復乾隆英使覲見記卷中頁三）今遼瀋淪亡，長城已與敵共有，覽先民之締造，又不勝感慨係之矣。

案長城功罪，甚難定論。屈翁山過匡山詩：『一代遺民此恨長，中原無地作邊牆。可憐一代君臣骨，不在黃沙逐北鄉。』（國粹學報四十二期）此則以宋明之亡，而寄恨於無長城以限元清也。乾隆中，英使馬戞爾尼覲見，清臣阻其登城。（覲見記卷中頁九）明謝肇淛亦謂『秦始皇築長城，而令萬世無胡虜之患。馮道請鏤九經經板，而令萬世有書籍之樂。此兩人者，有大功於萬世。』（文海披沙卷六申報館聚珍本）又謂：『秦之長城，自榆關並河以東，屬之陰山，以今之長城計之，僅及其半。今九邊惟遼東不可城，而正當女直之衝。蘇鎭之城，則近時戚大將軍繼光所築，其固不可攻，虜至其下，輒引去。其有功於邊陲若此，而猶不免求全之毀，何怪書生據紙上之談，而輕詆嬴政也？』（五雜俎卷四）而檀道濟之見殺於劉裕，自歎曰『乃復壞汝萬里之長城。』（宋書四三）——此皆稱許長城之功者。至如王安石詩所云：『望夷宮中鹿爲馬，秦人半死長城下。』（臨川集卷四）故楊泉物理論云：『始皇使蒙恬築長城，死者相屬。民歌曰：生男愼勿舉，生女哺用餔。不見長城下，尸骸相支柱。其寃痛如此矣。蒙恬臨死曰：夫起臨洮，屬遼東，城塹萬餘里，不能不絕地脈，此故當死也。』（水經注卷三引）勞民詬始皇者，實繁有徒，可勿論也。

然秦之修築長城之動機，終起於子孫基業天下爲私之帝皇觀念。與其修理馳道之影響後世，均可謂自「有意栽花，」而至於「無心植柳」者。蓋秦固未嘗受栽花之賜，而國民則終受其植柳之惠也。馳道之築，始於始皇二十七年，『治馳道於天下。』（通鑑七）三十五年（前二一二）『使蒙恬治直道，道九原抵雲陽，塹山堙谷千八百里。』（同上）賈山追記其麗曰：『東窮燕齊，南極吳楚，江湖之上，瀕海之觀畢至。道廣五十步，三丈而樹。厚築其外，隱以金椎，樹以青松。』（漢書五十一）司馬遷親覩其盛曰：『塹山堙谷，通直道，固輕百民力矣。』（史記八十八蒙恬傳）此於民力固有損，然於國防及交通上，則甚非毫無影響者。覩後世之繼述可知矣。

漢時郡國有馳道，（史記一二六滑稽傳）張印爲漢中守，通褒斜道。（史記二九河渠書）司馬相如通巴蜀道千餘里。（史記三〇平準書）後漢書卷六十三鄭宏傳記鄭宏通零陵桂陽道。而隋煬帝大業元年，（六〇三）即開通濟渠之年，亦『發榆林北境自其牙東達於薊，長三千里，廣百步，舉國就役，開爲御道。』（通鑑一八〇）則秦之馳道，實啓其端者矣。

長城馳道而外，秦又爲統一文字之舉。此在秦爲張其大一統之威，而在後世則受益非淺。考瑯琊刻石，有器械一量，同書文字。（史記六始皇二十八年）良由『七國田疇異畝，車涂異軌，律令異法，言語異聲，文字異形。秦始皇初併天下，丞相李斯，乃奏同之。罷其不與秦文合者。』（說文敘）考周宣王時；『太史籀作大篆十五篇，與古文或異。』（同上）經六國之變異，得始皇之統一，而李斯作小篆，『小篆亦曰秦篆。始皇二十年，始併六國。斯時爲廷尉，乃奏罷不合秦文者，於是天下行之，畫若鐵石，字若飛動。作楷隸之祖，爲不易之法。』（張懷瓘書斷頁六藏修書屋本）小篆之外，程邈作隸書，『下邽人程邈，始爲衙縣獄吏。始皇幽縶雲陽獄中，覃思十年，益大小篆方圓而爲隸語三千字奏之。始皇善之，以爲隸人佐書，故曰隸書。』（書斷頁七）二書之體，式簡用弘，亦不朽之事業，而得爲始皇詡者焉。

李斯作小篆，見說文敍。隸書卽今之眞楷，今所謂隸書。古謂之八分。葉昌熾語石：『大小二篆生八分，八分生隸，兩晉六朝，由分變隸之時。』卷八 考隸書，非始於秦者，陔餘叢考卷十九甚詳言之 卽八分，亦非始於秦者；楊愼云：『水經注穀晉世河決，胡公石槨上有八分書。考其時蓋周也。又考莊子云：「丁子有尾」、李頤注曰：謂右行曲波爲尾。今丁子二字，雖左行，皆有曲波，亦是尾也。審如李說，八分不始於秦，是又一證也。』丹鉛總錄卷十八八分不始於秦條 朱新仲猗覺寮雜記卷下頁五三知不足齋本 云：『隸書，古今皆云程邈變古爲之。水經涿水注：王次仲變蒼頡舊文，爲今隸書。始皇以次仲所易字，簡便於事，三召不至。次仲履眞懷道，窮術數之美，（案水經注卷十三漯水 云：『王次仲，少有異志，年及弱冠，變蒼頡舊文爲今隸書。秦始皇時，官務繁多，以次仲所易文，簡便於事要，奇而召之。三徵不至，次仲履眞懷道，權術數之美。始皇怒其不恭，令檻車送之。次仲首發於道，化爲大鳥，出在車外，翻飛而去，』張懷瓘書斷頁六 引序仙記云：『王次仲，上谷人。少有異志，早年入學，屢有靈奇。年未弱冠，變蒼頡書爲今隸書。始皇時官務繁多，得次仲文簡略，赴急疾之用。遣使召之，三徵不至。始皇大怒，制檻車，送之於道，化爲大鳥，出在檻外，翻飛長引，至於西山，落二翮於山上，今爲大翮小翮山。』仙傳拾遺云：『王次仲，古之神仙也。當周末戰國之時，合從連横之際。居大夏小夏山。以爲世之篆文，功多用寡，難以速就。四海多事，筆札爲先。乃變篆籀爲隸書。始皇既定天下，以其功利於人，徵之入秦，不至。復命使召之，勅使者曰；「次仲一書生，而逆天子之命。如不起，當殺之。」……詔書至山，次仲化爲大鳥，振翼而飛。』舊小說乙集六 ——次仲之異說如斯。）則變隸不自程始，自王次仲始也。』考隸非始於秦，創造之者疑無主名，故水經注卷十六穀水 又引傅宏仁說：『臨淄人發古冢，得銅棺，前和外隱，言「齊太公六世孫胡公之柩。」』餘同今書，證知隸出於古，非出於秦。』閻百詩亦有此說。（詳杭世駿道古堂文集二十九閻若璩傳）正如陔餘叢考（卷二十一）之論草書：『晉書衛恆傳云「匆匆不暇草書。」……近代虞虹昇以爲草書乃起草耳。……此說甚新，然亦非也。章草雖起於漢時，而魏晉間體尚未備，習之者亦少。爲草書必經營結構，摹形揣勢而後成，故倍難於眞書也。』——蓋隸書之起爲一事，然決非一時卽可致用，一人卽可臻美者。求之於程王二人間，拘而陋矣。

秦之修築長城，謝肇淛稱之；其修築馳道，後世又不能廢；而其一文字之功，近世如王國維亦盛許其『秦併天下同一文字，於是篆隸行而古文籀文廢。』（說詳觀堂集林卷七上古卷二十八節已引）惜乎其建國不長，未能統一音韻。陳壽祺云：『齊人言殷如衣，（中庸鄭注）稱殺爲殪，（樂記注）謂蒙爲萌，（易序卦鄭注）謂得來曰登來。（公羊何注）秦人謂抗曰挑，（少牢饋食義注）謂搖曰猶。（檀弓注）周人謂顙曰申，（檀弓注）楚人謂陳曰陵。（檀弓注）齊魯謂姬曰居。（檀弓注）陳宋言桓如和。（漢書傳六十如淳注）周秦讀至爲實。（禮記雜記注）南陽名穿地曰竁。（周禮鄭注）秦人呼卷爲委，齊人呼卷爲武。（雜記註）』（左海文集卷二與王伯申書清經解本）——國策（秦五應侯曰秦人章）謂：『周人謂鼠未臘者朴。周人懷朴過鄭賈，曰：欲買朴乎？鄭賈曰：欲之。出其朴，乃鼠也。因謝不敢。』此等語言之不同，嚮使秦王能勒令同之，未始非一快事焉。

蘇東坡集卷四秦始皇論云：『今所謂大篆小篆，至秦而更以隸。貴其速成而從其易。是以天下簿書符檄，煩多猥委，而吏不能究其姦。如今世而仍用大小之篆書簡策，則雖繁多其勢無由。由此觀之，凡所以便利天下者，是開詐僞之端也。』因噎廢食，甚無謂。

五　統一思想

雖然，長城馳道，同書文字，罷侯置守，猶未能盡天下爲私之能事焉。

秦既以天下爲私，然六國餘民，固不甘服也。齊人哀王建之亡，（史記四六敬仲世家）楚人有楚雖三戶，亡秦必楚之詛。（史記七）齊人有松耶柏耶之歌，（史記四十六）陳勝有天下苦秦之怨。（史記四十八）此其證矣。然遊說餘風，固未絕跡也。案遊說之風，賢如孟子不免。故王聖美見達官，『曰「孟子見梁惠王」不曉此語，達官深訝之。……聖美曰：「既云孟子不見諸侯，因何見梁惠王？」其人愕然無對。』（彭乘墨客揮犀卷二）蘇張蔡澤，無論已。秦漢之際，此風未絕。如酈食其（史記九十七食其傳）蒯通（史記九十二韓信傳）之玩弄韓信漢高，此其證也。然皇權建設，固未穩固也。始皇見譏於盧生，（史記始皇紀）以漢時上書語不忌諱（詳二十二史劄記卷三）映射，事非奇異。此又其證也。然富豪之勢，固未易制也。『秦能制六國，然不能制兼併，爲寡婦清築臺。』（王安石語，見李燾續資治通鑑長編二六二）此其證也。——茲數者，始皇所不能盡除者也。

案制裁貴族，固自不易，以始皇之獨尊，而淳于越能批其逆鱗。（史記七始皇紀）降至漢世，此風未替。賈生恐文帝以老母弱子，將使不寧，谷永指成帝之違道縱欲，輕身安行。劉向之恐成帝，亦以『降爲皂隸』爲言。（詳二十二史劄記卷三上書無忌諱）此臣下之言論自由，過唐宋萬萬也。至若制裁富族，更屬談何容易？臨川集云：『三代子百姓，公私無異財。……賦予皆自我，兼併如姦回。……後世始倒持，黔首遂難裁。秦皇不知此，更築懷清臺。』（卷四兼并）蓋自春秋之季，富族已十分活動，（上古卷三十四節）新來形勢，雖力抑無從斷絕摧阻焉。

故始皇臨之以嚴法，陳勝所謂失期法當斬，（陳涉世家）盧生所謂衡石量書；賈生所謂繁刑嚴誅，吏治刻深；（同見始皇紀）趙咨所謂廢三代之制，與淫邪之法；（後漢書五十七咨傳）賈山所謂赭衣半道，群盜滿山；（漢書五十一山傳）——然秦皇乘戰國嚴酷之餘風，安天下新定之反側，有激而發，非無以也。

秦世承先秦尚法之風，上古卷二十一節 而所處之時，尤爲有用重典之需要。御覽卷八十六 引劉氏吳苑云：『秦始皇，何俺候，開吾戶，據吾牀，飲吾酒，唾吾漿，餐吾飯以爲糧，張吾弓，射東牆，行至沙丘當滅亡。』此殆亡秦必楚者之訊，祝而適以遂天下爲私者之暴戾舉措。近章炳麟言『人之獨貴者其政平……古先民平其權者，莫遂於秦。秦皇負扆以斷天下，而子弟爲庶人，所任將相李斯、蒙恬，皆功臣也。椒房之嬖，未有一人得自遂者。富人如巴寡婦築臺懷清，然亦誅滅名族，不使併兼。……秦制本商鞅，其君亦世守法。韓非道秦昭王有疾，百姓買牛以禱。昭王曰：非令而擅禱，是愛寡人也。然法不立，亂亡之道也。不如罰之。秦大飢，應侯請發五苑以活民，襄王曰：使民有功與無功俱賞也，不可。秦皇固世守其術者，然而卒亡其國者，非法之罪也。六國宗族，欲復其宗廟，情也。』太炎文錄卷一秦政記

嚴刑以制裁豪富，正如焚書坑儒以制裁智識階級。始皇三十四年，前二一三 以博士淳于髡之誹始皇之『事不歸古，』李斯有懲於前，此『皆道古以非今，飾虛言以亂實，』有戒於當時，『入則心非，出則巷議。』『因請史官非秦紀皆燒之，非博士官所職，天下敢有藏詩書百家語者，悉詣守尉雜燒之。有敢偶語詩書棄市。』『令下三十日不燒，黥爲城旦。』『若欲有學法令，徐廣曰一無「法令」二字 以吏爲師。』『制曰可。』始皇紀 然其事固可原也，蓋亦前有所承。

謝肇淛言『秦禍天下，至焚書坑儒烈矣，而不知本於商鞅變法之初。鞅之言，民不貴學問則愚，愚則無外交，又曰農戰之民千人而有知慧一人，千人者皆怠於農矣；又曰雖有詩書，鄉一束，家一員，無益於治……始皇、李斯襲而用之。』文海披沙卷一 此言焚書非始始皇也。孫奕示兒編卷十二頁九知不足齋本 云『秦焚書之禍，所由來久矣。北宮錡問爵祿之制，孟子曰：諸侯惡其害己也，而皆去其籍。萬章下……焚書豈一朝一夕之故哉？』

新駿佳遊翁隨筆卷上頁十云：『世傳焚書，起於李斯，不知韓非已先有是說。其說曰：世之愚學，多誦先古之書，以亂當世之治。……公孫鞅斬命篇云：……以六蝨受官則治煩言生。六蝨者曰禮樂，曰詩書。……如鞅之說，非燔詩書之祖哉？』蓋焚書在獨夫視之，自有時勢之必要。故漢興至惠帝四年，始除挾書律也。漢書卷二

然秦之焚書，其一則爲有限制的。論衡書解篇曰：『秦火燔六籍，不及諸子。』此一說也。又曰：『秦燔詩書，燔詩經之書也。』正說篇 朱彝尊曰：『當周之衰，聖人不作，處士橫議，孟氏以爲邪說誣民，近於禽獸。更數十年歷秦，必有甚於孟氏所見者。又從人之徒，素以擯秦爲快，不曰嫚秦，則曰暴秦。不曰虎狼秦，則曰無道秦。所以詬厲之者無不至。六國既滅，秦方以傷心之怨，隱忍未發，而諸儒復以事不師古，交訕其非，禍機一動，李斯上言，百家之說燔而詩書亦與之俱燼矣。』曝書亭集五十九秦始皇論 此又一說也。其二，則秦焚書後，公家收藏猶在，及項羽破秦都，火咸陽，而後燼餘凋零。論衡謂：『令史官盡燒五經，有敢藏詩書百家語者刑，惟博士乃得有之。』正說篇 朱子謂：『秦只教天下焚書，他自己卻依舊留得。』詳語類百三十八卷 蕭森希通錄：『謂非博士官所職，天下敢有藏詩書百家語者，皆詣守尉雜燒之；則是天下之書雖焚，而博士猶有存者。惜乎入關收圖籍，而不及此，竟爲楚人一炬耳。』輟耕錄卷二十五引 鄭樵通志，劉大櫆焚書辨海峯集卷一 亦有此說。光聰諧有不爲齋隨筆卷甲 更引：『史記樂書李斯進諫二世曰：「放棄詩書，絕意聲色，祖伊所以懼也。」斯能爲此諫，而又議燒詩書者，燒天下之私藏耳，蓋猶有在官者。』康有爲新學僞經考卷十一亦有此說不錄 其三，則私家之藏，雖經焚書，要亦不替。故史稱陳餘、酈生、陸賈均好詩書，史記各傳 而孔鮒在秦禁焚之際，又明言：『吾將藏之，以待其求。』通考卷一七四引 章炳麟亦謂：『自三十四年焚書，訖於張楚之興，首尾五年，記誦未衰。』太炎文錄卷一秦獻記 —此皆其徵矣。

參看拙作秦始皇評金陵學報一卷二期 案此問題最不易言，論衡正說 謂：『令史官盡燒五經，有敢藏詩書百家語者刑，

惟博士乃得有之。』可見東漢人已無定論也。

「焚書以外，則有坑儒事在始皇三十五年，（前二一二）蓋因盧生等致誹於『博士七十人之備員勿用。』始皇乃怒其誹謗，案問諸生。諸生傳相告引，共坑四百六十餘人。即太子扶蘇，諫以諸生皆誦法孔子，勿聽也。（史記六）」然而其所坑者，大抵縱橫之餘也，非眞儒也。『儒者術士也。太史公儒林列傳曰：秦之季世，坑術士；而世謂之坑儒。』（章炳麟國故論衡原儒）即其『死者四百六十餘人，是特以盧生故惡其誹謗，令諸生傳相告引。亦猶漢世黨錮之獄，起於一時，非其法令，必以文學爲戮也。』（太炎文錄卷一秦獻記）其昭昭者，則叔孫通『秦時以文學爲待詔博士，數歲，陳勝起山東，二世召博士諸生問曰：「楚戍卒攻鄿入陳，於公何如？」諸生三十餘人，前曰：「人臣無將，將即反，罪死無赦」……。』（史記九十九通傳）人臣無將，語出公羊；蓋秦乃惡好爲異說，而議論不合者耳。

案漢書（八十八）顏注，有諸儒辨說瓜實不同，秦即發機坑之之事，殊可笑。故朱彝尊謂：『彼之所坑者，亂道之儒，而非聖人之徒。』（曝書亭集五十九秦始皇論）焦竑亦謂：『陸賈秦之巨儒，酈食其秦之儒生，叔孫通秦時以文學召待詔博士，是則秦時未嘗不用儒生與經學也。況叔孫通降漢時，自有弟子百餘人，齊魯之風，亦未嘗替。故項羽之亡，魯爲守禮義之國，則知秦時，未嘗廢儒；而始皇所坑者，蓋一時議論不合者耳。』（焦氏筆乘卷三秦不絕儒學條）張燧謂：『始皇之初，非不好士，亦未惡書。觀其讀李斯逐客書，則亟毀初禁；讀韓非說難，則願識其人。其勤於下士，溺於好文如是。其後焚書之令，以淳于髡議封建；坑儒之令，因盧生輩竊議時事而下，要亦有所激而然。』（千百年眼卷四）——要皆謂所坑不必盡儒，儒生不必盡坑，而特以此阻止戰國縱橫之風耳。

此其說，已見宋蕭森希通錄，森云：『僕亦信盧生，非吾儒中人。況始皇自謂：「尊賜甚厚，」豈非方術圖讖之類，有以中其欲故尊賜之初不聞其誦孔子之言以進；古今相承皆曰坑儒，蓋惑於扶蘇之諫。扶蘇曰：「諸生皆誦法孔子……」嗚呼，至若盧生者何嘗誦法孔子？自扶蘇言之誤使諸儒蒙不韙之名。……盧生等四百六十餘人皆方技之士也。』又云『僕按詩書所坑僅盧生等四百六十餘人，非能盡坑天下儒者。爲其所坑又非儒者。……始皇三十二年使盧生求羨門刻碣石。又盧生自海還，因奏錄圖書曰：「亡秦者胡也，」始皇乃遣蒙恬發兵三十萬人北伐匈奴。……觀此二事，皆盧生稔其惡又慫恿之特方技之流耳，豈所謂儒哉。』均據輟耕錄卷二十五引

故史記言秦博士七十人；叔孫通伏生，世僉知之。淳于髡之骨鯁見於秦紀，亦未嘗得罪。而漢志儒家有羊子，名家有黃公，更有正先，以刺趙高死。漢書七十五京房傳 鮑白令亦訕始皇行桀紂之道。說苑至公 此皆秦有博士之遺徵。參看太炎文錄卷一秦獻記 可爲秦恕。至於挾書之禁漢興至惠帝二年前一九三始除；漢書惠紀 誹謗之律至文帝二年前一七八始去，漢書文紀 可知焚書坑儒，初不甚關於秦之敝政也。

章炳麟秦政記云：『夫貴擅於一人，故百姓病之者寡，其餘蕩蕩平於浣準矣。藉令秦皇長世，易代以後，扶蘇嗣之，雖四三皇六五帝不足比隆也，何有後世緐文飾禮之政乎？』太炎文錄一 蓋焚坑之舉，原亦時勢逼成。世多以此獨罪秦皇，非篤論也。

六　封建制度之回光返照

然秦制之以天下爲私，則固無可疑者。以己爲尊，則極後世之尊號。如曰自稱皇帝。『古之稱尊曰皇曰帝曰王。

自秦併天下，始兼皇帝之尊。窮寵極崇，度越千載。後雖有作，亦無加焉。』王明清揮麈後錄卷一頁一 以己爲貴，則私天下之學問，如曰以吏爲師『禮不下庶人，非官與大夫無所師，故學者猶以椽佐而爲小吏。此革戰國之俗，而返之三代也。』章炳麟檢論卷四『秦人之悖於古者，禁詩書而僅以法律爲師耳。三代盛時，天下之學無不以吏爲師。東周以還，君師政教不合於一。於是人之學術，不盡出於官師之典守。秦人以吏爲師，始復古制。』文史通義內篇三史釋篇 ——蓋秦制無論復古與創新，皆基於自私，無怪後人沿用之矣。

後皇自私，未嘗遜秦。如漢高祖定天下，自謂今某之業所就孰與仲多？漢書卷一高帝紀 又急於屠戮功狗，故宋張方平游沛縣高祖廟歌風臺『見前後題詩人甚多，無不推頌功德；獨安道高祖廟詩云「縱酒疎狂不治生，中陽有土不歸畊。偶因亂世成功業，便向翁前與仲爭。」又歌風臺曰「落魄劉郎作帝歸，尊前感慨大風詩。淮陰反接英彭族，更欲多求猛士爲。」』葉夢得石林詩話頁三十六 深鄙其天下爲私的心理之延長焉。

然而，秦漢之際，六國餘裔之反動心理，何嘗淨盡？詩話總龜前集十五 云『章碣題焚書坑曰「竹帛烟消帝業虛，昔年曾是祖龍居。坑灰未冷江東亂，劉項元來不讀書。」』即其明徵。故秦亡之後，楚漢相持，而韓信思爲假王。史記九十二淮陰傳 田儋自稱齊後。通鑑七 酈食其請復六國。史記五十五留侯世家 卽漢定「天下」，張敖之客貫高亦憤憤於高祖之侮慢，思得甘心於漢帝。史記八十九張耳傳 ——此皆戰國殘留心理之發見，更無論邊陬僻鄉，踞土自立，未服命於漢室也。

秦亡於紀元前二〇六年，又四年漢滅項羽而興。前二〇二 此時固有仍前此之割據狀態者。『其未盡滅於秦始皇者，衞世家言：二世元年，二〇九 廢王角爲庶人，是衞未嘗亡也。越世家言：越以此散，諸族子爭立，或爲王，或爲君，濱於江南海。……漢興，有東越王搖、閩越王無諸之屬，是越未嘗亡也。西南夷傳又言秦滅諸侯，惟

楚苗裔，尙有滇王。然則謂秦滅五等而立郡縣，亦大勢然耳。』（日知錄二十二）

漢之興也，韓信以反罪死，彭越以「壯士」一族，英布以「欲爲帝耳」叛，盧綰亦叛入匈奴。功臣宿將，一一凋零。然漢祖以之分封其同姓，可知其心目中固有往昔封建之殘景。例如漢十一年（前一九六）英布敗後，高祖以『吳會稽輕悍，無壯王以鎭之，乃立兄仲子濞爲吳王，王三郡五十三城。已拜受印，高祖召濞相之……曰：漢後五十年東南有亂，豈若耶？今天下爲一家，愼無反也。』（史記百六吳濞列傳）而『漢與功臣受封者百有餘人。』（功臣侯年表）大抵削蝕，以資同姓。諸侯之張大，『大者或五六郡，連城數十，置百官宮觀，僭於天子。漢獨有十五郡，而公主列侯，頗食邑其中。』（史記十七漢興以來諸侯年表）——初封之時，固『封建親戚，以蕃屛周』（左僖二四富辰語）之私意，閱世不久，『後屬疏遠，相攻擊如寇讎』矣。

漢時郡國，其一，則有經濟權之威脅中央，如吳王濞『天下初定，郡國諸侯，各務自拊循其民。吳有豫章郡銅山，濞則招致天下亡命者，盜鑄錢，煮海水爲鹽，以故無賦，國用富饒。』（史記百六）文帝亦賜佞幸鄧通以『蜀嚴道銅山，得自鑄錢；鄧氏錢布天下。』（史記卷一二五）故胡致堂讀史管見（卷一頁五十）曰：『漢旣大封同姓，至文帝時，封國漸衆。諸侯王自食其地，王府所入，寡於郡縣之時矣。』卽此亦見中央地方勢難久於對立焉。

其二，則郡國自由用人。王鳴盛十七史商榷（卷十五王自除丞尉條）云：『衡山王傳，如淳注引漢儀注，吏四百石以下，諸侯王得自除國中。百官表云，縣丞尉四百石至二百石。』卽其證也。

又趙翼廿二史劄記（卷二）言漢初諸侯王自置官屬云：『高祖初定天下，大封同姓諸侯，得自置御史大夫，漢但爲置丞相而已。今案悼惠初封，得自置二千石。（悼惠傳）是二千石得自置也。田叔爲人廉直，趙相言於趙王，張敖卽以爲郞中；（田叔傳）是郞中亦自置也。蕭昭與淮南厲王書云：大王逐漢所置相二千石，而請自置，皇帝屈法許之，是併得自置相矣。……景帝以梁孝王屬官韓安國爲梁內史，孝王則欲以公孫詭爲之，竇太后詔不許。是時已在七國反後，故禁令稍嚴，武帝以衡山王驕恣，乃爲置吏二千石以上，則禁網更密矣。』其三，則郡國自有紀年，如楚元王傳，元王子戊二十一年，景帝之三年也，詳二十二史劄記卷三漢時諸王國各自紀年 是正朔亦不一統焉。

且漢自高祖滅誅異姓五侯之後，中更呂后之亂，前一九四至一八〇 對於同姓侯王之跋扈，縱容不知所裁。淮南負氣不食死，則斗粟尺布之謳起。史記一一八淮南傳 吳王怏怏不朝，漢則几杖之賜頒。史記一〇六吳王傳 厝火積薪，事由有漸，故景帝之時，前一五六至一四一 鼂錯以爲削諸侯則反速而禍小，不削則反遲而禍大，然令下『十餘日，（吳楚）七國果反，以誅鼂錯爲名。』詳史記百一鼂錯傳 幸得周亞夫討平，而漢之中央政治始得追媲美秦時矣。

在六國力戰之際，辨士食客往往爲紛紜之操縱者，漢初所以有此反動，未必非此輩爲祟也。如家令說太公以「人臣」「人子」之義，高祖紀 蒯通說韓信以兩利俱存，淮陰傳 蕭何受買田自汚之計，蕭相世家 曹參醉遊說者以醇酒，史記五十四曹相世家 甪里四老保護惠帝，留侯世家 周勃聽客言而辭相，絳侯世家 ——皆食客游說之昭昭者，故七國反時，袁盎多受靈王金錢，說景帝以斬錯謝敵之計，史記百一盎傳 非偶然也。及封建之遺孽既除，高門大閭養士之風亦替。蓋亦由帝皇之深知其弊，漢書五十五卷衛青傳贊 曰：『蘇建嘗說責大將軍至貴重而天下之賢士大夫無稱焉，願將軍觀古名將所招選者。青謝曰：「自魏其、武安之厚賓客，天子武帝 常切齒。」』可知漢自平七國亂後，對於戰國養士之習，亦加摧抑，其所懼者，則扇動蠱惑以重招反抗中央之亂耳。漢惟不顯明坑儒而已，對封建制度之利用者，亦深惡之。

但七國戰後（前一五四年）之勝利之屬於漢，僅爲軍事之解決，其政治之解決，則尙有待於下列數者之切實履行。而後侯王之勢始殺。

一曰分，卽『衆建諸侯而少其力，力小則易使以義，國小則亡邪心，令海內之勢，如身之使臂，臂之使指。』（前漢四十八賈誼傳）武帝時，又聽主父偃之計『令諸侯子弟十數而適嗣代立，餘雖骨肉無尺土之封，願陛下令諸侯得推恩封子弟，以地侯之，彼人人喜得所願，上以德施，實分其國，必稍自削弱矣。於是上從其計。』（漢書六四偃傳）分其地而使之小，則政治之措施一也。

次則奪，『海內初定，子弟少，激秦孤立亡藩輔，故大封同姓，以鎭天下。時諸侯得自除御史大夫羣卿以下衆官，如漢朝，漢獨爲置丞相。自吳楚誅後，稍奪諸侯權，附益阿黨之法設。其後諸侯惟得衣食租稅，貧者或乘牛車。』（漢書三十八贊語）蓋『漢以後有國者，不論地大小，皆爲置相，王侯未嘗自專相與守何異哉？』（習學記書序目四十）奪權之外，又有奪地，所謂『坐法隕命亡國耗矣，罔亦少密焉。』（史記十八敍）奪之而使之弱滅，則政治之措施二也。

再次則嚴其防範，『齊分爲七，趙分爲六，梁分爲五，淮南分三……齊趙梁楚支郡名山陂海，咸納於漢。諸侯稍微，大國不過十餘城，小國不過數十里，上足以奉貢職，供養祭祀，以蕃輔京師；而漢郡八九十，形錯諸侯間，犬牙相臨，秉其阨塞地利，彊本榦弱枝葉之勢也。』（史記十七諸侯年表敍）

第史事變化甚難一蹴而幾，罷侯置守，導源先秦；而漢興百年，猶不能絕封建之殘迹，豈止封建制本身之有殘跡哉，即郡縣行政中亦有昔日封建之臭味在焉：一曰郡守之名義崇高，二曰郡守之事權鉅大，三曰郡守之任久地廣，此皆有異於後世者矣。

漢時郡守，聲勢烜赫。朱買臣爲會稽太守，『會稽聞太守且至，發民除道，縣吏並送迎，車百餘乘。』漢書六十四買臣傳 豈止：『王官之於國君，屬吏之於府主，其稱臣如故。日知錄二十四時人稱臣條 至有『以郡守之尊稱爲本朝者。司隸從事郭容碑云：本朝察孝，貢器帝庭。豫州從事尹宙碑云：綱紀本朝。是也。』日知錄二十四上下通稱條 蘇洵嘉祐集十二上仁宗書云『古有諸侯，臣妾其境内，而卿大夫之家亦各有臣，陪臣之事其君，如其君之事天子。其後諸侯皆廢，而自漢至唐，而猶有相君之勢者，其辟署之權，猶足以臣之也。是故太守刺史高坐堂上，州郡之吏拜於堂下。』——其在後世，鮮有不斥爲僭妄者矣。

郡守地位，與君權之隆重，正成反比。『胡續宗曰：郡縣立而封建廢，守令設而諸侯微。此三代之所以降而爲漢唐宋也。然漢重郡縣，守令因之而尊。唐次之，宋又次之。及至我朝，大都因宋之舊，而近者又與國初異矣。視郡縣日輕，視守令日卑。古以牧民，今以役民；古以守官，今以寓官；古以宜上，今以奉上；古以遠下，今以取下。其不重而尊也，誰之尤哉？』天下郡國利病書卷三十七 此又讀史者所當知之盈虛變化也。

漢時郡守，專權鉅大。如自專刑戮，陔餘叢考卷十六漢刺史殺人不待奏 如自辟屬吏，陔餘叢考卷十六郡國守相得自置吏 而治民之餘，講武勤兵，校獵財力，兵權又非盡統於中央。說詳王鳴盛十七史商榷卷十五郡國兵權條 則專其政，且專其兵，如在後世，鮮有不疑其將爲不逞者矣。

至於守地甚大，任期永長。趙翼陔餘叢考卷十六漢初分郡之大 馬永卿嬾眞子錄卷三頁十八前已引 言之綦詳。趙彥衞云：「漢郡守權重，據數千里之地，官屬皆自辟置，生殺亦自己出。』雲麓漫鈔卷四頁十三涉聞梓舊本 數千里云云，言守地大也。左雄云『吏權變易，則下不安業；久於其事，則民服教化。』後漢書卷九十一雄傳 朱翌云『漢郡守如王霸，或十年二十年不徙，皆有治狀，蓋久任之效也。』猗覺寮雜記卷下知不足齋本 久任云云，言任期長也。——此又後世之制，所不許者也。

此皆封建制之殘蛻也，非漢之寬厚爲之，時勢爲之。漢固以天下爲私者也。孤樹裒談卷一云：『(明)太祖祭列代帝王至漢高帝，笑謂曰：劉君劉君，今日廟中諸君皆有所憑藉以得天下，惟朕與汝不階尺土，手提三尺，致位天子，比諸侯尤爲難事，可共飲三爵。』天下爲私可見已。

七　君權與法家

天下爲私也，思想統一也，罷侯置守也，胥足示秦人法制之延長。昔顧炎武云：『秦之任刑雖過，而其妨民正俗之意，固未始異於三王也。漢興以來，承用秦法，以至今日者多矣。世之儒者言及於秦，即以爲亡國之法，亦未之深考乎？』日知錄十二會稽刻石條 蓋帝皇之自私，不相度越，則立法垂制，大抵相近。豈特罷侯置守而已，又可於法家之得志徵之。漢書卷六十杜周傳云：『客有謂周曰：君爲天下決平，不循三尺法，專以人主意旨爲獄。獄者固如是乎？周曰：「三尺安出哉？前主所是著爲律，後主所是疏爲令，當時爲是，何古之法乎？」』可見法家與君權勾結之一斑。

考秦人重法，其來甚早：『韓非道昭王有病，百姓里買牛而家爲王禱。王曰：非令而擅禱，是愛寡人也。夫愛寡人，寡人亦且改法而心與之相循者，是法不立，亂亡之道也。不如人罰二甲而與爲治。秦大飢，應侯請發五苑以活民，昭襄王曰：「秦法使民有功而受賞，今發五苑之疏草者，使民有功與無功俱賞也。夫發五苑而治，不如棄束蔬而治。」其用意使君民不相愛，塊然循於法律之中。秦皇固世守其術，其守法則非草茅搢紳所能擬矣。秦政如此，然而卒亡其國者，非法之罪也。』太炎文錄一秦政記 積此勢趨，故漢興雖云約法三章，與民簡易，度亦不過虛獲人心，非實在也。

吾讀荀悅漢紀卷十二載漢武帝曰：『朕聞五帝不相復禮，三王不相同法，所由殊路，而建德一也。』由此觀之，漢何以異於秦哉？

漢書二十三刑法志云：『高祖初入關，約法三章。曰，殺人者死，傷人及盜抵罪。蠲削繁苛，兆民大說。其後四夷未附，兵革未息，三章之法，不足以禦奸。於是相國蕭何，攟摭秦法，取其宜於時者，作律九章。』然去誹謗之律，漢書文紀去挾書之禁，漢書惠紀其時已遠在平天下後，則所謂蠲削繁苛，豈當年之實錄，蓋一時之權宜爾。

且漢初定律，與禮儀混似：『自叔孫通定朝儀，而張蒼爲章程。通因作傍章十八篇，……亦以見漢律之所包絡，國典官令，無所不具，非獨刑法而已，』章炳麟漢律考見檢論卷三政法相混，可見以法治國之風。故誹謗侮上，不道不敬，種種便於自私自利之律，視秦何少遜哉？張端義云：『漢初黜申韓，崇黃老，蓋公有曰：「治道貴清靜，」』貴耳集卷上頁五殆不然。洪邁容齋隨筆卷九有漢律惡誹謗條。蓋僅須不罔上，則他罪可免焉。唐律疏義：『漢制九章，雖並湮沒，其不道不敬之目見存。原夫厥初，蓋起諸漢。』「不道」見景紀如淳注引賊律。「不敬」見廣川王傳，漢書五十三「無道」見楊惲傳，漢書六十六而顏異在武帝時，未嘗言令不便，徒以「微反脣」，即坐「腹誹」論死。漢書食貨志由此觀之，漢何異於秦乎？後世所謂十惡，大明令卷一云：『一曰謀反，二曰謀大逆，三曰謀叛，四曰惡逆，五曰不道，六曰大不敬，七曰不孝，八曰不睦，九曰不義，十曰內亂，』蓋漢已有之矣。

蓋漢初已崇法，高帝時，蕭何雖曾收秦丞相御史律令圖書，而以多受賈人財，徒跣入謝。漢書三十九何傳而曹參治齊，屬其後相曰：「以齊獄市爲寄。」同上參傳周勃擁立文帝，而身遭刑憲，至有吾嘗將百萬軍，安知獄吏之貴之語？漢書四十勃傳其子亞夫，以討平七國之功臣，卒以見辱獄吏，嘔血而死。同上亞夫傳武帝之時，李廣名將，亦有不能復對刀筆之吏之歟。其孫李陵，亦謂丈夫不能再辱。漢書五十四李氏傳 史稱武帝崇儒，實則『好以法制馭下。』讀史管見卷二 蓋寬饒所謂『以刑餘爲周召，以法律爲詩書』漢書七十七，甚非溢飾之詞。時勢限人，故賢如董仲舒亦不能忘情於法律焉。漢書五十六載仲舒對策，固稱上世之節民以禮，「故其刑罰甚輕。」然而其詆秦也，則獨以「善者不必免，而犯惡者未必刑」爲病。名儒如此，其它奚論焉？

然法家之治，利弊正復相參。自其弊而言之，則有二端。

其一曰，扶持皇權也。豈特杜周言之。司馬遷言：『見獄吏則頭搶地，視徒隸則心惕息；何者，積威約之漸也。』漢書六十二史遷傳 自張湯復定『腹誹之法比，而公卿大夫多諂諛取容。』漢書二十四刑法志 其二曰，摧折民氣也。上古多豪俠之風，『任俠亦足以伸民氣，倡爲勇敢之風，是亦撥亂之具。……彼吏士之所顧忌者，誰歟？未始非游俠也。儒者輕詆游俠，便比之匪人，烏知困於君權之世，非此益無以振拔也。』譚嗣同仁學頁三十二 蓋『機無可乘，則爲任俠，亦足以伸民氣，而倡勇敢之風。』仁學頁三十二 自游俠之風微，雄才大志之徒，退而隱於「獨行」「逸民」，民氣愈不振矣。史記漢書，均有游俠傳，且不甚加以指斥。徒以『天子切齒』，故朱家郭解之風，爲六國養士之餘者，一變而爲樓護『則親而敬衆』矣；再變而爲原涉『則振施貧乏』矣。三變而爲杜君敖『則皆有謙退之風』矣。此已西漢之季矣。參看漢書九十二游俠傳 荀悅漢紀卷十論曰：『世有三游，德之賊也。一曰游俠，二曰游說，三曰游行。立氣勢，作威福，結私交，以立強於世者，謂之游俠；飾辨辭，設詐謀，馳逐於天下，以要時勢者，謂之游說；色取仁以合時，好連黨類，立虛譽以爲權利者，謂之游行。此三游者，亂之所由生也。』漢人論游俠如斯，故范書有逸民獨行而無游俠。『猥俗之論，多以晚明方比後漢。後漢可慕者，蓋在獨行逸民諸傳及夫雅俗廉孝之士而已，其黨錮不足矜。』太炎文錄卷一思鄉愿下 游俠之化爲獨行逸民，則以劇孟誅，郭解族；萬章見殺，原涉被斬。匹夫有豪傑之風，而舞文之吏嚴臨以法，正如漢世黨獄蛻爲兩晉清談也。

自其利而言之，蓋亦有二。

其一，爲姦民知懲。如宣帝時尹翁歸爲右扶風縣，『收取黠吏豪民，案致其罪，高致於死。收取人必於秋冬課吏大會中及行縣時；不以無多時。其有所取也，以一警百，吏民皆服；恐懼改行自新。』漢書七十六翁歸傳 顧炎武曰：『武斷之豪，舞文之吏，主訟之師，皆得而訪察之。及乎濁亂之時，遂借此爲罔民之事。』日知錄卷十二訪惡條 言其病而不沒其利也。故竟有謂漢以法重而興，法輕而亡者，梁統是也。『自高祖之興，至於孝宣，君明臣忠，謀謨深博，因循舊章，不輕改革。海內稱理，斷獄益少。至初元建平，所減刑罰百有餘條，而盜賊寢多，歲以萬數。……由是觀之，則刑輕之作，反生大患。惠加姦軌，而害及良善也。』後漢書六十四梁統傳 固竟有謂漢以重法而亡者，蘇子由漢光武論云：『宣帝明察有餘，而性本忌克，非張安世之謹長，鮮有能容者。惡楊惲蓋寬饒害韓光漢韓延壽，悍然無惻怛之意，高材之士，側足而立。至於元成，朝無重臣，遂釀王氏之禍。』欒城後集八漢光武下 漢書所謂酷吏，大抵以嚴刑裁制豪族耳。正如今日婦孺皆知之海瑞，史稱『海忠介撫江南，立意挫抑豪強。……不諳民俗，妄禁不許完租；夫租既不完，稅何由出。致佃戶賴租，產戶賠稅。』沈德符野獲編卷二三 其所以民到於今思之者，正緣能執法以臨豪強耳。

其次，則爲律令成文。案『魏文侯師於李悝，集諸國刑典，造法經六篇。一盜法，二賊法，三囚法，四捕法，五雜法，六具法，商鞅傳授，改法爲律，漢相蕭何，更加悝所造戶興廄三篇，謂九章之律。』唐律疏義卷一各例 是漢興，律有進步也孝文帝之時，疊錯定令。漢書錯傳 其後張湯，有越宮律二十七篇；趙禹有朝律六篇，又漢時決事，集爲令甲以下，三百餘篇。晉書三十刑法志 公孫宏以春秋之義繩下，張湯以峻文決理。漢食貨志 雖西漢之末，有識者已有文章繁罪名衆之譏。鹽鐵論刑德篇蓋指昭帝時 然由漢律以影響於負有重名之唐律，則不可謂非諸法家之有造於中國文明矣。

東漢承受西漢之緒，法令之學亦章。晉刑法志所謂：『馬融鄭玄諸儒章句，十有餘家，家十餘萬言。』故三國時，魏陳羣等又校定之。『魏因漢律爲一十八篇，改漢具律爲刑名第一，晉命賈充等增損漢魏律，爲二十篇。於漢刑名律中，分爲法例律。宋齊梁及後魏，因而不改。爰至北齊，併刑名法例爲名例。後周復爲刑名。隋因北齊，更爲名例。唐因於隋，相承不改。』唐律疏義卷一 可知在唐律之前，晉魏之修改，兩漢之賡續，均所以承上古法家之遺，而光大之者也。

八　國疆推拓與吏治修明

法之修鋻，爲人主耳，蓋亦猶國疆之推拓，其初亦爲人主之私欲耳。其因而發揚中國之文明，則副果也。

案漢之聲威至大，漢人漢子，實異族嫉漢忌漢之誹：『今人稱賤丈夫曰漢子，蓋始於五胡亂華時，北齊魏愷自散騎常侍遷靑州長史，固辭之。宣帝大怒曰：何物漢子，與官不就！此其徵也。』陸游老學庵筆記卷三 漢時夷狄名中國爲秦者，長秦也；漢後夷狄，名中國爲漢者，長漢也。詳馬永卿懶眞子錄卷一頁十三稗海本 故朱彧萍洲可談卷二 及明史三二四 眞臘傳，均述外人所以名我爲漢唐之故。說者謂西漢疆域之大，東西九千餘里，南北萬三千餘里。方輿紀要卷二 又謂『權時施宜，覆以威德。然後單于稽首，臣服遣子入侍，三世稱藩，賓於漢庭。是時邊城晏閉，牛馬布野，三世亡犬吠之警，黎庶亡干戈之

役。』前漢九四匈奴傳

案中國聖人立訓，不務侵略，故公羊傳曰：『內中國而外諸夏，內諸夏而外夷狄。』公羊成公十五 班氏亦謂：『夷狄之人，貪而好利，被髮左衽，人面獸心。……隔以山谷，壅以沙幕，天地所以絕外內也。是故聖王禽獸蓄之，不與約誓，不就攻伐。』漢書九四匈奴傳論 其在南宋，胡致堂尚論聖王專務在內，云：『漢武之於西北兩垂，其勤勞耗費，蓋前無古，後無繼矣。苟使匈奴款塞，面內不相欺玩，亦可以小殺疲敝之恥。然兵行餘二十年，卒不能如志。至於宣帝承平，無意於武功者，乃坐享其成。渭水盛儀，單于冠帶，此元壽二年事 是則武帝平生所欲見而不得者。哀帝之世，漢已衰矣，匈奴烏孫，猶不廢禮；西域佩印五十餘君，而釁生心腹，根條將顛矣。』讀史管見卷三 然以民族拓殖之大端言之，則不無可取者。

然竊憶其拓殖之動機，不過帝皇之報復，與獨夫之虛榮。

漢初北族匈奴，其勢至強。高祖困於白登，用陳平計始脫。漢書九四匈奴傳又四十陳平傳 呂后時，匈奴冒頓遺書，有云：『孤僨之君，生於沮澤之中，長於平野牛馬之域。數至邊境，願游中國。陛下獨立，孤僨獨居。兩主不樂，無以自娛。願以所有，易其所無。』漢書匈奴傳 即在文帝之時，匈奴亦自稱『天所立匈奴大單于』——此非有慢漢者也。趙佗以秦亂，踞南越；文帝下「譴問」之詔，高祖使陸賈往聘，佗雖自謙於『處蠻夷中久，殊失禮義；』而亦有「我孰與皇帝賢」之問！漢書四十三陸賈傳 是南族之專，未易侮也。滇謂漢孰與我大，『及夜郎亦然。』史記一百十六西南夷傳 此南有輕漢者也。即在武帝之時，東甌與閩越相攻，田蚡以越人相攻擊，固其常，又數反覆，不足以煩中國為言。詳史記一百十四東越傳 朝鮮之為燕人衛氏據者，亦終不因武帝一介之使而有所折服。漢書九十五朝鮮傳 ——前仇具在，威力未伸，則足以動天下為私者之企圖耳。

其次則爲獨夫之虛榮。如武帝以涉何誘殺朝鮮使者，『爲其名美，卽不詰。』史記一一五朝鮮 唐蒙言制敵南越，以通西南夷爲一奇，史記一一六 而武帝亦加信用。其最可哂者則如李廣利爲『貳師將軍，發屬國六千騎，及郡國惡少年數萬人以往，期至貳師城取善馬，故號貳師將軍。』前漢六一貳師傳 則皆足徵帝王之私欲。名之曰雄才大略固可，卽詆之曰窮兵黷武亦無不可。

然國內之征伐，則無論如何不可廢者。司馬相如喻巴蜀父老書云：『告巴蜀太守：蠻夷自擅，不討之日久矣。時侵犯邊境，勞士大夫。陛下卽位，存撫天下，輯安中國，然後興師出征。』史記一一七 趙佗之告文帝亦謂：『且南方卑濕，蠻夷中西有西甌，其衆半羸，南面稱王；東有閩粵，其衆數千人，亦稱王；西北有長沙，其半蠻夷，亦稱王。老夫故敢妄竊帝號，聊以自娛。』前漢九五 卽在後漢時，盛允戲黃瓊猶以江夏「蠻多士少」爲言。後漢書六十二 漢書謂西南夷兩粵朝鮮『三方之開，皆自好事之臣。』卷九十五贊 案此三方皆中國域內地，夷其部落狀態，而使開明，正不必爲首事諸臣罪也。

考『劉貢父咏史詩云「自古邊功緣底事，多因嬖倖欲封侯。不如直與黃金印，惜用沙場萬髑髏。」……其說則出於溫公論李廣利曰：「武帝欲侯寵姬李氏，而使廣利將兵代宛，其意以爲非有功不侯，不欲負高帝之約也。夫軍旅大事，國之安危，民之生死繫焉。苟爲不擇賢愚，欲儌倖咫尺之功，藉以爲名，而私其所愛，不若無功而侯之爲愈也。」……近世劉潛夫詩曰：「身屬嫖姚性命輕，君看一蟻尚貪生。無因喚取談兵者，來此橋邊聽哭聲。」……』周密齊東野語卷一 中國人之詆拓殖者，可以此爲代表。然匈奴寇邊，南粵坐大，朝鮮有負隅之形，閩蜀有榛莽之阻，則臨以武方收爲郡縣之地，其動機雖不純，其影響實至大。王夫之之言是也。

王夫之讀通鑑論（卷三武帝）云：『遐荒之地，有可收爲冠帶之倫，則以廣天地之德而立人極也。……以一時之利害言之，則病天下；通古今而計之，則利大而聖道以宏。若夫駹也，冉也，邛僰也，越巂也，滇也，則與我邊鄙之民犬牙相入，聲息相通。……垂及於今而爲冠帶之屬，此豈武帝張騫之意計所及哉。』此言漢武用兵，副業至佳，語眞中肯。宋論（卷六）有評章惇用兵武陵語，寓奬於貶，大旨同此，不錄。

武帝以元封三年（前一〇八）滅朝鮮爲眞蕃臨屯樂浪玄菟四郡。而先是（元鼎六年前一一一）已定南越爲儋耳朱厓南海蒼梧鬱林合浦交趾九眞日南九郡。又滅戰國時越人之苗裔閩越東越。（前一一〇）至於經略匈奴，則如衞青出征，取故秦河南地。（前一二七）嗣又乘匈奴內亂，改建河西四郡。（前一二三）衞青霍去病等，相繼立功，卒達於『漠南無王庭』之境。（前一二一）同時以以夷制夷之故，遣張騫通使西域，招致烏孫康居大宛月氏。而元鼎元封之間，今川貴黔蜀之地，昔所謂西南夷者，亦皆列入郡縣。——昔班氏美武帝之『表章六經』，而惜其『雄材大略』，不能『不改文景之恭儉』。（武紀贊）然以推行華化言之，則窮兵黷武，奇功足錄；表章六經，何足道哉？

考漢郡有仍秦郡者，如河南潁川等是。有逐匈奴而置者，如朔方五原，均置於元朔二年。（前一二七）有平西南夷而置者，如益州置於元封二年。（前一〇九）如牂牁置於元鼎六年。（前一一一）有通西域而置者，如燉煌置於元鼎六年。有平朝鮮而置者，如樂浪置於元封三年。（前一〇八）有平南越而置者，如交趾立於元鼎六年。（前一一一）故能東至海，西至火州，南至交廣，北至沙漠。（說詳方輿紀要卷二）

何也，蓋由文化而言，播植之功，究亦不小。羅大經鶴林玉露云：『巴邛閩嶠，夙號荒陋，而漢唐以來，漸產人材，至本朝極盛。古稱山西出將，山東出相。又曰：汝潁多奇士，燕趙多佳人，其說拘矣。』（羅大經鶴林玉露卷四）考中國古代哲人惟老子產稍近南。然在兩漢之時，尚有山東出相，山西出將（前漢書六十九趙充國傳）之諺；又有關西出將，關東出相（後漢書卷八十八虞詡傳）之諺。明乎文武之材胥北產也。故趙佗自謂『居蠻夷中久，殊失禮義』（漢書四十三陸賈傳）也。然及漢之季而南方漸開啓光明，要不得謂非西漢經營之冒篳路藍縷矣。

萬國鼎中國田制史（上冊頁一二四至一三一）曾依漢書郡國志地理志畫爲二圖。據其結論『三輔人口減，涼州人口減，卽中原繁盛之區，後漢亦不及前漢，惟後漢時長江流域之人口，則有進步』。此亦南部漸臻文明之一證也。在前漢時，以司馬相如之好讀書，（史記一一七）其諭巴蜀文，猶指巴蜀爲「谿谷山澤」之民，而秦宓之對益州『五尺童子皆學，何必小人』？（蜀志八秦宓傳）此又西南漸臻佳境之一證焉。

考南部文明之啓，固自漸而至。顏之推謂：『冠冕君子南方爲優，閭里小人北方爲愈』。（家訓音辭篇）似已推崇南方，故唐之中葉，柳宗元居永州，與蕭翰林書猶言：『居蠻夷中久……意體殆非中國人』。（河東集三十）貶柳州，有別舍弟宗一詩云『一身去國六千里，萬里投荒十二年』。（河東集四二）韓愈到潮州，又爲創立師敎，令進士趙德爲師。（東坡後集卷十五韓文公廟碑）則在中古期中南部文物之進步，仍尚有待，獨進步之起點，則當以漢之統一爲最顯著之一點爾。

其次，則國人之足跡漸廣，異族之慕義日深。如霍去病得匈奴祭天神人，攻越祈連山，直窮瀚海，已涉今戈壁之地。即其一徵，而張騫足跡尤遠。『使大宛康居月氏大夏烏孫』。大夏爲今葱嶺間地，大宛去長安萬二千二百五十里，今在伊犂西南，烏孫在今伊犂河南。（說詳丁謙漢書西域傳考證頁二十三至三十一）尤足見漢威之遠播，故『殊方異物，四面而至』（漢書九十六西域傳贊）『單于變俗好漢物』（漢書九四匈奴傳）具見雙方消息之互通矣。

然武帝大武功之後後難爲繼。史稱甘露三年（前五一年）南匈奴請降，宣帝「詔單于毋謁；其左右當戶之羣臣皆得列觀，及諸蠻夷君長王侯數萬咸迎於渭橋下，夾道陳，上登渭橋咸稱萬歲。」（匈奴傳）雖曰傅介子斬樓蘭王首懸之北闕而陳湯亦假胡漢之兵踰葱嶺而斬郅支單于之首；（詳漢書一卷七十陳傳）——又稱神爵三年（前五九年）西域設都護，（西域傳）此皆宣帝之世盛事。而成哀之間匈奴復熾，元帝之時朱崖議罷而西域之受漢都護者至西漢之季王莽之亂而亦絕矣。

自武帝平南越，立珠崖等郡後至昭帝始元元年，二十年間凡六反。宣帝時，又反，元帝初又反；賈捐之乃以「父子同川而浴，相習以鼻飲」遂以爲「非冠帶之國，禹貢所及，春秋所治，皆可且無以爲，」遂罷之。（前漢六四賈捐之傳）可見以武力播揚文明非一蹴可幾也。其在西域，則自武帝設校尉後宣帝改設都護，元帝改置戊己校尉，至王莽之亂而絕。（後漢書一一八西域傳）匈奴在「（宣帝）元康（前六十五至六十二）神爵（前六十一至五十八）之間，匈奴內亂，五單于爭立，日逐呼韓邪攜國歸死，扶服稱臣。」（前漢九十四下）裂爲南北，南者順矣。而王莽之世，南匈奴亦乘機攜貳。則武帝之功雖曰昭宣食之，而茲事體大，非至五胡亂華時，固不能徹底解決。意者非武帝過歟！

班固云：「孝武之世，圖制匈奴，患其兼從西國，結黨南羌，迺表河曲，列西郡，開玉門，通西域，以斷匈奴右臂。值遭文景養民五世，天下殷富，財力有餘，士馬彊盛，故能覩犀布玳瑁，則建珠崖七郡；感枸醬竹杖，則開牂牁越嶲；聞天馬蒲陶，則通大宛安息。自是之後，明珠犀甲通犀翠羽之珍盈於後宮；蒲梢龍文魚目汗血之馬充於黃門；鉅象師子，猛犬大雀之羣食於外圃。殊方異域，四方而至。於是廣開上林，穿昆明池，營千門萬戶之宮，立神明通天之臺，興造甲乙之帳，落以隨珠和璧，天子負黼扆，襲翠被，馮玉几，而處其中。設酒池肉林，以饗四夷之客。作巴渝都盧海中碭極，漫衍魚龍角牴之戲，以觀視之及賂遺贈送，萬里相奉。師旅之費不可勝計。至於用度不足，乃榷酒酤，筦鹽鐵，鑄白金，造皮幣，算至車船，租及六畜。——是以末年遂棄輪臺之地，而下哀痛之詔，豈非仁聖之所悔哉？」（前漢九六西域傳贊）——此釋開疆辟地，重勞民力，以為基於天下為私者之一念而致其諷刺；然以民族之大體言之，則武帝誠功臣哉！非如表章儒術之僅以玩弄『天下』後世已也。

漢書（七十五）夏侯勝傳：『宣帝初即位，欲褒先帝，詔丞相御史曰：「孝武皇帝躬仁義，厲威武，北征匈奴，南平氐羌，昆明，甌駱，兩越，東征薉貉，朝鮮，擴地斥境，而廟樂未稱。」勝獨曰：「武帝雖有攘四夷廣土斥境之功，然多殺士衆，竭民財力，奢侈無度，天下虛耗，百姓流離，物故者半，蝗蟲大起，赤地數千里，或人民相食，畜積至今未復，亡德澤於民，不宜為立廟樂。」公卿共難勝曰：「此詔書也。」勝獨曰：「詔書不可用也。人臣之誼，宜直言正論，非苟阿意順旨。議已出口，雖死不悔！」』此可以見當時人對於拓殖之評論已。

第三章　專斷政治下之學術

九　表章儒術與收集遺書

曷以言夫表章儒術之僅以玩弄天下後世也？曰：「此以粉飾太平而已」；曰：「此以牢籠英雄而已」；曰：「此以統一思想而已」。

考漢之初興，其將相多閭巷販繒屠狗者流。（二十二史劄記卷二漢初布衣將相之局）而高祖雅『不喜儒，諸客冠儒冠來者，輒解儒冠溺其中。』（漢書四十三酈食其傳）既定天下，『亦未遑庠序之事也。孝惠高后時，公卿皆武力功臣；孝文時，頗登用，然孝文本好刑名之言，及至孝景，不任儒，竇太后又好黃老術。故諸博士具官待問，未有進者。』（前漢八十八儒林傳）至武帝之世，而曷爲突然重儒也？得毋與高祖之「求賢士大夫」，同爲牢籠英雄而已乎？

黃徹䂬溪詩話（卷一武英殿本）云：『漢高祖置酒沛宮，酒酣擊筑自歌曰：「大風起兮雲飛揚，威加四海兮歸故鄉，安得猛士兮守四方？」時帝有天下，已十三年。當思者艾賢德，與共維持，獨專意猛士，何也？豈馬上三人謾罵餘態，未盡革歟？治道終以雜霸，蓋有由。然其前年（十二年漢書卷一下）下詔曰：「賢士大夫，吾自尊顯之：」是年下詔曰：「與天下之賢士大夫，同安輯之。」竊謂播告之詞，乃秉筆代言；非若耳熱之歌，乃中心所欲也。』以是知統治階級者求士之眞意。故文帝舉『賢良方正』，（漢書四文二年）而不能用一賈生，（漢書四十八賈誼傳）即其驗也。

武帝之崇儒，據史所載：蓋在建元元年：（前一四〇）『丞相綰奏所舉賢良，或治申商韓非蘇秦張儀之言，亂國政，請皆罷，奏可。』（武紀）元光元年，（前一三四）親問，董仲舒對策，仲舒勸以『爾好義，則民鄉仁；爾好利，則民好邪；』惑以『今師異道，人異論，百家殊方，旨意不同，是以上無以持一統。』因建置方案：『以爲不在六藝之科，孔子之術者，皆絕其道，勿使並進，然後統紀可一，而法度可明。』（均詳漢書五十六仲舒傳）可知昌明儒術，全在綱紀法度，中專斷者利用之欲而已。

然儒生所言，儒生未必能行。故在上者，雖云設博士弟子，實未嘗尊顯其人，亦未曲盡其用。武帝時所用者，極少儒生。『西漢自孝武之後，崇尚儒術，至於哀平百餘年間，士之以儒生進用，功業志氣，可紀於世者，不過三四。而武夫文吏，皆著節當世，其業與儒者遠甚。』（蘇子由欒城集卷二十策問題文）然則儒者爲帝皇所用，而不爲帝皇所信，明矣。此固後世亦然，然漢武非能例外也。所謂斤斤自詡之儒生，特隨利用者之牽引，而勉自擡頭耳。

站在思想界權威者之儒生，常爲政治的權威者所牽引，不特漢世也。東坡（東坡集六十三道光壬辰刊本）論歷代世變云：『秦以暴虐，焚詩書而亡。漢興，鑒其敝，必尚寬德，察經術之士。然多未知聖人；（而有揚雄之徒，）故光武繼起，不得不廢經術，褒尚名節之士。故東漢之士，多名節。知名節而不能接之以禮，遂至於苦節之士，有視死如歸者。苦節既極，故晉魏之士，變而爲曠蕩，尚浮虛而亡禮法。』是即異日譚嗣同所本。譚氏（仁學卷一頁二十八）云：『孔雖當「據亂」之世，而黜古學，考今制，寄義而昇平太平。孔學衍而爲兩大支：一爲曾子至孟子，孟故暢宣民主之理；一爲子夏傳田子方至莊子。莊故痛詆君主者。不幸此兩支皆絕不傳，荀乃乘間冒孔之名，以敗孔之道。其爲學也，在下者術之，又疾遂其苟富貴取容悅之心，公然爲卑諂側媚，反以助紂爲虐者，名曰忠義。在上者術之，尤利於尊君卑臣，而塗錮天下之人心。政秦亡而漢高祖術之於上：「從吾游者，吾能尊顯之。」叔孫通術之於下，今而後知皇帝之貴，綿蕝之導君於惡也。君主之潛施其餌也。漢衰而王莽術之於上，以經學行篡弒矣。劉歆術之於下，又竄易古經以獻之矣。新蹶而漢光武術之於上，「吾以柔道治天下，」蓋漸令其馴擾，而已得長踞之也。桓榮術之於下，車服稽古之力焉。挾尙書爲稗販，而無所用恥也。如是者四百年，安得不召五胡亂華之禍？至唐一小康，而太宗術之於上，「天下英雄，盡入吾彀中矣。」韓愈術之於下，「君者出令者也，臣者行君之令而致之民者也；民者出粟帛麻絲作器皿通貨財以事其上者也。」顯背民貴君輕之理，而諂此一人，以犬馬土芥乎天下。至於「臣罪當誅，天王聖明，」（此乃退之之羑里操文。）敢唱邪說，以誣往哲，罪尤不可逭矣。至宋又一小康，而太宗術之於上，修太平御覽之書，以銷磨當世之豪傑。孫復術之於下，造春秋尊王發微，以杜絕上下之分，嚴立中外之防，慘摯刻覈，盡窒生民之靈思，遂開兩宋諸大儒之學派，而諸大儒卒亦莫脫此牢籠。迄宋而中國眞亡矣。』——嗣同與東坡比，詞意較峻，然謂漢以來之儒生受統治者之玩弄，則賢者所得略同乎。

考漢之初立博士，如韓嬰於孝文時爲博士，轅固孝景時爲博士。（漢書儒林傳）『武帝建元五年，初置五經博士。宣成之世，五經家法稍增，經置博士一人，至東京凡十四人。』（宋書百官志）案其職守：『太常差選有聰明威重一人爲祭酒，統領綱紀。其舉狀曰：生事愛敬，喪沒如禮；通易尚書孝經論語，兼綜載籍，窮微闡奧；隱居樂道，不求聞達；六屬不與，姣惡不通……』（後漢書六十三朱浮傳注）不過抱缺守殘，貞順柔曼，供在上者之指揮而已。

即武帝之廣收藏書，藝文志所謂：『漢興改秦之敗，大收篇籍，廣開獻書之路。迨孝武世，書缺簡脫，禮壞樂崩，聖上喟然稱曰：「朕甚閔焉！」於是建藏書之策，置寫書之官，下及諸子傳說，皆充祕府。』劉歆七略所謂：『武帝廣開獻書之路，百年之間，書積如丘。故外有太史博士之藏，內則延閣廣內祕室之府。』（太平御覽卷六一九學部搜輯遺逸條引）實則在淸修四庫之前，表飾太平者，固未嘗不注意於搜集遺書。

東漢之搜書，見後書儒林傳敍。然桓譚酖詆獻書之徒，以爲『巧慧小才，技數之人，增益圖書，矯稱讖記。』（後漢書五八桓譚傳）魏之代漢，亦事采輯。（詳通考一七四）東晉及梁之集書，則詳隋書經籍志。北魏雖新造之邦，顧亦『搜索備送，』（詳魏書三十三李先傳）『羣書大集。』（魏書八四孫惠蔚傳）隋煬亦收書，（隋書經籍志）杜寶大業幸江都記云：『煬帝聚書至三十七萬卷；』（王明清揮麈後錄卷七引）唐與亦嘗括書『增置楷書令繕寫。』（舊唐書令狐德棻傳）太宗元宗代宗時，均向天下徵書。（唐書四十五經籍志）即在五季莊宗同光中，『募民獻書及三百卷，賜以試銜，其選調之官，每百卷減一選。』後漢乾祐中，司徒竇請開獻書之路：『凡儒學之士，衣冠舊族。有以三館亡書來上者，計其卷帙，賜之金帛。數多者，授以官秩。』山堂肆考角集卷十八北宋則太祖乾德四年，『下詔募亡書。』太宗太平興國九年詔曰：『遺編墜簡，當務詢求，眷言經濟，無以加此！……若臣僚之家有三館所缺者，許詣官進納。及三百卷以上，其進書人送學士院引驗學士書札，試問公理，如堪任職官者，與一子出身。親儒墨者，即予量才安排。如不及三百卷者，據卷帙多少，優給金帛。』眞宗咸平二年。語輔臣曰：『國家搜訪圖書，其書漸廣。臣庶家有藏書者，朕皆令借其目錄，以參校內府及館閣所有；其缺少者，借本鈔塡之。』仁宗嘉祐五年又詔：『一應中外士庶之家，並許上館閣所缺書，每卷支絹一匹，及五百卷，特予文資安排。』宋專均詳程俱麟台故事卷二南渡後，又定獻書有賞之例。通考一七四王明清謂：『太上警蹕南渡，屢下搜訪之詔；獻書補官者，凡數人。秦禧提舉祕書省，請命天下尊委守臣，又有旨錄會稽陸氏所藏書。』揮塵前錄卷一如紹與二年二月甲子，『市賀鑄家所鬻書，以實三館。』繫年要錄五十一四月戊午，『賀廩獻書五千卷，詔添差廩監平江府糧料院，仍官其家一人。』繫年要錄卷五十三其在於明，則至元二十六年，『削平陳友諒，即下詔訪求遺書。』朱國楨皇朝大政記卷一成祖永樂四年，『上御便殿覽書史，問文淵閣藏書，解縉對以尚多缺略。帝曰：『士庶稍有餘貲，尙欲積書，況國家乎？遂命禮部尙書遣使訪購，惟其所欲與之，勿較値。』明史九十六及俞繼登典故紀聞卷六——蹤上所述可知在淸修四庫，漢徵遺書之間，爲君主者欲表飾昇平，胥均注意搜輯殘逸也。說詳拙作收集遺書與建國新猷。建國月刊第六卷第四五期

即統西漢一代言之，武帝以後，固亦有致意於收書者，如成帝時，『以書頗散亡，令謁者陳農求遺書於天下。』藝文志而郡國風氣，亦多有收書者，如『河間獻王德，以孝景前二年立，修學好古，實事求是。從民得善書，必爲好寫與之，留其眞，加金帛賜以招之。由是四方道術之人，不遠千里，或有先祖舊書，多奉以奏獻王者。故得書多與漢朝

等；是時淮南王安亦好書，所招致率多浮辨。』漢書五十三景十三王傳 此其徵也。

卽如崇奉孔子，列代封號愈貤愈重，具詳孫承澤春明夢餘錄。卷二十一頁六至九古香齋十種本 而余氏有學宫輯略。六卷青照堂叢書 清聖祖所謂『朕惟天生聖賢，作君作師，每念厚風俗必先正人心，正人心必先明學術。』東華錄康熙十六年 利用之心，昭然若揭。唐子西云：『挾六經以令百氏，百氏必服，然謂之尊經則不可。』張端義貴耳集卷下頁十六 漢武之舉措，殆亦不過爾爾。論其獎掖儒生，儒生亦不過抱殘守缺者流，故李塨有『漢儒之於學，驛使也，宋儒則驛使改換公文者也』之歎。顏氏學記卷七 更無論陰陽災異之學已。

西漢最重災異，廿二史劄記有災異策免三公，漢儒言災異條。卷二 董仲舒稱大儒，而以「私爲災異書」敗。漢書三十六劉向傳引 章炳麟駁建立孔教議云：『燕齊怪迂之士，興於東海，說經者多以巫道相糅，伏生開源，仲舒衍流。是時適用少君文成五利之徒，而仲舒亦以推驗火災，救旱止雨，與之較勝，以經典爲巫師，讖緯紛起，怪說布彰。曾不須臾，而巫蠱之難作，則仲舒爲之前導也。』太炎文錄卷二 漢儒之學可知已。劉向稱大儒，而其說王氏之禍，以王氏祖墓梓柱生枝爲言。漢書三十六劉向傳 儒生如此，誠無怪乎方士之見用於武帝，而巫蠱左道使武帝陳皇后『惑於巫祝』焉。前漢九十七陳皇后傳 紀昀云：『余於漢儒之學，最不喜春秋陰陽、洪範五行傳；於宋儒之學，最不信河圖洛書、皇極經世。』槐西雜志一 亦允論也。

然副果之生，有非所能掩者。其一，則曰書得保留；詳藝文志 其二，則曰書得校勘，如武帝曾命張安世校書。漢書五十九安世傳 成帝時則『光祿大夫劉向校經傳諸子詩賦，步兵校尉任宏校兵書，太史令尹咸校數術，侍醫李柱國校方伎』；哀帝使向子『歆卒父業，歆於是總羣書而奏其七略』。藝文志敘 其三則爲黌舍之盛，王朗謂當時『學官博士七千餘人，』魏志十三王朗傳注亦其徵也。

然抱殘守缺，於後世影響頗大。楊愼丹鉛總錄卷十一靜修論學云：『六經自火於秦，傳注於漢，疏釋於唐，議論於宋，日起而日變。學者亦當知其先後。近世學者往往舍傳注疏釋，便讀宋儒之議論，不知議論之學自傳注疏釋出，特更作正大高明之論爾。傳注疏釋之於經，十得其六七；宋儒用力之勤，剗僞從眞，補其三四而已。』

蓋但就經學言之，則漢儒之抱守，固與後世有關。第其功過何似，則經學於中國文化之功罪，本不易言焉。

一〇　書契制作之進步與經今古文

漢世之崇儒收書，固爲帝皇自私之心，遭秦之焚書坑儒而反動者。然當時有一偉大之進步，則筆與文字體例，是也。

『古者書契之用，自刻畫始。金石、甲骨、竹木，不知孰先，而以竹木之用爲最廣。以見於載籍者言之，則用竹者爲册，書金縢「史乃册祝，」曰簡，王制太史執簡記是也。用木書者曰方，聘禮不及百名書於方，曰版，司民自生齒以上皆書於版是也。曰牘，韓詩外傳七墨筆操牘是也。竹木通謂之牒，亦謂之札，漢書注札木簡之薄小者也。文心雕龍，短簡編牒。此謂竹牒也。』王國維簡牘檢署考頁一 然簡札編牒，其用固未便也。所謂「竹」「帛」「竹」之爲用，見其不便。第便秦皇之焚而已。

簡策攜帶之不便，乃便於秦之焚書者。考簡之長短，孔穎達左傳序云：『春秋二尺四寸書之；孝經一尺二分書之。』蔡邕獨斷云：『漢天子命令，一曰策，二曰制，三曰詔，四曰戒。策書長二尺，短者半之。其次一長一短，兩編下附篆書起年月日，稱皇帝曰：「……。」』史記匈奴傳，文帝遺單于書牘以尺一寸；而單于遺漢書，以尺二寸。』至於連簡爲編，連策爲簡，則更累贅。『賈公彥儀禮疏云：「簡據一片而云，連編諸簡，乃謂之策。然顧彪說曰：「二尺四寸爲簡；一尺二寸爲簡」則又以長短別之。前說是。』簡牘簽署考 別詳馮承鈞紙未發明前中國書契制度。圖書館學季刊五卷一期 案南史卷四有武進吳季札廟得古木簡，長一尺，廣二寸。上書張陵再拜等字，雖蕭道成僞作符命，恐非事實；然古人遺制，可以略尋矣。

春秋之季，竹簡猶盛。崔杼弒其君，則魯太史執簡以往。左襄二十五 戰國之時，似已用帛，如呂不韋以呂覽稿，『布咸陽市門。』史記八十五不韋傳 秦時，陳勝詐爲符命，曾有帛書魚腹之事。史記四十八陳涉世家 然竹簡之用仍溥，故刀筆兩字，仍在流行；如刀筆吏几兩見。史記五十三蕭相贊又漢書五十四蘇建傳 箸書述作，動事筆削，即無秦皇之禁焚，所由何自而廣，雖有漢帝之提倡，流布何自而通。史稱仲尼修春秋，筆則筆，削則削。詳史記孔子世家漢書二十二禮樂志 師古注曰：『削者謂有所删去，以刀削簡牘也。筆者謂有所增益，以筆就而書也。』向使筆削不廢，繕錄不興，則漢之搜書，其效力當較微矣。

案筆削之制，其見於先秦者，如『楚左師請賞，公與之邑六十，以示子罕，子罕削而投之。』左襄二七 其在漢時，則猶有「削牘爲疏」原涉傳「投刀使削所記」朱浮傳「輒削草槀」孔光傳 而劉盆子傳：『公卿皆列坐殿上，其中一人出刀筆……』李賢注曰：『古者紀事，書於簡策，謬誤者，以刀削而去之。』是漢時固用筆削者。故周禮「築氏爲削」，鄭注云：「今之書刀」也。

刻於竹木，書於竹木，書於竹帛，箸述之方，蓋三變矣。故說文於聿下云，所以書也，楚謂之聿，吳謂之不律，燕謂之弗，秦謂之筆。——此皆言所以刻者。至於墨，則書墨也，從土黑。段氏注曰：『蓋竹木，自古有之，不始於蒙恬也。箸於竹帛，謂之書。竹木以漆，帛必以墨，用帛亦不始於秦漢也。』皇清經解卷六五三此則言所以書者但刻與書二者，中古之初實同時並用。故樊宏有焚削文契之事後漢書六十二曰削，知漢季之尙用刻竹，曰焚，知漢季之已用帛書也。

然縑帛之書之進步與竹木之刻之退化，中間當以毛筆之發明爲斷。史稱蒙恬造筆，今湖州有蒙公祠，香火頗盛。俞樾春在堂隨筆卷七詳此但案『牛亨問曰：「自古有書契以來，便應有筆，世稱蒙恬造筆何也。」答曰：「蒙恬始造，卽秦筆耳。」以枯木爲管，鹿毛爲柱，羊毛爲被。』崔豹古今注卷下馬永卿懶眞子錄卷一亦云『張子訓嘗問僕曰：「蒙恬造筆，然則古無筆乎？」僕曰：古非無筆，但用兔毛自恬始耳。爾雅曰：不律謂之筆。史載筆，詩云貽我彤管，夫子絕筆，莊子云舐筆和墨，是知其來遠矣。但古筆多以竹，如今木匠所用水斗竹筆，故其字從竹。』更詳陔餘叢考卷十九造筆不始於蒙恬條是筆匪創始於秦之蒙恬。第恬以前之筆，多指刀筆之筆，其舐筆和墨，以毛爲筆，要當及秦漢而昌明，創述之理則然也。

前人不以刀筆之筆與毛筆之筆劃分，理亦非是。左春谷三餘偶筆云『管子霸形篇桓公令有司削方墨筆，晏子春秋擁札摻筆，晉語里革曰臣以死奮筆，晉語董安子曰方臣之少也進秉筆，士茁曰臣以秉筆事君。莊子田子方篇舐筆和墨，太公陰謀筆之銘曰毫毛茂茂，陷水可脫，陷文不活。曲禮史載筆，是古已有筆。筆之制，不始於蒙恬也。』卷一左氏所引除莊子外，不見毛筆意思。陰謀乃僞書也則言毛筆之用，始於秦漢之際，要當不誣。故御覽卷六〇五引王羲之筆經『漢時諸郡獻兔毫，惟趙國毫中用。』明毛筆之用，在漢時則碻鑿有據也。

毛筆未通用前，書之謄錄流傳，自較困艱。如伏生『故爲秦博士，孝文帝欲求能治尙書者，天下無有，乃聞伏生，能治，欲召之。是時伏生年九十餘，老不能行，於是召掌故鼂錯往受之。秦時焚書，伏生壁藏之。其後兵大起，流亡。漢定，伏生求其書亡數十篇，獨得二十九篇，卽以敎於齊魯之間。』（史記一百廿一儒林伏生傳）「壁藏」言卷帙之累，「無有」言。流通之乏，蓋『書皆竹簡得之甚難，若不從師，無從寫錄，非若後世之書購買極易，可兼兩而載也。』（經學歷史頁二十七）

案袁山松後漢書云：『王充所作論衡，中土未有傳者，蔡邕入吳，始得之，恆祕之以爲談助。其後王朗爲會稽太守，又得其書，及還許下，時人稱其才進，或曰，不見異人，當得異書。問之，果以論衡之益。』抱朴子曰：『時人嫌蔡邕得異書，或搜求其帳中隱處，果得論衡，抱數卷持去。邕丁寧之曰：惟吾與爾共之，勿廣也。』（後漢書七十九注文）在卷帛時期，書之流傳如是，竹木時期勿論矣。

同時，在上古期中，學校敎育，大抵襲斷於貴族之手。（見上古卷第十五節）春秋戰國之際，私人講授之風始啓。漢武雖立學校之官，（漢書董仲舒傳）而『建首善自京師始，由內及外。』（史記儒林傳）其循吏如文翁，雖遣子弟入都受業，業成而執敎於其鄉，以開巴蜀蠻夷之風，（漢書八十九循吏文翁傳）然敎育之權，似在國都。（詳陔餘叢考卷十六兩漢時學者皆赴京師）郡國之學，似尙未廣。故西京之季，光武家南陽，而『之長安受尙書』，（後漢書一）鄧禹新野人，亦『受業長安』，（後漢書四十六）耿純鉅鹿人，亦學於長安。（後漢書五十一）郡國之學，私人敎授，其道未廣，則書之難於流傳，二也。

郡國之學，雖已見於周禮，及所謂夏校殷庠周序之制，（孟子史記儒林傳）又如鄭人有鄉校，（左傳襄卅一）然其用未宏。史記（項羽本紀）載『魯守禮義』，論語亦載武城有絃歌之聲，然秦漢人材，猶多從私人師受出者。（詳皮錫瑞經學歷史第二十七頁）如匡衡之平原，則後進往從之，（漢書八十一衡傳）翟方進亦問學於蔡父，及其『入京求學，則母憐其幼，隨之長安，織屨以給。』（漢書八十四方進傳）賈復習尙書，則事舞陰李生，（後書四十七復傳）（通考四十六）於郡國之學，載其具體之事，亦託始於文翁；而元帝平帝時，郡國立學次之。

書旣經秦火，而又流傳未易。故今文古文之別，適與毛筆俱興。『古文者，今所謂籀書；隸書，漢時通行，故當時謂之今文。』（經學歷史第十七頁）漢初博士皆誦今文。其後景帝時河間獻王『得古文先秦舊書周官尚書禮記。』魯共王亦以壞孔子宅『得古文經傳。』（漢書五十三）然書契之制作，初簡教育之傳播未溥，故先入爲主，今文之學獨盛；哀帝時，劉歆『欲以左氏春秋毛詩逸禮古文尚書皆列於學宮』，而太常博士猶『專己守殘，黨同門，妒道眞。』（漢書三十六劉歆傳讓太常博士書）則又不能不歸過於秦季兵燹，流通尙尠，而有此抱殘守缺之象焉。

今文學爲穀梁公羊儀禮戴記今學各篇，（王制千乘四代虞戴德冠義昏義鄉飲酒射義燕義聘義聘禮祭統主言哀公問禮三本喪服四制）孟荀墨韓非司馬法吳子易緯尙書大傳春秋繁露韓詩外傳公羊何氏解詁。古文學爲周禮左傳儀禮經戴記（除今學諸篇）周書國語說文。

抱殘守缺之表示，則在着重家法。『漢儒家法，大略有三。一曰，守師說。如易有施孟梁邱費高，……其間文字異同，章句錯互，各守師傳，不相沿襲。一曰，通小學。漢儒課學，僮必先諷籀書九千字，爾雅十七篇。一曰，通天人之際。書家如伏生，則以洪範釋天。』『漢初開獻書之路，廣立學宮，於是經術之士，得以身顯，當時各守其傳，自立門戶。持論甚嚴，不肯輕易師法。』（參看嚴杰經義叢鈔卷二十胡部兩氏漢經師家法考）故劉歆欲立左傳毛詩逸禮古文尚書於學官，則諸博士不肯置對。歆爲書讓之，則諸儒怨恨。（漢書三十六歆傳）公孫祿復斥其『顚倒五經，毀師法，令學士疑惑。』（漢書九十九王莽傳下）則今文之學偏於墨守，亦不得不謂阻礙學術之進步矣。

今文學與古文學之雜糅，當在東漢時。西漢諸儒，『多專一經。……後漢則何休精研六經，許愼五經無雙，蔡元學通五經。……鄭君出而徧注諸經，立言百萬，集漢學之大成。』（經學歷史頁二十六）後漢書論所謂『自秦滅六經，聖文埃滅。漢興，諸儒頗修藝文，及東京學者，亦各名家。而守文之徒，滯固所稟。異端紛紜，互相詭詁。遂令經有數家，家有數說。……鄭玄囊括大典，網羅衆家，刪裁繁蕪，刊改漏失。自是學者，略知所歸。』（後漢六十五鄭玄傳）守

殘缺表同異之習，亦稍稍變已。

至於讖緯之學，陰陽靈異之說，亦盛於西漢。蓋亦爲帝王所利用者。讖本起於先秦，如史記有「秦讖於是出」「亡秦者胡」「明年祖龍死」之記。（秦本紀趙世家）『本方士之書，與經義不相涉。漢儒增益祕緯，乃以讖文牽合經義。』（經學歷史頁二十三）緯書雖云起於哀平之間，（嚴杰經義叢鈔卷二十徐養原緯候不起於哀平辨）然成帝時，李尋與王根書，已言：『五經六緯，尊術顯士。』（前漢七十五李尋傳）而隸釋存譙敏碑，稱故國師譙贛，深明典奧，讖錄圖緯，傳道與京君明，京房即君明，元帝時人。即董仲舒之春秋繁露，亦有用春秋緯文者。（經義叢鈔卷二十汪繼培說）則武帝重經時，民間蓋已有緯——讖緯之說成，而陰陽靈異之學益張矣。

文心雕龍（卷一正緯）謂緯書起於哀平。緯有四僞，其言甚辨。但觀上文，即知其誤。俞正燮（癸巳類稿卷十四緯書論）謂緯書西漢時不入祕府，但在民間；故學者甚訝其新出。其說亦是。然讖緯在西漢時固已有重大影響矣。（緯書後爲隋帝所燒，見隋書經籍志）緯書中儘有佳資，如尚書考靈曜（青照堂叢書本）稱『地常動移而人不知，譬如人在大舟中，閉牖而坐，舟行不覺也。』則地動說之鼻祖也。然緯書固有爲人利用者。如光武因李通說讖而定謀，因彊華奉赤伏符而即位，（後漢書卷一）胡致堂歎其『以英睿剛明之主，親見王莽信尚奇怪，而躬自蹈之，其爲盛德之累，不亦少哉！』（讀史管見卷三頁卅一）考桓譚詆『伎數之人，增益圖書，矯稱讖記。』而光武大怒，以爲非聖無法。（後漢書五十八桓譚傳）則光武對於圖讖，固念念不忘利用者。異日張衡疑『春秋元命苞中有公輸班與墨翟，事

見戰國，非春秋時，』而請『一禁絕之。』後漢書八十九平子傳 荀悅亦厚非之，後漢書九十二 可知明哲者流，不以爲然。而無如在上者之好之何也！後有隋煬之焚，隋經籍志 緯乃殘缺。宋歐陽修又有請刪去九經正義中讖緯，永叔奏議集卷十六 緯書乃少完者矣。

二　文藝與時世

非僅讖緯之學受政治之熏炙也，卽文學亦何嘗不然。

文學之本質雖具於吾心，如董其昌文訣所謂『今夫農人之歌，豈知聲律，然一唱衆和，前輕後重。若經慣習，雖善歌者不能習之。於此見人心有自然之節奏，以此機相感，灑然善矣。』武之望舉業巵言卷三青照堂叢書本 雖或具天籟，如隨園詩話所舉『杭州有負販者目不識丁，而酷嗜度曲，其母死，哭曰：叫一聲，哭一聲，兒的聲音娘慣聽，如何娘不應一字一淚，眞天籟也。』熙朝新語二引 然受時世之推移，感於物而後動，激於事而變型，則詩經、楚辭、兩漢詩賦，固有異矣。

往時謂文學多謂出於天才，如江郎夢五色筆，南史五十九淹傳 任昉其母娠時，夢旗蓋四角鈴，梁書十四昉傳 李嶠夢人遺雙筆，舊唐書嶠傳 而李白亦以母夢長庚星生。新唐書二〇二白傳 此皆文學由於天才之說。天才固不易測定之物，然誠使有天才，豈能離時世而不染乎？

朱熹詩傳集敍朱文集七十六 云『或有問於予者曰：詩何謂而作也？余應之曰：人生而靜，天之性也。感於物而動，性之欲也。夫既有欲矣，則不能無思。既有思矣，則不能無言。既有言矣，則言之所不能盡，而發於咨嗟咏歎之餘者，必有自然之音響節奏而不能已焉。此詩之所以作也。』若夫外物既異，則所動自殊。時世尤外物之大者，故『三百篇之不能不降而爲楚辭，楚辭之不能不降而爲漢魏，漢魏之不能不降而爲六朝，六朝之不能不降爲唐也勢也，』日知錄二十一詩體代降所謂勢者蓋猶時世之不同爲之。

如有草昧神治之事則起事神之歌，商頌是也。有因民蠢俗之政，則起悲怨之音，小雅是也。荀子論小雅曰『疾今之政，以思往者，其言有文焉，其聲有哀焉。此詩之情也。』如以古時之貴豪封建，剝削小民，綱紀未立，人倫初建論之，則輿人之誦，悲愍之言，男女贈答之詞，里巷傳流之語；司馬遷所謂：『詩三百篇大抵賢聖發憤之所作也，』所謂賢聖，大半閭閻小民。

「疾今之政以思往者，」亭林以爲作詩之旨如是。日知錄二十一然後世之統治者，既堂高陛遠，而小民之聲不易聆聽。應時刺世之作，權在一二文人。白居易與元稹書所謂：『文章合爲時而著，歌詩合爲事而作。』又自敍其詩關於美刺者謂之諷諭詩，而謂好其詩者，鄧魴唐衢俱死。不知天意不欲使下人疾苦聞於上耶？』舊唐書一六六非如古昔晉侯聽原田每每之誦，僖二十八年左傳而子產爲政，初則聞「孰殺子產」之毀，繼則來「誰其嗣之」之譽。左襄三一自主權既崇，閥陛漸隆，里巷謳歌，不爲世重，綴文屬辭胥出詞人，而三百篇之多無名作者，一變而爲可得主名之楚辭矣。此以作者之殊，而讀史者知所以別世變矣。

戰國以降，政刑漸立，撰者既殊，風格自異。悲怨化爲諷刺，諷刺化爲容與，故詩經之後，『王澤殄竭，詩人輟采。春秋觀志，諷誦舊章，酬酢以爲賓榮，吐納而成身文。逮楚國諷怨，則離騷爲刺。』文心雕龍明詩第六雖云『九歌蓋取諸國風，九章蓋取諸二雅，離騷蓋取之頌。』周密浩然齋雅談卷上詞臣之作，究與民歌不同。司馬遷謂：『屈平正道直行，竭忠盡智以事其君，讒人間之，可謂窮矣。信而見疑，忠而被謗，能無怨乎？屈平之作離騷，蓋自怨生也。』史記八十四屈平傳劉勰謂：『其陳堯舜之耿介，稱湯武之祗敬，典誥之體也。譏桀紂之昌披，傷羿澆之顛隕，規諷之旨也。虬龍以喻君子，雲蜺以譬讒邪，比興之義也。每一顧而掩涕，歎君門之九重，忠怨之辭也。觀茲四事，同於風雅。』文心雕龍辨騷第五 又謂：『昔漢武愛騷，而淮南作傳，以為國風好色而不淫，小雅怨誹而不亂，若離騷者可謂兼之。』若騷離以後，則容與之作，見於朝廟，而誹怨之詞，徵於民間矣。

史記屈原傳：『屈原既死之後，楚有宋玉唐勒景差之徒者，皆好辭而以賦見稱。然皆祖屈原之從容辭令，終莫敢直諫。』惟齊人有「松耶柏耶，與建共者客耶」史記田世家 之作，略具怨誹之意。而『荆軻入秦，燕太子丹及賓客送至易水之上。高漸離擊筑，軻和而歌，為變徵之聲。士皆涕淚。軻本非聲律，乃能變徵換羽，於立談間。』錄王灼碧鷄漫志卷一 尙有民間悲壯之氣。願與詩經之「莫謂鼠無牙，何以入吾家？」書之「時日曷喪，與女偕亡」意致所由，迥乎異矣。

以西漢言之，更徵君權日盛，作者日靡。故樂府之興，由於帝皇之協律；賦體之變化，為遊觀之描摹。即詩人撰詩，大致致力於贈別傷離，自感不遇；非材智環境絕異儕輩之徒，鮮有不為「不許謗訕」之專制格局所牢籠。而古人率情任性之文，遂與古代渾朴之治俱去矣。司馬遷之謗書，王允云云見後漢書九十蔡邕傳 自託於『倡優畜之，流俗所輕。』漢書六十二司馬遷傳 遷官太史，其『位在丞相下，天下上計，先上太史公，副上丞相』者，『宣帝以其官為令，行太史公文書事而已。』西京雜記卷六 而遷外孫楊惲，且以「田彼南山」獲罪。漢書六十六 文人遭厄如此，而哀怨民瘼，諷刺國政之作，胥變為帝皇奉娛之物。上也者，能自怨自艾而已。此明示文學之影響於時世也。

樂府起於李延年。漢書禮樂志 其人則佞倖也。漢書九十三佞幸傳 『延年雖歌，為新變聲。是時武帝方興天地諸祠，欲造樂。

令司馬相如等善得詩頌，延年輒承意絃歌，所造詩爲之新聲曲。』如李夫人死，武帝思之則作詩而被諸樂府。漢書九十七 歌曲古意『餘波西漢始絕。西漢時今之所謂古樂府者漸興。』賦在左傳中甚多，如『公入而賦……。』隱元年 然『漢初詞人順流而作，陸賈扣其端，賈誼振其緒，枚馬同其風，王揚騁其勢。』詮賦第八 賈生鵩鳥，論性命死生之說，自恨不遇；餘則『京殿苑獵，述行序志。』詮賦 蓋不能免於雕蟲小技徒以娛人耳目之譏。卽如詩，詩品謂七言詩始於柏梁聯句，五言詩始於蘇李贈答；後人指其不當，詳日知錄二十一 此當別論。然蘇李贈答，不過個人窮愁，而柏梁造句明爲帝皇豫樂，與古人悲天憫人，刺時拯世之旨異矣。

滄浪詩話卷二云：『風雅旣亡，一變而爲離騷，再變而爲西漢五言，三變而爲歌行雜體，四變而爲沈宋律詩，五言起於李陵蘇武，七言起於漢武柏梁。（注云：元封三年作柏梁臺，羣臣二千石有能爲七言詩乃得上坐。其辭曰：日月星辰初四時，（帝）驂駕駟馬從梁來（梁武王）郡國士馬羽林材，（大司馬）總令天下誠難治。（丞相））』明詩體之變，變自貴族也。

故新駿佳遯翁隨筆云：『西漢文章，或於武帝時，其時又似有三種。枚鄒司馬之徒，詩賦唱和，供奉乘輿，此其一，太史公網羅百史，成一家言，此其二。至淮南諸客撮合諸家之旨發明道術又其一也。』卷上頁四 除私人窮怨外，全爲貴人豢養之物矣。

卽以圖畫論之，其現於日常生活者，原先於文字。而其發揚進步，則亦由於有閑之特殊階級。『屈原放逐，憂心愁悴，旁皇山澤，經歷陵陸，見有楚先王之廟，及公卿祠堂圖畫天地山川神靈瑰琦僑詭及古賢聖怪物行事。』天問序 明畫圖與神權皇權有關也。其在於漢，則報功之畫，淫佚之圖，著於史册，顏習齋曰：『後世詩文字畫乾坤四蠹也，』戴留黯廛堂集二書楊貞甫詩卷 就其孕育於有閑階級言之，則所言不爲無因矣。

案漢世圖畫，如武帝思股肱之美，圖功臣於麒麟閣。見漢書五十四蘇武傳 異日明帝亦圖功臣於南宮雲臺。後漢書五十二 此即圖畫用於貴族之明證。而水經注卷八濟水篇 又載桓帝時李剛之墓『雕刻爲君臣官屬龜龍麟鳳之文，飛禽走獸之象，作制工麗。』魯峻之冢，則有忠臣孝子貞婦之像。同上 武帝又畫周公抱成王朝諸侯圖以賜霍光。漢書六十八 又畫金日磾母象以勵日磾。同上 此皆關畫有關於政事之據。至於甘泉宮有李夫人畫象，漢書九十七 廣川王畫男女交接之象，漢書五十三 則淫佚與畫事，其關係又顯甚矣。

卽以建築工事而論，『上古穴居而野處，』易繫辭 孔子稱『禹卑宮室；』論語 然孟子已有工師求大木之語，國語載楚靈築臺，楚語 而吳王亦『自治宮室，治姑蘇之臺，旦食䱇山，晝游蘇臺，射於鷗陂，馳於游臺。』吳越春秋卷二 語詳董悅七國考。然猶未及阿房宮之盤麗也。阿宮『殿高數十仞，東西五里，南北千步，從車羅騎，四馬鶩馳，旌旗不橈，』漢書五十一賈山傳 蓋『秦每破諸侯，輒寫放其宮室。』始皇本紀 經項羽之火，而羽固以宮闕殘破爲念者。項羽本紀 則知漢與壯治宮室，固有所承者。『蕭何治未央宮，……上見其壯麗，甚怒，謂何曰：天下匈匈，勞苦數歲，成敗未可知，何治宮室過度也。何曰：「天子以四海爲家，非令壯麗，亡以藏威。」』漢書高祖紀 觀何此言，而建築與天下爲私之時世，可知矣。

漢武治宮室，蓋可徵信，水經注卷十九渭水 謂：『建章宮，武帝時造，周二十餘里，千門萬戶，其東鳳闕，高七丈五尺。』又謂長安城中，『凡此諸門，皆通逵九達，三途洞開。隱以金椎，周以林木。左右出入，爲往來之徑。行者升降，有上下之別。』同上 可見當時都市之美，班固兩都賦謂長安西郊，『離宮別館，三十六所。神池靈沼，往往而在。其中乃有九眞之麟，大宛之馬。黃支之犀，條枝之鳥。』又謂：『周廬千列，徼道綺錯。輦路經營，修涂飛閣。』（後漢七十固傳）則帝皇之淫欲，越秦更有加焉。上有好之下也必甚，故成帝之時，王氏五侯，『爭爲奢侈，大治第室，高廊閣道，遲屬彌望。』（漢書九十八元后傳）此以皇權之重，而帝皇貴族得以恣其淫欲也。然此等淫欲，就其害者言，則耗天下以娛特殊階級，而自其利言之，則建築技藝進步，其在東漢，固有梁冀之大起第舍，殊極土木。（後漢書六十四冀傳）然費袞記成都大成殿，『建於東漢初平中，氣象雄渾，至今千餘年，巋然獨存。』（梁谿漫志卷六）因淫欲而影響技藝，因技藝而普及民間，亦不可謂非佳美之副業矣。

第四章 僞復古運動

二 王莽變政之始末

有天下爲私之政，則民生之疾苦可知；有專斷政制所需之學術，則士氣之漸次消沉可知。於是武帝以後，歷宣元哀平，而王莽（西元前八至後八）乃因民生之疾苦而改制，以天下爲私而行篡，以古經古學而文過，以士氣消沉而得暢所欲爲矣。

莽之爲人，固亦有可敬者，胡致堂謂：『莽之事無足言矣。然猶有後人所不能及者。彭宣恥與同列，乞骸而去，纔免就國；申屠剛斥之，纔罷歸田里；孫寶阻其稱頌功德，纔坐免官而已。逮龔勝邴漢辭位，又皆優禮而遣之，未嘗諷司隸舉劾，加以他罪也。』（讀史管見卷三）

士氣消沉，固由於重法多殺，亦由選舉制度之漸爲困縛。徵之古時選舉，除中下官吏，拔諸民間，其大吏皆世族。

（說詳上古卷十四節引俞正燮癸巳類稿卷三鄉興賢能論）

自秦漢兵事而布衣將相之局已見於蘇秦，（蘇秦曰「使我洛陽有田二頃吾豈得佩六國相印」其爲平民可知）特顯於樊噲，而漢時用人或用直言極諫，或舉賢良方正。（史記卷十文二年）或舉茂材孝廉。（前漢書六武帝紀元光元年）故公孫宏「家貧」「以賢良徵」張安世以「奇材」擢張騫以「能使外國」應募，朱買臣以「文學」爲中大夫，賈捐之以言得失待詔金馬門。（具詳漢書各傳）卽將帥干城之材如趙充國甘延壽等，亦以能騎射補官。（漢書各傳）是雖有任子之舉而平民參政猶得各盡其材。非如元帝之時以四科取士，『一曰質樸二曰敦厚三曰遜讓四曰有行。蓋孱主佞臣以柔惰銷天下之氣節，自此以後，漢無剛正之士遂舉社稷以奉人而自詡其敦厚樸讓之多福。』（王夫之讀通鑑論卷四）然則王莽之得志固由士氣銷沉助成之。

任子之制頗有似古之世族，所謂士之子恆爲士是也。如蘇武以父任爲郎，劉向以父任爲郎，（通考三四）然此與士氣殊無關。其與士氣有關者則武帝以後外戚宦官之更迭也。外戚爲皇親，其與不具論。至於宦官，古有巷伯能詩，列在小雅，（日知錄卷九宦官條）寺人進諫，著於左傳。（左傳二四）自帝皇淫縱，多蓄妻嬪，漢儒有一后三夫人九嬪二十七世婦八十一御妻（禮昏義）之說，則宦者益盛，『宦官之盛由於宮嬪之多。』（日知錄）黃宗羲明夷待訪錄（奄宦下）亦有此說，此爲定論。漢高倘枕宦者臥，（樊噲傳）元帝之寵宏恭石顯而誅戮直臣，理有必然。——然士氣則益餒矣。

其次，則大臣無恥。蓋以君權之漸重，法網之日密，武帝時，張湯不免於自殺，嚴助亦陷於棄市，司馬遷所謂『自至王侯將相聲聞鄰國，及罪至罔加，……安在其不辱也？』（漢書六十二）其在成帝時之張禹，則雖王氏弄權而『以自見年老子孫弱，恐爲所怨。』（漢書八十一）而噤口不言矣。大臣無恥，故王莽弄權，異日翟義慨乎言之矣！

平帝崩而王莽居攝，翟義曰『天下傾首服從，莫能亢扞國難。』（漢書八十四）此可見張禹一流人之多矣。其次，則富豪陵削。蓋秦皇尙築臺以禮巴淸，而『富相什則卑下之，伯則畏憚之，千則役，萬則僕，』（史記一二九貨殖傳）明明爲漢世風俗。故蕭相有受賈人財賄之說，（漢書三十九蕭何傳）卜式司馬相如，或以財拜官。（漢書五十八式傳）或以貨爲郞（漢書五十七相如傳）東漢安帝（永初三年）之令人入貲拜官，無足異也。此足明貧富在政治上之不均也。董仲舒云『富者田連阡陌，貧者亡立錐之地。邑有人君之尊，里有公侯之富，或耕豪民之田，見稅什五。故貧民常衣牛馬之衣，而食犬彘之食。』（漢書二十四上食貨志）明在經濟上之貧富不均也。蕭望之云：『今欲令民量粟以贖罪，如此，則富者得生，貧者獨死。是貧富異刑而法不一也。』（漢書七十八望之傳）是法律上之貧富不均也。——安得而不動王莽更革之念乎？

漢初頗有截截富人之法，如『高祖令賈人不得衣絲乘車，重租稅以困辱之。』（史記平準書）而『商賈人軺車二算。』（漢書二十四下食貨志）『毋得名田以便農，』但枝節之制，何傷於富人？且漢方有事外國，需用正般，則富人之益自宜。雖董仲舒有『限民名田以贍不足，』卒未得行。哀帝時，師丹有『今累世承平，豪富吏民，訾數鉅萬，而貧弱兪困，』因定名田之議。（均詳漢書卷二十四上食貨志）亦終格不得行。時勢如此，則王莽更法，自有必需者。其次，則爲貴族之淫虐。成帝之不慕白雲鄉，而欲終老溫柔鄉。（飛燕外傳）無論已。而張禹之『買田至四百頃，皆涇渭溉灌，極膏腴上賈。』（漢八十一禹傳）翟方進之壞隄爲田，民致怨恨。（漢書八十四）而杜建在昭帝崩時下獄，則中貴爲請託，賓客謀篡取。（漢書七十六趙廣漢傳）至王氏五侯之聲勢煊赫，無論已。

劉向於成帝時上疏曰：『今王氏一姓，乘朱輪華轂者，二十三人。素紫貂蟬，充盈幄內，魚鱗左右。大將軍秉事用權，五侯驕奢僭盛，並作威福，擊斷自恣，行汚而寄治，身私而託公。……事勢不並立，如下有泰山之安，則上有累卵之危。陛下爲人子孫，而令國祚移於外戚，降爲皁隸，縱不爲身，奈宗廟何？……』書奏，天子召見向，歎息悲傷其意謂曰：「君且休矣，吾將思之。」』（漢書三十六向傳）

有士氣之銷沉，有大臣之無恥，有富豪之陵削，有貴族之淫虐，——因以型成社會政治之不安者，則託古改制，以經說自文其行蹟，而『王莽竊君子之似矣！』（讀通鑑論卷五）更助以在經學孕育以下之一二文人，推波助瀾，而莽之改政篡位，一一臻於實見矣。蓋『古之權臣跋扈，必陰藉名儒爲之宗主。毅然復古之禮文，以厭羣志，然後乃敢行大事。彼名儒者，冒昧依附，欲資其勢，而行其志。是故西京郊社之禮，至王莽輔政而後定，劉歆主之也。東京宗廟之制，至董卓入朝而後定，蔡邕主之也。』（敖英東谷贅言頁二明人小說本）此不具論。然莽之舉措，則受西京經師之指示者，固多！歆爲莽國師，『博極羣書，先知讖文，自成帝時已更名秀，冀以應之。先儒謂周禮非全經，乃六國陰謀之書。欲以亡秦，而歆又補綴附合以成之。凡莽所以勞弊精神，困苦天下，征財斂怨，泥古召亡者，此書之用，十居六七。而歆當國師之號，則知莽受教而爲之也。』（讀史管見卷三頁二十六）案此說未免推重劉歆太過，然莽之作爲，受西漢經師之感炙，則無可疑者。

以莽之立身行己論之，莽爲元帝皇后王后之弟之子，『羣兄弟皆將軍五侯子，乘時侈靡，以輿馬聲色佚游相高，莽獨孤貧，因折節爲恭儉，受禮經，師事沛郡陳參。』綏和元年（西元前八）輔政，其『妻衣不曳地，布蔽膝，見之者以爲僮使。』（王莽傳上）輔政以後，陳崇稱其功悳曰：昔令尹子文朝不及夕，魯公儀子不茹園葵，公之謂矣。』（王莽傳上）——此則貴族豪侈之反響，而又益以通經師古者也。

令尹子文，毀家紓難，見左傳莊三十年。公儀休事，『相魯，之其家見織帛，怒而出其妻；食於舍而茹葵，慍而拔其葵曰：吾已食祿，又奪園夫女紅利乎？』漢書五十六董仲舒傳 此莽之所本也。

以莽之政治目標言之『官無獄訟，邑無盜賊，野無飢民，道不拾遺，男女異路之制，犯者象刑。』王莽傳上 古史稱文王治，岐爭訟自止。世又傳『治世無肉刑而有象刑。』荀子正論 則莽之舉措，固針對獄訟繁多之政治，而亦受經說之影炙者。

以莽之好言符瑞言之，如未篡位前『臧鴻奏符命，劉京言齊郡新井，雲，扈雲言巴郡石牛。』王莽傳上 又有『天下太平，五穀成熟，或禾長丈餘，或一粟三米，或不種自生，或不蠶自成。』同上 則又漢儒好言陰陽災厲階之厲焉。漢儒好言災異語詳前。以劉向之骨鯁，而其在成帝時指斥王氏『今王氏先祖墳墓在濟南者，其梓柱生枝葉扶疏，上出屋，根垂地中。雖立石起柳，無以過此之明也。』漢書三十六 此後世談風水之權輿，與早於郭璞遠甚。

以莽之利用儒生言之，如『徵天下通一藝教授十一人以上，及有逸禮古書毛詩周官爾雅天文圖讖鍾律月令兵法史篇文字，通知其意者，皆詣公車。』王莽傳上 此其操縱儒生，班固所謂『昔秦燔詩書以立私議，莽誦六藝以文姦言。』王莽傳上 則愚弄天下之習氣爲之。其時上書誦功德者『四十八萬七千五百七十二人。』王莽傳上 則士林無恥之習氣爲之——凡漢武所利用者，至莽而一一見效矣。

又如改易官制，名大司農曰義和，『以周官王制之文，置卒正連率；』王莽傳中 則經義之憧憬也。變易土地制度，『古者設廬井八家，一夫一婦，四百畝，什一而稅，則國給民富而頌聲作。秦爲無道，厚賦稅以自供奉，罷民力以極欲。壞聖制，廢井田，是以兼併起，貪鄙生。強者規田以千數，弱者曾無立錐之居。又置奴婢之市，與牛馬同闌。……姦虐之人，因緣爲利。至略賣人妻子，逆天心，誖人倫，繆於天地之性，人爲貴之義。……漢氏減輕田租，三十而稅一，而豪民侵陵，分田刦假，厥名三十，稅一，實什稅五也。父子夫婦，終年耕芸，所得不足以自存。故富者犬馬餘菽粟，驕而爲邪；貧者不厭糟糠，窮而爲姦。俱陷於辜，刑用不錯。……今更名天下田曰王田，奴婢曰私屬，皆不得賣買。其男口不盈八，而田過一井者，分餘田予九族鄰里鄉黨。故無田，今當受田者，如制度。敢有非井田聖制，無法惑衆者，投諸四裔，以禦魑魅，如皇始祖考虞帝故事。』（王莽傳中）此則託諸古經而受時世之驅策者也。

莽二年，『初設六筦之令，命縣官酤酒，賣鹽鐵器，鑄錢，諸采入名山大澤衆物者，稅之。又令市官收賤賣貴，貸賒於民，收息百月三。』（王莽傳中）此則周官（泉府）之說也。

然而莽之改革，則竟失敗矣。揆其失敗，當有四因。

一則敗於更張之倉皇也。莽之更張，均定令於三年（西曆八至一〇）之中，而『變改制度，政令繁多，奉問者輒質問，乃以從事，前後相乘，潰眊不渫。莽常御燈火至明，猶不能勝。』（王莽傳中）莽尚如是，而況『縣宰』乎！

二則敗於泥古而神祕也。如『制作地理，建封五等。』（莽傳下）此尚無不可。至如匈奴入寇，招言便宜，或言『度水不用舟檝』，或言行軍『不持斗糧』，或『取大鳥翮爲兩翼』，言『能飛一日千里，』（莽傳下）此僅失之誣。至於亂者四起，而仿周禮春官（女巫）『國有大災，則哭以厭之，』兵已至郊，則仿論語而曰：『天生德於余，漢兵其如予何！』（王莽傳下）則知莽之改制，踵襲周官王制，其愚實不可及焉。

三則敗於中產階級之反抗也。王田之立，區博諫以爲『違民心，』（王莽傳中）六筦之作，公孫祿以爲『以窮工商。』（王莽傳下）而其時起兵抗莽者，如『賣穀』之光武，（後漢書一）『傾家破產』之劉縯，（後漢書四十四）『貨殖著姓』之李通，（後漢書四）

十五『世吏二千石』之鄧晨，（同上）『受業長安』之鄧禹，（後漢書四十六）『世爲著姓』之寇恂，（同上）家『素豪俠』之隗囂，（後漢書四十三）『以父任爲郎』之公孫述，（同上）——此其人皆中產者，逼於莽之捄時之政而突起者也。卽異日殺莽者，乃「商人杜吳」（王莽傳下）也。

東漢與西漢，其同姓劉，實偶然耳。當時王郎曾冒爲成帝子，光武斥之曰：「倘使成帝復生，天下不可得。」（後漢書四十二王昌傳）可知中興與劉氏，非能應時；豪傑亡莽，純爲莽之制度有以偪之耳。而最足爲莽之不幸者，則有飢荒故也。飢荒常足爲戰爭之起因，故左傳（僖十九年）有「周飢，伐殷而年豐」之記。考王莽傳有「隕霜殺菽」「關東大飢」「蝗」。食貨志有「飢疫人相食」，此見於班書者也。光武紀云，連歲災蝗。劉玄等傳，「南方飢饉」（卷四十一綠林之起節）「青徐大飢。」（劉盆子傳）伏湛傳曰：「夫一穀不登，國君徹膳，今民皆飢，奈何獨飽。」（後漢書卷五十六）此見於後書者也。則知起兵爲亂者，均爲困於衣食之徒，非必惡王氏而熹劉氏也。

案東漢中興諸將，如鄧晨娶光武姊，光武小挫。莽吏乃汚晨宅，焚其冢墓。宗族皆恚怒曰：「家自富足，何故隨婦家入湯鑊中？」（後漢書四十五）富人不反，何知？

然莽之紛更致敗，固亦有可紀者。『新帝復千載絕迹，更制王田，男不盈八，田不得過一井。此於古制稍奢，荀悅以爲蹷之於寡，立之於衆，土田布列，豪強卒而革之，玆有怨心，此其所以致敗也。然分田劃假之害，自是稍息。訖建武之後，鄉曲之豪，無有兼田數郡，爲盜跖於民間，如隆漢者矣。大功之成虧，亦不於一世也。』（章炳麟檢論卷七遁法）蓋以削豪拯弱而言，如王丹有「如丹此縑，自出機杼」以羞富豪之語，丹實莽之同時人也。（後漢書五十七丹傳）則莽之作爲，對時下藥，雖泥於古，惑時勢者，儻有取焉。

三　表章氣節與尊崇儒術

致力於社會改革者既失敗矣，繼起之東漢（二五至二一九）光武（二五至五七）對於士大夫之委靡，及大臣之無恥，自當別圖救濟之方。帝微『爲白衣時，藏亡匿死，吏不敢至門。』（後漢書一〇七董宣傳）雖云恢廓大度，告朱鮪則曰：『舉大事者不忌小怨；』（通鑑四十帝告朱鮪語）似不甚顧到氣節。告公孫述則曰：『君非我亂臣賊子，倉卒時人皆欲爲君事耳。』（後漢書四十三公孫傳）然正以爲『天子不與白衣同，』（宣傳）故遂如『楚人有兩妻者，人誂其長者，長者詈之。誂其少者，少者許之。居無幾何，有兩妻者死。……誂者（欲）取長者。……曰「居彼人之所，則欲其許我也。今爲我妻，則欲其詈人也。」』（國策三秦策又見後漢書卷五十八馮衍傳）異日曹丕、朱元璋等，蓋屢用之，蓋以便其一人之統治也。

魏于禁、龐德與關羽戰，德死而禁降焉。後于禁還魏，文帝預『畫關羽戰克，龐德憤怒，禁降服之狀，禁見慚恚發病死。』（魏志十七于禁傳）其在明太祖，則以『元順帝有一象，宴羣臣時拜舞爲儀。……帝北遁，徙象至南京，一日上設宴使象舞，象伏不起，殺之。次日作二木牌，一書「危不如象」，一書「素不如象」，掛於危素左右肩。』（黃溥言閑中今古錄頁二明人小說本）以素乃降臣也。嚴從簡殊域周咨錄記『上擢元臣危素爲大學士，一日上御東閣，聞履聲橐橐。上方詰之，而素適至，乃謂之曰「是汝，吾以爲文天祥耶！」』（「文天祥耶」亦見錢謙益著列朝詩集小傳甲集危素傳）……初，李文忠捷奏至，時百官方奏事奉天門，聞元主殂，相率稱賀。上謂侍御史劉炳曰「爾本元臣，今日之捷，爾不當賀。」因命禮部榜示：凡北方捷至，嘗仕元者不許稱賀。』（卷十六頁十——故宮印本）胥此類也。

所以便利其一人之統治故。一則獎勵不仕二姓者；宛人卓茂『視民如子，舉善而敎，口無惡言，吏民親愛。……

及王莽居攝，以病免歸。上（光武）即位，先訪求茂。詔曰：「夫名冠天下，當受天下重賞。」』（通鑑四十）譙玄爲漢郎，而爲公孫述所強徵『玄仰天歎曰「唐堯大聖，許由恥仕，周武至德，伯夷守餓，彼獨何人，我獨何人？保志全高，死亦奚恨。」……建武十一年卒。明年，玄弟以狀詣闕自陳，光武美之，……祠以中牢。』（後漢書卷一〇一）司馬光曰：『光武即位之初，羣雄競逐，四海鼎沸，彼摧堅陷敵之人，權略詭辨之士，方見重於士，而獨能取忠厚之臣，旌循良之吏，……宜其享祚久長，光復舊物，蓋由知所先務而得其本原故也。』（通鑑四十）

不仕二姓，由於政治上的淡泊，故再則獎勵淡泊名利者，故『側席幽人，求之若不及，旌帛蒲車之所徵賁，相望於巖中矣。若薛方，逢萌，聘而不肯至，嚴光，周黨，王霸，至而不能屈。羣方咸遂，志士懷仁。』（後漢書一一三逸民傳敘）嚴光與帝同游學，而聰其高尙王侯。（光傳）『牛牢爲光武布衣交，嘗夜共讀讖文，有劉秀作天子之語，光武笑曰：安知非我？若果爾，各言爾志。牢曰：大丈夫義不與帝王爲友。衆皆大笑。及即位，徵之不至，詔郡守存問，牢被髮稱疾。』（新駿佳遯翁隨筆卷上頁四十九引）與光武本人之迷信讖記，渴欲集富貴於一人，似乎背道而馳；而不知集富貴於一身者，正欲人之淡泊於名利焉。

光武於建武元年，以赤伏符即位。（後書一上）胡致堂論之曰：『光武舉兵，英雄材智，雲合景從，河北既平，雒陽將下，諸將奉上尊號，光武辭避亦已再三，縱徵赤伏符，執以爲不可，何必見符命然後決計乎？……其後拜三公，三人而二人取諸符讖……。』（讀史管見三頁三十一）『有詔會議靈臺，帝謂桓譚曰：吾欲以讖決之。譚復極言讖之非法。帝大怒曰：「桓譚非聖無法，」將下斬之！』（後漢書五十九桓譚傳）此乃王莽所爲者，而光武效之，此豈眞能重視氣節，儒者所爲乎？

此種方法，徵妙已甚，以視高祖之溺儒冠，嫚儒生，精粗不同，正由『天子不與白衣同。』（後漢書百七蓋寬傳）故曰：「我治天下，亦欲以柔道行之。」非如西漢高祖之以亭長而爲天子也。東京諸豪大抵起於智識階級，光武亦然。『起於學士大夫習經術，終陟大位者，光武也，昭烈也，梁武帝也。故其設施與英雄之起於草澤者有異。』（讀通鑑論卷六）故用兵征討之時，則不物小節，而「天下」已定之後，則努力綱紀。及光武之子明帝（顯宗）而益粉飾昇平。永平二年以桓榮爲五更，李躬爲三老，雖名實不符，而統治者以提倡儒術爲用，則固與表章氣節異曲同工矣。

三老本爲鄉官，見高紀戾太子、龔勝、京房、韓延壽、王尊、外戚各傳及百官公卿表。其另義，則三老爲老人知天下之事，五更老人知五行代更事者，見後漢書明紀永平二年注文。杭世駿諸史然疑（後漢書）條云：『杜氏通典云：「明帝以李躬爲三老，桓榮爲五更；安帝以魯丕、李充爲三老，靈帝又以袁逢爲三老。按楊賜傳，光和元年，其冬行辟雍禮，引賜爲三老。又伏恭傳，建初二年，肅宗行饗禮，以恭爲三老。又周澤傳，數爲三老五更。此三條可補杜氏之缺。」』可見顯宗（明帝）以後，崇三老五更非一次也。胡致堂云：『觀顯宗尊師之意，多儀及物，數千百年，鮮有其儷，可謂人主之高致，帝皇之盛節也。可惜桓榮授受一經，專門章句，不知仲尼之微言大義耳。』（讀史管見卷三）可謂猶爲明帝瞞過。

卽東漢初興，百年間之搜集遺書，（後漢書一〇九儒林敍傳）章帝建初四年之詔『諸儒會白虎觀，議五經同異。……帝親臨制稱決，作白虎議奏，名儒班固、賈逵及廣平王羨皆與焉。』（通鑑四十六卷）實亦不過同於漢武重儒，西漢宣帝，（甘露三年）已有石渠議經故事；（通鑑二十七卷）東京之事無足重焉。其提倡經學，使於文人之外，復有經師，蓋利其破碎迂闊，便於節制。文人尙有逸氣，而經師則只以供人利用者爾。

經與文分，當始東漢。袁枚（小倉山房文集卷十）虞先生文集敍云：『文章始於六經，而范史以說經者入儒林，不入文苑。

後世史家，俱仍之而不變。則亦有所不得已也。大抵文人，恃其逸氣；不喜說經。而其說經者，則曰吾以明道云爾，文則吾何卹焉。自是，而文與道離矣。』至宋史而又以道學立於儒林之外，則又變已。有逸氣者，猶有倜儻非常之致。其「吾以明道」者，則班固撰集白虎通德論，而脅服於竇憲（後漢書七十一）；馬融「才高博洽，爲世通儒」，而不敢「違忤勢家」（後漢書九十馬融傳）；康成大儒，亦不能拒袁氏之逼。（後漢書六十五鄭玄傳）——提倡儒術後之經師，較諸提倡儒術前之逸民，有媿色矣。非故爲苛論也。

故曰尊崇儒術，與表章氣節，乃全以爲統治者一己之便。彼明帝者，固刻薄寡恩誼，故北海王睦使使朝帝，謂使者『曰：「朝廷設問寡人，大夫將何辭以對？」使者曰：「大王忠孝慈仁，敬賢樂士，臣敢不以實對。」睦曰：「吁，子危我哉。大夫其對以「孤襲爵以來，志意衰惰；聲色是娛，犬馬是好。」乃爲相愛耳。』（通鑑四十五永平十七年）而韓歆以直言無隱諱，於永平十五年自殺。（通鑑四三）斯范曄所謂『法令分明，弘人之度未優。』（明紀論）鍾離意所謂『宜少寬假，』宋均爲云不敢盡言。（俱見後漢書七十一）寒朗所謂：『仰屋竊歎，』（後漢書七十一）——此皆與重三老尊五更，背道而馳。其眞能以崇尚名節而「崇尚名節」者，大抵州郡掾屬，非國家柱石焉。

廿二史劄記（卷五）有東漢尙名節條，列舉：（一）盡力於所事，以著其忠義，如郭亮負斧鑕，請收李固尸。（固傳）（二）感知遇之恩而制服從厚；如樂恢爲郡吏，其太守坐法誅，恢獨行喪服。（恢傳）（三）輕生以報讎者，如崔瑗兄爲人害，手刃報讎。（瑗傳）然於大臣謇諤，無能舉焉。此表章氣節，與提倡儒術之效也。

至若曹褒於章帝時制禮，「一依準舊典，雜以五經讖記之文。」（後漢書六十五褒傳）巽日鄭康成夢孔子，而『以讖合之，知命當終。』（後漢書六十五玄傳）則經東京諸帝所提倡之儒術，不能不謂與王莽有相同者。昔宋神宗語文彥博：『更張法制，於士大夫誠多不說；然與百姓何所不便？彥博曰：「為與士大夫治天下，非與百姓治天下也。」』（李燾續通鑑前編卷二二一）尊崇儒術也，表章氣節也，應用圖讖也，重法嚴刑也，豈東京開基之帝「為與士大夫治天下」而故創此矛盾縱橫之文治乎？

其副果則為教育之發達，班固所謂：『四海之內，學校如林，庠序盈門，獻酬交錯，俎豆莘莘。下舞上歌，蹈德咏仁。』（後書七〇固傳）以及當時私人之立學授徒，如馬融弟子千數，以次相傳，鮮有入室。（馬融傳）衞颯起庠序於桂陽，（衞颯傳）李忠起學校於丹陽。（忠傳）牟長弟子，前後萬人。（牟長傳）鄭玄在馬融門下三年，不得見，使高業弟子傳授於玄。——此胥私人教學之可稱者。中國古代之提教育權衡者，往往不在乎國家所立之學，而在乎私人所立之塾；此在東漢亦然。意者在上者有尊崇儒術之政，斯在下者為羣居從學之風；其結果，殆亦為偶然的，而非當然的歟！

第五章　發明與承受

一四　紙的發明

由上觀之，儒術與氣節之提倡，其目的，殆與漢高嫚罵，武帝與儒，王莽假古，無以異。其真能撼動中古文化者，則紙的發明，與承受印度來的佛教是也。美人哈維（Harvey: The mind of China, Introduction, Yale uuiversity prese 1933）嘗痛詆吾人曰：『古中國文物之偉美，吾邦學童亦知之。學童者，胥知火藥茶葉羅針磁器文具印刷等業，爲中國人原始的發明或改進者。但曾至中國者，則見數萬噸之紙，與火藥，僅爲祀神花炮之用。羅針固海上航行之利器，其在中國，則僅以找求墳地而已。』此吾人於紛紙的發明之前，所當明恥殉教者已。命等頗睥睨全球之宣紙云：『讀本年九月九日申報北平通信，瑞典親王卡爾氏，來滬游歷，謂彼國現代造紙，頗發達，紙質雖優，然工料之細，尙不及吾國之宣紙。本人在北平故宮博物院所見之殿板書，係用宣紙所印成。數百餘年，不褪色。且鮮明如初繪。中國造紙，如加以改良，將來與瑞典紙業，互相攜手；促進東方文化，乃一有價值之事業也。』中報二十二年十月五日 國人如不以人譽而虛憍，不以人毀而沮抑，則自尊自勉，亦興國時所必有者。

紙之發明，據後漢書卷一〇八蔡倫傳 曰：『倫有才學，……永元九年和帝九七 監作祕劍，及諸器械，莫不精工堅密，爲後世法，自古書契，多編以竹簡；其用縑帛者，謂之爲紙。縑貴而簡重，並不便於人。倫乃造意，用樹膚麻頭及敝布魚網以爲紙，元興元年，一〇五 奏上之；故天下咸稱蔡侯紙，』蓋在蔡倫以後，而後紙之涵義，與今世不殊已。

說文解字：卷十三上『紙，絮箈也。從糸，氏聲。』段注『箈下云：潎絮漬也。潎下云，於水中擊絮也。……案造紙始於漂絮，其初絲絮爲之，以箈薦而成之。今用竹質木皮爲紙，亦有緻密竹簾薦之是也。通俗文曰，方絮曰紙，釋名曰，紙砥也，平滑如砥。』釋名紙砥也，謂平滑如砥也。初學記，古者以縑帛依書長短，隨事截之，名曰幡紙，故其字從糸。』可見平滑之紙，先於漢世，已有之。而用絲布麻頭以制紙，則中國中世之一大發明焉。

蔡倫。固非始造紙者，始造紙者，殆亦難得其主名。『案蔡氏造紙之時，更有左伯者，亦善造紙。且較蔡倫爲佳。故書斷曰：左伯字子邑，能造紙。時蔡倫亦爲之，伯尤精絕。蔡氏既非造紙初祖，又不特佳；而蔚宗後漢書宦者傳及輿服志，竟特書之以表其功，誠不得其解矣。』學文一卷二期 古今人有幸不幸，殆未足以深異者。至如謝肇淛云：『今人謂紙始於蔡倫，非也。西漢趙飛燕傳篋中有赫蹏書，應劭曰：薄小紙也。孟康曰：染紙令赤而書若今黃紙也。則當時已有紙矣。但倫始煮穀皮麻頭敝布魚網，搗以成紙，故紙始多耳。』五雜俎卷十二 祈駿佳謂：『前代未有紙，故書載五車，即秦始皇衡不量書，亦當是竹非紙。史稱東漢和帝時……蔡倫造紙，……班書趙皇后傳有赫蹏。西京記稱薄蹏。注云，小紙也。又三輔故事衛太子以紙塞鼻，此三者皆在倫前，定知紙不始於倫，或倫之製紙，襲古法而加精通，故獨傳其名耳。』遯翁隨筆卷上頁二十仰視一七二九鵝齋叢書 ——此謂西漢時已有紙，正以古之「紙」字與今之「紙」字，審其同名而不量其異實，斯學齋呫嗶之說，所以不及雲麓漫鈔也。何則，趙后傳之紙，乃縑帛也；蔡倫（或左伯）以後，則始有破布魚網所製之紙矣。而紙之通用，實非能限於一時。紙在章帝建初七六至八三已有，建初元年，賈逵上言，『章帝與簡紙經傳各一通，』范書六十六逵傳 蓋早於倫者二十年。紙之通行，則建光元年一二一年，周磐臨終寫堯典『編二尺四寸簡，置刀筆各一於棺前，以示不忘。』范書六十九周磐傳 其時則倫上紙以後之十四年。創作難得主名，亦定論也！

史繩祖學齋呫嗶卷二記紙筆事云：『傳記小說多失實，如事始謂蒙恬造筆，蔡倫造紙，皆未必然。蒙恬乃秦時人，而詩中已有「彤管」，謂女史所載之筆。又傳謂史載筆，又孔子作春秋，筆則筆，削則削，絕筆於獲麟，又尚書中候云元龜負圖書，周公援筆以時文寫之。又爾雅及說文云，秦謂之筆，楚謂之聿，吳謂之不律，燕謂之弗，其來尚矣。馬大年乃附會以為簡牘之筆，乃竹筆非毫也。殊不知莊子書中有舐筆和墨之語，則以毫染墨明矣。竹筆豈可舐耶？……此端由說文「秦謂之筆」一語，以誤後世。又如蔡倫乃後漢時人，而前漢外戚傳云「……，」注謂「……，」則紙字已見於前漢，恐亦非始於蔡倫。但蒙恬所造精工於前世則有之，謂紙筆始於二人，則不可也。』史說如此，然不如趙彥衛雲麓漫鈔（卷七頁一）之說爲得之：『上古結繩而治，二帝以來始有簡策，以竹爲之，而書以漆，或用版，以鉛畫之，故有刀筆鉛槧之說。秦漢末，用縑帛，如勝廣書帛內魚腹，高祖書帛射城上，至中世，漸用紙。趙后傳所謂赫蹏書，注云：薄小紙。然其實，亦縑帛。蔡倫傳，用縑帛者，謂之紙，縑貴簡重，不便於人，倫乃用木膚麻皮等。則古之紙，卽縑帛，字蓋從糸云。』（趙甌北陔餘叢考卷十九造筆不始蒙恬條亦取此說）——然則造紙雖不能定爲蔡倫，而造紙要當離蔡倫不遠也。

前漢書路溫舒傳：『父爲里監門，使溫舒牧羊；溫舒取澤中蒲，截以爲牒，編用寫書。』（卷五十一）是宣帝之時，讀書之工具，猶欠缺如斯。初學記：『古者……以縑帛……曰紙，貧者無之，或用蒲寫書，如溫舒截蒲是也。』則讀書之流通，有賴於紙者，自非淺尠。風俗通云：『劉向別錄，殺青者，……新竹有汗，善朽蠹。凡作簡者，皆先火上炙乾之。陳楚間謂之汗，汗者，去其汁也。吳越曰殺，殺亦治也。』（御覽六百六引）則著書之難易，有賴於紙者，更非淺鮮。蔡倫輩之功，眞可百世祀之焉。

然紙之通用，要亦在蔡倫以後。和帝時，『吳恢爲南海太守，欲殺青簡，以寫經。』子祐，有『南海舊多珍怪，……此書若成，則載之兼兩。』必有馬援薏苡之謗。（後漢書九十四祐傳）卽獻帝時『董卓移都之際，……自辟雍東觀諸藏典策文章，競共剖散，其縑帛圖書，大則連爲帷蓋，小乃剖爲縢囊。』（後漢書一〇九儒林傳敘）此皆紙未通用之證。然王充得『入市買書，』闞澤『爲人傭書以供紙筆，』（吳志八澤傳）是知東京之季，紙亦通行。初不待六朝時，有『皎白猶霜雪，方正若布棊，宜情且記事，寧同魚網時。』（梁宣帝詠紙據淵鑑類函引）之贊美也！

紙之發明，其賜與於人間者何限。至於墨硯，雖似次重，然亦述作有賴於悠時。『九經有筆墨字，如史載筆，公輸削墨之類，而無硯字。是古人用墨，以器和之。』（高士奇天祿識餘卷上）是謂墨早於硯也。『上古無墨，竹挺點漆而書。中古方以石磨汁，或云是延安石液。至魏晉時，始有墨丸，乃漆烟松煤夾和爲之。所以晉人多用凹心硯者，欲磨墨貯瀋耳。』（陶宗儀輟耕錄卷二十九墨）是墨之處用，固亦在漢以後，始漸漸進步，有如紙也。

謝肇淛五雜俎（卷十二）云：『三代之墨，其法似不可知，然周書有「涅墨」之刑，晉襄有『墨衰』之制。又古人灼龜先以墨畫，則謂古人皆以漆書者，亦不然也。』『古有黑石可磨汁而書。然墨不僅出延安，晉陸雲與兄書謂三台上有藏者，則亦稀奇之物，安得人人而用之？況墨之爲字，從黑從土。其爲煤土所製，無疑。但世遠不可考耳。至漢而始有隃麋之名，至唐而始有松烟之制。然三國時，皇象論墨，已有多膠黝黑之說，則謂魏晉以前，多用漆而不用膠者，亦誤也。至於用珠，則自李廷珪始用腦麝金箔，則自宋張遇始。自此而競爲淫巧矣。』（案謝說與姜紹書說略異，姜說見韻石齋筆談卷下頁二十一，知不足齋叢書本）可知墨創於上古，而盛於中古，精於近古。其在南唐，則『澄心堂紙，李廷珪墨，龍尾石硯，三物爲天下之冠』矣。（蓋洋王闢之澠水燕談錄卷八）

硯之來由，亦與墨俱。『硯字雖見於西京雜記，天子以玉爲硯，及異書帝鴻氏之硯，然字不見於經。且唐人多以瓦爲硯，及宋初而硯以譜行，端歙二石，擅名天下也。』（天祿識餘卷上九經所無條）東晉時尚已用之，故『孫承澤曾藏謝氏道蘊一硯，有銘曰：「絲紅清石，墨光洪璧，賚我文翰，玉硃堅質。」』（王漁洋池北偶談卷十五）其在於中古之季，則宋硯妙天下矣。語在韻石齋筆談。（卷下第二十頁）

一五　佛教之初來華

紙之發明，與佛教來華之承受，治史者胥以爲中古文化史之大事云。劉光漢國學發微云：『漢魏之時，佛教入中國者，多屬淺顯之書；故道教者得佛教之粗者也。唐宋以後佛教入中國者，悉屬精微之語；故宋學者得佛教之精者也。』（國粹學報乙巳九期）金李屏山謂程伊川「竊吾佛書」（劉祈歸潛志卷九），清全祖望（鮚埼亭集外編三十一題眞西山集）亦謂『乾淳諸老之後，百口交推，以爲正學大宗者莫如（眞）西山。近臨川李侍郞穆堂類稿譏其沉溺於二氏之學，此豈有聞於聖人之道者。愚嘗詳考其本末而歎西山之過負重名，尙不止此。兩宋諸儒門庭徑路半出入於佛老……然則其不能攘斥佛老固其宜爾！』則佛之來華，其影響於思想界者，又何限焉。

案佛之來華，有謂始於秦始皇時者，有謂始於漢武帝時者，有謂始於漢哀帝時者，有謂始於東漢明帝時者，後說，則最有力者也。

歷代三寶記（卷一）云：『秦始皇時，西域沙門室利防等十八人賫佛經來咸陽，始皇投之於獄。』此則謂佛來於秦始皇時也。魚豢魏略（西戎傳）云：『漢哀帝元壽元年，博士弟子秦遵憲從大月氏王使伊存口授浮屠經。』此則謂佛來於漢哀帝時也。王楙野客叢書（卷十頁二，稗海本）云：『佛自後漢明帝時入中國，其來久矣。觀魏略西戎傳云：『昔漢哀元壽元年，博士景慮受大月氏王使伊存口傳浮屠經。』又觀劉向列女傳敍曰：得仙者一百四十六人，其七十四人已在佛經。則知漢成哀之間，已有佛經矣。觀漢武故事，昆邪王殺休屠王，以其衆降，得金人之神，上置之甘泉宮。金人皆長丈餘，其禁不用牛羊，惟燒香禮拜。上使依其國俗。又元狩三年，穿昆明池底，得黑灰，帝以問東方朔，朔曰：可問西域道人。可知佛法自武帝時已入中國矣。』此佛法始來於漢武帝之說也。——三說胥悠謬，更無論戰國時佛教已來華之說矣。

有謂孔子爲佛徒者，野客叢書（卷十三頁）云：「薛正己記仲尼師竺乾審，則佛入中國，又不始於武帝也。」陔餘叢考（卷四）云：「羅璧識遺引列子仲尼篇曰『西方之人有聖者焉』，則列禦寇在戰國時已知有佛也。論衡記周昭王二十四年甲寅歲四月八日井泉溢，宮殿震，夜恆星不見。太史蘇繇占西方聖人生。金履祥因之修入通鑑前編；則又西周時已知西方有聖人矣。」隋書經籍志（卷三十五）又謂「自漢已上中國未傳，或之久已流布，遭秦之世所以湮滅。其後張騫使西域，蓋聞有浮屠之教」——此皆謂周世佛已入中國也。俞正燮癸巳類稿（卷十五）釋伽文佛生日生年決定具論云：「法苑珠林云：釋道安朱士行經目錄，言秦始皇時，有沙門釋利防等十八賢者來化，被囚禁，金剛破獄出之。其言妖妄。但欲證佛入中國，在明帝前而造事悖亂，爲委巷所不道。又史漢匈奴傳均言霍去病得休屠王祭天金人。如淳謂祭天爲主，是也。而崔浩以爲浮屠金人，張晏亦言佛徒祠金人，魏書釋老志以爲不祭祀，但燒香禮拜，爲佛教流通之漸。不知匈奴祭金人乃是拜天，殺牲祝福，與燒香不相涉。且魏書釋老志太平眞君七年詔曰『雖云胡神，問今胡人，共言無有。』可知佛非匈奴種也。」——書此以破前說之惑。

其最爲人間所信者，則漢明帝之求法也。

其一，則王浮老子化胡經云：「永平七年（西元六四）甲子，星晝見於西方。明帝夢神人，因傅毅之對，知爲胡王太子成佛之瑞應，卽遣張騫等經三十六國，至舍衞，値佛已涅槃，乃寫其經，以永平十八年（西元七五）歸。」王浮爲一粗淺之道士，附張騫於明帝，乃不知有東西漢之別者，此不必論！

其二，則袁宏後漢紀（卷十）云：「帝夢金人長大，頂有日月光。……而問其道，遂於中國，圖其形象。」然猶未有蔡愔之說也。正如洛陽伽藍記（卷四）云：『白馬寺，漢明帝所立也，佛至中國之始。寺在西陽門外三里。帝夢金人，丈長六，頂背日月光明，胡神號曰佛。遣使於西域求之，乃得經像焉。時白馬負經而來，因以爲名。』言明帝之遣使而未言使者爲蔡愔也。

至於言明帝時遣蔡愔求法者，則更有三說也。

一則慧皎高僧傳云：『漢永平中，明帝夜夢金人飛空而至……通人傅毅答曰：臣聞西域有神，其名曰佛。陛下所夢，將必此乎！帝以爲然。卽遣郎中蔡愔、博士弟子秦景等，使往天竺，尋訪佛法……冒涉流沙，回至雒邑，明帝甚加賞接，於城西門外立精舍以處之。』（卷一攝摩騰傳）又云：『時蔡愔既至彼國，蘭與摩騰共契遊化，遂相隨而來……旣達雒陽，與騰行止。』（卷一竺法蘭傳）——此高僧傳之「蔡愔」說也。

二則隋書（三十五）經籍志云：『哀帝時，博士弟子秦景使伊存口授浮屠經，中土聞之，未之信也。後漢明帝，夜夢金人，飛行殿廷，以問於朝，而傅毅以佛對。帝遣郎中蔡愔及秦景使天竺求之，得佛經四十二章及釋伽立象，並與沙門攝摩騰、竺法蘭同還。愔之來也，以白馬負經，因立白馬寺於洛城雍門西以處之。其經緘於蘭臺石室。』此隋書之「蔡愔」說也。

案哀帝元壽二年（西元前一年）崩，自此至明帝永平七年（西元六四）爲時六十五年。秦景卽老健，安能在六十五年前奉使而六十五年後，又奉使乎？隋志之說妄矣。

三則唐道宣廣弘明集（卷一）云：『蔡愔借摩騰、法蘭歸，道家積不能平。道士褚善信等六百九十人，以永平十四年正月一日抗表請比對。其月十五日，明帝集諸道士於白馬寺，使與蘭騰二人賽法，道經皆焚盡，騰等顯種種神通，道士費叔才慚死，呂惠通等六百餘人出家。宮嬪等二百三十人，士庶千餘人出家。』此廣弘明集之『蔡愔』說也。

案東漢之初，道教亦不甚張，何來互嫉之事？且僧道賭法，固亦後來之事，非漢世所能有也。（如通鑑卷一九五貞觀十三年所記傳奕與胡僧賭法並以羚羊角破其佛齒事）且范書襄楷傳，有桓帝立浮屠老子之宮語，明非在決鬪之時。

實則漢明遣蔡愔求法說，萬不可爲典訓。其一，永平之中，匪可通印度之時也。蓋以『王莽篡位，變易王侯；由是西域怨畔，與中國遂絕，並復役屬匈奴。……永平中，北虜乃脅諸國共寇河西郡縣，城門晝閉十六年，明帝乃命將北征。……遂通西域。……西域自絕六十五載，乃復通焉。』（後漢書西域傳）何以蔡愔奉使，乃竟在此六十五年中耶？梁啓超云：『此紀西域通絕年歲，謹嚴詳明。永平七年，西域受脅匈奴，構亂猖獗之時，下距十六年之復通，且十載，安能有遣使經三十六國入印度之時耶？』（梁任公近著中卷佛教之初輸入頁六漢明求法說辨僞）意同。其二，明帝之時，已有顯著之佛教型迹也。楚王英爲光武子，明帝異母弟，『永平元年，特封英舅子許昌爲龍舒侯。英小時好任俠，交通賓客，晚節更喜黃老，學爲浮屠齋戒祭祀。（李賢注云「袁宏漢紀，浮屠，佛也。西域王竺國，有佛道焉。佛者，漢言覺焉。……初明帝夢見金人……」）八年，詔令天下死罪，皆入縑贖。英奉送縑帛以贖愆罪，……詔報曰：楚王誦黃老之微言，尚浮屠之仁祠，潔齋三月，與神爲誓，何嫌何疑，當有悔吝？其還贖，以助伊蒲塞桑門之盛饌。』（後漢書七十二英傳）永平八年，信佛者已有王子之尊，佛語已見公牘，而謂其前年始有蔡愔之求法乎？始有佛教之輸入乎？可知佛入中國，必在永平已前。

佛教之入中國，既在永平已前，而春秋時，秦始皇時，漢武時，漢哀時，又荒誕不足爲訓，則佛教來華，當在何時已。

後！曰必當在漢武已後乎？其一，漢武征伐之後，交通乃利。二則『昔漢武穿昆明池底，得黑灰，問東方朔，朔云，不知。可問西域胡人。後（竺）法蘭既至，衆人追以問之，蘭曰，世界終盡，劫火洞燒，此灰是也。』（高僧傳卷一竺法蘭傳）可見漢武之時，時人尚不知有佛，而佛之來華，必當在武帝後也。——更當在明帝前。

佛教之既入華也，其影響蓋有四云：

其一，則令國人之眼光放大也。『當秦漢以前，與我接觸之他族，其文化皆下我數等。我對之，誠不免貢高自慢。魏晉以下，佛教輸入，賢智之士，憬然於六藝九流之外，尚有學問，而他人之所濬發，乃似過我。於是積年之潛在本能，忽爾觸發，留學印度，遂成為一種時代運動。』（任公近著中卷頁二六）揆任公云，求法運動，蓋始諸朱士行（魏甘露五年二六〇年）而終於悟空，（唐德宗貞元五西元七八九年）『此種運動，前後垂五百年。』

其二，則令中國之藝術增輝也。桓帝『設華蓋以祠浮屠老子。』（桓帝紀論）延熹九年（一六六年）即黨錮事起之年，襄楷諫桓帝曰：『聞宮中立黃老浮屠之祠，』（後漢書六〇襄楷傳）此寺廟之始也。嗣後，陶謙之『同郡（丹陽）人笮融，……大起浮屠寺，上累金盤，下為重樓，又堂閣周回，可容三千餘人，作黃金塗像，衣以錦綵，每浴佛，輒多設飲飯，布席於路，其有就食及觀者且萬餘人。』（後漢書百三陶謙傳）笮融『大起浮圖祠，以銅為人，黃金塗身，衣以錦采，垂銅槃九重，下為重樓閣道，可容三千餘人，悉課讀佛經。』（吳志卷四劉繇傳）此造像之始也。

其三，則更令南方之文明開啓也。『楚王英信佛，因個人信仰，然其受地方思想之薰染，蓋有不可誣者。我國思想，南北兩系統，在先秦本極著明。北方孔墨之徒，雖陳義有異同，而其貴重現實則一。老莊籍貫，以當時論，固南人也。其治學則尚談玄，其論道則慕出世。屈原思想之表見於遠游者，亦與老莊極相近。蓋江淮學風，與中原對峙，由來久矣。西漢初淮南王安受封故楚，成淮南鴻烈解，傳於今，集道家言之大成。然則在中國各地各民族中，惟江淮人對於佛教最易感受，最易了解，固其所也。』（梁任公近著中卷頁十五）——佛教之影響，南華蓋卽異日六朝玄學之胚子已。其四則使國中更多一種有閑階級。士農工商之外，更有佛徒不耕而衣，不事而食。中國人之出家者以潁川朱士行爲最先。『朱士行出家，漢土沙門之始。』（歷代三寶記卷三年表）士行『出家以後專務經典，』以道行經「文義未善」乃「西渡流沙，」「以至于闐。」時在曹魏甘露五年，遂終于闐，春秋八十。（詳高僧傳四士行傳）——曹魏之朱士行而後，漢人之爲沙門，益輻湊矣。此亦有關於世變哉！

高僧傳（卷九）佛圖澄傳，載石虎時（三三四至四九）王度奏曰：『佛出西域，外國之神，功不施民，非天子諸華所應祠奉。往漢明感夢，初傳其道。唯聽西域人得立寺都邑，以行其道。其漢人皆不得出家。魏承漢制，亦循前軌……可斷趙人，悉不許詣寺燒香禮拜，以遵典禮。』又傅奕亦云：『至漢明帝乃立胡祠，然惟西域桑門自傳其教。西晉以上，不許中國髠髮事胡。至石苻亂華，乃弛厥禁。』（唐書百七）可知佛教初來中國，雖禁國人之不得出家，正如初期時之禁華人爲基督徒也。漢魏已後，則律令爲虛文矣。『不忠不孝，削髮而事君親，遊手遊食，易服以逃租賦』（邵博邵氏聞見後錄卷八頁十二引傳奕表）江左之時，沙門爲五橫之一，此豈東京諸人所能逆料者乎？

第六章　黑暗的先驅

一六　武功與文教之昇沉

朱士行之出家，在三國之亂世，范蔚宗謂：『佛道神化，興自身毒，而二漢方志，莫有稱焉。張騫但著地多暑濕，乘象而戰。班勇雖列其奉浮圖，不殺伐，而精文善法，導達之功，靡所傳述，……騫超無聞者，豈其道閉往運，數開叔葉乎？』（後漢書百十九西域傳論）叔葉云云，蓋指明（五八至七五）章（七六至八八）以後乎？其在大武功之後乎？

西漢武功之總結束，基於王莽之亂。（中古卷第八節）而東漢之經營，則起明章之際，盛於和（八九至一〇五）安（一〇七至一二五）之間；而順（一二六至一四四）桓（一四七至一六七）之時，則國力竭矣。

其對南匈奴（自西漢經營後『五單于爭立，呼韓邪款塞輸誠，比於屬國，東漢已來，竟徙居邊內，雖漢北亦開庭幕；史家謂南單于向化尤深，故別為標目，而以北部事蹟附焉』（丁謙後漢書匈奴傳考證第八葉））以其與北匈奴鬩，光武令內徙西河美稷。（丁謙云在今鄂爾多斯部）明帝時，則防其南北勾結，章帝時亦然。和時，帝竇憲出征北匈奴，始大破之。班固所以撰燕然山刻石者也。（和帝元年（八九）詳後卷五十三竇憲傳）此初期也。北匈奴既衰，南單于則屢叛，屢鈔邊，而鮮卑新強，屢脅其背。故安帝永和五年（一一一年）一時，議欲徙單于近親於內郡，此中期也。桓帝延熹元年（一五八），南匈奴與烏桓鮮卑，與寇邊，張奐平之，拘單于。其種族益內徙，東京之季，曹操遂使人監其國，蓋南匈奴南徙內屬，而烏桓鮮卑寖強矣。

烏桓鮮卑均東胡種也。曹操公孫康嘗破之，以餘衆徙居中國。東胡在西漢時，為匈奴所脅，至漢挫匈奴，伊等始復燃，烏桓以烏丸山得名，此山高大為內興安嶺南行正幹。鮮卑為悉比利亞之音轉，在今遼寧內蒙地方，說詳丁氏後漢書烏桓鮮卑傳考證。

其對西域也，則王莽亂時絕，而明帝永平十六年（七三）復通之。章和之間，班超用「以夷狄攻夷狄」之計，以永平十六年出，以永元十四年歸。（七三至一〇二）積三十年之辛苦，范書所謂：『定遠慷慨，專功西遐，坦步葱雪，咫尺龍沙。』（後漢書七十七班超傳）以視張騫，功蓋倍矣。其稗將甘英窮臨西海，『前世所不至，山經所未詳。』說者以為幾臨地下海云！雖超沒以後，西域反亂，『自建武（五七）至於延光（安帝一二二）西域三絕三通；』然天山南北之地，沐浴華化，而不耗國力，宣威萬里，則事足多云。

東漢對東夷，羈縻而已。而南蠻西南夷之在今川貴兩粵者，以後漢之經營，本能『啓土立人，至令成都。』（後漢書一一六）此近世改土歸流之先鞭也。其宣威萬里，不如西域，其增益國力，則竇憲之所不能踰，而班超之所不能專美也。

其惟羌乎，東漢對之，最棘手也。羌爲今『陝甘川滇徼外諸部之耆子。』西漢時，趙充國曾經營之，更始赤眉之際，『羌乃放縱寇金城隴西，』（後書一一七西羌傳）連續寇鈔，漢對之「多敗少勝。」（羌傳）安帝永初（一〇七至一一三）中，雖得虞詡之調度，略平其勢。然已「軍旅轉輸，府帑空竭，」（羌傳）而桓帝（一四七至一六七）時，段熲猶『以爲狼子野心，難於恩納，勢窮雖服，兵去復動。唯尙長矛挾脅，白刃加頸。』（後漢書九十五熲傳）蓋『永初中（安帝一〇七至一一三）諸羌反叛，十有四年，用二百四十億。永和（順帝一三六至一四一）之末，復經七年，用八十餘億。費耗若此，猶不誅盡。餘孽復起，於玆（桓帝）作害。』（熲傳）則羌患及於百年之久，故國庫爲虛，及夫『寇敵略定矣，而漢祚亦衰焉，』（西羌傳論）謂東漢之武功，屈於順桓帝之討羌，亦無不可。故曰：明章興焉，和安述焉，順桓竭焉！讀通鑑論（卷七）云：『漢之強也，北卻匈奴，西收三十六國。（此章和之時）未數十年，羌人一據於河湟，其志止於掠奪，未有覬覦漢鼎之心，而轉徙五郡，流離其民，僵仆載道。如狐豚之避猛虎，悲哉？』安帝永初四年（一一〇）龐參已謂：『比歲羌寇，特困隴右。……今復募發百姓，調取穀帛，衒賣什物，以應吏求。外傷羌虜，內困徵賦。』因上棄置西域涼州之策，（後漢書八十一參傳）則羌患深矣。

卽其內治言之，亦得曰：明章興焉，和安迹焉，順桓竭焉。

東京自明章時，固已奴視臣屬，故宋均有不敢盡言之嗟，鍾離意興宜少寬假之歎。（俱見後漢書七十一本傳）楚王英之獄，（明帝永平十三年，西七〇）牽累甚多，第以英言符瑞耳。（後漢書七十二）開國盛世而摧抑自爲如是；又不信宰相，「光武皇帝慍數世之失權，忿疆臣之竊命，矯枉過正，政不任下，雖置三公，事歸臺閣，三公之職，備員而已……而權移外戚之家，寵被近習之豎。」（仲長統法誡篇，後漢書七十九）蓋「河南帝城多近臣，南鄉帝鄉多近親，田宅逾制不可爲問。」（東觀漢紀二）親其私匿，開國時已然爾。

章和以後，「諸帝均不永年，」（詳廿二史劄記卷四）因「多母后臨朝，外藩入繼。」（詳劄記卷四）以母后少主也，因多宦官用事；「漸染朝事，頗識典物，少主憑謹舊之庸，女君資出內之命，顧訪無猜憚之心，恩狎有可說之色……斯忠賢所以智屈，社稷所以爲墟。」（范書百八宦者傳論）以母后少主也，因多外戚專權；和帝時之竇憲，「夫二三子得之不過房幄之間，非復搜揚仄陋，選舉而登。」（范書五十三竇憲傳）安帝時之鄧隲，「豪橫盈極，自取災故。」（范書四十六鄧傳）「漢之叔世，閻后司政，寺人阿后，窮奢極欲以蠹國，私人墨吏橫行郡國以吮民。」（讀通鑑論卷四）中葉之政，蓋可知矣。

竇憲梁冀（卷六四）之侈，均見本傳。桓帝時竇武之爲外戚似賢矣，而陳蕃傳（後漢書九十六）稱其荒樂不堪，則劣於武者自可勿論已。且初期重法之治，及中期而衰，如安帝時，劉愷乞除「坐贓錮二世」之禁，（詳後書六十九）則大臣宦者自益滋橫，雖修安車玉帛厚禮賢逸之禮，（詳抱朴子外篇卷二逸民）而告朔餼羊，又何益哉？

順桓以後，以訖靈（一六八至九九）獻，（一九〇至一九）武功寖廢，治愈不綱，而黨錮黃巾起焉。王符生安帝時，固太息於「舉俗舍本農，趨商賈，牛馬車輿，填塞馬路，遊手爲巧，充盈都邑。」（范書七十九引潛夫論浮侈篇）橋玄仕靈帝時，而賀賊殺其子，因奏於朝：

『乞下天下，凡有刲質者，皆並殺之，不得贖以財貨。……初自安帝以後，法禁稍弛，京師刲質，不避權貴。自是遂絕。』（范書八十一玄傳）則綁票之事，已見。獻帝遜位，仲長統卒。統著昌言，謂：『君臣宣淫，上下同惡。』（治亂篇）謂『井田之變，豪人貨殖，館舍布於州郡，田畝連於方國。』（損益篇）叔世之政，胥可知矣。觀抱朴子所記，而更可吁咈已。

抱朴子（外篇三十三）漢過云：『道微俗弊，莫劇漢末。當塗端右，閹官之徒，操弄神器。……進官則非多財者不達焉，（案靈帝中平二年崔烈以入錢五百萬爲司徒）獄訟則非厚貨者不直也。……其所用也，不越於妻妾之戚屬；其惠澤也，不出乎近習之席瑣。……於是傲兀不檢，丸轉萍流者，謂之弘偉大量；苛碎峭嶮，懷螫挾毒者，謂之公正方直；令色警懸，有貌無心者，謂之機神朗徹；……反經詭聖，順非而博者，謂之莊老之客。（日知錄卷十三以爲始於蔡邕）嘲弄嗤妍，凌尙侮慢者，謂之蕭豁雅韻。』又（外篇二十）名實云：『漢末之時，靈獻之世，品藻乖濫，英逸窮滯。饕餮得志，名不準實，賈不本物，以其通者爲賢，塞者爲愚。』傅玄亦謂：『漢末一筆之押，雕以黃金，飾以和璧，綴以隋珠，發以翠羽。公卿大夫，刻石爲碑，鐫石爲虎，碑虎崇僞，崇於三衢。妨功傷德，異端並起，衆邪之亂正若此，豈不哀哉！』（羣書治要引傅子）此東京季世之風俗也。

昔日知錄贊美東京風俗，（見十三卷）趙翼（廿二史劄記卷五）亦謂東漢尙名節，以爲（一）『是時郡吏之於太守，本有君臣名分。爲椽吏者，往往周旋於死生患難之間。如李固被戮，弟子郭亮負斧鑕上書，請收固屍。杜喬被戮，故椽楊匡守護其尸不去。（固喬二傳）此盡力於其所事，以見其忠義者也。』（二）『傅奕聞舉將沒，卽棄官行服，李恂爲太守李鴻功曹，而州辟恂爲從事，會鴻卒，恂不應州命，而送鴻喪歸葬，持喪三年，此感知遇之恩而制服從厚者也。』（三）『又有以讓爵爲美者，……丁綝卒，子鴻請讓爵於弟盛，不報，鴻乃逃去，以采藥爲名。後友人鮑駿遇之於東海，責以兄弟私恩絕其父不滅之基，鴻感悟乃歸受爵。』（鴻傳）……（四）『又有輕生報讎者，崔瑗兄爲人所害，手刃報讎亡去。……又有代人報讎者，何容有友虞緯高父讎未報而病將死，泣訴於容，容卽爲復仇，以頭祭其父墓。』此等『輕生尙氣，已成習俗』，蓋由『自戰國豫讓聶政荆軻侯嬴之徒，以意氣相尙……其後貫高田叔朱家郭解輩徇人刻己，然諾不欺，以立名節。馴至東漢，其風益盛。好爲苟難，遂成風俗……』——然則東京風俗苟有所美，則戰國游俠之遺，而非當時文教之隆盛也。東京文教，雖以刑法之故，挺立於明章之際，而弱主孱臣，消沉之於和安之間，及夫桓靈，而內政云云，其一部爲鳴琴之政，醇酒之治矣。豈止武功頹廢而已矣。

章炳麟太炎文錄卷一五朝學云：『且夫鳴琴之政，醇酒之治，所從來非一世也。漢季張遼從政，號爲坐不窺堂。孔伷亦淸談耳。孔融刺靑州，爲袁譚所攻，流矢雨集，猶隱几讀書，談笑自若，城陷而奔。阮簡爲開封令，有劫賊，外白甚急。簡方圍棋長嘯曰，局上有劫甚急。（御覽一百五十八引陳留風俗傳；據隋書經籍志地理類：陳留風俗傳三卷，漢議郎圈稱撰）斯數子者，蓋王導謝安所從受法；及夫蓬髮褻服，嘲弄嫱妍，反經詭聖，顚非而博，在漢已然。』此可以見漢季之政俗矣。

一七　章句之儒與激烈思想者

佛教之來，由於世運之降，世運之降，尊崇儒術何補哉？且東漢之儒，果何如耶？

儒者好言漢學，『而漢學亦有辨：前漢今文說，專明大義微言；後漢雜古文，多詳章句訓詁。』（皮錫瑞經學歷史頁十八）如周防撰尙書雜記三十二篇，四十萬言。伏恭爲齊詩章句二十萬言。景鸞著述五十餘萬言，而鄭玄所注尤多。（詳范書各本傳）章句之技技且施於法令。晉書卷三十刑法志所謂『後人生意，各爲章句，叔孫宣郭令卿馬融鄭玄，諸儒章句，十有餘家，家數十萬言者，』是也。『碎義逃難，便詞巧說，破壞形體，說五字之文至於二三萬言，後進彌以馳逐，故幼童而守一藝，白首而後能言，安其所習，毀所不見。』班書三十藝文志 如班固言，則范書儒林傳所載東京學校之盛『羽林之士，悉令通孝經章句』者，得無與漸荒之治政，同爲無益於世乎？

案兩漢法學頗盛，著於班書者，有路溫舒杜延年鄭昌于定國丙吉文翁等；著於范書者，有郭躬授徒以律，侯霸從人受律，鍾皓以刑律教授，——俱見兩漢書本傳，故章句之學風，亦侵入之！

西漢宣帝時，夏侯勝已謂『章句小儒，破碎大道』：班書七十五勝傳 哀帝時，劉歆則以爲『分文析義，煩言碎辭。』後漢書三六歆傳 東漢明帝時，徐防雖請禁不依章句，妄生穿鑿者，范書七十四防傳 然與其同時之楊終，固已言章句之徒，破壞大體。范書七十八終傳 章帝時，王充『好博覽而不守章句，』充傳 亦力斥『章句小儒，不覽古今，或以說一經爲是，不須博覽。夫孔子之門，五經皆習，庶幾之材也。我不能博五經，又不能博衆事，守信一學，不好廣觀，無溫故知新之明，而有守愚不覽之闇。』論衡十三別通篇 則守株之學，與讖緯之說，何異焉？

東漢光武深信讖書，廿二史劄記卷四 自足開一代風氣，故康成大儒，而其死也，『以讖合之，知命當終。』范書六十五玄傳 東京之季，董卓徙都，亦引『石包讖，宜徙都長安，以應天人之意。』范書八十四楊彪傳 袁術亦以『少見讖書，「代漢書當塗高」，自云名字應之，』遂萌僭逆之謀。范書百五袁術傳

士既沉淪於妖妄與章句，非卓異非以自拔。故雖有愛好眞實之士，在此時世中，亦有沒世而名不章之痛矣。如西漢武帝時，落下閎經營渾天儀，始有成效；而安帝時張衡亦能『研覈陰陽，妙盡璇璣之正，作渾天儀，言甚詳

明。』然東京之季，蔡邕有考驗天象，多所違失之歎。詳范百二尙書律天四參看張衡傳暨晉書天文志何也，以天歷之學附麗於經術，故也。西京以陰陽災異附經，東京諸儒則多以天文學傳經，故楊厚『學天文推步之術。』范書六十厚傳郎顗能占候。同上顗傳襄楷善天文之術。同上楷傳蔡邕亦好數術天文。范書九十下邕傳他如廖扶習韓詩歐陽尙書，『尤明天文風角之術，』唐檀少游太學，而好星占。公沙穆習公羊春秋而『銳思河洛推步之術。』廖等見范書一一二方技傳可徵經學爲天文之先導矣！天文爲經術之附庸矣。故鄭玄亦善天文焉。詳范書六十五鄭玄傳此卽其純爲科學而科學者，如張衡永和四年一三九卒之斥圖讖，於陽嘉元年西一三二造候風地動儀，能知地震所在。詳八十九衡傳此卽異日北朝信都芳明所本，隋臨孝恭地動遺經之祖。詳周密齊東野語卷十五渾天儀地動儀條允爲東京之寶。其他則見於范書方技傳卷百二十者，大抵巫覡風占之流。惟崔豹古今注卷上頁一顧氏文房小說本有『大章車，所以識道里也，起於西京，亦曰記里車，行一里，下層擊鼓，行十里，上層擊鐲，尚方故事，有作車法。』而晉書卷二十五輿服志亦有記里鼓車之制。——知東京巧匠亦能紹述。再外，則能挺然於章句之外者，惟藥醫而已。

醫藥見於本草，本草謂始於神農，然漢藝文志不著其書，而惟見於漢平帝紀樓護傳。姚際恆謂：『書中有後漢郡縣人名，以爲東漢人作。』古今僞書考其後蔡邕有本草七卷，吳晉有本草六卷，以及唐本草蜀本草，以及宋大觀本草，要不得不謂東漢人之有功。精醫者，東漢以前有扁鵲倉公。史記一〇五而東漢張機之金匱要略，『上卷論傷寒，下卷論雜病，下載其方，並論婦人。自宋以來，醫家奉爲典型。』四庫提要卷百〇三尤爲著稱。至於和帝之時，郭玉診脈，能別男女。華佗醫病塞者，得下一蛇。此與左慈千里鉤鱸何殊？玉等事俱詳范書卷一一二惟佗言『人體欲使勞動，但不當極耳。動搖則穀氣得銷，血液流通。辟如戶樞，終不朽也。』則經驗之談，其利溥矣。

故以東漢時章句之學，隱微之科學進步，與重法之治，淫暴之政，恣肆之貴族，等量齊觀，則有識者不能不咨嗟。

揆其流派，亦可分三。

其一，則自葬也。如薄葬起於墨子，而漢時天子陵墓，則窮奢異常。（見晉書六十索綝傳）故西漢時，楊王孫已激之以裸葬，（西京雜記）其在東漢（順帝）時，則崔瑗又有『歸精於天，還骨於地，何時不可藏形骸，其賵賻之物，羊豕之奠，一不得受。』（范書八十卷三二瑗傳）而楊震亦以『雜木爲棺，布單被，裁足蓋形，勿歸冢次，勿設祭祀。』（同上八十四霍傳）鄭康成亦『遺令薄葬。』（玄傳）趙咨告故吏云『薄歛素棺，藉以黃壤，欲令速朽，早歸后土。』（范書六十九）所以秉墨教之遺者，乃有激於豪富之淫恣歟？

周燮有許行之風（范書八十三）『非身所耕漁，則不食也。』乃安帝時人，徐孺子則與弟守共談稼穡，且斥人之栖栖不遑寧處。（同上徐稺傳）胥此類也。

其二，則曰懷疑也。王充（卒於永元中（八九至一〇四））著論衡，宋恕六齋卑議所謂曠世超奇出上虞，論衡精處古今無者也。充於章帝章和二年『年漸七十』，『論衡，論之平也。』（卷三十自敘）其疑古也，於稷母履大人跡而生，則曰：『貴人之氣，更稟賤物之精，安能精微？』（卷三奇怪）於古今異宜，則曰：『上世之人所懷五常也，下世之人亦所懷五常也，共稟一氣而生，上世何以質朴，下世何以文薄？』（卷十八齊世）其論死生也，則以死者現神，必著斂時之衣，人卽有鬼，豈衣服之仍形。（詳卷二十論死）他如書虛篇疑孔顏同登泰山以望閶門之事，感虛篇疑杞梁之妻哭城城崩之僞，語增篇疑武王伐紂兵不血刃，問孔刺孟，顯非章句小儒所能！譴告篇疑災異之無關人事，商蟲篇謂蟲災之由於人謀不臧，則更明言當時學風之妖妄已。

論衡（二十八正說）又謂著作者爲文儒，說經者爲世儒，而後言世儒之劣，則充實反對當時之所謂儒者。三則曰評政也。如王符與張衡同時，稍後於充，所作潛夫論，一則謂善事君者，善治其民。（貴忠）二則謂今使貢士，必覈其實。（實貢篇）三則謂浮侈之徒，「皆所宜禁。」（浮侈篇）四則謂禮義起於富足，盜竊生於貧窮。（愛日篇）而其主張法治，不主赦宥。（述赦篇）則其友人崔瑗之子崔寔，固已言「以德教治殘，猶粱肉已疾。」（范書八十二瑗傳）蓋瑗亦主張『俗人拘文牽古，奇偉所聞，簡忽所見，烏可與論國家大事？』而與章句小儒異趣者焉。

抱朴子外篇十四用刑云：『若德教禦狡暴，以黼黻禦剡鋒也。以刑罰施平世，是以甲胄升廟堂也。』意同崔寔。

崔寔之生，已逢桓帝宦官外戚之禍，黨錮清議之獄，風雨排山，政局滄溟。稍後則有仲長統，其卒與獻帝遜位二（○漢亡）同歲，所著昌言，雖言復井田以抑兼併，（損益篇）貴宰輔以平戚宦，（法誡篇）斥君惡以明理亂，（理亂篇）俱見范書。（七十九本傳）然漢已叔世，善類一空，仲長統遂爲激烈思想與清談者之過渡人物矣。

清談之旨，疾世自潔而已。其反對章句之學，則見於抱朴子。（外篇二十五疾謬篇）曰：『終日無及義之言，徹夜無箴規之益。誣引老莊，貴於率任，至行不顧細禮，至人不拘檢括，嘯傲縱逸，謂之體道。……雖心覺面牆之困，而外護其短乏之病，不肯謐己，強張大談，曰雜碎故事，蓋是窮巷諸生章句之士，吟咏枯簡，匍匐黃卷者所宜識，不足以問吾徒也。』蓋章句之士與誣引老莊者，正各不相謀。

案清談之術，於古非無之。『三山老人語錄云：「性命死生之理，老莊論之備矣。自秦滅學之後，賈誼首竊其與，爲長沙傅，有鵩鳥入舍，爲賦以自廣曰：千變萬化，未始有極。……」此語自漢已來，言達性命齊生死者，皆不能出其右。晉宋間清談，推本其言而已。』（胡仔漁隱叢話後集卷一）考論衡自敍亦謂：『養氣自守，適食則酒，閉明塞聰，愛精自保。……惟人性命長短有期，人亦蟲物，生死一時；猶入黃泉消爲土灰。』與阮生之論不殊。然清談之顯，當始於漢季。如桓帝時，馬融大儒，巳『善鼓琴，好吹笛，達生任性，不拘儒者之節。』（范書九十馬融傳）而孔文舉彌正平之『跌蕩放言云：子之於母，亦復奚爲？譬如寄物瓶中，出則離矣。』（范書卷百孔融傳）反經詭聖，順非而博，此異日阮劉二子之先導也。

且以激烈思想者，有仲長統之殿，而仲長固清談之尤者。宋吳師道禮部詩話（頁一知不足齋本）云：『仲長統述志詩，允謂奇作。其曰叛散五經，滅棄風雅者，得罪於名教甚矣。蓋巳開魏晉曠達之習，玄虛之風。』明祈駿佳遯翁隨筆（卷下頁二十二一七二九鶴齋叢書）云：『放曠任達，但盛於晉，非始於晉也。莊列爲曠達之祖，而其言隱而其旨遠，不可彷彿。至漢末仲長統云寄愁天上，埋憂地下，叛散五經，滅裂風雅，則言顯而意淺矣。鄭泉臨卒，命埋於酒家之側，冀化爲土而取爲酒壺。則宛然劉阮之先鞭，而其旨愈下矣。』（張燧千百年眼卷六同）故以仲長統殿諸激烈思想者，而仲氏以後，則『魏武好法術，而天下貴刑名；魏文慕通達，而天下賤守節。』（晉書傅玄傳）而曹丕與吳質書亦云高談娛心，清箏順耳，妙思六經，逍遙百氏矣。

一八　清議與黨錮

曷言夫東漢叔世之善類一空也，則以清議受阻壓故也。而其最大之摧殘，則在桓帝延熹九年（一六六）及吳帝建寧二年（一六九）二次之黨獄。

考漢世清議，本較後世發達。只從上書無忌諱（廿二史劄記卷二），已可方物。故景帝時，黃生雖有冠敝必加於首，履新必關於足，以明君臣之分，而轅固生非之。（史記一二一轅固傳）夏侯勝則於宣帝之前，助斥武帝用兵之過。（班書七十五勝傳）蓋寬饒亦言『五帝官天下，三王家天下。』（班書七十七寬饒傳）此在後世，豈不罪至罔加？陳衍槎上老舌（頁四八硯雲乙編本）云：『漢時有征伐大事，皆集百官議，議而是，官雖微，天子可其奏，而三公亦不之拒。形跡渾忘，禍患不作。如賈捐之之罷珠厓，揚雄之許單于降，班勇之伐西域，李固之定交趾，四人皆小臣也。後世不論事之大小安危，惟要地人言爲符印，稍有違忤，首領不保矣。』此皆指朝廷之清議也。

清議有在下者，故盧植雖「不守章句，」而以庶人規竇武曰：『植聞嫠有不恤緯之事，漆室有依楹之戒。憂深思遠，君子之情，夫士立爭友，義貴切磋。書陳謀及庶人，詩咏詢於芻蕘，植誦先王之書久矣，敢愛其瞽言？』（范書九十四植傳）此清議之見於事者也。何休公羊（宣十五年）注：『男年六十，女年五十，無子者，官衣食之，使之民間求詩。鄉移於邑，邑以移國，國以聞於天下。故王者不出牖戶，盡知天下所苦；不下堂而知四方之事。』此清議之託於古者也。范書西域傳：『大秦有三十六將，會議國事，其王無有常人，簡立賢者。』（范書一一八）此清議之託於遠者也——皆清議之在下者。

太炎文錄（卷一五朝學）云：『閭巷之間，據道推方，嶷然不羣者，梁鴻、韓康、徐穉、鄭玄、申屠蟠……嘗試論之，漢之純德在下，吏諸生間。雖魏晉不獨失也。』蓋謂「在下」者可貴。

積此清議之潛力，而助之以官學私學（本卷第十三節），學生之推揚，則指摘末世之政，自易發生。豪富淫佚，君政黑暗，則尚氣之士，又併入清議與學生間——斯其所以於桓靈之時，激成黨錮之獄也。『桓靈之間，主荒政謬，國命委於奄寺，士子羞與爲伍。故匹夫抗憤，處士橫議，遂乃激揚名聲，互相題拂，品覈公卿，裁量執政，婞直之風，於斯行矣。』范書九十七此清議也，此其一也。『太學諸生三萬餘人，郭林宗、賈偉節爲其冠，並與陳蕃、李膺互相褒重，並危言深論，不隱豪強。』此學生也，此其二也。『初桓帝……受學於甘陵周福，及卽帝位，擢福爲尚書。時同郡河南尹房植有名當朝，鄉人爲之謠曰：天下規矩房伯武，因師獲印周仲進。二家賓客，互相譏揣，各樹朋徒，漸成尤隙。』尚氣相爭，此其三也。——其動機由於朝政之不綱，而黨錮之成分，視清議爲夾雜矣。

黨錮蓋合政治上之爭奪作用，非純然清議，而固有以爲純清議者。明夷待訪錄學校篇云：『其始也，學校與朝廷無與，其繼也，學校與朝廷相反。不特不能養士，且至於害士。……東漢太學三萬人，危言深論，不隱豪強，公卿畏其貶議。宋諸生伏闕搥鼓，請起李綱。三代遺風，惟此猶爲相近。』其同時人顧炎武日知錄卷十三兩漢風俗云：『漢自孝武表章六經之後，師儒雖盛，而大義未明，故新莽居攝，頌德獻符者，徧於天下。光武有鑒於此，故尊崇節義，敦厲名實，所舉用者，莫非經明行修之人，而風俗爲之一變。至其末造，朝政昏濁，國事日非，而黨錮之流，獨行之輩，舍命不渝，風雨如晦，雞鳴不已。三代之下，風俗之美，尙無過於東京者。』——此論非始於顧、黃二子也。

後漢書九十一左雄傳論云：『孝桓之時，碩德惟與，陳蕃、楊秉，號稱賢宰。……其餘宏儒遠智，高心絜行，激揚風流者，不可勝數。而斯道莫振，文武陵隊，在朝者以正議嬰戮，謝事者以黨錮致災。往車雖折，而來軫方輪。所以傾而未顚，決而未潰，豈非仁人君子心力之爲乎？』——此亦以黨錮爲有益漢治者也。

曷以言黨錮乃夾雜也？章炳麟云：『猥俗之論，多以晚明方比後漢。此未得其情，後漢可嘉，蓋在獨行逸民諸傳，及夫雅俗孝廉之士而已。其黨錮不足矜，（黨錮起於甘陵，其後連及天下善士，此乃奄官所爲。終之，甘陵非善士，善士亦非甘陵之黨。善士可慕，不得以是並慕甘陵也）然則孝弟通於神明，忠信行於蠻貊，居處齊難，坐起恭敬，道涂不爭險易之利，冬夏不爭陰陽之和，見利不虧其義，見死不更其守，此後漢賢儒所立，著於鄉里，本之師法，教化者也。』（太炎文錄卷一思鄉愿下）間嘗徵之抱朴子，而似若可信者然。

抱朴子外篇（卷四崇教）云：『漢之末世，吳之晚年，望冠蓋以選用，任朋黨之華譽，有師友之名，無拾遺之實。匪惟無益，乃反爲損。』又（卷二十七刺驕）云：『聞諸漢末，諸無行自相品藻次第。羣驕傲慢，不入道檢者，爲都魁雄伯，四通八達，皆背畔禮教而從恣邪。……口習醜言，身行敝事，凡此之爲，使人不忍論也。』又（卷五十自敘）云：『漢末俗敝，朋黨分部。許子將之徒，以口舌取戒，爭訟議論，門宗成仇。故汝南人士無復定價，而有月旦之評，魏武帝深亦疾之，欲取其首。』此皆痛詆黨錮者也。

平心論之，黨錮既爲夾雜之物，故自美醜參半。有自潔其行者，如申屠蟠歎焚坑之禍，乃因樹爲屋，自同傭人。黃憲則泛泛若千頃波，澄之不清，淆之不濁。而徐孺子之語郭林宗則曰：『大樹將顛，非一繩所維。』（後漢書八十三）此一流也。

其次則曰矯枉者。

如張成之子雖故殺人，而李膺以憤疾案殺。成遂交結宦官，欺蒙桓帝，帝遂禁錮黨人，禁錮終身。而范滂猶言：「善善同其清，惡惡同其污。」岑晊則處措宮人張汎，亦誅之於赦後，並殺其宗族賓客二百餘人。（俱詳九十七黨錮傳）——故有延熹九年（一六六）第一次之黨獄，幸得陳蕃、竇武力救始解。知嫉宦官嬖臣之惡，而投鼠不知忌器，且枉法以懲惡，立崖岸以拒人，此一流也。

又次，則爲慕虛名者。

如第一次黨禍解後，黨人相率標榜，有三君八俊八顧八及八廚之號，固已啓人疑忌；如范滂則『登車攬轡，慨然有澄清天下之志。』何顒感友人之義，代報父讎。張儉『亡命困迫遁走，莫不重其名行，破家相容。』范滂於第一次獄解，『始發京師，汝南南陽士大夫迎之者數千兩。』（俱詳范書九十七）故有靈帝建寧二年（一六九）之大捕黨人。其遭權官屛主之忌者，亦宜哉？

趙翼曰：『其時黨人之禍愈酷，而名愈高，天下皆以名入黨籍中爲榮。……』如景毅遣子師事李膺，而恥於漏名；皇甫規自言與黨人有關。捕范滂之詔書至，督郵抱詔書閉傳舍伏牀而泣，虛名所感，其勢盛矣。（詳廿二史劄記卷三）故呂強言於靈帝，以黨獄鬱結，恐與黃巾合謀爲變，恐慊靈帝，中平元年（一八四）黃巾起，而黨獄始解，可知虛名蠹世，昏君且以黨人畜有異志也。

然黨人爲時世之反映與刺激，則亦有可述者。一則對於宦者之刺激也。考古有帝皇多妻之制，（禮昏義）以其多妻，故愼防宮闈，而宦官之制盛。（詳明夷待訪錄奄宦下）漢高祖倘枕宦者臥，（史記樊噲傳）則東京宦者之禍，（詳廿二史劄記卷五）理有必然。二則對於昏主之刺激也。范書稱桓帝好音樂，善吹笙，稱靈帝不敢臨高，（帝紀）此其徵也。三則選舉之政不良之反映也。兩漢本重徵舉，『漢初詔舉賢良方正，州郡察孝廉秀才，中興以後，復增敦朴有道賢能直言清白敦厚之屬。』（范書九十一左雄傳論，又卷五安紀）西漢時如卜式公孫宏，雖以貲爲郎，而登庸人材之陋，則後漢之季遠過之。如崔烈入錢五百萬，得爲司徒，而靈帝猶嫌其價廉。（後漢書八十二烈傳）故稍知自好者，激於野而冥行。（左雄傳論）此其徵也。

黨錮之訖，時同黃巾之起，天下大亂，武人紛起，黨事之餘波，徒爲東漢滅亡之徵。然鄉里標榜，爲異日九品中正之母；覲於曹操之雄，尚求鑒賞於喬玄，（魏志武紀）且不奪邴原之志。（詳魏志十一邴原傳）『義不使高世之士立於汚君之朝』（抱朴子外篇二逸民載此爲曹操告孔明語）此畏憚清議，蓋猶黨錮之餘波。惟士大夫階級經此大創，故賢者流爲放蕩；（日知錄十三以爲始於蔡邕）不肖者不恥爲汚辱；（如魏志武記載曹公用汚辱之士）而轉爲六代清談成因之一矣——故曰黨錮之事，雖不足以匡時捄世，而與魏晉之時世則甚有關。

案郭太夜觀乾象，以爲天之所廢，非人可支。（范書九十郭太傳）抱朴子外篇（四十六正郭）祇爲『按林宗之言，其知漢之不可救，非其才之所能辦』此則黨錮無裨於前，有啓於後之反證也。後漢可慕，蓋在循吏，然循吏不足刺激時世也。范書一〇六循吏傳云：『若杜詩守南陽，號爲杜母；任延邊光，移變邊俗，斯其績用之最章章者。』此實事實上做工作者，較清議黨錮，尚爲可貴。惟與後來吏變，則不及耳。

第七章　文化史上之大風雨

一九　三國至東晉之政治混亂

黨錮之士，其不能拯時救世，可知。時世之艱時世者，此蓋指黃巾賊起，（靈帝中平元年一八四）中經三國（二二〇至二七九）之紛擾，西晉之暫安，（晉武帝大原元年二八〇至二九九）而卒有八王之役，（三〇〇至三〇六）永嘉之禍，（三一一年）以結束於五胡亂華，東晉之偏安江左（三一七至四二〇）也。

其一，則爲人心險惡，簒弒愈烈。例如曹操之奪，曹丕之簒，（二二〇年）尚能優待東漢之裔。（詳邵博河南邵氏聞見後錄卷九頁九）而西晉宣帝之奪魏，則其孫明帝異日與王導談此，『王乃具述宣王創業之始，誅樹名族，寵樹同己，及文王之末，高貴相公事。明帝聞之，覆面箸牀曰，若如公言，祚安得長？』（世說三十三尤悔　又晉書一宣紀論）然方之於劉裕以後，則司馬懿未爲窮兇極惡也。晉恭帝之禪劉裕也，（四二〇）欣然命筆，（晉書卷十）而卒受其忌。雖自知佛教自殺者不復人身，然卒爲裕所殺。（詳通鑑百十九）自此之後，亡國之君，遂無倖全其殘生者，詳蔣超伯麗瀛蕃錄。（卷三）其最慘者，則如陳霸先弒梁敬帝，帝曰：『我本無意作天子，何故見殺。』（趙翼劄記卷七禪代）蓋自『劉裕卽戕故君以後，齊梁陳隋北齊北周，無不皆然。』至於宋齊多荒主，子孫殺戮之慘，亦詳趙書。（卷十一）

其二，則爲爾帝爾王，自私自利。兩漢之興，尚封同姓諸王。而『魏文帝忌其諸弟，帝子受封，有同幽縶。司馬父子，攘臂取之，曾無顧憚。晉武封國至多，宗藩強壯，可謂懲魏之弊矣，然八王首難，阻兵安忍，反以召五胡之釁。』『蓋爲人上者，苟慕虛名，而實無唐虞三代之公心，爲諸侯者，旣獲裂土，則遽效春秋戰國之餘習。』（通考自敘）則深謀遠慮，要皆自私而已。晉書（四十八段灼傳）載段灼勸武帝分封諸侯之利，灼又烏知其患哉？晉武帝（二六五至八九）以泰康元年（二八〇）滅吳，混一天下，卽削減州郡兵備。（通考卷一五六兵考八）然對於同姓侯王，則仍聽其置軍。『出擁旄節，蒞嶽牧之榮，入踐臺階，居端揆之重。』（晉書五十九八王傳敍）但畜志自私，何以服人？王夫之所謂：『晉之簒魏而吞吳也，謀惟恐其不狡，力惟恐其不兢。日進陰鷙殘忍之夫，而蓄其彊狡於草澤。幸而兵解難夷，遂欲使之屈首，以奉長吏之法；未有能降心抑志以順從者也？』（讀通鑑論十一）允矣。蓋列代自統一以後，必有反動式的內亂，正由大曾思長持寶器，而次又不甘廢棄，故事變來矣。

其三，則爲人材登用未能允當。漢世本重薦舉，故董仲舒有『諸列侯郡守二千石各擇其吏民之賢者，歲貢各二人以給宿衞，且以觀大臣之能；所貢賢者有賞，所貢不肖有罰。』（仲舒集卷一）常科之外，又有特舉。如成帝時舉敦樸遜讓有行義者。（後漢一一一譙玄傳）東京繼之，大致無改。然王符非東京選舉已有『朋黨用私，背實趨華之感，』（潛夫論實貢篇）如田歆當舉六孝廉，重遠貴戚之請，但欲自求一名士以報國家。（范書八六种暠傳）吳植爲宛令，梁冀干之而植拒，以「多託非人，誠非敢聞」，時人以爲美談。』（宋葛洪涉史隨筆頁十五知不足齋本）此風不改，無怪抱朴子之痛哭，魏武帝之矯激也。

魏武帝欲用汚辱之士，不求有行，但求有才，見魏志一卷建安十九年條及建安二十二年裴松之注。揆其所以，蓋有所激。抱朴子（外篇十五審能篇）云『桓靈之世，柄去帝室，政在姦臣，網漏防潰，風頽教阻，抑清德而揚諂媚，退履道而進多財，力競成俗，苟得無恥，或輸自售之寶，或賣要人之書，或父兄貴顯，望門而辟命，或低頭屈膝，積習而見收。……何可不澄濁飛沉，沙汰臧否，嚴試對之法，峻貪夫之防哉？……靈獻之世，時人語曰：舉秀才，不知書；察孝廉，父別居；寒素清白濁如泥，高第良將怯如鷄……』則賢才之滯塞，固亦黑暗之象徵耳。

其四，則爲帝皇荒淫甚或闇愚。劉禪樂不思蜀，孫皓縱毆虐人，無論已。卽以開國龍興之晉武，嘗『多簡良家子女，……自擇其美者以絳紗繫臂。……平吳之後，掖庭殆將萬人，而並寵者甚衆，帝莫知所之，常乘羊車，恣其所適。』（晉書三十一胡后傳）其子惠帝聞人餓死，則曰何不食肉糜？聞蛙聲，則有官乎私乎之詢。（晉書三）此雖不足盡信，如記石虎苻生之兇暴，然統治者之不孚人望，要不得甚諱也。

關於惠帝之愚，張燧千百年眼（卷六晉書矛盾條）以晉書八十九嵇紹傳駁之。又晉書稱石虎破城之後，「坑斬士女，尠有遺類。」（晉書一百六）稱苻生「截脛刳胎，拉脅鋸頸。」（晉書卷一一二）——然揚衒之洛陽伽藍記（卷二）則記苻生「雖好勇嗜酒，亦仁而不殺。觀其治典，未爲兇暴。」則五胡諸君之淫虐，殆亦如惠帝闇弱，「宋齊多荒主」（廿二史劄記十一）也。

其五，則爲世道如此，賢者兢兢。段灼在晉武時，雖能言晉武受禪之日「兵刃耀天，旌旗蔽日。」（晉書四八）臣下似得直言。然阮嗣宗則「遭時多故，祿仕而已。」（魏志二十一注）衞瓘不敢言太子之失，其語武帝，僅曰：此座可惜。張華雖受賈后之敬，其論牝鷄，亦但箴女史。（俱詳晉書三六）二人者固所謂「松筠無改」者也。而訥訥若斯；非漢時上書無忌諱之朝，斯臣下所以戰兢矣。

沈作喆寓簡（卷三）云：「晉人雅尙玄遠，宜於世情淡薄。今觀其書尺，感歎暌離，極於悽悵，沈思纏綿，不能自已。

所謂玄遠淡泊，得無妄乎？大率晉人以心跡不相關爲自解免，此最其膏肓也。」

其六，則爲時運正艱，兵燹匝地。考黃巾之亂固無論已。黃巾亂後，則有董卓移都（一九〇）之亂，「吏民擾亂，自辟雍東觀蘭臺石室宣明鴻都諸藏典策文章，競共剖散。大則連爲帷蓋，小乃制爲縢囊。」（後漢儒林傳）嗣後則有三國之兵燹。如陳羣告魏明帝曰：「今喪亂之後，人民至少，比漢文景之時，不過一大郡。」（魏志二二陳羣傳）此語可見梗概。晉武平吳（二八〇）以後，垂二十年，而有八王之亂，五胡之亂。李重所謂：「人跡播越，仕無常朝，人無定處。郎吏畜於軍府，豪右聚於都邑，事體駁雜，與古不同。」（晉書八六重傳）此統言之也。「朝爲伊周，夕爲莽卓。機權失於上，橫亂作於下。楚趙諸王，相仍構釁。徒興晉陽之甲，竟非勤王之師。……遂使昭陽興廢，有甚奕棋。乘輿幽縶，更同羑里。胡羯陵侮，宗廟邱墟。」（晉書五九八王傳敍）此乃言八王之亂也。（二九九至三〇六）在八王亂中，匈奴劉淵已自稱漢王，（三〇四）匪久而晉懷被虜，（三一一年）晉愍繼之。（三一東晉元帝，三一七至三二一於二年後即位江東，三一八年即史所謂永嘉建興之亂。魏收曰：『叙割有梁揚荊三州之土，因其故地，分置郡縣，戶口至有不滿百者。』魏書九六 容或出奴之言，然溫嶠爲東晉臣，固自言『鄢陵舊五六萬戶，今裁有數百。』晉書五〇溫傳 南朝如此，北虜之痛爲屠殺，無論已。

以上俱詳陳登原中國土地制度史。頁八五至八八 至於五胡之會，其草菅人命，如赫連勃勃四一八年與劉裕戰後，殺人頭築爲京觀，號髑髏臺，其虜殺人命，具詳通鑑。卷一一八 ——且勃勃，特其中之一例爾。

其七，則爲異族雜處，事象非昔。其曰雜處者，如石勒『年十四，行販洛陽，依嘯上東門。』『與李陽鄰居，常爭麻地。』晉書一〇六勒載記 石勒則故羯也。李特『値歲大飢，……隨流人入於蜀，』晉書一二〇特載記 特則故氐也。劉淵於『咸熙魏少帝中，爲侍子在洛陽。』晉書一〇一 淵則故匈奴也。慕容氏於『魏初入居遼西，』其人則鮮卑也。晉書一〇八 『永嘉之亂，（姚弋仲）東徙榆眉，戎夏繈負隨之者數萬。』晉書一一六弋仲載記 弋仲則故羌也。此皆在西晉亡前；至東晉以後，則種族益淆雜矣。

東晉三一七至四一九以還，則中國民族益複。如三五〇年，石勒之嗣石虎殂，諸子爭立。冉閔大破羯，『一日之中，斬首數萬。閔躬率趙人誅諸胡羯，無貴賤男女少長皆斬之，死者二十餘萬，尸諸城外，悉爲野犬豺狼所食。……於時高鼻多鬚，至有濫死者半。』晉書一百七 則胡羯之近於高鼻也。

又如『高坐道人不作漢語，或問此意，簡文曰：以簡應對之煩。道人名尸黎密，西域人。永嘉中，始到此土，止於大市中，性高簡，不學晉語。諸公與之言，皆因傳譯，然神領意得，頓在言前。』世說言語篇 又洛陽伽藍記卷三龍華寺云：『伊洛之間，夾御道有四夷館，一名金陵，二名燕然，三名扶桑，四名崦嵫。……吳人投國者處金陵館；

北夷來附者，處燕然館；東夷來附者，處扶桑館；西夷來附者，處之崦嵫館。自葱嶺以西，至於大秦，百國千城，莫不款附。商胡販客，日奔塞下。所盡天地之區矣。是以附化之民，萬有餘家。樂中國之風，因而宅者，不可勝數。』則知北方種族，在北魏統治下，亦甚複雜矣。

又案世說假譎篇云：『王大將軍既為逆，三二三年晉明帝……乃著戎服，騎巴賨馬，……陰察軍形勢。未至十餘里，有一客姥居店，養食。帝過，謁之。……行敦營匠而出。軍士覺曰：此非常人也。敦臥，心動，曰：「此必黃須鮮卑奴來。」……追之，……因向問姥：「不見一黃須人騎馬度此耶？」』以此見鮮卑人固自有其特相也。北史（九七）康國傳『人皆深目高鼻多鬚』，同卷于闐傳『自高昌以西諸國人等深目高鼻，惟此一國貌不甚胡，頗類華夏』，於此見種族之歧

據上，可知黃巾賊起之後，百餘年而有西晉之暫安。暫安二十年而有八王之亂，永嘉之亂，以造東晉之偏安。三一七至四二〇年永嘉亂後，北方之為漢，為趙，為燕，為涼，為代者，苻堅頗能統一之。不幸而有淝水之敗。三八三年於是北方又裂為燕，涼，秦，而北魏自代漸顯頭角，漸次征討，至劉裕篡晉後之十九年，四三九年始定南北分治之局。蓋離漢季黃巾之亂，為時二百五十年矣。前述七者，皆二百五十年中之以政治混亂而致之也。

二〇　華夷民族之消長

自黃巾之亂一八四以至於南北朝開始四三九年之二百五十年，其初期之形勢，則為華族之不知自陷於消沉，且目覩夷族之實偪處此而不能誰何。

所謂消沉者，即為政者但顧小己之久遠之幸福，綽為之備；不顧民族之百年之大計，善為之防。其結果，則為之

備者，固備不勝備，而爲之防者，亦防爲可防；況未嘗善爲之防乎？竭力以防之乎？自來統治階級，蓋但知淫樂自圖，如漢天子之厚營墳墓（詳晉書六十索綝傳）之環植嬖妾，（詳漢書九二荀爽傳又九六陳蕃傳）而其爲吾民族設計之政策，未嘗絲毫爲公也。晉剷州郡兵，即此一例。故鄭澥備亂（宋文鑑九十七）云：『夫歷世之亂，考其所以備之者不爲不至；窒一穴，穿一穴。何禍亂之不息耶？豈未嘗取天下之公制，而獨以己之私備之耳。』清李匡濟墨海萍雨云：『漢非爲功於天下，然其修身治家，全無先王規模。而心法全以詐遇臣下，世運可知矣。』（卷二）此方孝儒深慮論之所本也。

故以魏晉時之君言之，魏武帝曹操雖能取天下於盜賊之手，（詳通鑑六十六司馬氏評荀彧之死）然建安之時，『匈奴雖折節過於漢時，然烏丸鮮卑稍更強盛；亦因漢末之亂，中國多事，不遑外討，故得擅漠南之地，寇暴城邑，殺戮人民，北邊仍受其困。』曹操『徙其族居中國』，而對於鮮卑，第能略予羈縻，聽其雜居幽并。（魏志三十）——操雖能武，然屬望於銅雀故使一類之私，則未遑竭全力以對外，其功在孫氏劉氏下，亦勢所必至已。

三國時，江東孫氏經營南方之蠻越，在今江浙兩湖江西之山境者。語在十七史商榷。（四十二山越條）其在於蜀，則如諸葛亮之平今雲貴之蠻，（詳蜀志四亮傳）敎及夷族，夷人感懷恩德，爲戴帶天孝，久而不除。（詳天下郡國利病書卷六十六）王世貞云：『余嘗見孫兆儒言，永靖永順兩宣慰，會陽宣慰之民，至今尙冠白巾，云爲諸葛武侯服孝。後覩避暑錄，載所見唐明皇幸蜀圖，山谷間民皆冠白巾，以爲蜀人爲諸葛武侯服。所居深遠者，後遂不除；然則諸葛之遺行於蠻貊，一至於此。』（弇州山人稿一六〇？）此均言吳蜀二國經營草昧之功也。

以孟德之才，何嘗不能經營匈奴鮮卑？然伊亦未能免俗，如『遺命令其諸子曰：吾婕妤伎人，皆著銅雀臺中。於臺上施八尺穗帳，朝哺上酒脯粻糒之屬，每月朝十五，汝等時時登銅雀臺，望我西陵墓田。』（吳競樂府古題要解）

卷下津逮祕書本慕田尚不能忘，則對外族之志，自不如皷內爭之欲，故先師洪允祥論之曰：『江東立國，六十餘年，開拓山越，輯寧交廣，吳越之民，賴以生息。晉室南遷，中原衣冠人物，藉長江之險以保障而留存者，亘三百年。孫氏實啓之也。諸葛亮之功，不在北伐曹魏，而在南拓蠻土；曹操之罪，不在脅迫獻帝，而在不能驅逐匈奴，此均由民族方面列論者也。』國風三卷十一期洪氏涉史隨筆

何況當時異族，已偪處疆內。南匈奴節十六、鮮卑無論已，羌節十六為東漢末年之大患，敗後『率種人內附』晉書一一六姚弋仲載記問題初未解決。洪氏則苻洪之族，世居隴右；李特之族，世居巴渝。晉書一一二又一二〇既『致之內地，而縣官豪右，皆得奴使之，積怨既久，遂至思亂。若政府無事，尚有所畏。一旦有烽煙之警，則羣思脫羈絆矣。』夏曾祐中國古代史頁三九五『在漢人之意，以為遷地之後，即不復為患，而不知其後之患，特甚於未滅時。董卓之亂，汾晉蕭然，已呈大亂之象。』夏書四一三——斯八王之役，所以益促五胡亂華之早現也。

中國之政治者，既不能屏其自私，而外族之處邊者，則以久接華化，文智較開：如劉元海『好毛詩京氏易，史漢諸子，無不綜覽。嘗鄙隨陸無武，絳灌無文。』『石勒嘗使人讀漢書，至酈食其勸立六國後，疑漢高何以得天下？苻洪於永嘉之亂，亦知散其千金，召英傑之士，訪安危變通之術。楊亮之贊姚襄，亦謂神明氣宇，孫策之儔，而雄武過之。李特過劍閣，則箕踞太息，詆劉禪為庸材。沮渠蒙遜則博涉羣史，頗曉天文。』以上摘錄晉書一〇一至一二九載記故異族之來也，既摧枯折朽，而異族之居也，亦摹學華風。既有蠻力，復嗜文教。斯五胡之亂，所以延至三百年之久歟？

五胡未亂華前，江統嘗為晉武帝定徙戎之策，其徙戎論曰：『非我族類，其心必異。』『當今之宜，宜及兵威方盛，衆事未罷……（徙諸羌氐）……廩其道路之糧，令各自致。各附本種，反其舊土。使屬國撫夷，就安集之。戎晉

不雜，並得其所。』（晉書五十六江統傳）傅玄於泰始四年，（二六八）論便宜五事：其一乞獎兵耕田，其二乞勵官務農，其三乞整理田賦，其四乞修防水利，其五則曰：『戎狄獸心，不與華同。鮮卑最甚，鄧艾欲取一時之利，不慮後患，使鮮卑數萬，散居人間，此必爲害。』『今宜更置一郡，募樂徙民以充之，以通北道，漸以實邊。』（晉書四十七傅玄傳）統所言則徙之出邊；玄所言則夾防之，使不得動也。然而言之固易，行之甚難，況自私自利之君，未必能付行之乎？

王夫之讀通鑑論（卷十一）以爲空言徙戎而不實行，反近於敎猱升木，異日諸胡破晉，卽如統所言云云。案王言殊近羅織。雜居之患，爲時已久，非以統等會有所言而致禍也。

徙戎旣未能實行，而八王之自相屠殺，又促迫利便之，故有永嘉之亂，及懷愍二帝青衣行酒之辱。於是北方大混雜，其中原華族，則相率渡江。蓋『洛京傾復，中州士女避亂江左者十六七』；（晉書六五王導傳）劉琨亦親覩『流離四散，十不存二，攜老扶弱，不絕於路。及其在者，鬻賣妻子，生相捐棄，死亡委厄，白骨橫野；羣胡數萬，周匝如山。動足遇掠，開目覩寇。』祖逖丁『京師大亂，率親黨數百家，避地淮泗，以所乘車馬，載同行老疾。』（晉書六二劉琨傳祖逖傳）——衣冠南渡，固有益於南方之啓發；然北方孑遺之民，與五胡之自相殘殺，則南僑所云：風景不殊，舉目有河山之異者；其在北方，豈不曰河山不殊，舉目有種族之異耶？

當時有以五胡而屠華人者，如永嘉五年石勒大破晉兵，將士十餘萬人，相踐如山。劉聰破洛陽，晉兵前後十二敗，匈奴遂掘晉諸陵，人民死者數萬。（通鑑七八）又三十餘年，而至東晉穆帝永和五年，（三四九）則冉閔殺胡羯，死者二十餘萬，尸諸城外，悉爲野犬豺狼所食。（晉書一〇七）此則漢人之殺諸胡也。石虎於攻城陷壘後，不別善惡，坑斬士女，尠有遺類。（晉書一〇六）赫連勃勃斬殺人以爲京觀，號髑髏臺。（晉書一三〇）百年間禍亂之推移，而人物南渡，一變昔時關中爲重，河北次之之形勢。此則燒房子以煨猪肉，損失固不少而佳肴可食，亦足破涕以述者矣。

兩晉之間，南士猶爲人輕，雖南方文物經孫吳之培植，無由破除積勢也。故陸機入洛，王彰語成都王穎曰：「陸機吳人，殿下用之太過。」（通鑑八五）『蔡洪赴洛，洛中人問曰「君吳楚之士，亡國之餘，有何異材而應斯舉？」蔡答曰「夜光之珠，不必出於孟津之河；盈握之璧，不必采於崑崙之山。聖賢所出，何必常處？昔武王伐紂，遷頑民於洛邑，得無諸君其苗裔乎？」』（世說二言語）『元帝始過江，謂顧榮曰寄人國土，心常懷慚。榮對曰臣聞王者以天下爲家，願陛下勿以遷都爲念。』（同上）可見北人之僑居金陵，乃不幸而爲五胡驅至者，非所願也。其至於南宋，則陳亮力請孝宗『陛下慨然移都建業，常以江淮之師爲金人侵軼之備；』（宋史四三六陳亮傳）視金陵爲重士矣。

天下郡國利病書（卷十三）云：『海內之形勢，關中爲重，河北次之。關中者，秦漢用之；河北者，光武用之；皆用之以取天下者也。曹操石勒以河北取關中。苻堅以關中取河北。此三人者，皆併海內十有八九，而苻堅不能取東晉之後。元魏以河北取關中，後周以關中取河北，隋唐以關中取天下。以此論之，由關中取天下者五，而不得者三；用河北併天下者一，而不能者三。然則關中爲重，河北次之，不亦信乎？』此可證古史之活動，大氐在華北也。自東晉南渡，而東南之文物一啓，南宋南渡而東南之文物又啓。然『宋世士大夫稱廣西昭州廣東新州爲大法場，英州爲小法場。又有諺曰：高竇雷化，說着也怕。』（蔣超伯麓澞薈錄卷三）則華南西南之開啓，尙有賴於趙宋已後也。其在於明，則王士性五岳游草云：『自昔以雍冀洛河爲中國，吳楚越爲蠻夷。今聲名文物，反以南方爲盛。大河南北，不無稍讓矣。』（天下郡國利病書卷一）——至此而南方始全然佔優越之文化可知。

蓋五胡亂時，南北人又互相輕蔑。如『今人呼賤丈夫爲漢子，蓋始於五胡亂華時。』老學庵筆記卷三 此北斥南之證。『南朝謂北人曰傖父，或謂之虜父。南齊王洪範，上谷人，事齊高帝，爲青冀二州刺史，勵清節，州人呼爲虜父使君。』老學庵筆記卷九 『南謂北爲索虜，北謂南爲島夷，』通鑑六九 ——然終以南渡之故，而中世以後，南方人文日興，就科舉之得失言之，亦史事變嬗之林也。

王世貞弇州史料前集九科擧考 云：『李侃等奏今年會試，禮部奏准取士不分南北，臣等竊惟江北之人文詞質實，江南之人文詞豐贍，故試官取南人恆多，北人恆少。洪武三十年，太祖怒所取之褊，選北人韓克忠等六十一人賜進士及第。洪熙元年，仁宗命楊士奇等定議取士之額，南人十六，北人十四。今禮部妄欲變更，意欲專以文詞，多取南人，乞敕多官會議，今後取士之額，雖不可拘，而南北之分則不可改。刑部侍郎羅綺，亦以爲言。』又法式善槐廳載筆卷九 云：『乾隆丙辰，詔擧博學宏詞，先後擧者二百六十七人。滿洲五，漢軍二，直隸三，奉天一，江蘇七十八，安徽十九，浙江六十八，江西三十六，湖北六，湖南十三，福建十二，河南五，山東四，山西三，廣東六，陝西四，四川一，雲南一。』此明清兩代南人遠勝北人之徵也，而其端由五胡之役啓之。

宋史四〇六 崔與之傳論云：『唐張九齡，宋余靖，皆出於嶺嶠之間，而爲名世公卿，造物者曷嘗擇地而生賢哉？番禺崔與之晚出，屹然大臣之風。』同時，廬陵羅大經作鶴林玉露，更云：『巴邛閩嶠，夙號荒陋，而漢唐以來，漸產人材，至本朝極盛，古稱山西出將，山東出相，又云汝潁多奇士，燕趙多佳人，其說拘矣。』玉露卷四 然在南宋之前，宋敏求已謂『河北河東陝西擧子性樸茂而詞藻不工，故登第者少。』宋史二九一敏求傳 則「衣冠南渡」，東晉之時亦烈，論民族史者，儻有取焉。參看本卷第八節

二　實學與淸談

然政治雖亂，蠻夷雖昌，在魏晉六朝之間，非無實學也。

以交通言之，則吳志(卷二)載黃龍二年(西二三〇)求夷州及亶州，此卽自寧波東渡之始。以視『吳徐承率舟師自海入齊，越王勾踐命范蠡舌庸率師沿海泝淮以絕吳路，漢武帝遣楊僕浮海擊朝鮮』(日知錄二九海道行師條)者，足跡漸廣。而魏明帝亦使汝南太守田豫自海道討公孫淵，晉書盧循傳述循浮海作賊，亦由永嘉而福州而廣州，(詳晉書一〇〇)此卽唐宋間利用浮海之先導焉。

以科學言之，則諸葛亮能爲木牛流馬。(蜀志五亮傳)馬鈞尤有巧思，改造綾機，作翻車以灌水，爲懸石以郤敵，傅玄稱之曰：『漢世張平子不能過也。』(魏志二九杜夔傳注)晉天文志又言王蕃陸績造渾象，裴秀傳又言秀制地圖。(晉書三五)宋書(八五)謝莊傳亦言謝莊作圖，圖方丈，離之則州別郡殊，合之則寓內爲一。雖異日沈括(夢溪筆談)吳淑(宋史四四一)無以遠過。而記里鼓車之淫奇，尤足令人縮舌生異云。

記里鼓車之制，出自西漢。(本卷十七節)通鑑(一一八)記晉安帝義熙十三年，劉裕滅秦，收其儀器渾儀土圭記里鼓指南車，送建康。則知在世途黑暗中，巧匠原未絕也。詳見張蔭麟記里鼓車之造法。(淸華學報二卷二期)宋史(二九八)燕肅傳亦及記里鼓車，知此車由來久矣。

卽以著述而言，如何晏雖爲一淸談家，然其論語之學，『晉書載鄭沖與孫邕何晏等共集論語，諸家訓詁之善者……陸德明經典敘錄云：何晏集孔安國包晏周氏馬融鄭玄陳羣王肅之說，並下己意，爲集解。正始(魏二四〇至二四八)中用之盛行於世，今以爲主。』（四庫提要三五）而葉適稱『何晏集解序，語簡而文古，數百年講論之大意賴有以存。經晏說者，皆異於諸家。蓋後世詣理之學以晏及王弼爲主，始破碎經生專門之陋矣。范寧以爲幽沈仁義，過於桀紂，亦知其所知而已。』（習學記卷十三）則東漢墨守章句之學，蓋始破於斯時。至於王弼之注老子，之注周易，魯勝之注墨子，更無論已。

魯勝注墨子，詳晉書九四魯勝傳。何平叔注老子，見王弼『見王注精奇，神伏曰：若斯人，可與論天人之際矣。』（世說文學第四）至於弼注周易，其業尤偉。考易在漢前，尚近巫祝占卜之術，故京房治易，『各有占驗，用之尤精。』（漢書七五京房傳）魏志二九載管輅占卦尤神異，然管『稱引古義，深以戒』鄧颺，而颺以爲『老生之常談。』（世說規箴十）則知三國時人論易，蓋與兩漢不同。弼注易，一本之於義理，『平心而論，闡明義理，使易不雜於術數者，弼與康伯深爲有功。祖尙虛無，使易竟入於老莊者，弼與康伯亦不能無過。』（四庫提要卷一）可見淸談家之功過互見矣。

卽以教育制度而言，兩漢有石渠講經，（漢書宣紀甘露三年）東漢有白虎講經。（章帝紀建初四年）而黨錮諸公，如謝甄邊讓，俱有盛名。如苻融之談詞如雲，令人歎息。（見范書各本傳）其在於魏，則有如高貴鄉公之講經。（魏志卷四）及佛學鼎盛，此風益啓。如支道林開講小品，而于法開弟子難座質難。（世說文學四）伽提婆講阿毗曇，（同上）是也。——執經問難，議論風生，安得不謂當時之文物有裨於後世者哉？

然而爲世詬病者，則魏晉六朝亘三百許年，（起正始（二四〇）訖梁武（五一九））之淸談，讀史者雖謂前乎魏晉，淸談已有萌芽；（本卷十七節）而淸談要以魏晉爲盛——然亦時世之黑暗有以促成之。

其一，清談者往往思免禍也。曹『魏正始中，何晏王弼等，祖述老莊，立論以天地萬物皆以無爲爲本……賢者恃以成德，不肖恃以免身。』晉書四三 蓋『魏明帝崩，少帝卽位，改元正始，凡九年。其十年，則司馬懿殺曹爽，而魏之大權移矣。三國鼎立至此垂三十年。一時名士風雅，盛於雒下。乃棄經典而尚老莊，蔑禮法而崇放達。』日知錄十三正始條 因學紀聞卷十三 論之云：『晉書傅玄傳云：魏武好法術，而天下貴刑名；魏文慕通達，而天下賤守節。然則放曠之風，魏文實倡之。程子謂東漢之士，知名節而不知節之以禮，遂至苦節。苦節已極，故魏晉之士，變而爲曠蕩。』由政治之昏沉，而思成德免身，斯阮籍所以未嘗臧否人物，嵇康所以未嘗有喜慍之色，詳世說德行一 而竹林七賢，嵇康阮籍劉伶阮咸山濤向秀王戎 所以思夫醇酒也。

史稱山濤隱身自晦，戎與籍爲竹林之遊。晉書四三 阮籍以酣飲爲常，嵇康思得濁酒一盃，劉伶攜酒出游，語從者曰死便埋我，阮咸弦歌酣飲而已。晉書四九 諸賢耽酒，固亦有因。宋錢選題竹林七賢詩云：『昔人好沉酣，人事不復理。應世聊爾爾，但進杯中物。悠悠天地間，媮樂本無愧。諸賢各有心，流俗毋輕議。』此論可謂得之。葉夢得石林詩話頁四十八 云：『晉人多言飲酒，有至於沉醉者。此未必眞在於酒，蓋方時艱難，惟託於醉，可以粗遠世故耳。惟顏延年知之，故五君咏云：劉伶善閉關，懷情滅聞見。韜精日沉飲，誰知非荒宴。如此飲者，未必劇飲醉者，未必眞醉耳。』沈作喆寓簡卷三 云：『晉人雅尚幽遠，宜於世情淡薄，今觀其書尺，感歎睽離，極於淒悵沈思，纏綿不能自已。……大率晉人以心跡不相關爲自解免，此最其膏肓也。』立意正同。

其二，清談者往往能誹政也。故阮籍則『遭時多故，祿仕而已。』晉書新傳 嵇康以山濤薦之仕，而與山絕交？『又每非湯武而薄周孔，在人間不止此事，會顯世教所不容，此甚不可一也。』嵇中散集卷二 此誹當時之禪讓歟？其養生論云：

『且聖人寶位，以富貴爲崇高者，蓋謂人君貴爲天子，富有四海。民不可無主而存，主不能無尊而立。故爲天下而尊君位，不爲一人而重富貴也。』『聖人不得已而臨天下，以萬物爲心，任宥羣生，由身與道，與天下同於自得。穆然以無事爲業，坦爾以天下爲公，雖居君位，饗萬國，恬若素士接賓客也。雖建龍旂，服華衮，忽若布衣之在身。故君臣相忘於上，蒸民家足於下，豈勸百姓之尊己，割天下以自私，以富貴爲崇高，心欲而不已哉。』嵇中散集卷四 此對於帝主淫佚之攻誹歟！

丁南湖曰：『竹林七賢，輕蔑禮法，遺落世事，特會飲竹林時，則然耳。若乃地非竹林，時非宴會，則其執法而愼世事者，不少也。嘗觀山濤竭事母之孝，守廉官之節，阮籍辭曹爽之召，卻晉武之婚，嵇康悟養生之道，卻選部之舉，此乃名教之所係，不可槪以醉客忽之也。』孫文玉新義錄卷十九引 其言允已。

其三，淸談者往往誹富也。

考富人之勢，漢時已強。詳本卷十二節 而江統於西晉武帝時言：『秦漢以來，風俗轉薄，公侯之尊，莫不殖園圃之田，而收市井之利，漸冉相放，莫以爲恥。』晉書五六統傳 抱朴子外篇五十自敘 記三一七年以前 風俗，則謂『洪尤疾無義之人，不勤農桑之本，而慕非義之姦，持鄉論者，則賣選舉以取樹；有威勢者，則解符疏以索財；或受罪人之賂，或枉有理之家；或挾使民丁，以妨公役；或強取財物，以求貴價；或占錮市肆，奪百姓之利；或割人田宅，刼孤弱之業；惚恫官府之間，以窺掊克之益；內以誇妾妻，外以釣名位。』——觀於風俗如斯，斯管寧所以擲金，王衍所以口不談錢歟！

世說德行一 記管寧擲金，不殊瓦石。王若虛滹南遺老集卷二十七 論之曰：『畢竟金玉與瓦石，豈無別者哉？此莊列之徒，所以爲達，而好風者悅之者也。』然石崇與王愷羊秀之徒，以奢靡相尙，詳晉書三三石崇傳 而王戎之散籌算

計，和嶠之吝其好李。（世說二九儉嗇）則又何怪乎王衍之一激而爲口不言錢耶？（詳晉書四十三）

更進則誹禮矣。曰禮則令人憶及虛僞之禪讓；（如廿二史劄記七所記九錫文）故阮嗣宗嫂將歸寧，就與之別，人譏之，則有「禮豈爲我設耶」之語。阮咸居母喪，縱情越禮；嵇康鍛大樹下，亦不禮鍾會。畢卓爲吏部郎，亦盜酒酣飲。（俱詳晉書四十九卷）雖或有矯枉過正之弊，然不得不謂世俗虛僞之反抗也。

案葛洪乃反對清談者，然抱朴子（外篇卅一省煩）云『安上治民，莫善於禮。彌綸人理，誠爲曲備。然冠婚飲食，何破碎之甚耶？人倫雖以有禮爲貴，然冠昏飲食，但當足以敍等威而表情敬，何在乎與降揖讓之繁重，拜起俯伏之無已耶？』則洪於繁文縟禮固亦非之。

平心論之，清談者自有所不得已。且如孟敏介決，破甑不顧，（世說黜免注文）簡文見稻不識，毅然自譴。（世說尤悔）其風操亦有足多者。然如胡母輔之父子酣飲，交相爾汝。（晉書四十九輔之傳）王澄爲荊州時，賢送者傾路，澄脫衣巾上樹取鵲子，旁若無人。（世說簡傲篇）斯則清談之流變，范寧以爲罪甚桀紂，葛洪以爲強爲放達者也。

抱朴子（外篇二五疾謬）云『輕薄之人，跡廁高深，交成財贍，名位粗立，便背禮畔教，託之率任，才不逸倫，強爲放達。以傲兀無檢者爲大度，以惜護名節者爲澀少。於是無賴之子，白醉耳熱之後，結黨合羣，游不擇類，奇士碩儒，或隔離而不接；妄行所在，則雖遠而必至。攜手連袂，以遨以集。入他堂室，觀人婦女，指玷修短，評人美醜。其或妾媵藏避不及，至搜索隱僻，就而引曳，亦怪事也。』（案洪書成於東晉南渡（三一七）年之稍後）范寧謂：『王何之罪浮於桀紂』語見晉書。（七五寧傳）然末流之弊，固非王弼何晏所能料也！

二三　道教之起原與演變

三國西晉間社會之黑暗，政治混亂，華夷雜處，淸談盛行，足以爲數。然猶未如道教之滋盛，足以象徵之也。朱翻嘗曰：「三代以上，不過曰天而止，一變而爲諸侯之盟詛，再變而爲燕秦之仙怪，三變而爲文景之黃老，四變而爲巫蠱，五變而爲災祥，六變而爲符讖。人心泛然無所底止，而後西方異說乘其虛而誘惑之。」（困學記聞卷二十引）如以佛教爲乘人心之虛而流行者，則道教蓋集仙怪黃老災祥符讖，而特文之以黃老之說者也。

道家以淸淨自持，而實含堅忍之法家言。其後則神仙房中燒煉符籙齋醮章奏，一一加入，則已南北朝時代矣。語詳四庫總目提要。（一四六道家類敍）但道教究非名貴之宗教，昔孔子稱未能事人，焉能事鬼？史嚚亦曰：「國將亡，聽於神。」（左莊三二）子產亦曰：「天道遠，人道邇。」（昭十八年）仲幾則謂：「宋徵於鬼，宋罪大矣。」（左定元年）妖妄之說，本非先秦諸賢所許，即淸談諸人阮修亦以『人死有鬼，衣服亦有鬼耶』（晉書四九修傳）爲言，立說淸正，不媿王充。

所以文之以黃老者，其一則以黃帝本無其人，老子之生平，史遷已不能詳。故易爲利用。其二，則黃老之學，兩漢頗有如竇太后好黃老言；（漢書外戚傳）其三，則老子哲語，如「玄神」「玄牝」，詞旨閃爍，便於文飾。其四，則佛教來華後，一般迷信者自不得不借重老子，以期與佛陀之偉大人格東西映抗。其五，則「守雌」全身，頗合於長生修煉，亦宜於苟免叔世，非如儒者之言死當速朽也。

參看劉國鈞兩漢時代道教概說。（金陵學報一卷一期以下簡稱劉文）

知道教之複雜因子，斯知其創教者之爲未知名之士，而非大雅之人焉。

故有張陵之五斗米道焉『張魯祖父陵，順帝（一二六至一四四）時客於蜀，學道鷄鳴山中，造作符書，以惑百姓。受其道者，輒出米五斗，故謂之米賊。陵傳子衡，衡傳於魯，魯遂自號師君。』（范書百五劉焉傳）有張修之太平道焉：『張修爲太平道，太平道師持九節杖爲符祝，教病人叩頭思過，因以符水飲之，病或自愈者則云此人信道，其或不愈，則云不信。……施靜室，使病人處其中思過。又使人爲「姦令」「祭酒」，主以老子五千文，使都習。』（范書一〇五張魯傳章懷注與魏志八裴注不同）有張角之黃老道焉：『鉅鹿張角自稱大賢良師，奉事黃老道，畜養弟子，跪拜首過，符水呪說以療病，病者頗愈，百姓信向之。』（范書一〇一皇甫嵩傳）有于吉之太平清領道焉：『初，順帝時，琅琊宮崇詣闕，上其師于吉於曲陽泉水所得神書百七十卷，皆縹白素朱介青首朱目，號太平清領書。其言以陰陽五行爲家，而多巫覡雜語。』（范書六十襄楷傳）——此足徵道教之非出於一源焉。故卽以『張天師』而論，其異說亦紛如已。

張道陵之名，始見南史（卷四建元四年），以前僅作張陵，此養新錄（卷十九天師條）所未及。又案魏書（百十四）釋老志云：『道家之原，出於老子。……其爲教也，咸蠲去邪累，澡雪心神，積行樹功，長生世上。所以秦皇漢武，甘心不死。靈帝置華蓋於濯龍，設壇場而爲禮。及張陵受道於鵠鳴，因傳天官章本千有二百，弟子相授，其事大行。』沈德符野獲編（卷四張天師之始條）云：『張天師名道陵，字輔漢，生於漢光武十年，居吳之天目，以符水治疾病。靈帝永壽元年，白日上昇，年一百二十歲。唐天寶七年，冊贈太師；中和四年，封三天扶教大法師；宋熙寧中，加「輔元」兩字；大觀二年，冊號正一清應眞君。子孫相傳以至於今。……宋眞宗賜其裔信州龍虎山道士張正隨號眞靜先生，立授籙及上清觀，蓋其時崇奉天書，故有天師之稱。胡元至元十三年，始命張氏三十六代道士張宗演爲輔漢天師演道靈應沖和道人，遂眞拜天師。本朝洪武元年，始革教主天師之封號，封張正常爲正一嗣教護國闡祖通誠崇道宏德大眞人，秩二品。至隆慶中，降爲提點，六品。至今上丁丑，仍復眞人。』此張天師生於漢初之說也。謝肇淛五雜俎卷八云：『漢末張道陵避瘧丘社，得咒鬼之術，遂以符咒使鬼療病。……後爲蟒蛇所呑，子衡奔往，覓尸不得，乃生麋鵠足，置石厓頂，託以白日昇天。至今列代崇奉，奉爲天師。自唐至晉，尚未有聞。至五代，遂稱天師。秫宋元未有非之者，據廣信之龍虎山，金碧殿宇，偃然爲世業矣。我太祖高皇帝曰：「至尊者天，豈有師也？」然以二品秩流傳後世，亦幸之甚矣。眞人每入覲，沿途民，爲鬼魅所惱者，悉往投牒，所至成市。聞其籙亦有驗者，故愚民信奉之也。萬曆間，京師大旱，適眞人入朝，上命留之禱，而終不效。乃遣之，則其伎倆亦去尋常黃冠一間耳。』——此則張天師生於漢季之說也。俞正燮癸巳存稿卷十三張天師舊事云：『晉書何充傳云：時郄愔及弟曇奉天師道，南史沈僧昭傳云：「……少事天師道士。」魏書釋老志云：寇謙之遇大神太上老君曰：「自天師張陵去世以來……，」則天師之號由來已久。三國志張魯傳云：「自號師君……，」是天師之名，由師君得之。水經沔水注云：「濜水南逕張魯治東，其西有張天師堂，於今民事之。」所謂天師者，指道陵。女仙傳云：「孫夫人，三天法師張道陵之妻也……子衡字靈眞，孫魯字公祺，世號嗣師。」太平廣記載傳仙錄云：「張玉蘭者，天師孫靈眞女也。」隋書經籍志有正一眞人三天法師張君內傳一卷，唐志亦有之，云王褱撰。唐天寶中，封太師。册府元龜，天寶七月三月詔，亦稱後漢張天師。宋時稱三天輔教大法師。老學庵筆記云：天聖八年，賜張天師二十五世孫乾曜虛靜先生號，蠲賦稅……夷堅志云：虛靜不娶，嫡派遂絕，今以族人紹其後。元時封爲嗣漢天師，有道教碑，史亦有傳。至元三品，大德二品，至大一品。明史方伎傳云：張正常元時天師，洪武元年，太祖曰：「天有師乎？」改授正一嗣教眞人，視二品。按王世貞弇州史料云：「洪武中封張正常爲正一教主，嗣漢四十二代天師，後定爲正一嗣教眞人，正二品。」蓋初尚沿元號，……乾隆十二年，改二品爲五品，停朝覲筵宴，收繳銀印。三十一年，以請雨升三品。……嘉慶九年，換給三品印。二十四年，仍定爲五品。……』——此則歷代崇奉天師之舊事也。自民國十七年，革命軍入江西，革去天師位號，然二十三年七月大旱時，上海聞人王一亭等，猶請嗣漢六十三代天師張瑞齡『登壇齋醮，』（二十三年七月二十日新聞報）此則張天師之餘波也。

平心論之，道教者固有導源於儒家者，（詳太炎文錄卷二駁建立孔教議本卷第九節）占卜妖妄是也。（說詳夏曾祐中國古代史頁三四二至三四三儒家與方士分離即道教之原始）郭憲傳言知千里外事，王喬傳言騰雲駕霧，費長房傳言物代人死，分身之法。劉根傳言關召亡靈，蓋神異之說之存於後漢者，一一爲道教所收，此其二也。其三，道教雖託於老子，然『老莊之意，以身爲贅，以生爲苦，今神仙道士，乃欲長生不死，眞與老莊之說，背道而馳。』（鶴林玉露卷十）此蓋允論！其四，道教實有出自方士者。方士之事，詳於史記封禪書，漢書郊祀志。然祀神之儀，漢志與魏釋老志所載，有相同者，即其徵也。（劉文頁一二八）其五，道教雖反對佛教，固有竊諸佛徒者。魏釋老志，謂道教所云「卦數，頗類佛經。」唐傅奕宋朱熹，均有此說。（詳鶴林玉露卷十）且桓帝以浮屠老子並祀，（范書桓紀及襄楷傳）其間消息，可想而知。——均足以證道教之駁雜也。

羅大經鶴林玉露（卷十）云：『朱文公云「佛說盡出老莊，今道教有老莊書不看，盡爲釋氏竊而用之，卻去倣效釋氏作經教之屬。如清淨消災度人等經，模擬可笑。」』又如佛藏中有佛本行經，而道藏舉要中亦有類似之本行集經，則道教規隨佛教，又其昭明者焉。

且道教不僅龐雜已也，其荒唐悠謬，實遠過於佛教，如寇謙之尸解變化，（魏書釋老志）孫恩之還瓜刀於魚腹，（晉書一〇〇）皆可哂者。而猶發揚於五胡亂華，南北分治之時，斯左傳莊公三十年，史嚚所謂國將亡，聽於鬼乎？蓋在西晉之季，中國之不亡，固厘厘如綫矣。

第八章 南方新霽

二三 涉身處世之多方面

自西晉之亡，（三一七年）中經淝水之役，（三八三年）苻堅未能統一殘晉，約百餘年，（四二〇年）而南朝爲宋（四二〇至四七八）其時北魏併吞迭起迭亡之五胡，又十九年（四三九年）而北涼降魏，中國僅遺南北二朝。時宋文帝元嘉十六年也。自此以後，南朝歷齊（四七九至五〇一），梁（五〇二至五五六）陳，（五五七至五八九）北朝亦分東魏（五三四至五四九）西魏（五三四至五五六）北齊（五五〇至五七七）北周（五五七至五八〇），——而卒於隋之併齊周而滅陳，蓋適爲百五十年。西晉東晉之百年，大混亂也，南北分治之百五十年，則較定矣，而兵爭仍繁焉。就其痛心處言之，則兩晉間之百年，南北分治之百五十年，其眞所謂亡天下者矣。

亭林於兩晉風俗，痛論之曰『有亡國有亡天下。亡國與亡天下，奚辨？曰易姓改號，謂之亡國。仁義充塞，而至於率獸食人，人將相食，謂之亡天下。』然『亦有不可及者數事：曰尊嚴家諱也，矜尙門第也，愼重婚姻也，區別流品也，主持清議也。』（日知錄十三正始條楊注）門第，婚姻，流品，語詳下節。至於尊嚴家諱，如顏氏家訓（風操篇）謂『梁世謝舉，甚有聲譽，聞諱必哭。』其主持清議，則日知錄（卷十三）清議條備詳之。此豈所謂霽明之象徵歟？亡天下且莫論，然士夫之應世者，在此百年，及百五十年間，則固甚不易也。而涉身處世，自各異其趣，以應付非常之時也。

趙翼陔餘叢考卷十六有「元魏子貴母死之制，」則女子地位之低落也。又有「元魏族誅之法最慘，」則嚴刑峻法之偪人也。又有，「六朝忠臣無殉節者，」卷十七則氣節之消沉也。廿二史劄記中有宋齊多荒主，宋世閨門無禮，宋子孫屠戮之慘，卷十一後魏刑殺太過，北齊宮闈之醜，卷十四卷十五則教刑之失措也。此皆所謂非常之時。

其一，則清談之復盛也。如王敦見衛玠，謂謝鯤曰不意永嘉之末，復聞正始之音。世說八賞譽而異時北齊顏之推，又謂：『清談雅論，洎於梁世玆風復闡。莊老周易總謂三玄。』家訓卷三勉學篇玄學且別論，然覩於爾時思爲遁世者之多，烏托邦桃源鄉之述，則知消極之清談家所以有復興之必然矣。

東晉中業，劉驎之不受達吏之遺「衣食有無，與村人共。」世說十八棲逸謝鯤答明帝卿與庾亮何如之詢，自謂『端委廟堂百僚準則臣不如亮一丘一壑，自謂過之。』世說九品藻東晉之亡，陶潛以甲子紀年深疾世變其所著桃花源記，世所膾炙。案琳瑯祕室叢書十六册有劉宋劉義慶幽明錄頁十六云『漢明帝永平五年劉晨阮肇共入天台山取谷皮，迷不得反。……溪邊有二女子，姿質妙絕，……與仙女交接，……遂住半年。天氣常如二三月，晨肇求歸不已，……既歸，親舊零落，邑廬全無！』可知桃源之記烏托邦之幻想不止一人一時之感焉。

其二，遁世者以外，固亦有救世者。王導謂當戮力中原，何至楚囚對哭，以箴過江名士。晉書六五導傳卞壼謂清談者，『悖禮傷教，罪莫斯甚。中朝傾覆實由於此。』晉書七十壼傳桓溫亦『眺矚中原，憤然曰「遂使神州陸沉，百年丘墟。王夷甫諸人不得不任其責。」袁虎率爾對曰「運自有廢興，豈必諸人之過？」』桓懍然以劉表之大牛爲喻。世說二六輕詆而陶侃之收貯竹頭木屑，（世說三政事）愛惜寸陰，（晉書六六侃傳）祖逖之聞鷄起舞，渡江擊楫，（晉書六二逖傳）蓋亦足以砭鍼叔世者。故『高坐道人於丞相座，恆偃臥其側。見卞令（壼），肅然改容，云「彼是禮法人」。』（世說二四簡傲）可見以正道救世，匪無補也。

其三，則更有憤世者。案西晉之時，阮嗣宗已謂：『古者無君而庶物定，無臣而萬事理，……君立而虐興，臣立而賊生。造制禮法，束縛下民。……懼民之知其然，故重賞以喜之，嚴刑以威之。』（嗣宗集卷上大人先生傳明新安程氏校本）嵇中散作唐虞詩，亦謂：『萬國穆親無事，賢愚各自得志，晏然逸豫內忘，佳哉爾時可憙。』（見中散集卷一程本）段灼之告武帝，亦謂『天下者天下人之天下，非一人之天下也。』（晉書四八灼傳）渡江以後，則鮑生敬言之說尚矣。而駁斥敬言者，因亦無以易之焉。葛洪抱朴子（外篇四八詰鮑）云：『鮑生敬言好老莊之書，治劇辨之言，以爲古者無君，勝於今世。故其著論云：「儒者曰天生蒸民，而樹之君，豈其皇天諄諄言之，將亦欲之者爲辭哉？夫強者陵弱，則弱者服矣；智者詐愚，則愚者事之矣。服之，故君臣之道起焉；事之，故力寡之民制焉。然則隸屬役御，由乎校強弱而爭愚智。……夫役彼黎蒸，養此在官，貴者祿厚，而民亦困。……曩古之世，無君無臣。……安得聚斂以奪民財？安得嚴刑以爲坑穽？……使夫桀紂之徒，……並爲匹夫，性雖凶奢，安得施之？……由於爲君，故得縱意也。」』又云：『人君采難得之寶，聚奇怪之物，飾無益之用，厭無益之求。』又云：『人君後宮三千，豈皆天意？』『人之生也，衣食已劇，又加之以賦稅，重之以力役，飢寒竝至，下不堪命，冒法犯非，所是乎生。』——凡此敬言所云，見於抱朴子者，葛洪均著論駁之。然洪述君道云：『見三苗之傾殄，則知川源之未可恃也；覩驪幽之不守，則覺巖險之不足賴也。夫江漢猶存，而強楚膺辱；劍閣自如，而子陽赤族。四岳三塗，實不一姓。金城湯池，未若人和。是以賢君抱懼恐不足，而改過恐有餘。』則對於時勢而誹君者，又豈止一鮑敬言已。且兩晉王權，視之近世，蓋猶不及。故成帝拜王導，（晉書六五王導傳）而周顗亦痛斥明帝，（世說方正五）則帝皇之權未振也。向雄微時，與太守劉淮積怨，後同在朝，不交言。武帝敕雄『復君臣之好』，（晉書四八雄傳　世說方正五）則君臣之階未懸也。——此亦誹君論者所以興盛之一背景歟？

其四，則更有儘量放誕者。晉有石崇，（晉書三三　世說奢侈三〇）爲世所知，而北朝則亦有河間王琛，有『不恨我不見石崇，恨石崇不見我耳』之豪語。（洛陽伽藍記卷四）東萊晉論云『晉室南遷，士大夫襲中朝之舊，賢者以游談自逸，而愚者以放誕爲娛。庶政陵遲，風俗大壞。』（郡國利病書卷十三引）雖有抑制富人之法，豈得謂見效乎？

太炎文錄（卷一頁七十二）五朝法律索隱，謂晉律：走馬城市者不得以過失殺人論，商賈皆殊其服，常人有罪不得贖，蓋皆抑制豪人之法。然此與六朝放誕之習不合。如劉伶之嗜酒，羅友向桓溫稟事便求白羊肉喫。（世說二三任誕）則兩晉人之任誕放蕩，豈法所能制？他如王粲好驢鳴，（世說十七傷逝）謝安於淝水戰後，接勝利之書，了無喜色，（世說六雅量）及入戶過限，不覺屐齒之折。（晉書七九安傳）蓋放蕩之至，竟似習與性成矣。

而更足爲涉身處世之艱難，作一良好之伴侶者，則有茶之服用。茶之始，陳霆兩山墨談（卷十四）據飛燕別傳，以爲漢人已飲茶，然正式之見，則在三國之時。孫皓迫其羣臣強酒，而韋曜飲酒『不過三升，初見禮異，時常爲裁減，或密賜茶荈以當酒』。（吳志二〇曜傳）其後則『謝安詣陸納，納無所供辦，設茶菓而已』。（封氏聞見記六頁一學津討原本）今人恆言好言煮茗清談，而不知煮茶云云與清談風氣，又相巧合，如斯斯亦叔世之佳話也。

茶之制法沿革，見陳繼儒茶董補。（卷上頁十眉公十種本）雖萌芽於六朝，而終盛於唐世。封演封氏聞見記（卷六）云『早采者爲茶，晚采者爲茗。本草之止喝，令人不眠。南人好飲之，北人初不多飲。』楊衒之伽藍記卷三勸學里條謂：王肅入魏，劉鎬慕其風，專好茗飲，彭城王嘲之，由是朝廷燕飲，雖說茗飲，皆恥不復飲。惟江表殘民來降者，飲焉。此可爲封氏之徵佐，而見茗茶導源於南方也。封接云：『開元中，泰山有降魔太師，與禪教學，禪務於不寐，又不夕食，皆許其飲茶。人自懷挾，到處煮飲，從此轉相倣效，遂成風俗。自鄒齊漸至京邑，城市多開店舖，煮茶賣之。不問道俗，投飲取飲。其茶自江淮而來，舟車相繼，所在山積，色額甚多。楚人陸鴻漸爲茶論，說茶之功效，說煎茶炙茶之法。』而茶博士之名，亦由於李季卿之鄙視陸羽，茶館林立，則風氣又一變矣。其在於宋，則飲茶之法更張。如沈括有本朝茶法，熊蕃有宣和北苑貢茶錄，黃儒有品茶要錄，蔡襄有茶錄，俱見五朝小說所收談藪有林，又風氣之一變矣！而其初則由六代人啓之。但六代以後，茶之飲法，自有變易：『東坡云：唐人煎茶用薑，故薛能詩云：鹽損添常戒，薑宜著更誇。據此，則又有用鹽者也。近世有用此兩物者，必大笑之。然茶之中等者，用薑煎信佳也，鹽則不可。東坡之說如此。不知今吳門毘陵京口煎點茶用鹽，由來已久，卻不曾有用薑者。風土嗜好，各有不同。』陳鵠耆舊續聞卷八頁五知不足齋本此亦可以徵飲茶方法之時異焉。

二四　九品中正與六朝門閥

士大夫之涉身處世之多方，端由於時世之劇變，在此劇變之中，則用人選舉之更法，在世態蒼黃五胡雲擾中，固亦變動之一。據魏志卷二二陳羣傳『九品官人之法（陳）羣所建也。』其時魏文帝初卽位也。其法，『州郡縣，各置大小中正，各取本地人在諸府公卿及各省郎吏有德充才盛者爲之，區別所管人物，定爲九等。其言行修著，則升進之;如以五升四以六升五或道義虧缺,則降下之或自五退六,自六退七。』及在於晉,『亦依魏氏九品之制,內官吏部尚書司徒左長史外官州有大中正郡國有小中正皆掌選擧凡吏部選用,必下中正徵其人居及祖父官名。』通考二八——蓋亦由漢季選擧不端而略有改革者,非特創也。

九品中正,與兩漢選擧之不同,厥爲司選擧者之官職與籍貫兩漢選擧,權在兼掌民刑之牧守,詳本卷十九節 魏晉則特置中正『由小中正品第人才以上大中正大中正核實以上司徒司徒再上然後付尚書選用。』廿二史劄記八九品中正 此司選擧者之官職有異焉牧守未必本籍人而中正必爲鄉邦人士則司選擧者之籍貫有殊焉。漢季選擧,詳本卷十二又十九節 固自有弊。抱朴子審能卷十五 云:『知人則哲,上聖所難今使牧守審良材於未用誠未易也但當遣其私情竭其聰明不爲囑託屈,不爲利欲動,必澄思以察之博訪以詳之修其名而考其行。』以牧守兼中正,洪言固與時異而牧守選擧之積弊待革,則洪言云云亦可以見九品中正之所以。故十七史商榷論之曰:『大約漢末名士互相品題,遂成風氣。於時朝廷用人,率多采之……何夔傳夔言於太祖曰:「自今所用,必先核之鄉里。」』十七史商榷卷四十 此又以見九品官人之前有所承。

九品中正之制之可考者,大約如下:其一則曰品狀,如劉卞爲『「訪問」令寫黃紙一鹿車。卞曰:「劉卞非爲人寫黃紙者也。」訪問知怒言於中正,退爲尚書令吏。』晉書三六卞傳 王濟爲州大中正,狀孫楚曰:『天材英博,亮拔不羣。』晉書五六孫楚傳 「訪問」者,卽調查訪問之吏狀則調查報告也。其二則曰吏籍,『魏始建九品之制,三年一清定之,雖未盡宏美,亦縉紳之淸律,人倫之明鏡。』晉書一〇六石虎載記 其三則曰上下品級,『如陳壽遭父喪,有疾,令婢丸藥,客見之,鄉黨以爲貶議,由是沉滯累年。壽傳 閻乂亦西州名士,被淸議,與壽皆廢棄。何攀傳 卞粹因弟裒有門內之私,粹遂以不訓見譏被廢。（卞壼傳）華恆爲州中正，鄉人任讓輕薄無行，爲恆所黜。（恆傳）』（廿二史劄記卷八）『閻濳以盜父金之謗，十餘年不得復品。』（晉書四八閻傳）蓋『官職之升沉，本於鄉評之與奪，猶有近古之風。』（日知錄卷十三清議甚詳）其四則曰特舉寒素，如燕國中正劉沉舉霍原爲寒素，中書司徒參論未從，荀組則以爲寒素者當係門寒身素，與原之爲列侯者不合。李重則以原隱居求志篤古好學，既有孫孟之風，自應寒素之品。（詳晉書四六李重傳）其五則曰越次特舉，如武帝『詔舉奇材可以安邊者，』而王衍以習縱橫之術，爲遼東太守。（晉書四三衍傳）——蓋司徒握用人之最後之權，而鄉里公論，固亦有絕大勢力者。

最後之決定在司徒，如霍原爲大中正舉二品，而司徒不過，（晉書九四原傳）即其徵也。此等鄉里之評，『其始鄉里清議，不拘爵位，褒貶所加，足爲勸獎。猶有鄉論餘風。』（廿二史劄記卷八）顧亭林謂：『君子有懷刑之懼，小人存恥格之風，敎成於下而上不嚴；論定於鄉而民不犯。九品中正之設，雖多失實；遺意未亡，凡被糾彈付清議者，即廢棄終身，同之禁錮，（卞壼傳）』（日知錄十三清議條）是也。

鄉評公論，操之中正，亦未必無弊也。其一，則由中正個人之良否而起者，如張軌不得張華之延譽，則將爲中正所屈。（晉書八六軌傳）其二，則由於制度的本身而起，西晉以前，夏侯玄已謂中正品定，上侵臺閣用人之權，機源多門，紛亂之原。（魏志九玄傳）其三，則由於當時之社會而起，當時社會，究爲豪族的而非平民的，故武帝之時，段灼謂：『九品訪人，惟問中正，據上品者，匪公侯之子孫，則當塗之昆弟。蓬門蓽戶之俊，安有不陸沉者？』（晉書四八灼傳）衛瓘謂：『其始造也，鄉邑清議，不拘爵位，褒貶所加，足爲獎勵，猶有鄉論餘風。中間漸染，遂計資定品，使天下觀望，惟以居位爲貴。』（晉書三六瓘傳）而劉毅『八損』之說，蓋又洞明之談，（說詳晉書四五毅傳）所謂高下逐強弱，是非由愛憎者，則九品中正之制之最大缺點也。

然九品中正，自魏晉歷南北朝，三四百年，莫有能改兩漢之『鄉舉里選者，採毀譽於衆多之論，』六朝之『九品中正者，寄雌黃於一人之口。』（通考二八）士大夫明知此弊，而延至於隋初始罷。（參看通考二八）則由『執權者，卽中正高品之人，固不肯變法。』（廿二史劄記八）而江左世族無功臣，（廿二史劄記十二）南朝多以寒人掌樞要，（劄記卷八）胥此世族無用，阿私所好之故，宋武帝劉裕，甚至蕩滌清議，與人更始。（通鑑一一九）要亦有激而然。且豪族把持，其力至強。俞正燮云：『魏之立九品中正也，上品無寒門，下品無世族，法如此，非弊也。時人安之，而後人不能安者，所以用之者不同。……自漢至唐，科目多矣。大權美仕，俱在豪族。任豪族而以功臣之弟間之議選舉者，徒毛舉細故而無敢昌言以奪世家豪族之權者。』（癸巳類稿三鄉興賢能論）——然則由把持於世族之選舉，一變而爲乞靈於文字的科舉，勢固有不得不然者矣。

九品中正之制，其爲無形助長之者，則譜牒是。趙翼論之云：『至魏行九品中正法，于是權歸右姓，州有大中正，郡有小中正，皆以著姓士族爲之。有司選舉，必依譜牒，故賈氏王氏譜學出焉。』（陔餘叢考十七譜學條）然譜牒之成，則非專由於九品中正者，其外兼有數端。

其一，則漢以來累世同居（陔餘叢考三九）之風氣，足以促族閭之樹立。其二，則五胡亂華時，胡冒華姓，華思澄清血統之需要，故王得臣（麈史卷下頁一知不足齋本）云『譜牒不修也久矣，晉之東渡，五胡亂華，中原衣冠，流離而致然也。……況元魏據洛，諸虜冒中國之姓，則譜不可不知也。』且如鄧攸娶妾，得其兄子，終身恚憾，（世說一德行）則譜之需要自明。

惟有九品官人之制，故世族益盛；因而譜學益盛。高門大族，持此以傲寒素：『南北皆然，牢不可破；』紀僧真雖就宋帝乞作士大夫，而江斆等拒之。侯景雖橫戈躍馬之雄，而梁武應其求婚之命，謂王謝名高，可於朱張以下求之。（陔餘叢考十七六朝重氏族條）風氣激揚，門閥之習成，而「僑姓」、「吳姓」、「郡姓」、「虜姓」之別嚴，（陔餘叢考十七譜學條）與「郡里」之自矜清華高標門第，『蓋魏晉以門第取士，單寒之家，屏棄不齒，而士大夫始以郡望自矜。』（十駕齋養新錄卷十二）蓋不無淵源相同者。

譜學由來，史記已有世表，王符潛夫論有姓氏一篇，賈弼於太元中，譔姓名譜狀，宋王宏、劉湛，甚好其書。南齊王儉又廣之以助銓敘。梁時，亦詔王僧儒改定百家譜，因賈氏舊本，成書。其在北朝，魏收成書，不辭記載諸家親姻，以彌譜牒之遺逸。則北方重此可知。其在於唐，則唐書柳沖傳，謂太宗命諸儒譔氏族志是也。（陔餘叢考卷十七又新唐書一九九柳沖傳）

譜牒族望之學盛，蓋自有弊。其一，則爲門第可案而矜也。侯景之橫，不敢求婚王謝。周顗之母，爲門第衰微，不辭作妾。（世說賢媛篇十九）是其徵也。其二，則別族里也。新唐書（奸臣李義府傳）云：『貞觀中，高士廉等修氏族志，天下允其議。時許敬宗不以載武后本里，義府亦恥先世不見敘，更奏刪正。委孔志約等定其書，以仕唐者官至五品，升入士流。於是兵士以軍功進者，悉入書限。更號姓氏錄。縉紳共嗤靳之，號曰勳格。』又柳沖傳（新唐書一九九）云：『魏氏立九品，置中正，尊世冑，卑寒士，權歸太姓，晉宋因之，始尚姓已。……夫文之弊，至於尚官；官之弊，至於尚姓；姓之弊，至於尚詐，』亦其徵也。其三，則阻礙婚嫁也。『自宋以前，氏族之品最嚴。故侯景欲婚王謝，武帝以非偶抑之。崔盧李鄭，雖累世陵夷，猶恃世望，嫁娶必多取貲。李義府既貴，乃與趙郡敘昭穆。後魏太和定望族，以隴西李寶等七姓，唐以滎陽等四姓爲鼎甲，皆不與百姓婚嫁。族望之習於斯爲盛。故李楨謂爵位不如族望，官至方岳，惟稱隴西。』（謝肇淛文海披沙三）郎如北朝，游雅因有高材，將娶於邢氏，高允勸以婚其族。雅曰『人貴河間邢，不勝廣平游，人自棄伯度（雅字），我自敬黃頭（雅小名），貴己賤人』如此。（魏書五四雅傳）——凡此三弊，南北皆然，隋雖加以剗削，而餘風嫋嫋，且沿至於趙宋也。

隋創進士科『罷鄉舉離地著，尊執事之吏，於是乎士無鄉里，里無衣冠，人無廉恥，士族亂而庶人僭矣。』（柳沖傳）然唐人猶重氏族，劉鼎卿隋唐佳話云『高宗朝以太原王，范陽盧，滎陽鄭，清河，博陵二崔，隴西趙郡二李七姓，恃其望族，不與他姓爲婚，乃禁其自相婚娶。於是不敢行禮，飾其女以送夫家。』（卷中頁二〇顧氏文房本）又云：『舊有山東士大夫類例三卷，其非士族及假冒者，不見錄，署云相州僧曇剑撰，後柳常侍沖亦明於族姓，中宗朝爲相州刺史，詢問耆老，云自隋以來，不聞有僧曇剑。蓋嫉於時，故隱名氏云！』（卷下頁二八）則譜牒衰後，士族之憤激可知；故費袞梁谿漫志（卷九）謂：『唐自太宗命高士廉等撰氏族志，本惡山東人氏，崔盧李鄭，自矜地望，乃更以皇族爲首，是亦自矜族望也。然魏徵房元齡家，皆與山東士家爲婚，由是舊望不減』，是唐時仍重氏族也。其在於宋，『宋頗不講，至今日而撕盡。』明人之說如斯。（文海披沙卷三）

此種論族驕人之制，原無可取，惟其副果所生之百家姓，爲昔時平民教育之助者，則不得不謂產於譜牒之制。南史（五九王僧儒傳）謂晉太元中賈弼好寫譜狀，其後王宏劉湛，並好其書；湛亦撰百家以助銓敍，僧儒又補充之，百家之名殆始此。入唐則有孔至之百家姓，屢經演化，而百家姓始用以訓蒙，又豈譜牒學者初料所及者哉？

封演封氏聞見記云『孔至撰人家類例，品第海內族姓，以燕公張說爲近代新門，不入百家之數。駙馬張垍，燕公之子也，盛稱寵眷，見至所撰，……（怒之。）……時工部侍郎韋述，諳練士族，……至聞垍言，懼將改之，以情告韋。韋曰：『孔至休矣。大丈夫奮筆，將爲千載楷則，奈何以一言而自動搖，有死而已，改不可也。』（卷十討論條） 是唐仍百家之目也。癸巳類稿（卷七百家姓書後）云：『南史王僧孺傳云：「……；」舊唐書高士廉傳云：「作氏族志二百九十三姓，一千六百五十家，爲九等。」李義府傳「士廉氏族，勒爲百卷。」宋沈括筆談云：「唐時士族，大率高下，分五等，通百家，皆爲士族，此外悉爲庶姓，婚宦者不敢與百姓等。」按堯典，百姓與黎民各稱。鄭康成云：「百姓羣臣之父子兄弟也。」故古人所謂百家，專以仕宦言之。漢時則百姓以五律相雜，二十有五，配以四時，見白虎通。明文衡載胡呂沈進千家姓表云：「約爲韻語，凡爲姓千九百六十人，名曰千家姓。」……其書今不行。宋陸游秋日郊居詩云：「兒童冬學鬧比鄰，據案愚儒卻自珍，授罷村書閉門睡，終年不着面見人。」自注云：「農家本月，乃遣子弟入學，謂之冬學，所讀雜字百家姓之類，謂之村書。」今其書通行，授者自爲一家言。』（參看上古卷二節）——可知氏族雖衰於宋，而百家姓爲平民千字課，卻亦始於宋也。

二五　佛道之隆盛

譜牒之學，世態混亂，有以促成之，九品中正有以促成之，然世態混亂，則佛教尙矣。東晉恭帝，嘗大造佛像，（晉書十恭紀）遇劉裕之弑，又云自殺不得復人身。（通鑑一一九）而北魏孝莊帝爲爾朱光所殺，亦『臨崩禮佛，願不爲國王。』（洛陽伽藍記卷一）而南齊江泌『衣弊蝨多，綿裹置壁上。恐蝨餓死，乃復置衣中。遇鮭不忍，食菜不食心，以其有生意。』（南史七三年泌傳）『何次道禮拜甚勤，阮思曠語之曰：卿志大宇宙，勇邁終古。何曰：「卿今日何故忽見推？」阮曰：「我圖數千戶郡，尙不能得卿乃圖作佛?」』（世說二五排調）晉六代人崇佛之確證焉。

何以崇佛，蓋有四因。

一則曰時代的風趣也；自朱士行以後，佛教徒之求法運動甚張。于法蘭以東晉穆帝中出征，蓋由『大法雖興，經道多闕。若一聞圓教，夕死可也。』（高僧傳卷四）而法顯於東晉劉宋之間，（三三九至四一六年）往來中印，留中印度者三年。陸去海歸，歸則譯諸經論百餘萬言。其同伴道整且老死印度不歸。而其西行之動機，則以『經律舛缺，誓志尋求。』（高僧傳卷三）至如以身殉教，有如釋法進，與沮渠蒙遜同時。『屢從求乞以振貧餓，國蓄稍竭，進不復求，乃淨洗浴，取白鹽至餓人所聚處，投身餓者前云，施汝共食。衆雖飢困，猶義不忍受。進卽自割肉，杜鹽以啖之。兩股肉盡，心悶不能自割。因語餓人云，汝取我皮肉，猶足數日食。餓者悲悼，無能取者。』（高僧傳卷十二）或爲遠行，或以身殉，此可以表示時代之風趨矣。

梁啓超云：『求法運動，起三國季，至中唐，前後五百年。區年代以校人數，則第三世紀後半二人，第四世紀五人，第五世紀六十一人，第六世紀十四人，第七世紀五十六人，第八世紀前半三十人。』（近著中卷頁五八）第五世紀者，東晉之末（安帝隆安四年）以至於南齊季年（東昏永元元年）也。法顯著佛國記，有英法文譯本。

其二，則西僧之迭至也。慧皎高僧傳敍曰：『洪風既扇，大化斯融。自爾西域名僧，往往而至。或傳度經法，或教授禪道，或以異迹化人，或以神力拯物。自遠之梁，紀曆彌遠，世踐六代，年將五百。此土桑門，含章秀發，羣英間出，迭有其人。』——可知所謂高僧乃「釋」「竺」之結合也。

其三，則罪惡之反映也。如『「懺之始，本由南齊竟陵王因夜夢往如來所，聽彼如來說法。後因述懺悔之言。覺後」一卽賓席，梁武王融謝朓沈約，共言其事，王因茲乃述成竟陵集二十篇，懺悔一篇。後梁武得位，思識六根罪孽，卽將懺悔一篇，遂召眞觀法師慧式，廣演其文，述引諸經而爲之。』（錢希白南部新書卷庚參上古十一節） 時在亂世，事多違心，可知梁武之捨身同泰，非全僞也，蓋亦有悔過意。正如佛圖澄，乃爲害沙門甚衆者之石勒所信任也。

其四，則政治者之利用也。劉謐三教平心論云：『儒者闡詩書禮義之教，而輔之以刑政威福之權，然固有賞之不勸，罰之不懲，耳提面命，而終不率教者。及聞佛說，爲善有福，爲惡有罪，則莫不捨惡而趨於善。是佛者之教，何殊於儒者之教哉？宋文帝謂何尚之曰：適見顏延年，著論發明佛法，甚爲有理，若使率土之濱，皆感此化，則垂拱坐致太平矣。尚之曰：百家之鄉，十人持五戒，則十人淳謹；千室之邑，百人修十善，則百人和睦；……則陛下所謂坐致太平者也。』（卷上頁十七琳琅祕室叢書） 政治者利用之心，昭然若揭矣。

然而魏晉六代之中，道教非不盛也。

會稽王氏，世稱望族。而義之之子凝之，『世事張氏五斗米道，凝之彌篤。』故孫恩攻會稽，迷於鬼兵相助，不設備，爲恩所害。（晉書八十王凝之傳） 而南齊蕭道成之篡位也，亦託於張道陵詣闕起居之木簡。（南史四建元四年條） 十駕齋養新錄（卷十九天師）言：『晉南渡後，士大夫多有奉五斗米道者，或謂之天師道。晉書何充傳「時郗愔及弟曇奉天師道。」殷仲堪傳：「少奉天師道。」王恭傳：「淮陵內史虞珧子妻裴氏，有服食之術，常衣黃衣，狀如天師，」由是妖妄之稱，始登正史。』可知當日緇流之勢，不亞於當日之道人和尙焉。

參看錢大昕十駕齋養新錄（卷十八）釋道俱盛於東晉條。

葉夢得石林避暑錄話（卷下）云：『晉宋間佛道盛行，其徒猶未有僧稱，通曰道人。』十駕齋養新錄（卷十九）云：

『六朝以道人爲沙門之稱，不通於羽士。晉書佛圖澄傳，石勒稱澄爲道人是也。』道佛俱盛，其名目亦殊含混也。

於是乎有道佛之衝突，其最著者，則如崔浩不信經典，取妻之佛經，焚投諸廁。浩師事寇謙之，而北魏太武因有滅沙門之事。（魏書釋老志）其謂老子化胡者，更可徵道佛之不相容已。

老子化胡經，晉道士王浮撰，今存者殘甚，在鳴沙石室叢書中。大致造爲老子出關，西渡流沙，訓誨佛陀之說。六朝隋唐，歷次焚毀此說——老子化胡——初見於范書襄楷傳，繼見於晉書陶侃傳，又見於南史顧懽傳。（十七史商榷六四備言之）唐書傅奕傳，李蔚傳贊，范書西域傳論，則暗示其意云。（看困學紀聞二〇傅奕排釋氏條）

在此道佛相爭之局面中，佛徒曾一度遭殃，（魏書世祖紀太平眞君三年宋文帝元嘉十九年（四四二）又太平眞君七年元嘉二十三（四四六））其詳見於魏書釋老志。然佛教之勢，初不稍減。其在南朝，則袁何諸賢，諷刺時政，發五横之論，以爲『世有五横，而沙門處其一焉。大設方便，鼓動愚俗，……上減父母之養，下損妻孥之分，會同盡儲膳之甘，寺廟極壯麗之美，劃生民之珍玩，崇無用之虛費。罄私家之年儲，闕軍國之資實。』（弘明集釋駁論）其在北朝，則趙紹祖金石跋（卷二魏浮居惠猛墓志銘）云：『嗚呼，佛法之盛，莫極於魏。鑿山爲窟，範金爲像。正光以後，僧尼大衆，二百餘萬。其寺三萬有餘，而沙門惠始之死，送葬者至六千餘人。乃崔浩區區，志在毀滅，可謂不量力矣。然浩毀佛而崇道，其中非有眞見。……而史氏無識，於浩非毀佛法，歎息痛恨，以爲報應之驗，不亦怪歟？此惠洪者，一無識沙門耳，而其文有曰升帝牀，入紫幕，亦可慨矣。』——南北二方之佛教，可見其勢之一斑也。

佛學興盛之結果，則經學之消沉也，清談之復熾也，玄學之成立也。

顏氏家訓 卷三勉學 云『清談……濟世成俗，終非急務。洎乎梁世，茲風復然。莊老周易，總謂三元。武皇簡文，躬自講論。……』以視夫初期之蔑棄禮法之徒精粗有別，蓋已近乎佛徒之講經而失其厭世消極之風致差與佛教爲近矣。

玄學之名，宋書何尚之傳云元嘉十三年，尚之爲丹陽尹，『立宅南郭外，置玄學聚生徒。』宋書六六 而何承天之史學。謝元之文學雷次宗之儒學與合而爲四學。通考 張譏亦『篤好玄言講周易老莊而教授焉。……沙門法才，……沙門慧拔，……道士姚綏皆傳其業。……』南史七一 ——覩於爾時釋子之治莊老玄言而知佛理與清談構組以成玄學焉。

世說 文學第四 云『支遁與許詢謝安共集王濛家。謝顧謂諸人今日可謂彥會，時既不可留，當共言詠，以寫其懷。許乃問主人有莊子否？正得漁父一篇，謝看題便各使四座通。支道林先通作七百許語，敍通精麗才藻秀拔，衆咸稱善。』可知玄言與佛理打成一片，支蓋佛徒也。

至於經學方面所受之影響，北方雖以推行華化而經學昌明，然在南方『其經學本不如北，兼以上之人不以此爲重，故習業益少，統計數朝，惟蕭梁之初及梁武四十餘年間儒學較盛。』廿二史劄記卷十五 焦循曰『正始以後人尚清談，迄晉南渡，經學盛於北方。大江以南自宋及齊，遂不能爲儒林立傳。梁天監中漸尚儒風，於是梁書有儒林傳，陳書嗣之，仍梁所遺。』皮錫瑞經學歷史頁三九 蓋幸有北朝之推行華化耳，否則在道釋俱盛之際不將有儒學消沉之痛乎。

後世有三教論衡，蓋盛於唐。如優人李可及戲三教是也。高彥休闕史卷下頁七 然以唐人重儒耳，如在六朝之時，儒實未堪當釋道一擊。故隋書李士謙傳，有佛日也，道月也，儒五星也之月旦。使在後世，則豈不殆哉？

思想方面，受佛學之影響如此，具徵佛教之盛。然禍之所在，禍亦倚焉：『放翁載長蘆宗賾法師頌云天生三武禍吾宗，釋子還家塔寺空。應是當年崇奉日，不能清儉守眞風。』（詳困學記聞卷二十雜識）則佛教徒在一帆風順之際，不自修飾，因以啓世人之反譏，其毀之者，似爲道教徒也，似爲儒者也；然亦佛徒本身已。

道教自寇謙之時，戰勝佛徒後，（詳魏書釋老志）如北宋宣和中，以徽宗好道，乃令沙門冠簪，（邵博聞見後錄二九）且改僧名爲德士。一時浮屠，有以違命被罪者。（費袞梁谿漫志）故三武之刦，亦大致由道教徒挑成者。沈德苻野獲編（補遺卷四廢佛氏條）云：『除佛之禁，莫酷於元魏太武帝時，用崔浩言，盡誅沙門，焚毀經像，下令人間不出沙門者門誅，浩至以妻所誦經，投廁中。……次則唐武宗會昌中，用李德裕議，毀寺四千六百，招提蘭若四萬餘區，歸俗僧尼二十六萬人。（案唐武毀佛詳趙德麟侯鯖錄卷二，而唐文宗亦嘗毀佛，見宣室志卷七頁十一（俱稗海本））……次則周顯德中，毀天下寺院三萬三千奇，並毀佛像鑄錢，又次則宋宣和中，除佛教，改佛爲大覺金仙，佛寺爲神霄宮，僧加冠簪爲德士。……本朝嘉靖十五年，上旣敕廢禁中大善佛殿，建太后宮矣。夏言以殿中有佛像佛骨佛頭佛牙等，乃建議請勅有司，俱瘞之中野，以杜愚冥之惑。上曰：「今雖埋之，恐有竊發」；於是言復議投之火，從之。凡毀金銀佛像一百六十九座，金銀函貯佛頭牙等一萬三千餘斤，燔之通衢。』案崔浩信道，唐武亦寵道士趙歸眞，明世宗亦寵道士，毀佛。云云，俱得謂佛道爭鬭之餘。惟周武（周書武帝紀建德三年）斷佛道兩教經像，悉毀罷沙門道士，並令還民。則沈氏所漏列，而不由於道教士之挑弄者。

二六　佛典翻譯與六朝文

佛教之盛之表見於三國兩晉南北朝者，其另一方面，則佛典之翻譯也。

翻譯之事古固有之，『譯者之稱，見禮記，云東方曰寄，曰傳寄內外言語；南方曰象，曰放象內外之言；西方曰狄鞮，鞮知通傳夷狄之語與中國相知。北方曰譯，譯陳也，陳說內外之言，皆立此傳語之人，以通其志。』宋元之交，『北方謂之通事，南番海舶謂之唐帕，西方蠻猺謂之蒲義，皆譯之名也。』俱詳周密癸辛雜識後集頁三十八班書十九上百官公卿表大鴻臚之『屬官有行人、譯官、別火三令丞。』又史稱越裳重譯來朝，此皆以外譯中者。至如史記夏本紀譯取尚書禹貢，五帝本紀譯取尚書帝典，此則以今譯古者。

然古譯事之盛，要當盛於佛典之翻譯。梁啓超云：『……論譯業者，當以後漢桓靈時代始託，東晉南北朝隋唐稱最盛，宋元雖微有賡續，但微末不足道矣。』近著中卷頁八十六蓋自安世高、支婁迦讖桓靈時人，鳩摩羅什、覺賢東晉時人，義淨、玄奘唐人，譯經高僧，代有其人，洵盛事也。

譯之方式，既由簡而爲複；譯之人材，亦由梵而爲漢；而譯場組織，亦復紛賾。

以方式言之，最初則爲直譯：如桓帝時之安世高，『世高出經，貴本不飾，天竺古文，文尚通質，倉卒尋之，時有不達。』出三藏集記卷十靈帝時之竺佛朔，『賫道行經來適雒陽，卽轉梵爲漢，譯人時滯，雖有失旨，然棄文存質，深得經意。』高僧傳一頁八海山仙館本維祇難『以吳黃武三年二二四與同伴竺律炎來至武昌，……時吳士共請出經，難既未善國語，炎亦未善漢語，頗有不盡。志存義本，義存朴實。』高僧傳卷一——皆直譯也。其次則如法護以晉武末年隱居深山，『終身寫譯，勞不告勸，』其譯經也，『雖不辯妙婉顯，而宏達欣暢，特善無生，依慧不文，朴則近本。』高僧傳一頁十七蓋護『遊歷諸國，外國異言三十六種，書亦如之，護皆貫綜，訓詁音義，無不備識。遂大賫胡經，還歸中夏，沿途傳譯，寫爲晉文。』

（高僧傳卷一）曰欣暢，曰近本則蓋半意譯矣。而最後則有倚意譯者，如鳩摩羅什客於苻堅，其言譯事也，『但改梵爲秦，失其藻蔚，雖得大意，殊隔文體，有似嚼飯與人，非徒失味，乃令嘔噦』（高僧傳卷二頁十）則顯然主張意譯者。——此蓋與日信達雅之本而魯迅周作人輩所討論者也。

以譯人言之，則宋贊寧高僧傳（三集）論曰『初則梵客華僧，聽言揣意，方圓共鑿，金石難和，咫尺千里，覿面難通。』梵僧譯而漢人受，安世高其代表也。『次則彼曉漢談，我知梵說，十得八九，時有差違。』高坐道人雖『不學晉語，諸公與之語言，縱因傳譯，而神領意得，頓盡言前，莫不歎其自然。』（高僧傳卷一頁二〇）兩相悟通，而微欠焉，鳩摩羅什其代表也。『後則猛（智猛）顯（法顯）親往，奘（玄奘）空（不空）兩通，器請師子之膏，鵝得水中之乳，印印皆同，聲聲不別。』玄奘其代表也。——則譯學大進步矣。雖其時已至於唐。

案朱士行以竺佛朔道行經「文句簡略，意義未周」（高僧傳四）西行。法顯以經律舛缺西行，（高僧傳三）則初期譯事之不滿人意，所以激有志之士誓志求法，亦明甚矣。顯「學梵語三年，方躬自書寫」，可見其蓄志之誠。即譯場組織，亦有進步『其始不過一二胡僧隨意約一信士私相對譯。其後漸爲大規模之譯場組織，有譯主，單受度語，證梵潤文，證義總勘等之人。』（梁著中卷頁一〇四）即以僧侶之姓言之，亦足表示進步。釋道安與苻堅同時，『初魏晉沙門依師爲姓，故姓各不同。安以爲大師之本莫尊釋迦，乃以釋命氏。』葉夢得（石林詩話卷一）云：『晉初爲佛學者，皆從其師姓。如支遁本姓關，從支謙學，故爲支。道安以佛學皆本釋迦，請以釋命氏，遂爲定制』云。

譯學之漸展，其影響於中國學術者，則文學已。

兩漢文學，除史學家及哀感者外，類多受政治之熏炙，而致力於京邑游觀之描摹，詩品敍謂東京一代，惟班固之詩，略有可取，此語過激；然東京文人，爲呆板的辭賦，爲無聊的騈偶，則人所同感。吾生平讀文選，愛楚騷而惡漢賦，吾亦無以自解也。

漢魏間之「文，」實包散韻二體而言。江盈科雪濤談叢（頁四）記張伯起刻文選贈一士夫，士夫曰：「既云文選，何故有詩？」伯起答以昭明原如此，士夫問其人安在？且繼曰「已死不必究他，」誠無怪其然也。

三國之初，魏武帝宏奬風流，一時才士盛於鄴下。設天網以羅之，頓八紘以該之，而武帝本人『不特句法高邁，而識趣有道，可謂文姦。』（楊愼丹鉛總錄二一）良以『東漢之末，猥雜甚矣；魏武雄材崛起，無論用兵，卽其詩豪邁縱橫，籠蓋一世，豈是衰運人物。』（胡應麟詩藪外編卷一）其子曹丕孫曹叡，史人所稱爲「三祖」者，（鍾嶸詩品卷下）洵足以振文風矣。然而亦陷於登高作呼貴族文學之譏也。

魏以後文學，多受君主之洗禮，可於齊梁之主多文學（廿二史劄記卷十二）見之。當時卽有民間詩歌，如孔雀東南飛，（古詩爲焦仲卿詩作）亦受陳思王一派之影響。所謂東西植松柏，左右植梧桐，枝枝相覆蓋，葉葉相交通者，實相當於曹子建集（卷六豔歌行）之出自薊北門，遙望池上桑；枝枝自相直，葉葉自相當。所謂中有雙飛鳥，自名爲鴛鴦，實相當於阮嗣宗集（卷下詠懷）林中有奇鳥，自名爲鳳凰也。

建安以下，詩品愈靡，『永嘉時稍尚淸談，于時篇什理過於辭，淡平寡味，爰及江表，微波尙傳。』（詩品上敍）區其類別，可分爲三，個人之幽怨，陸機辨亡，江淹恨賦是已。書翰之贈與應制酬友諸作是也。其有飄逸之神致者，惟淵明歸法來辭，及采菊東籬詩。觀於謝靈運之詩夢，而可知也。

王楙野客叢書卷十九云：『石林詩話云：「謝靈運詩，池塘生春草，園柳變夏禽，此句之工，正在於無心猝然，與景相遇，備以成章。不假繩削，故非常情之所能到。」僕謂靈運制此詩於西堂，致思竟日，不就。忽夢惠連，得此句，遂足其詩。非登樓時倉卒對景而就者。』葉王之說，均得其偏。實則苦思焦作，忽有猝然對景之句，斯其所以可貴耳。大抵南方之文，華靡已極，反不如北朝質直有致。李延壽所謂『永齊南齊武帝天監梁武之際，太和北魏孝文天保北齊文宣之間，洛陽江左，雅有異同。江左宮商發越，貴於清綺；河朔詞義貞嚴，重乎氣質。』北史八三文苑傳敘 此正謂厚實之風，反在北部。以今考之，則風吹草低見牛羊之歌，允爲一代絕唱；而易見事易識字，易讀誦之主張，亦見於北齊顏之推家訓卷四文章也，豈偶然哉？

當時詩筆雖有分，詳十七史商榷六十三詩筆條 然大致『發五聲之音響，寫萬物之情狀，』南史七十二文學傳 駢儷之作，文詩不無相染。蓋幸有佛教文學之輸入，而使一部分之文學作品，倘得遂其樸茂之生機爾。嚴羽云：『禪道惟在妙悟，詩道亦在妙悟，』滄浪詩話頁一 佛道之影響文學如斯。

佛教文學之濡染，其一，則令作者之門戶放大，題材典故，均受佛經之賜。如因果報應之收入小說是也。漢書藝文志所謂小說，嚴格言之，無非街談巷議之流，及六朝則有干寶搜神記，劉義慶幽明錄等書，前者猶可謂爲虞初之流，而後者則確受佛教之沾溉者。其二，則令文體變化。如倒裝句也，提挈句也，複雜句也，散韻交錯之句也，胥譯經諸作之所啓露以撼振於世者。梁著中卷頁一二八 其三，則譯經諸公，原求梵漢均解，故立意名詞，往往力求通俗，梁著頁一三〇 其四，則令文學之情趣，橫生於哲理之中，與六朝諸漢文學作品比量，惟古樂府可與比擬耳。其他賦頌詩篇，未足擬比。

樂府之起源，已詳本卷。（第十一節）吳兢曰：『樂府之興，肇於漢魏，歷代文士，篇詠實繁。睹夫利涉，則述公無度河；慶彼載誕，乃述烏生八九子。賦雉斑者，但美繡頸錦臆，歌天馬者，惟敍驕馳亂蹋。類皆若兹，不可勝載。』（津逮祕書一六七册）蓋文士取民間之題材，被樂府之音律，如子夜歌本爲女子子夜所作之哀聲，『後人依四時行樂之詞，謂之子夜四時歌』也。（吳兢樂府古題解頁十四）六朝所作，惟此稍爲樸遠，有詩人之致爾。梁任公云：『試細檢藏中馬鳴著述，其佛本行贊，實一首三萬餘言之長歌。今譯本雖不用韻，然吾輩讀之，猶覺其與孔雀東南飛等古樂府相彷彿。其大乘莊嚴論，則直是儒林外史式之一部小說。』（近著頁一三二）然樸茂之詞，一在民國，一在佛經，則俱可以反徵當時貴族文學之靡靡焉。

二七　音韻與建築

但佛教之影響於文學，最顯著者，則音韻也。

沈括夢溪筆談（卷十四）云：『音韻之學，自沈約分爲四聲。及天竺梵學入中國，其法漸密。』高僧傳（卷十三）謂釋曇遷『善談莊老，並注十地。常布施題經，巧於轉讀。有無窮聲韻，梵制新奇，特拔終古。』其人蓋與沈約同時。考約撰四聲譜，自謂出神之作，且告梁武帝以「天子聖哲」。（梁書十三約傳）蓋緣『齊永明中，王融謝朓沈約，文章始用四聲，以爲新變。至是轉拘聲韻，彌爲麗靡。』（南史五十庾肩吾傳）蓋由於梵而轉相祖述，故大行焉。

南齊書（四一）周顒傳，顒好與方外交，「以玄言相滯，彌日不懈。」封氏聞見記云：『周顒好爲體語，因此切字皆有紐，紐有平上去入之異，永明中沈約文詞精佼，感解音律，遂撰四聲譜，文章八病，有平頭上尾蜂腰鶴滕，自以爲靈均以來，此祕未覩。時王融范雲之徒，皆稱才子，慕而效之。由是遠近文學，轉相祖述，而聲韻之道大行。』（聞見記卷二）則音韻由於佛徒，明甚。

四聲之別，固淵源已久。周必大二老堂詩話（頁十二）云：『四方聲音不同，形於詩歌，往往多礙，其來允矣。如北方以「行」爲「形」，故列子直以太行山爲大形。』楊愼丹鉛總錄（卷十九音韻之原）則謂：『音韻之原，唐虞之世已有之矣。舜典曰，聲依永，律和聲，是也。元首喜哉，股肱起哉，百工熙哉，元首明哉，股肱良哉，庶事康哉，熙之叶喜，起明之叶良康，卽吳才老音韻之祖哉。日出而作，日入而息，鑿井而飲，耕田而食，帝於我有何力（原注依王充論衡改）哉。力與上文息食爲韻。（原注列子作帝力於我何有哉恐是傳寫之誤）』王楙野客叢書云：『僕謂晉魏以前，對偶之語，不期然而自然，不爲無之，非如後人牽強紐合，以爲工也。』（卷二十五）葉夢得石林詩話（頁四一津逮本）亦謂：『晉魏間詩，尚未知聲律對偶。然陸雲相謔之辭，所謂日下荀鳴鶴，雲間陸士龍，至於四海習鑿齒，彌天釋道安之類，不一。乃知此體出於自然，不待沈約而後能也。』——諸家之說，胥謂音韻不始於沈約，然四聲之意識地分別，要不得不謂始於齊梁焉。

四聲不始於沈約，趙翼陔餘叢考（卷十九）言之；顧亭林音論（古人四聲一貫條）亦引公羊莊二十八年傳，長言短言之別。錢大昕潛研堂集云：『……翻謂七音之辨，始於西域；豈古昔聖賢之學，乃出梵僧下哉？四聲昉於六朝，不可言古人不知疊韻；字母出於唐季，不可言古人不知雙聲。』（卷六清經解本）然音韻大備於六代之時，則無以否認也。段玉裁云：『考周秦漢初之文，有平上入而無去。洎乎晉魏，上入聲多轉而爲去聲，平聲多轉爲仄聲，於是四聲大備。』（六書音韻表一）則大備固非備於古也。且大昕自云：『唐人所撰三十六字母，實采涅槃之文，參以中華音體。』（養新錄卷五西域四十七字）則錢氏固認音韻與佛學有關。

反切者，音韻之主幹也，蓋亦盛於斯時。史稱孫炎爲翻語，顏氏家訓音辭篇云：『漢末獨知翻語，至於魏世，此事大行。高貴鄉公不解反語，以爲怪異。自茲厥後，音韻鋒出。』此與顧炎武謂反切自西域來音論一清經解本者同，可徵反切之學，得胡人接踵，佛典盛誦之推波揚瀾者不細也。

音論曰：『反切之學自西域入中國，至齊梁盛行。然後聲病之說詳焉。』音論一 蓋亦舉其大體者然。急言緩言，豈古人之不能，故宋景文筆記上頁二云：『孫炎作反切語，本出於俚俗常言者，尙數百種。如謂孔爲窟籠，不可勝舉。』錢大昕十駕齋養新錄卷五亦有孫炎翻語一條，謂此非始於炎。俞理初癸巳類稿卷七反切證議云：『三國時孫炎作翻語，以雙聲字讀就叠韻字，卽得。後人因惡反字，乃名之曰切。蓋兩合讀法，緩呼之則兩字，急呼則一字也。論者謂反切自西域入中國，且分別反切異義，乃不思之過。……左傳先言寺人披僖二十四，後言寺人勃鞮，僖二十五勃鞮，披也。左傳先言公子鉏哀五，後言且于，且于，鉏也。是皆一字，古人緩讀之，則兩字；以反言切之，卽是反切。注謂地之一名，人之不名者，未明反語義也。以此推之，大祭爲禘，丁寧爲鉦，蔽膝爲韠，茅蒐爲韎，行人爲信，……皆中土自然之言，急讀之則反切也。』俞氏之說如斯。然反切之正式成學，固非始於上古爾。

四聲之別，反切之學，既昌明於齊梁，其受影響者，則文學也。

如謂律詩之起，嘗適謂：『風雅頌既亡，一變而爲離騷，再變而爲西漢五言，三變而爲歌行雜體，四變而爲沈宋律詩。』滄浪詩話頁五詩體 然日下荀鳴鶴，雲間陸士龍，已有聲韻對偶之律。故王東溆云：『律詩起於初唐，而實胚胎於齊梁之世。南史陸厥傳所謂五字之中，音韻悉異；兩句之內，角徵不同者，此聲病之所自，亦卽律之所本。』柳南隨筆卷三 且不特後人言之也，宋書六七謝靈運傳論，固已言之。

靈運傳論『欲使宮羽相變，低昂互節，若前有浮聲，則後須切響。一簡之內，音韻盡殊；兩句之中，輕重悉異。』蔡寬夫詩話云『聲韻之興，自謝莊沈約以來，其變日多。四聲之中，別清濁以爲雙聲，一韻者以爲疊韻。所謂前有浮聲，則後須切響，是也。王融雙聲詩云「園蘅眩紅蘤，湖荇曄黃華，迴鶴橫維翰，遠越合雲霞，」以此求之可見』漁隱叢話卷一意同。蓋已謂靈運曁知此聲律之旨矣。

知文學聲韻之導源，自古而匪單純的發原於佛學，則建築亦不能例外也。

其一例，則如精舍也。吳曾能改齋漫錄云『王觀國學林新編云「晉書孝武帝初奉佛法，立精舍於殿內，引沙門居之。因此世俗謂佛寺爲精舍。觀國案古之儒者教授生徒，其所居皆謂之精舍。故後漢包咸傳云：咸往東海，立精舍講授。又劉淑傳云：隱居立精舍講授。又姜肱傳云：盜詣精廬求見。注曰：精廬卽精舍也。以此觀之，精舍本爲儒士設。……」余按三國志注引江表傳云「于吉來吳，立精舍，燒香讀道書。」然則晉武以前，道士亦立精舍矣。』能改齋漫錄卷四精舍條夫精廬之設，固由講讀之風，然其盛而爲一組織，則未始匪佛教隆盛之助也。

精舍爲漢儒講讀之所，誠有如吳曾所記，如魏志武紀注，述曹公欲於譙東五十里築精廬，以讀書是也。第佛學興時，此項建築益盛，漢儒講經之風，如石渠白虎故事見於漢魏志高貴鄉公傳亦有講經事其在南北朝則崔靈恩嚴植之劉獻之張吾貴均聚徒見南北史各傳漸滲入佛教成分。故李善注文選，至以精廬作寺觀解。王應麟困學紀聞卷十三非之，初不知爾時之時世，精廬固與佛徒有關也。

其更與建築以影響者，則佛寺是而雕像屬之。

在北朝之佛寺，則洛陽永寧寺之偉，『殫土木之功，窮造形之力，』洛陽伽藍記卷一言之。而釋道安在苻堅時，得

『一外國銅像……形相致佳，髻形未稱。令弟子爐冶其髻，而光炎炳燿，』則見於高僧傳卷五釋道安傳所記。——稍後則有石刻佛經佛像矣。

葉昌熾語石云：『自白馬東來，大啓浮屠精舍。至魏太和中，始有造像，然尙未刻經也。……佛經之有石刻也，其在高齊宇文周之時乎。陽曲一石，齊刻之最先者也；鄒嶧四山，周刻之最先者也。』語石卷四 蓋精舍寺院之立，匪特有關於建築，兼亦有關於藝術也。

其在於南，則宋文帝時『丹陽尹蕭摹之上言，佛化被於中國，已歷四代。形像塔寺，所在千數。自頃以來，情敬浮末。不以情誠爲主，更以奢競爲重。材竹銅綵，糜損無極。請自今欲鑄銅像及造塔寺者，皆當別言，得報乃許爲之。』通鑑一二二 則漢季三國第十五節之佛教建築，至此益得進步，可知已。

由此觀之，佛教所以賜與於思想文藝者何限？江南雖屈辱之邦，然以士夫之放誕曠達，二十三節 重之以高門大族之雍容令僕，二十四節 申之以玄學談塵之習，二十五節 加之以浮聲切響之文，與煙雨樓臺，松風寺院，綴文載筆之夫，躑躅於江天一望，徘徊於精舍浮屠，斯南朝所以爲新霽之域，而江南文物之所以不朽也。其在北朝，則非無放誕也，非無族閥也，非無文學玄談佛學也，第新造之邦，以規摹中國政治爲重，故蓄意華化，與經學明盛，反有以殊於新霽後之南方也。

南方繁盛，據胡仔苕溪漁隱叢話後集卷十二 及景定建康志卷十六云：『馬野亭詩：依依燕子可憐生，相向於人眞有情。不道華堂曾止息，如今窮巷莫經營。六朝盛事空流水，千載遺蹤只舊城。白日飛忙難話此，話時須待夕陽明。』此正與杜牧之詩南朝三百六十寺，盡在樓臺煙雨中，均於墜廢之餘，憑弔南朝之文物也。

二八　兩晉六朝之科學

然東晉之百年，(三一八至四二〇)南北朝之百五十年，(四三九至五八九)江南文物，固亦有務實足詡者，匪限於玄談佛學及因佛學而生者也。(參看第二十一節)如荀濟北輩之善畫，(世說巧藝二三)王羲之輩之工書，且勿屑數也。魏晉之時，書法甚精，殆亦筆墨進步之徵。鍾繇王羲之無論已，而北朝若張景仁蹇儁趙文深等，亦各善書。(北史各傳)語石且稱鄭道昭諸刻，『自有眞書以來，一人而已。』顏氏家訓(雜藝十九)稱王逸少擧世惟知其書，蕭子雲以筆跡得名，王褒崎嶇碑碣之間，辛苦筆硯之後，致之推有「愼勿以書自命」之歎，可知當日楷隸之盛也。

如以方士之鍊丹言之，此固漢俗之遺，漢武帝時，『言神怪奇方者，已萬數。』(史記二十八封禪書)然東晉之初，抱朴子(內篇二六)言黃白云：『以鐵器硝鉛，以散藥投中，卽成銀。以鷄子白化銀，銀黃如金，此皆外變而內不化也。』散藥且莫論，其鷄子白化銀，則有合於 $H_2S+2Ag\rightarrow Ag_2S+H_2$，因 Ag_2S 固黝黃者也。朱一新無邪堂答問(卷四)云：『西人重光電化之學，近人以爲皆出墨子，其說近之。關尹亢倉呂覽淮南論衡皆有之。列子湯問篇有重擧，仲尼篇有光學，抱朴子金丹篇合諸藥及水銀以成黃金，卽化學之理。西人亦自言化學之法本於煉丹。』案鍊丹之術，宋人亦盛行之矣。(庶齋老學叢談卷下頁二十二)但西人由煉丹而進爲化學，我則始終如故，則又後之時世爲之也。

如以地理學言之，裴秀(晉書三五)謝莊(宋書八五)之地圖無論已。北魏張揖之廣雅(卷九上)所言「九天」，固未免荒謬不經，

（廣雅九上）然張華博物志（卷一）已信考靈曜之說謂：「地常動不止，如人在舟坐，舟行而人不覺，」以較漢人之言地者無遜色也。

漢人言地，如大戴禮（五八天員）云：『單子離問於曾子曰：天圓而地方，有之乎？曾子曰：「離，而聞之云乎？」單子居曰：「……如誠天圓而地方，則是四角之不揜也。」』此亦可以證明漢人之科學觀也。

如以歷家言之，當時人亦能推陳出新。東漢『順帝時，張衡制渾天儀象，其後陸績亦造渾象，至吳時王蕃，尤善數術。劉洪依其法而制渾儀。』（晉書天文志）張華亦知『削木成圓孟，舉以向日，以艾於後承其景，則得火。』（博物志卷四）而梁時則重雲殿前所置銅儀，『其運動得東西轉，以象天行。』『南北低仰，所以占驗辰歷，分考次度。』（隋書天文志四）自陳入隋，一代之鉅製也。

如以算經言之，九章算術，固漢人之遺。以書中有長安上林知之。（四庫提要百七九章算術提要）孫子算經，亦東京人所改作，以書中有長安洛陽相去幾里，佛書二十九章，章六十三字知之。（同上孫子算經提要）然海島算經確係晉人劉徽所撰。（同上海島算經提要）而五曹算經，分田曹兵曹集曹倉曹金曹者，撰人雖不明，得北齊邢鸞之注而益明。雖所述不過加減乘除之理，而使算術列於規矩，要不得謂非爾時之進步也。

如以圓周率言之，五曹算經之算弧田，（卷一）固僅知折半乘矢。然祖沖之之周率，隋書（卷十六律歷上）云：『古之九數，圓周率三，圓徑率一，其術疏舛。自劉歆張衡劉徽王蕃皮延宗之徒，各設新率，未臻折中。宋末，南徐州從事史祖沖之，更開密法，以圓徑一億為一丈，圓周盈數三丈一尺四寸五釐九毫二秒七忽；朒數三丈一尺四寸一分五釐九毫二秒六忽。正數在盈朒二限之間。密率圓徑一百十三，圓周三百五十五，約率圓徑七，周二十二。』與此時東西洋人所能知之圓率，比長較短，則豈但沖之之桀，亦六代之光；豈特六代之光，亦吾民族之華譽也。

茅以昇曰：『此第五世紀世界最精之圓率也。其時印度僅有三一四一六，歐人亦僅僅至三一四一五五二之率。視此自有愧色。祖率睥睨天下，九原有知亦自豪矣。』東方雜誌十五卷十四號中國圓周率略史

如以機器言之，南史七二稱沖之造記里車，造千里船，造欹器，已盡人工之能。記里車之造法，詳前二十一節。至沖之千里船，後世匪無遺者。『唐王皐爲洪州觀察使，多巧思，嘗爲戰艦，挾以二輪，令蹈之，其疾若掛帆席。』冊府元龜卷九〇八新唐書卷八十舊唐書卷百三一記此，爲李皐事。且言皐爲欹器，則皐殆亦承沖之之遺耳。沖之千里船之制，宋時猶有存者。陸游老學庵筆記謂湖寇楊么有車船是也。筆記一頁二二楊么用車船，亦見於宋史二十六五岳飛傳。李心傳建炎已來繫年要錄，卷五十九紹興二年十月則載爲楊太。『車船者，置人於前後，踹車進退。』又紹興三十一年，虞允文與金主亮戰於瓜州，允文以車船三周金山，上下如飛，衆皆駭愕，亮曰：紙船耳。宋史三八三允文傳。則沖之遺制，尚有用者。其在宋末，惟吳自牧夢粱錄卷十二湖船條云：『賈秋壑府車船，船棚上無人撐駕，但用車輪腳踏而行，其速如飛。』蓋純然用於遊觀矣。宋以後未詳。

朱新仲猗覺寮雜記云：『諸葛木牛之制見於注，劉晏之孫濛宣慰靈夏，始議造木牛運。南史祖沖之造千里船，不因風水，施輪自運，亦因木牛流馬之制。』卷下頁三十五知不足齋本未知其何所據而云然。

昔莊子天地篇寓言謂漢陰丈人爲農圃，鑿隧入井，擁甕出灌，子貢勸以桔槔之用，可日浸百畦。丈人以有機事者，必有機心，吾非不知，羞而不爲爲對。近世如歐陽泉省堂日記，頁二甲聚珍本亦謂『古人以機巧爲恥，成湯破壞飛車，漢陰丈人不屑桔槔，公輸欲以機封，公孫假責以毋嘗巧，蓋渾沌未盡鑿也。後世去古日遠，機事漸多，有明末造西洋

人入中國，一切器物競以機巧相炫燿。濟日用者十之一，助蕩佚者十之九。不惟虛耗物力，必且深陷人心。』求如顏黃門之勸其子弟『醫方之事取妙極難，不勸汝曹以自命也。微解藥性，小小和合，居家得以救急，亦爲勝事。』家訓卷七雜藝篇蓋亦不可多得。則上古近世之論科學者，殆無以愈於六代清談混亂之世也。後魏賈思勰著齊民要術序稱「起自耕農，終於醯醢，資生之樂，靡不畢書。」直齋書錄解題又引賈語謂『治生之道，不仕則農。』提要一〇二王叔和注傷寒論，宋高保衡亦譽爲『仲景於今八百餘年，惟叔和能學之。』提要一〇三斯數人者，蓋六代之菁英，豈當時政治混亂，思想尙未集一；故不尙伎巧，不爲老圃之毒訓，未深印於人間，卽有維持傳統思想者，亦僅僅顧覬之一流人，故南北朝之科學家，乃能有祖沖之一流人之不朽耶？

兪繼登典故紀聞卷二稱『司天監進元主所進水晶宮刻漏，備極機巧。中設二木偶人，能案時自擊鉦鼓。太祖曰：廢萬幾之務，而務用心於此，所謂作無益而害有益也。命碎之。』可見一統時之禁止奇器政策，名爲帝王至德，而其實則中傷科學者矣。

宋書顧覬之傳，記沛人唐賜飲鄰人酒，得病，吐蠱二十餘物。將死，命其妻及子，以刳驗臟腑，則果糜碎矣。愷之議，母子忍行刳腹，從父亂命，當俱棄市。劉懃力爭不得。宋書八一腐想如此，故生理解剖之學，古今來直同癡人說夢。淸人王淸任醫林改錯云：『自恨著書不明臟腑，豈不是癡人說夢；治病不明臟腑，何異於盲子夜行。十年之久，念不久忘。嘉慶二年丁巳年三十，四月初間游於灤州稻地鎭。彼處小兒正染瘟疹痢症，十死八九。無力之家，袋席裹埋，彼處鄉風，更不深埋，意在犬食，利在下胎不死。故各義塚中破腹露臟之兒，日有百餘。余每日歷馬過其地，未嘗不掩鼻。後因念及古人所以錯論臟腑，皆因未嘗親見，遂不避汚穢，每日淸臝，赴義塚取孳兒之露臟者，細視之。大抵有腸胃者多，有心肝者少。互相參看，十人之中，看全不過三人。連視十日，大約看全不下三十餘人。始知醫書中所繪之臟腑形圖，與人之臟腑全不相合。卽件數多寡，亦不相符。』（大公報二十二年十一月二十二日）——因覩之事附及之。

第九章　北方開明

一九　北方華化之初期

現於齊民要術之作者爲後魏人，知北方未嘗無人。

蓋自永嘉巳後，北方固混亂巳極，然五十年後，苻堅興起，（三五七至三八三）則北方小康者二十餘年。堅固『跨三分之二，居九州之七，遐荒慕義，幽險宅心』（晉書堅載記）者也。堅敗於三八三年（東晉孝武太元八年）又五十年而北魏併呑北方，與宋對峙，（四三九年）北魏則版圖較南爲大者也。（詳方輿紀要卷四）又百年而魏分東西，（五三四年梁武中大通六年）中經北齊北周，北周滅齊，至隋而篡周平陳，（五八九年）蓋又五十年也。上下（三一〇至五八九）二百七十餘年，南方經東晉宋齊梁陳，北方局勢，亦浸浸變昔矣。

永嘉至苻堅（三一〇至三五七）乃劉石用兵之第一個混亂；苻堅之治，（三五七至三八三）則第一次小康。苻堅敗至後魏興，（三八三至四三九）乃沮渠蒙遜赫連勃勃之第二個混亂；至後魏開國至魏分東西，（四三九至五三四）則第二期承平。自東西魏經齊周以至隋之平陳，（五三四至五八九）則第三次混亂也。總計第一個混亂五十年，第一個小康半五十。第二個混亂五十年，第二期承平百年，第三個混亂五十年，而後有隋唐之統一——混亂之程度，第一期最甚，二三次；之承平之時間，苻堅北魏隋唐，亦隨次而長；讀北史者要當知此。永嘉之前，曹操謂魏『种不南走越，北走胡，不汝貸也。』魏志一武紀 明胡越不足與中原齒。然在苻堅小康中；民歌云：『長安大街夾樹楊槐，下走朱輪，上有鸞棲，英彥雲集，誨我萌黎。』晉書一一三堅載記 則胡之爲胡，不殊於南方開化時之越之爲越。參看本卷二一節 而「利鹿孤欲稱帝，」其從諫曰：『吾國自上世已來，被髮左衽，無冠帶之飾，逐水草遷徙，故能雄視沙漠，抗衡中夏。且虛名無實，徒爲世之質的，將安用之？』通鑑一一二 則異族之慕我政制，又豈限於一苻。在北魏承平中，則陳慶之曰：『自晉宋以來，號洛陽爲荒中，此謂長江以北，盡是夷狄。昨到洛陽，始知衣冠士族，並在中原；禮儀富盛，人物殷阜。』洛陽伽藍記卷二 則魏之風教，不下於宋齊梁之文物也。再下則西魏宇文泰，知仿周禮，困學紀聞卷四 亦不下於梁陳之治也，可知南越固新霽之邦，北胡亦開明之域，——所惜者，在第一第二第三次混亂中，不能不有封豨爾。

此二百餘年之兵燹，困學紀聞卷二十，曾舉戶口較數，以徵兵禍之慘。然兵禍雖慘，而代價亦有。一則諸胡多治中國學問，晉書劉淵劉和劉曜石勒慕容皝苻堅姚襄姚興沮渠蒙遜載記 二則諸胡多仿中國教學，晉書劉曜石勒石虎慕容皝苻堅姚萇姚興馮跋各載記 三則當時爲政者大抵中土舊人：如石勒用張賓，石勒載記 苻堅用王猛，堅載記 慕容廆用裴嶷。廆載記 此皆昭昭大者。異日元魏建國，如高祖用王肅，肅以『太和十八年四九四年歸順，時高祖新營洛邑，多所造制，肅博識舊事，高祖甚器之。』伽藍記卷三 即在高祖以前，崔浩雖稱『太祖用漢北淳樸之人，南入中地，變風易俗，化治四海。』然浩本人『才藝通博，究覽天人，政事籌策，時莫之二。屬太宗爲政之秋，值世祖經營之日，言聽計從，寧廓區夏。』魏書三五崔浩傳 則浩亦不無功於魏爾。

與東晉對峙之苻堅，其於佛教也，則囑呂光於西伐龜茲之役，羅致鳩羅摩什，謂：『賢哲者國之大寶。』（高僧傳卷二）則堅能迎新也。其於內政也，『廣修學宮，召郡國學生，通一經者充之。公卿已下子弟，並遣受業。其有學爲通儒，才堪幹事，淸修廉直，孝弟力田者，皆旌表之。於是人思勸勵，號稱多士。盜賊止息，請託路絕。田疇修闢，帑藏充盈，典章文物，靡不悉備。』（晉書一一三堅載記）則堅能整舊也。其於市政也，『自長安至於諸州，皆夾路樹槐柳，二十里一亭，四十里一驛。百姓歌之曰：『長安大街，夾樹楊槐，下走朱輪，上有鸞栖，英彥雲集，誨我萌黎。』（堅載記）則堅能集新舊於一爐而開展之也。——堅之作爲，其有益利於第一期之混亂以後者，豈僅跨三分之二，據九分之七而已。

高僧傳（卷五道安傳）云：『初堅承石氏之亂，至是民戶殷富，四方略定，東極滄海，西併龜茲，南包襄陽，北盡沙漠。惟建業一隅，未能抗伏。堅每與侍臣談話，未嘗不欲平一江左。以晉帝爲僕射，謝安爲侍中。』此雖堅之豪語，然淝水之役，晉果覆亡，於中國固未始無益也。且此時之南朝，正在以族舉官；故桓溫入關，王猛被褐談當世之事，而溫默然無以酬之，猛由是投於苻堅。而堅一見之後，擬以玄德之於孔明；後世惟張元遇夏主元昊（詳容齋隨筆卷十一記張元事）差爲近之爾。

苻堅半五十年之小康以後，又有五十年之混亂。（三八三苻堅亡年至四三九南北分治）然此期之混亂，視永嘉時之劉淵石勒，則有間矣。夏主赫連勃勃者，殺人以爲京觀者也。然義熙十三年，（四一七）『劉裕遣使遺勃勃書，約爲兄弟。勃勃使皇甫徽爲報書，而陰誦之，對裕使者，口授舍人使書之。裕讀其文，歎曰：「吾不如也！」』（通鑑一一八）其援華文以自重，昭昭然明。蓋亦『法玄象而開宮，擬神京而建社，竊先王之徽號，備中國之禮容』者，（晉書一三〇勃勃記載論）視石勒亦懸殊矣。

當時北方風氣，殊有更易。故潘崇和曰：『汝穎之士利如錐，燕趙之士鈍如鎚，信非虛焉。』（洛陽伽藍記卷三）勃勃都城，在今榆林西北，古曰統萬。（方輿紀要卷三）然能『高構千仞，崇基萬尋，玄棟鏤榥，若騰虹之揚眉；飛簷舒咢，似翔鵬之矯翼。』（勃勃載記）則勃勃亦有功於燕趙者已。

至於南北分治之北魏百年（四三九至五三四），則北族之吸收漢人文明，以開發亂後之北方者，更爲明顯矣。魏在道武帝（三八六至四〇九）時，固知興學，其都平城，『已有學官，置尚書曹』。（宋書九五索虜傳）明元帝（四〇九至四二四）後，已娶漢女爲妃。（魏書一三）世祖始光二年（四二五宋元嘉二年）詔曰：『篆隸草楷，並行於世，然經歷久遠，傳習多失其眞，故令文體錯謬，非所以示軌則於來世也。孔子曰名不正則事不成，此之謂矣。今制定文字，世所用者，頒下遠近，永爲楷式。』（魏書四上）此其時固猶在高祖孝文帝之前也，而經國規模如斯。

此等經國規模，當由中土舊族擘畫，崔浩謂『太祖用漠北淳樸之人，南入中地，變風易俗，化洽四海，』疑非實錄。但明元（太宗）已召諸儒術士，世祖亦能盡崔浩之才，「言聽計從，寧廓區夏。」（魏書三五浩傳）其在高祖孝文時，則王肅於『太和十八年（四九四年南齊明帝）歸順，高祖甚爲器重。』（洛陽伽藍記卷三）則後魏之所以爲後魏，蓋自有舊民族之優秀者爲之助也。

即如制造雜體文字，頒之民間，固亦爲能活用中國舊時文物之徵。語石（卷八頁三十一）云：『顧亭林金石文字記曰：後魏孝文帝弔比干文，字多別構。顏氏家訓言：「晉宋以來，多能書者，不無俗字，非爲大損。至梁大同之末，訛替滋生。北朝喪亂之餘，書跡鄙陋，加以專輒造字，猥拙甚於江南。乃以百念爲憂，言反爲變，」今觀此碑，爲知別體之興，自是當時風氣。而孝文之世，即已如此，不待喪亂之餘也。江式書表云：皇魏承百王之季，世易風移，篆形錯謬，隸體失眞。俗學鄙習，復加虛巧。談辨之士，又以意說，炫惑於時，難以釐改。後周書趙文深傳，太祖以隸書紕繆，命文深等依說文及字體，刊正六體，成一萬餘言，行於世。蓋文字之不同，人心之好異，莫甚於魏齊周隋之世。說文所無，後世續添之字，大抵出此。』亦可見後魏治國之能推陳出新，不爲華化所拘也。

至於高祖孝文帝，則其遷都一事，足以表白向治之誠，華化之烈。其謂任城王澄則曰：『國家興自北土，徙居平城。富有四海，文軌未一，此間用武之地，非可文治，移風易俗，信爲甚難。崤函帝宅，河洛王都，因此大擧，先宅中原。』（魏書一九澄傳）其語陸叡則曰：『朕修百官，興禮樂，其志固欲移風易俗。朕爲天子，何必居中原？正欲卿等子孫，漸染美俗，聞見廣博。若永居代北，復遇不好文之主，不免面牆耳。』（通鑑一三九）——遷都蓋太和十九年（四九四）也。此可以見孝文之渴思華化矣。

魏書（卷七）記太和十九年，詔改長尺大斗，依周禮制度。又詔求天下遺書，祕籍有裨益時用者，加以優賞。此皆渴近徙都間事，可知孝文之作爲矣。

東萊史論云『以夷狄之姿，驕淫之性，而入中國紛華之域，必至於子女盛矣，土木興矣。此慕容苻姚之所以不能久也。元魏居於雲中，……遷洛之後，其國衰矣。夷狄，鷙鳥也，去其利爪而傅之以鳳凰之羽，則無德可照，無威可畏，取死於虞羅必矣！』（郡國利病書卷十三引）案北魏遷都之後，以較南朝，勢未稍衰，而因其利爪，傅以鳳毛，故不至如石勒劉淵之終於土崩瓦解，而異日番胡之襲姓李者，終爲中國文明——唐人——之助，未始非元魏華化有以先導之也。

唐朝實北朝之餘，說詳北平女師大學術季刊（一卷四期）劉盼遂李唐爲蕃姓考。歷史語言研究所紀念論文集陳寅恪李唐氏族之推測。

三〇 華化推行與經學昌明

北魏高祖孝文帝正當南朝南齊時也。

然孝文之作爲，又豈止於自平城徙都洛陽一事哉？太和四年，罷煩祀建太廟，（魏書一〇八禮志）太和七年，禁同姓爲婚。（魏書七高祖紀）八年，置官班祿。又許『百辟卿士工商吏民，各上便宜。』（帝紀）十年，定車服禮樂，十四年立史官，十七年耕籍田，而其禁胡服胡語，獎漢胡通姻，其事尤偉，不亞於改蕃姓爲漢姓也。

魏立史官，殊異於南朝史官之久受壓制，噤不敢言。（廿二史劄記九卷宋書革易之際）魏之崔浩，反能以直筆自詡。（詳魏書四八高允傳）後雖得罪，要所見北方新造之邦，箝制反寬也。禁胡語事，詳魏書二一咸陽王禧傳，案此時，南方固有學北語者，（抱朴子譏惑篇）又不少有北方殘民，學鮮卑語者。（顏氏家訓教子篇）而孝文則『欲斷諸北語，一以正音。年三十以上，習性已久，容或不可卒革。三十以下，見在朝廷之人，語音不聽仍舊。若有故爲，當降爵黜官，各宜深戒。如此漸習，風化可新；若仍舊俗，恐數世之後，復成被髮之人。』（魏書二一上咸陽王禧傳）則孝文堅決之致可想。改北姓爲漢姓，如改拓跋爲元，步六孤爲陸，獨孤爲劉。又詔諸王聘漢人華族之女，其前室則降爲妾媵，俱詳通鑑（卷一四〇）太和二十年。考姓氏之學，白虎通云：『姓生也，人所稟天氣，所以生者也。所以有氏者何？所以貴功德，賤使力，或氏其官，或氏其事，聞其氏，卽可知其所以勉人爲善也。』（卷三姓氏篇）此殆古代閥族之遺。經北魏大批混雜，在當時南人言之，自多隱痛。然以此隱泯華賤之別，則其功豈不大哉？

考孝文前後魏主立法垂制，頗得中華體意。太和十四年詔云：『隱口漏丁，即聽附實朋比豪勢，陵抑孤弱，罪有常刑，』（帝紀）此即南朝抑制富人（詳太炎文錄卷一頁七二）之風也。然前乎孝文，世祖太武帝時，已詔『民官多貪，詔吏民得舉告守令不如法者。』（通鑑一二三元嘉一四年）古弼奏事太武，『世祖與劉樹碁，志不聽事。弼侍坐良久，不獲申聞，乃捽樹頭，掣下牀，以手搏其耳，以拳毆其背，曰朝廷不治，實爾之罪，世祖失容放碁。』（魏二八弼傳）前者則漢世禁姦之遺，後者亦古者君臣不相隔絕之意也。

古者君臣不相隔絕，如樊噲排闥以見高祖，（史記噲傳）至於禁錮姦贓，已見於後漢書六九劉愷傳。後魏禁姦之令，魏書六四郭祚傳，亦有：『姦臣逃竄，徙其兄弟，罪人妻子，復應徙之，一人之罪，禍傾二室』之語，則魏法之困漢，殆亦不謀而合耳。此實日知錄（卷一三除貪條禁錮姦臣子孫條）所未及者。

且不僅慕中國之政制風教而已，兼亦利用漢人。世祖用崔浩，比諸張良。（魏書三五浩傳）而其用王慧龍也，其事尤盛。慧龍以闔家爲劉裕所誅，隻身奔北。宋帝曾致反間，世祖曰：『此齊人忌樂毅耳。乃賜慧龍璽書曰：「義隆畏將軍如虎，欲相中害，朕自知之，風塵之言，想不足介意。」』（魏三八慧龍傳）王肅於高祖太和十八年歸順，則尚公主。（伽藍記卷三）蓋肅之來奔也，『高祖雅相器重，朝野屬目。』（魏五五劉芳傳）此等南材北用之事，雖吳用子胥，晉用胥臣，無以遠過也。

即以學術而言，蓋亦步趨南朝之盛者。

佛敎盛於江南，而洛陽伽藍，如永寧寺者，『九層浮圖，高九十丈。有剎，復高十丈，合去地一千尺，去京師百里遙，已見之。』（伽藍記卷一）故於孝宗『入夜迷道，乃依佛塔而行。』（魏五六孝宗傳）『造像莫先於元魏，靑陽吳氏有太和二年不刻，世無拓本千金敝帚。』語石卷五頁二 其在『龍門，自元魏以來，依山鐫佛，魏造者十之三，唐造者十之七。間有高齊所刻，隋刻僅開皇一通。』語石卷五頁一 佛行於南，而佛之盛於北也可知。道教雖昌明於南，而魏時寇謙之之學，『世祖至親至道壇，備受符籙。』魏一一四釋老志 則道教亦盛於北耳。

至於經學之盛，如崔浩嘗注經書，魏四八高允傳 顯祖亦嘗興學。同上 劉芳在高祖時，時人有劉石經之目。魏五一芳傳 李彪『手抄口詞，不暇寢食，』『輶軒騄指，聲駭江南。秉筆立言，足爲良史。』魏六二彪傳 游肇在世宗時，亦『躭好經傳，手不釋書，治周易毛詩，尤精三禮。』魏五五肇傳 魏書儒林傳卷八四序云：『永嘉之後，運鍾喪亂，宇內分崩，羣兇肆禍，生民不見俎豆之容，黔首惟覩戎馬之跡。禮樂文章，掃地將盡。太祖初定中原，雖日不暇給，便以經術爲先。……高祖欽明稽古，篤好墳典，坐輿據案，不妄講道。劉芳李彪諸人，以經史進；崔光邢巒之徒，以文史達。斯文鬱然，比隆周漢。』夫永嘉喪亂之後，劉曜石勒石虎慕容皝儁苻堅姚萇姚興馮跋之徒，何嘗不修庠序，講經史？詳晉書各載記 但好之不如魏主之篤，行之無如魏世之長。廿二史劄記云：『六朝人雖以詞藻相尚，然北朝治經者，尚多專門名家。……固由於士習之古，亦上之人有以作興之。盧醜當太武帝監國時，入授經，後以師傅恩賜爵濟陰公。張偉當太武時，以通經官中書侍郎。孝文尤重儒學，嘗三老五更，又開皇子之學。劉芳李彪諸人，皆以經書進用。此元魏之崇尚經學也。可見北朝偏安竊據之國，亦知以經術爲重；在上者既以此取士，士亦爭務於此，以應上之求。故北朝經學，較南朝稍盛。』卷一五 ——此胥可證北朝華化之有裨於學術者。

北史儒林傳云：『南人約簡，得其英華；北學深蕪，窮其枝葉。』然南人約簡如『皇侃之論語義疏，名物制度，略而勿講，多以老莊之旨，發爲駢儷之文。』經學歷史頁三七 焦循曰：『魏儒學最隆，歷北齊周隋以至唐武德貞觀，流風不絕，故魏書儒林傳爲盛。』經學歷史頁三九經學誠不足以代表文物，如昔賢所斤斤，然亦足見北方開朗，與隋唐思想之關係矣。

顧北方經學，要不得不言以南國爲母者。平恆在世祖時，『別構精廬，並置經籍於其中，一奴自給，妻子莫得而往。』魏書八四則北朝講經者亦擧南方有精廬焉推而廣之，中國經永嘉喪亂之後，東晉蕭梁，固曾搜羅文獻，詳隋書經籍志。然魏時固亦因儒生之言而及此。如太祖問李先以『天下書籍凡有幾何？』因定班制經籍之制。魏三三李先傳世宗時，孫惠蔚亦請『廣加推尋，搜求令足。』北史八四則北朝保障文物於劉石陵之劫後，自亦規撫南朝。

然所謂華化者，固亦有受南朝之惡習者。如南朝矜尚門第，北方亦尤而效之。如游雅字黃頭，世祖時，與高允俱知名，『好自矜誕，陵獵人物，高允重雅文學，而雅輕薄允才。允將婚於邢氏，雅勸允娶於其族，允不從。雅曰：「人間河間邢，不重廣平游。人自棄伯度，我自敬黃頭。貴己陵人，皆此類也。』魏書五四貴己陵人，此異日魏收之撰魏書所以多娶族而傳也。

十七史商榷卷六八云：『北史一家之人，必寓於一篇，而昆弟子孫後裔，咸穿連之，使國史變作家譜，此最謬妄。』廿二史劄記卷十云：『一人立傳，而其子孫兄弟宗族，不論有官無官，有事無事，一概附入，竟似代人作家譜，則自魏收始。』則北朝沾染南風，亦重閥族，可見。

綜言之北朝之開啓，全在倣摹中國舊物，變政也，立法也，用人也，修學也，胥無不受故中國之錫予。其有自創革者，則僅崔亮創停年格一事。停年格者『不問士之賢愚，專以停解日月爲斷。』亮外甥劉景安規亮曰：『殷周由鄉藝貢士，兩漢由州郡薦才。魏晉因循，又置中正。諦觀在昔，莫不審舉。雖未盡美，足應十收六七。而朝廷貢材，止求其文，不取其理，察孝廉惟論章句，不求治道，立中正不辨人材，空論氏姓。如之何反爲停年格以限之，天下之士，誰復修厲名行哉？』（魏書六六崔亮傳）觀亮之所立，劉之所言，可知「中正」之弊，勢必更易，然爲此停年格而「賢愚同貫，涇渭無別」者，則亦徵北魏政教之善於華化而不善於自闢蹊徑矣。

所謂停年者，卽今人崇尚資歷之始，亮雖有其不得已，蓋由魏季武人亂政，『羽林之變，旣姑息於前；武人之除，復濫開於後，不得已而爲此例。』（日知錄卷八停年格條）易言之，卽由於後魏政治環境之特殊，出品非華化也，而其制度之不良，則當日辛雄已謂：『士無善惡，歲久先敍；職無劇易，名到授官。』（魏書七七辛雄傳）深非之矣。

三　均田制度

自「經學」「華化」而來，則均田制度，亦其一也。

蓋自王莽「王田」失敗以還，東京諸思想者，如崔實政論，則以『立井田之制』爲『多爲累。』（後漢書八二實傳）荀悅漢紀，雖謂可行於地曠人稀之時，（通考一）仲長統雖謂欲立太平，舍井田其道無由。（後漢七九仲傳）然仲氏固願場圃築前，果園樹後者，且東漢一代之地主，其勢固甚烈焉。東京以後，則荒亂繼焉。

東觀漢紀（卷二）謂光武時墾田不實，明帝以近臣近親對。蓋開國之時，樊崇好貨殖，（後漢六二樊宏傳）桓譚謂富豪之徒，『中家子弟爲之保役，趨走與臣僕等勤，收稅與封君比入，是以衆人慕效，不耕而食。』（後漢五三桓譚傳）仲長統斥豪人貨殖，謂『榮樂過於封君，勢力侔於守令。』（長統傳）以曹操之雄，亦爲雄豪所疾，恐致家禍。（魏志一注引述志令）粵在三國，孫休謂租入過重，農人利薄，（吳志三休傳）至於兵燹以後，荒地之多，則魏志衞覬傳，高堂隆傳，陳羣傳均言之。晉略一統，而未幾東渡。庾峻謂：『鄢陵舊五六萬戶，今裁數百。』（晉書五〇峻傳）魏收魏書（九六）述司馬叡（東晉元帝）謂：『割有揚荊梁三州之土，因其故地，分置郡縣，戶口至有不滿百者。』雖或詆毀過甚，然非漫無所因也。

晉時，雖定戶調之制『丁男歲輸絹三匹，綿三斤，女及次丁男爲戶者半輸。男子一人占田七十畝，女子三十畝。其外，丁男課五十畝，丁女二十畝，次丁男半之，女則不課。』又定貴賤占田之制，品第一者五十頃，五頃爲差，至九品而爲十頃。而又以品之高卑蔭其親族，多者及九族，少者三世。其蔭佃客者，亦以官品大小有差。（晉書食貨志）然當時石崇已豪富，（晉書石苞傳）而過江之後，劉弘已謂：「公私兼併，」（晉書六六劉弘傳）應詹亦斥『貧富兼併，雖皐陶不能使強不陵弱。』（晉書二六食貨志）而洪邁容齋隨筆（續筆卷一）又載渡江以後，貨賣牛馬田宅者，百分抽四，賣三買一，契稅牙稅之制。——土地屬於私有，蓋如日而中天，占田限田云乎哉？東晉以後之南朝，更無論已。

宋書（五四）稱孔靈符產業甚廣。南齊（三四）虞玩之傳稱黃籍失注，毫不可問。梁武帝大同七年，謂豪家富室，多佔取公田，貴價僦稅，以與平民。（梁書二武紀）徐勉謂創辟田園，貨殖聚斂，皆距而不納，以省息糾紜。（梁書二五徐勉傳）陳後主亦下令曰：詐僞日興，簿書歲改，輟耒成羣，游手爲伍。（陳書六後主紀）亦可徵南朝之毫無土地制度矣。

其在北方，慕容皝以牛給民田苑中，而公收其人，二分入私。（晉書一〇九載記）苻堅號稱思治，然亦計未及於田制。而北魏肇興以前，喪亂多年，戶口凋敝，王應麟困學紀聞（卷二十）言之；馬氏通考言之；趙德麟侯鯖錄（卷八）言之；黃震孫限田論曰：『蓋北方本土曠人稀，而魏又承十六國縱橫之後，人民死亡略盡，其新附之衆，土田皆非其所固有，而戶口復可得而數，是以其法易行也。』（切問齋文鈔卷一五引）——此後魏均田制度未行以前之歷史的背景也。

然魏在世祖以前，如恭宗（四二七至五一）則頗喜營田宅，高允以所在田園分給貧下爲謂。（魏書四五允傳）太祖雖有徙民實京師，給牛計口授田之事，要亦施諸一時，行之一處。（魏書食貨志）世祖孝文帝雅好經術，又以三長立後，民人『始返舊墟，廬井荒毁，桑榆改植。事已歷遠，易生假冒，爭訟遷延，連紀不制，』（魏書五三李安世傳）激於荒地之認主相爭，故『均田之制起此。』——此後魏均田制將行時之事實背景也。

三長者戶籍也，李沖傳稱：『舊無三長，惟立宗主督護，所以民多假冒。五十三十家方爲一戶，沖以三正治民，所由來遠，於是創三長之制而上之。』（魏書五三案三正蓋指周禮之黨正閭正）通鑑係此於南齊永明四年，云：『沖上言，宜準古法，五家立鄰長，五鄰立里長，五里立黨長，取鄉人彊謹者爲之。……初立黨里鄰之長，定民戶籍，民始皆愁苦，豪彊者尤不願。既而課調省費十餘倍，上下安之。』案永明四年爲魏太和十年，魏書李安世傳云：『安世上疏曰：竊見州郡之民，或因年儉流徙，棄賣田宅，漂居異鄉。三長既立，始返舊墟，廬井荒毁，桑榆改植，事已歷遠，易生假冒。……爭訟遷延，連紀不制。良疇委而不開，柔桑枯而不采。……今雖桑井難復，宜更均量，審其經術，令分藝有準，力業相稱。……高祖深納之，後均田之制起於此。』（魏書五三安世傳）是立三長在均田之前，通鑑係此於太和十年，疑誤；因均田乃在九年下令也。

『太和九年下詔均給天下民田。諸男夫十五以上，受露田四十畝。婦人二十畝。奴婢依良丁，牛一頭，受田三十畝。限四牛。（再易之田）所授之田，率倍之。三易之田，再倍之。以供耕作，及還授之盈縮。諸民年及課，則受田。老免及身沒，則還田。奴婢牛隨有無以還授，諸桑田不在還授之限，但通入倍田分。於分雖盈，沒則還田，不得以充露田之數。不足者，以露田充倍。有盈者無授無還，不足者受種如法，盈者得賣其盈，不足得買所不足，不得賣其分，亦不得買過所足，……諸地狹之處有進丁受田而不樂遷者，則以其家桑田爲正田分，又不足，不給倍田。又不足，家內人別減分。無桑之鄉準此爲法。』魏書一一〇食貨志——細察條文，蓋亦因已有之事實而文飾以預防之政制，故其制較王莽爲可行也。

案顧亭林雖痛斥胡虜，然頗贊後魏田制。日知錄卷一一 後魏之制，何以可行？『觀其立法，所授還者，均爲露田，皆荒閑無主之田。桑田，必是人家世業，故不供授受，不致奪富與貧也。又於人民盈虛之數，以不得賣買之方式，俾合其均給之數，意非奪人田以使卽時均平也。』說詳通考卷二 又在地狹人稠之處，分田減分，其制度固有彈性者也。

然均田制度實行之長度何若，則殊有問題。太和十一年韓麒麟言『耕者田少，田有荒蕪。』通鑑永明五年 世宗時，夏侯道遷之子『多所費用，田園貨賣略盡。』魏書七七道遷傳 肅宗時拓跋暉論戶籍亦言『出縮老小，妄注死亡。』魏書一五昭成子孫傳 而李世哲在孝明帝時，『非法逼買民田宅。』魏書七七楊恭之傳 至孝莊帝時，五二八至五三〇 魏垂亡矣，而史底與楊椿爭田。周書三九寇儁傳 其必謂均田制度行於魏末而有依稀之可徵者，惟孝靜帝時，穆子琳爲征東將軍，以占奪民田免官爵乎？魏書二七穆子琳傳

其尤可非議者，令文曰「奴婢依良」，則豪家之有奴婢者，安得不多占田畝而爲大地主乎？牛一頭受田三十畝，限四牛，則有牛者安得不多佔田畝而爲小地主乎？參看陳登元中國土地制度頁一〇〇至一一五 其在北齊，則『奴婢受田者，親王止三百人，嗣王二百人，嗣王以下至庶姓王百五十人，三品以上及皇宗百人，七品以下八十人；八品以下至庶人六十人。』隋書食貨志 是庶人有資產者，仍可以擁六十夫之田，何況後魏，併奴婢之數而不限

之平？——然則後魏均田，殆亦墾田之要求大，故法許奴牛受田；均平之要求小，故桑田不在還授之限。而有奴者可以爲大地主，有牛者可以爲小地主焉。

第吾人所當明認者，則均田制之沾溉，要不得謂爲不遠。北齊之制，『一夫受露田八十畝，婦四十畝。奴婢依良人，丁牛一頭受田六十畝，限止四牛。又丁男一人給永業田二十畝爲桑田。』北周則『有室者田百四十畝，丁者田百畝。』隋書食貨志 蓋齊之一夫八十，一婦四十，卽指北魏夫四十婦二十之倍田而言；而丁男別給永業田二十畝爲桑田，合而計之，仍不殊於北周之百四十畝也。

齊周之制，亦未必能一一實行。北齊元友及謂鄉閭之間，羊少狼多，復有蠶食。北齊書二八 又有乙普明兄弟爭田之訟，牽引至百人。北齊四六崔伯謙傳 關東風俗傳云：「強弱相淩，恃勢侵奪，富有連畛亙陌，貧無立錐之地。』圖書集成食貨典四三 則當時田之不均可想。隋之興也，高熲議括浮戶，詳通典七 而楊素田宅以千百數。魏書四八素傳 蘇威且議減功臣封地以給民田。隋書四〇王誼傳 而文帝開皇十三年，『發使四出，均天下之田，狹鄉每丁，祇二十畝，老小又少焉。』隋志 既有浮戶，則蓋有未受田者矣。楊素一流功臣，多田如斯；則地主之勢可見一斑。浮戶既出，土地又不公，有故開皇十五年，五九二年 上距後魏均田，爲時僅百；而制度本身，岌岌可危若斯。隋書二四食貨志 謂隋之『永業露田，皆依後齊之制。』疑其爲具文爾，未必可行也。章炳麟徒知『後魏至唐，雖有均田，然無公私之別；又世業在口分外，此終與井田異旨。』檢論卷一 而不知口分之均授，實未嘗久也。

三二　南北朝之婦女

然北朝有與南朝相似者一事，則對於婦女人格之低視焉。

考古者媜節似不甚重，自秦泰山刻石始有夫死而嫁倍死不貞之語，（見上古卷二十七節引謝肇淛五雜俎卷八又史記六始皇三十七年條）終西漢一代，男子玩弄女子，如成帝有溫老溫柔鄉（飛燕外傳）之語。而女子在社會之遭遇，未有殘酷如後世者。漢書淮南王傳，安爲太子取皇太后外孫修成君女爲妃。應劭曰：修成君皇太后先適金氏之所生也。其甚者，如昭帝之妻蓋主夫亡後，私近丁外人，而詔丁外人侍主。又如搜神記引宣帝之世，燕代之間有三男共娶一婦，生四子。及至將分妻子而不可均，乃致爭訟。廷尉范延壽斷曰，此非人當從禽獸，從母不從父，請戮三男，以兒還母。則當時上自貴族，下至平民，不重媜節可想。

其在東漢，迂儒導淫，雖進三綱之說：『君爲臣綱，夫爲妻綱，父爲子綱。』（白虎通卷三三綱六紀篇）又有后妃輪夕之說，謂『后當一夕，三夫人當一夕，九嬪當三夕。……』（禮昏義注）然光武之姊，尚可再嫁。（范書五〇宋弘傳）訓妻爲齊，語見樊英。（范書一一二英傳）而梁鴻夫妻，舉案齊眉。（范書一一三梁鴻傳）故異時蔚宗收列女傳，無憾於困入胡中，狎生二子之蔡文姬也。蔚宗傳列女，而所收者，均庸德庸行。曾文正集（卷一書顧生母辭序）云：『往予讀後漢書列女傳，竊怪范氏自詡體大思精，而不達於修史之義。……天地間獨賴有偉人耳。……而范氏乃取數女子廁其間，所載如桓孟之流，皆閨內庸行，無奇特可驚之跡。……繼而思之，天下者合億萬家以成天下者也。一家之中，男外女內，輕重略等。』此蓋原范氏立傳之是者。謝肇淛五雜俎（卷八）言：『范蔚宗傳列女，而及文姬，宋儒竭力詆之，此不通之論。士有百行，史兼收之。……今史乘所傳列女，必皆早寡守志，及臨難捐軀者，其他一切不錄。則士亦必龍逢比干而後可，何其薄責縉紳，而厚望荊布也？……卽魚玄機薛濤之徒，亦可傳也，而況文姬乎？』此則原文姬入傳之是者。

然東京之季，女子之地位，殆亦降矣。當時諺云：『盜不過五女門，以女貧家。』（范書九六陳蕃傳）許愼作說文，「妏」下云：『兩女同居，其志不同行，相互詬厲。』（說文十二下）東京之初，婦女固『衣綺縞，傅粉墨，』（范書一一三梁鴻傳）而三國之際，又有穿戶附孫之習，（三國志六四諸葛恪傳注）至於帝皇淫欲，宮女如花；竭人之愛，以逞己之欲，更無待論矣。

陳蕃諫桓帝云：『采女數千，食肉衣綺，脂油粉黛，不可貲計。』（范書九六）周舉諫順帝云：『內積怨女，外有曠夫，豎宦之人，亦復威侮良家，取女閉之，至有白首歿無配偶者。』（范書九一舉傳）荀爽諫桓帝云：『臣竊聞後宮采女五六千人，從官侍使，復在其外。』（范書九二荀傳）故雄如魏武，臨死時亦不忘銅雀故伎也。（詳魏書卷一注）

其在六朝，則荀奉倩婦死喪神，反謂『婦人德不足稱，當以色爲主。』（世說三五惑溺）許允娶醜婦不欲入房，謂婦有四德，卿其有幾？而自謂百行皆備。婦曰：『夫百行以德爲首，君好色不好德，何謂皆備？』（世說一九賢媛）此則男子玩弄之甚也。抱朴子（外篇二五疾謬篇）云：『俗間有戲婦之法，於稠衆之中，親屬之前，問以醜言，責以慢對。其爲鄙褻，不可忍論。或蹙以楚撻，或繫腳倒懸，酒客酗醟，不知限齊，至使有傷於流血，踒折肢體者，爲可歎也。』此則習俗翫弄之甚也。又云：『食言無信，與奪任情，嚴防峻制，未之能弭。今猥恣之，唯責娉倍。貧者所憚，富者則適所願矣。儻令女有國色，傾城絕倫，而値豪右權臣之徒，目玩冶容，心忘禮度，貪累千金，情無所吝，十倍還聘，猶無所憚。』（外篇二三彈訟）則婚姻受金錢之支配也。又如李女絡秀屈節爲周浚妾，以救門戶殄瘁，（世說一九賢媛）侯景欲婚王謝，而梁武不許，則婚姻受門閥之牽制也。至於婦女之自居於裝飾，與不可究詰之賤視媢女，要皆一一而現於六朝之世矣。

王士正五代詩話（卷四引西神脞說）云：『婦人勻面古惟施朱傅粉而已。至六朝，乃兼尚黃。幽怪錄，神女智瓊額黃。梁簡文詩，異作額間黃，此額粧也。北周靜帝令宮人黃眉額粧，溫詩柳風吹盡眉間黃，此眉粧也。段氏酉陽雜俎所載有黃星靨，遼時燕俗婦人有顏色者目爲細娘面塗黃謂之佛粧。宋彭汝勵詩，有女夭夭稱細娘眞珠落鬢面塗黃此側面粧也』——此面粧與六朝之關係，案婦女粧飾固非初起於六代者。鹽鐵論謂傅白黛青者衆，爾雅釋名，有染粉令赤以著頰。（粉下）則傅粉殆自漢卽有。但古時傅粉，不限於面。前漢廣川惠王傳有里卿袒裼傅粉其旁；又不限於女子，如佞幸傳稱孝惠時侍中皆傅脂粉是也。漢時婦人有眉黛，釋名，黛代也。滅眉而去之，以此畫代其處也。張敞傳，「爲婦畫眉」，卽是類。——綜上可知傅面弄姿之專於女子，盛於女性，蓋始於六代時。匪然者東昏侯之遇潘淑妃也，『鑿爲蓮花貼地上，令潘妃行曰，步步生蓮花。』（陸龜蒙侍兒小名錄卷下）飾女性而弄玩之，此豈兩漢人所有哉？案論衡（二三四諱）云『婦人乳子，以爲不吉。將舉吉事，入山林遠行，度山澤者，皆不與之交通。乳子之家，亦忌惡之。』對於女性之穢視，與對於女性之玩弄，亦如傅粉之類也。

然南方婦女在清談之積習以下，究爲比較的享有自由。故阮籍嫂歸家，而與之別，則謂禮豈爲我設？（晉書阮籍傳）而孫楚除婦服作詩，王武子覽之曰：『未知情生於文，文生於情，覽之淒然增伉儷之重。』（世說四文學）則男女間乃重情也。溫嶠下玉鏡臺一枚，以婚其姑之女，（世說假譎二七）王渾之婦見渾弟王倫之子，笑曰：『若使新婦得配參軍，生兒故可不啻如此。』（世說二五排調）則男女間之婚嫁，尚自由也。王楙野客叢書（卷十二男子傅粉）『世說載何晏潔白，魏帝疑其傅粉，晏自喜，淸淨粉白不去手，則知晏嘗傅粉矣。前漢佞幸傳，傅脂粉以婉媚幸上，此不足道。東漢李固傳云：大行在殯，路人掩涕，固獨胡粉飾貌，搔頭弄姿，盤旋俯仰，從容冶步，略無慘怛之心，顏氏家訓謂梁朝子弟無不熏衣剃面傅粉施朱。以是知古者男子多傅粉者。』則男女間之裝飾，尚不大異也。至於面首男左右云云，雖六代人之淫佚，固亦不失爲男女平等之言。

宋山陰公主謂前廢帝曰：『妾與陛下，雖男女有殊，俱託體先帝。陛下後宮數百，妾惟駙馬一人；事不均平，一何至此？』帝乃爲立面首左右三十人。』（南史卷二）而南齊鬱林王爲文安王皇后亦『置男左右三十人』（南史）——蓋男子雖自圖淫佚，而尚不至強女子以所難也。

其在北朝，則淫佚不減於南方，而男子之自私自利過之。

漢武帝嘗以太子故而斥鈎弋夫人死，然兩漢母后亂政事卒常有。魏文帝黃初三年，始明令禁婦人預政。（通鑑六九）其在元魏，則以預防母后亂國，竟有子貴母死之制。（說陔餘叢考卷一六）則否認女子在政治上之地位也。北齊書（二八）元孝友傳：『婦女不幸生逢今世，舉朝既是無妾，天下殆皆一妻。』而孝友反援引古制，規定各級人士納妾之數，則否認女子在家庭上之地位也。顏氏家訓『世人多不舉女，賊行骨肉，豈當如此，而望福於天乎？吾有疏親，家饒妾媵，誕育將及，便遣閽豎守之。體有不安，窺窗依戶，若生女者，輒持將去。母隨號泣，莫敢救之，使人不忍聞也。』（卷一治家）則否認女子在社會上之地位也。至如『高澤兕暴，貴嬪薛氏有小過，遽殺支解之，抱其股爲琵琶，彈之。復歎曰：佳人難再得。』（李冗獨異志卷下）則更可勿論矣。

陔餘叢考：『漢武帝將立昭帝爲太子，先賜其母鈎弋夫人死，蓋懲呂后之禍也。元魏，則遂以此爲定制。道武帝晚而生明元，將立爲太子，則賜其母劉貴人死。……明元帝杜后亦如此。又明帝妃李氏，初爲宮嬪，生宣文帝，將立爲太子，馮太后依故事，令其條記南中兄弟，臨訣，拊胸慟哭而死。孝文帝妃林氏，生太子恂，帝仁恕，不欲襲前事，亦因馮太后意，仍依舊制慘死。惟世宗后胡氏，肅宗時宮庭以故事惟祈生諸王公主，不願生太子。獨胡氏言天子豈可無太子？何可畏一身之死而令皇家不育宗嗣乎？及生肅宗，後竟不賜死。肅宗立，尊爲皇太后，遂臨朝稱制，咨行穢濁，並酖肅宗，魏隨以亡。防患雖嚴，而偶一破例，前此數代之冤禍，卽中於此一人以報之。馴至破家亡國，是知滅天性以防禍者，未有不轉以召禍也。』（卷十六元魏子貴母死之制）此制可謂兇蠻已極，而不知天道好還，胡后反亡後魏也。

綜上言之，南朝之狎弄嬪女，與北朝之虐視嬪女，雖有小異，爲嬪女者既自弄姿首以居於玩物之位置，而男子又從而狎弄虐視之，則南北皆然也。惟猶得爲南北朝之婦女留一線之生機者，則尚不必守節，而社會風尚亦不強之以事夫無二。此在隋時猶然。

如宇文化及弑煬帝，其弟士及尚南陽公主。亂後相見，士及請公主復爲夫婦，公主曰：『「與君仇家，今所以不手刃君者，以謀逆之日，察君不預知耳，」訶令速去。』（通鑑一八九）古者鄭伯欲殺祭仲，使其婿雍糾圖之，祭女（卽糾妻）知而問『母曰：父與夫孰親，其母曰：父一而已，人盡夫也，胡可比也。』遂告祭仲，而雍糾以死。（左桓十五年）公主蓋猶有古風者。

南陽公主之絕其夫，要爲有激而然。然如隋文帝女蘭陵公主，初宇蕭湯繼配柳述，煬帝怒述，將改嫁之，主以死自誓，卒以身殉。（隋書八〇列女傳）紀昀謂『隋書載蘭陵公主死殉後夫，登於列女傳之首，頗乖史法。（祖君彥檄隋文稱蘭陵公主逼幸告終，蓋欲甚煬帝之惡，當以史文爲正。）』（閱微草堂筆記槐西雜志一）初不知蘭陵意別豫讓國士衆人之報，同甘殉其後夫，而當時時世亦不以爲非也。時勢如斯，異日武后之以女亂唐，非全然一人的或然焉。

第十章　南北混合

三三　南北混合的各方面

述新舊之南方，及北方之開明，蓋限於開皇九年（五八九）隋之滅陳。斯時也，離西晉永嘉之亂（三一〇），蓋歷時二百七十餘年，此二百七十餘年，南北之兩兩對抗，（四三九至五八九）蓋閱時百五十年，及隋而混合。然文化上的混合，則固非始於隋之一統也。隋者，僅足表示政治上之南北混一而已。

政治之混一，如隋書食貨志稱文帝均田，則是田制襲北朝也。北朝如宇文氏頗鈔襲周官。周書（太祖紀一）載魏恭帝之年，『初太祖以漢魏官繁，思革前弊。大統中乃命蘇綽盧辯依周制，改創其事。尋亦置六卿官，至是乃命行之。』然至隋篡周而滅陳，『高祖踐極，百度伊始，復廢周官，還依漢魏。』（隋書二六）則官制襲南朝也。隋雖承周，而『高祖命牛弘辛彥之等採梁及北齊儀注，以為五禮。』（隋書六禮儀志）則禮儀襲南北兩朝也。

至於隋之一統，表示南北混合以外，其一，則語言之混合也。

案南北語言之混合，東晉之初，抱朴子（自敘謂建武中寫定內篇二十卷外篇五十卷，建武為三一七年）已謂：『君子求禮，不求變俗，謂違本國之他邦，不改其桑梓之法也。……余謂廢已習之法，更勤苦以學中國之書，尚可不須也。況於乃有轉易其聲音，以效北語，既不能便良，以可恥可笑。』（外篇二六譏惑）是南人有學北語者。南齊書（五七）謂魏虜謂『諸曹府有倉庫，悉置比官，皆使通虜漢語，以爲傳譯。』則北人有學漢語者。顏之推家訓：『齊朝有一士大夫，嘗謂吾曰：我有一兒，年已十七，頗曉書疏，敎其鮮卑語及彈琵琶，稍欲通解，以此伏事公卿，無不寵愛，亦要事也。吾時俛而不答。異哉，此人之敎子也！』（家訓一敎子）則南人學北語之風，又訖齊世。顏又謂：『南方水土和柔，其音清舉而切詣，失在浮淺，其辭多鄙俗。北方山川深厚，其音沉濁而鈍，得其質直，其辭多古直。然冠冕君子，南方爲優；閭里小人，北方爲愈。易服而與之談，南方士庶，數言可辯；隔垣而聽其語，北方朝野，終日難分。而南染吳越，北雜夷虜，皆有深弊，不可具論。』（家訓七音辭篇）則南北語言之互有變化，當時亦不無也。而其要至則在混合折中。故異日隋煬乃「好爲吳語」（通鑑一八五）矣。

家訓（音辭篇）『璵璠，魯之寶玉，當音「餘煩」，江南皆音藩屏之藩；岐山當音爲寄，江南皆呼爲神祇之祇。江陵陷沒，此音被於關中。』則南音混入北音也。北齊書（二一）高昂傳：『於時鮮卑共輕中華朝士，惟憚服於昂。高祖每申令三軍，常鮮卑語，昂若在列，則爲華言。』則北音亦嘗不通用也。

其二，則人種之混合也。

高僧傳（卷四康僧淵傳）謂『僧淵本西域人，生於長安，貌雖梵人，語實中國。舉止詳正，……琅琊王茂宏（與桓溫同時）以鼻高眼深戲之。淵曰：鼻者面之山，眼者面之淵。山不高則不靈，淵不深則不清。時人以爲名答。』是南方雜有胡人也。伽藍記稱『四夷來附者處崦嵫館，自葱嶺以西，至於大秦，百國千城，莫不款附。商胡販客，日奔塞下。所謂盡天地之區已。慕中國風土，因而宅者，不可勝數。是以附化之家，萬有餘家。』（卷三）是北方雜有胡人也。又謂洛陽小市北『有張景仁宅。景仁，會稽山陰人也。正光初從蕭保寅歸化，賜宅城南歸正里。民間者爲吳人坊，南來投化者，多居其內。』（卷二景寧寺條）是北方雜有南人也。南史（卷八〇）侯景傳稱『武帝勅斬景者，不問南北人，同賞封二千戶。』則是南方固雜有北人也。至於北周隋唐皆武川之蕃族，（廿二史劄記一五）更無論已。

考南齊書（五七）謂劉思忌於永泰元年爲魏所禽『今欲降未？思忌曰：「寧爲南鬼，不爲北臣。」乃死。』然其實則隋以後中國之爲北臣者幾三百年。（六一八至九〇六）何也？李唐固蕃姓也。唐修晉史謂唐之先人李暠乃李廣十六世孫。（晉書八七）此實冒僞，參看劉盼遂李唐爲蕃姓考。（北平女師大學術季刊一卷四期二卷一期）

其三，則裝飾之混合也。

王國維胡服考云：『北朝起自戎夷，此服尤盛。至施之於婦女，後魏之初，以爲常服及朝服。後雖服古衣冠，而此服不廢。』（觀堂集林卷二二）蓋孝文帝雖禁胡服，而太和十九年帝猶責洛陽守官『昨望見婦女猶服夾領小袖，卿等何爲不遵前詔？』二十三年猶謂『車上婦人猶戴帽著小襖。』（通鑑一四〇又一四二）則胡服之盛於中國，要當以斯時爲盛。然『南朝衣冠禮樂，文采風流，北人嘗稱羨之。高歡謂蕭衍老公專尊衣冠禮樂，中原士大夫望之以爲正朔所在。』（經學歷史頁四一）則南冠殆未嘗不北戴歟。

其四，則風尙之混合也。

南人柔弱，顏之推謂：『梁世士大夫皆尙褒衣博帶，大冠高履，出則車輿，入則扶持，郊郭之內，無乘馬者。』（卷四名實）又謂『江南以世之常射，以爲兵射，冠冕儒生，多不習此。河北文士，率曉兵射。』（卷七雜藝）——此當得北方剛毅之氣，以調和之。然北方雖剛毅，而隋煬以空梁落燕泥，殺薛道衡。（王得臣麈史卷中）史稱『帝善屬文，不欲人出其右。薛道衡死，帝曰：更能作空梁落燕泥否？王胄死，帝曰：庭草無人隨意綠，復能作此語耶？』（通鑑一八二）則南方文柔之氣，固已染徧北方矣。卽南方主奴異閥之風味，固亦佈之於全中國也。

通鑑：一八七『滑州刺史王軌奴殺軌，擕其首詣建德降，建德曰：奴殺主大逆，吾何爲受之。』又卷一八四云：『軍吏疑奴應募者，不得與良人同，（李）淵曰「矢石之間不辨貴賤」』又云『上太宗曰：比有奴告主反者，夫謀反不能獨爲，何患不發，何必使奴告耶？自今有奴告主者，皆勿受，仍斬之！』卷一九三 考畜奴盛於六朝，意者，唐初天下人羣蓄奴，而致數年之內，奴變至成爲律例焉。

其五，則藝術之混合也。五胡亂時，古樂淪亡。晉書樂志 後魏道武帝獲晉樂器，不知所用，乃委棄之。隋書樂志 顏之推謂禮壞樂崩，其來自久，太常雅樂，並用胡聲，隋書樂志 是也。其在於唐，則『祖孝孫以梁陳之音多吳楚，周齊之音多胡夷，於是斟酌南北，考以古聲，作唐雅樂』通鑑一九二 可徵混合矣。又如東晉之時，王羲之以能書名海陬，晉書羲之傳 而在北朝，亦有趙文深『少學楷隸，雅有鍾王之則』北史趙文深傳 則書法由南入北也。其在於唐，綜南北之長，而書法益進步矣。朱翌猗覺寮雜記云：『唐百官志有書學。故唐人無不善書。遠至邊裔書史里儒，莫不書字有法，至今碑刻可見也。往往勝於今之士大夫，亦由上之所好，有以勸誘之。正觀中集王羲之書爲一百五十卷，選貴臣子弟有性識者，以爲宏文館學士，內出法書，命之習學。人間有善書者，亦召入館。海內向風，工書者衆。』卷上頁五二 卽此，可見唐之承受。

其六，則文藝之混合也。以經學言之，則南學與北學合，而後唐人義疏之學生焉。『隋平陳而天下統一，南北之學亦歸統一。自正朔不一，將三百年，師訓紛綸，無所取正。隋文平一寰宇，頓天網以掩之，四海九州強學待問之士，靡不畢集。齊魯趙魏學者尤多負笈追師，不遠千里。』經學歷史頁四一 則孔穎達賈公彥等，殆亦受南北混一之賜者。隋書文學傳敍：『彼此好尚，互有異同；江左宮商發越，貴於淸綺，河朔詞義貞剛，重乎氣質。若能操彼淸音，簡茲累句，各去所短，合其兩長，則文質彬彬，盡善盡美。』隋書七六 蓋唐初雖承六代餘習，而異日「古文」之始，未嘗不淵源於斯時之南北混一。宋神宗謂：『如唐太宗亦英主也，乃學庾信爲文，此亦識見無以勝俗故也。』續通鑑長編卷二七五 『鄭毅夫謂唐太宗功業雄卓，然所爲文章，纖靡浮麗，嫣然頰人小兒嬉笑之聲，不與其功業稱，甚矣淫辭之溺人也。』困學紀聞一四 則唐初承受六朝文學可見。

積此六種，可概綜評。大抵政教刑法，北朝之成分居多，士夫風習，南方之留遺不少。隋禮儀志謂：『高祖命牛弘辛彥之等，採及北齊及梁儀注，以爲五禮，』隋六 此則介乎政教風習之間者也。讀史者但知姬漢舊邦，竟爲北併，有感於庾信之哀江南而不知江南可哀，以文化言之，則兼收並蓄，殆不甚可哀也。

庾信自梁奔北後，嘗有鄉國之思，乃作哀江南賦以致其意云：『江淮無涯岸之阻，亭壁無藩籬之固。頭會箕斂者，合從締交，鉏耰棘矜者，因利乘便，豈非江表王氣，應終三百年乎？是知并併六合，不免軹道之災，混一車書，無救平陽之禍。』周書四一信傳 然江表之王氣，雖終於三百年，而江表之文明，則遠垂於三百年以後也。

三四　大一統的前晚

江表王氣三百年，三一七至五八九之終，則隋之興也。亦猶戰國之紛繽，而有秦之統一。隋猶秦也，隋之惡，固亦大一統之前驅所必有者乎？『自三代訖於五季，爲天下君，而得罪於民，爲萬世所麾斥者，莫若秦與隋，豈二氏之罪，浮於桀紂哉？蓋秦之後卽爲漢，隋之後卽爲唐，皆享國久長，一時論議之臣，指引前世，必首及之，日以其事暴白於方來，彌遠彌彰，而不可蓋也。』容齋續筆四秦隋之惡條 前有大紛亂，後有大統一，此秦隋之同遭也。

祖君彥檄隋煬帝文云：『罄南山之竹，書惡無窮；決東海之波，流毒難盡。』通鑑一八三 然煬帝也，文帝也，實六朝之出品。隋文帝殺宇文氏子孫，廿二史劄記一五 則六代篡殺之餘也。煬帝謂『蕭后「儂不失爲長城公，陳後主 卿不失爲沈后，且共樂飲耳。」又嘗引鏡自照，顧謂蕭后曰：「好頭頸，誰當斫之？」后驚問故，帝曰：「貴賤苦樂，更迭爲之，亦復何傷。」』其爲宇文化及所弒也，曰：『我自負百姓，至於爾輩何乃如是？』同見通鑑一八五 則又南朝放浪之餘也。

其尤可異者，秦在大統一之前晚，以戰國橫議而焚書；隋在大統一之前晚，以六朝符瑞而焚緯，殆亦勢有必至者也。六朝受禪，好文讖緯以言符瑞，故沈約宋書特志符瑞，十七史商榷，卷五四 容齋隨筆，卷十六 徵引甚詳。然所以貴趙孟者，則趙孟豈不欲賤之？故隋志稱：『煬帝卽位，乃發使四出，搜天下書籍與讖緯相涉者，皆焚之。』隋書三二經籍志 其後宋歐陽修又有請刪去九經正義中讖緯劄子，永叔集一一二 ——此與秦之焚書，均基於天下爲私之一念焉。

第秦隋不同處，則隋人亦收書也。文帝時，牛弘請開獻書之路，以爲秦火莽亂，考獻移都，劉石憑陵，梁元帝江陵之敗，書經五厄，散佚已多。文帝從之，乃定獻書之獎。詳隋書四九牛宏傳 且錄正副二本。『煬帝卽位，祕閣之書，限寫五十副本，上品紅瑠璃軸，中品紺瑠璃軸，下品漆軸。於東都觀文殿東西廂構屋以貯之，東屋藏甲乙，西屋藏丙丁，其後王世充之亂，書始殘焉。』隋三二經籍志 ——斯實楊氏之休美。

其次，則隋人亦務遠略，如招致琉球，通鑑一八〇大業三年 則吳人泛海求夷州以後之盛事也。如應接日本人之來學佛法者，（隋書八一倭國傳）則漢人教育胡王太子之舊事也。又如屢征朝鮮，（三韓）招致西域，則尤與秦漢相似。征三韓（高麗百濟新羅）之役，則馬文擧斥之曰『陛下（煬帝）違棄宗廟，巡游不息，外勤征討，內極褻淫，使丁壯盡於矢刃，女弱塡於溝壑。』（通鑑一八五）招致西域之盛，則裴矩『爲西域圖記共成三卷，合四十四國，仍別造地圖，窮其要害，從西海以去北海之南，縱橫所亘將二萬里，諒由富商大賈周游經涉，諸國之事罔不偏知。』煬帝幸燕支山『西蕃胡二十七國，謁於道左，皆令佩金玉，被錦罽，焚香奏樂，歌舞喧噪，復令武威張掖士女盛飾以觀，騎乘塡咽。』（隋六七裴矩傳）——惟秦懼於亡秦者胡，而隋亦不能北滅突厥耳。

北匈奴衰，從於漢，南匈奴混泯於晉，鮮卑盛於曹魏，而混合於北魏之時，突厥本雜胡，以金山（狀如兜鍪，俗呼兜鍪爲突厥）得名。北魏鮮卑以華化而弱，而彼則寖大，故北周宇文氏至以「歲幣」餌之。（讀通鑑論卷一八以爲卽宋人「歲幣」之始）隋高祖謂突厥可汗沙鉢略『稱雄漠北，多歷年所，百蠻之大，莫過於此。』（隋書八四突厥傳）突厥雖在高祖時，自不統一，分爲東西，然其『倏來忽往，雲飛鳥集，』則非隋之所能剷平也。異日唐祖開國，猶不得虛與委蛇焉。

其又與秦同者，則秦築長城，隋煬大業三年亦築之，『詔發丁男百餘萬築長城，西距榆林，東至紫河。』（通鑑一八〇。案秦後對長城常有修築，魏齊周皆然，非特隋也。詳日知錄三二長城條。）秦修馳道，（漢書賈山傳）隋則亦開御道，『自突厥牙東達於薊，長三千里，廣百步，擧國就役，開爲御道。』（通鑑一八〇）然秦不曾開運河，而隋則開河，大一統之局，蓋視秦進步已。

運河之開，當遠溯吳時。春秋大事表（卷八十五口號第九十三個）云『連屬江淮沂濟，波積成今日轉漕河。夫差爭長黃池歲，卻已功成半又過。』案左傳（哀九年）『吳城邗溝通江淮道。』杜注：通糧道也，今廣陵邗江是。又哀十三年『會於黃池』杜注：近濟水。國語『夫差起師北征，爲深溝於商魯之間，北屬之沂，西屬之濟，……』案邗溝今曰漕河，自江達淮，南北共長三百餘里。自淮入泗，自泗入沂，復穿魯宋之境，連屬水道。有不通者，鑿而通之，以達於濟。漕河沿革考曰：『漕河之北段，卽元人之會通河。其南段，春秋吳子所開之邗溝也。至明而大備。』此言縱貫江淮河白之運河也。隋之開運河，所以異於他時者，則以其分四部分也。其一曰，整舊邗溝。『吳開邗溝通江淮，漢吳王濞開邗溝，自揚州極海陵如皋，以通煎鹽之利。煬帝幸江都，發兵丁十萬餘開邗溝。』顧炎武郡國利病書二八通鑑卷一八〇係此於大業元年 是因所有而開鑿之也。其二曰，西段。方輿紀要卷四云：『煬帝卽位，發丁男開永濟渠，自洛陽西苑引穀洛水，復自板渚引河歷滎澤入汴，又自大梁之東，引汴水入河，達於淮。』通鑑係此於大業元年一八〇卷 是通河洛也。案通鑑卷一一八謂劉裕平姚泓後『裕發長安自洛入河開汴梁而歸』則劉裕已先有爲之 其三曰，北段。『又復穿永濟渠，南達於河，北達涿郡。』通鑑一八一卷係此於大業四年 是由黃河流域通入白河流域也。其四曰，南段。『又穿江南河，自京口至餘杭八百餘里。』通鑑一八一係此於大業六年 是通蘇浙也。

開運河事，固屬勞民，如築長城然，詩話總龜云：『江遼詠史云「秦築長城比鐵牢，番戎不敢過臨洮；縱然萬里連雲際，不及堯階三尺高。」』前集一五 總龜又記一神祕事，『隋煬帝游廣陵，恍惚見陳叔寶來謁曰：「開已開隋渠，……因作詩以獻曰：「隋室開茲水，初心謀太奢。一千里力役，百萬民吁嗟。……莫言無利役，千古壯京華。」煬帝慍曰：「爾豈知爲後人之利耶？」』前集四七——語意正同。馮猶龍輯唐人小說第十五冊 有缺名開河記云：『蕭后曰：「帝意在廣陵，何如一幸？」后弟蕭懷靜奏曰：「臣聞秦始皇時，金陵有王氣，始皇使人鑿斷。大梁西北，有故河道，乃秦時水灌大梁處。欲乞陛下廣集兵夫，於大梁起首開掘，一則路逢廣陵，二則鑿穿王氣。」乃始發天下丁男年十五以上五十以下者皆至，計三百六十萬人。更五家出一人，或老或幼，或婦人等供餽飲食。……帝在觀文殿讀書，因見史記秦始皇築長城之事，乃詔舒國公賀若弼等，爲修城都護。……運河工旣畢，決下口水注入汴梁。龍舟成，泛江沿淮而下。又取吳越民間女年十五六者五百人，謂之殿脚女，至於龍舟御楫，即每船用綵纜十條，每條用殿脚女十人。虞世基獻計，請用垂柳栽於汴梁兩堤上；又爲鐵脚水鵝，長一丈二尺，上流放下，如水鵝住，即知水淺。』更可徵煬帝掘河時，固亦有長城之一念也。然煬帝謂後人之利，亦是實話。元時楊守敬築通惠河，『往往於地中偶值舊時磚木，』成後，『舳艫蔽日，上心大悅。』（春明夢餘錄卷八十五記之甚詳，參元史郭守敬傳）未必不受隋煬之賜也。

其尤可異者，則爲刑法之重，與秦如出一轍。『政刻刑煩，上懷猜阻，下無和暢，故使朋友游好，慶弔不通，鄉士聯官，請問斯絕。』（劉肅大唐新語卷十引唐太宗語）斯雖由於元魏之重刑，（陔餘叢考十六元魏族誅之法最慘）及隋文帝之猜忌，（廿二史劄記卷十五隋文殺宇文氏子孫）然或亦南北大混亂新結束後所必需之政略，有如秦之衡石量書耶？

惟浮靡之習，則隋煬固亦有染於南朝者。史稱『梁武帝君臣惟愛告空，侯景之亂，百官不能乘馬。元帝爲周師所圍，猶講老子，百官戎服以聽。』（通鑑一九二）又稱『煬帝美豐姿，少敏慧，好學善屬文，沉深嚴重，朝野屬望。』（隋書三煬帝紀）斯則六代之餘波，所以有異於秦帝者已。

大混亂之後，蓋必有大統一，然其間必有一小反折。秦末之亂無論已，而隋末朱粲之殺人也，『烹婦人嬰兒啖之，曰：肉之美者，無過於人，但使他國有人，何患於餒？』（通鑑一八七）則又與楚漢兵爭時相彷彿焉。張玄素告唐太宗云：『臣觀自古以來，未有如隋室喪亂之甚，豈非其君自專，其法日亂？向使君虛受於上，臣弼違於下，豈至於此。且萬乘之主，欲使自專庶務，日斷十事，而有五條不中者，何況萬務乎？以日繼月，乃至累年，乖濫旣多，不亡何待。』（大唐新語）

卷一則隋之專制，又無以異於秦也。非徒隋似秦也，唐固甚似漢者。以其享年各長，而又承大亂之後，人心厭亂；易爲滿足。略有開明的專制，人民乃心許之。

第十一章　國力充盈

三五　唐初之政治經濟

考唐制非不專制，開國之初，制度未立，故高祖每與重臣並食，劉文靜至以太陽俯同萬物爲言。（舊唐書五七文靜傳）然制度既樹，則相權分於三省，主勢統於一尊。所謂中書尙書門下之制，則開明專制之好例也。李心傳建炎已來朝野雜記（甲集卷十）云『丞相，秦官也。自漢末改爲大司徒，歷代不能正。初循唐制，然中書揆而議之，門下審爲覆之，尙書承而行之，則是首相不復與朝廷議論矣。』——觀乎太宗『謂羣臣曰：中書門下，機要之司。詔勅有不便者，皆得論議。比來惟覩順從，不聞違異。若但行文書，則誰不可爲？何必擇材也？房元齡等皆頓首謝。故事：凡軍國大事，則中書舍人各書所見，雜署其名，謂之五花判事。中書侍郎中書令省審之，給事中黃門侍郎（案唐書四三此屬門下省）駁正之，上始申明舊事。』（通鑑一九三貞觀二年）可知在太宗（六二七至四七）之世，而已有惟覩順從，不聞違異之弊矣。

然三省之制，門下猶有封駁之權，足以抵禦主上亂命，宋明以後，則此制漸泯，語詳日知錄。（卷九封駁條）

又世稱唐制，寖言租庸調。通鑑係此於高祖武德七年：『初定均田租庸調法，丁甲之民，給田一頃，篤疾減十之六，寡妻妾減七，皆以什之二爲世業，八爲口分。每丁歲入租粟二石，調隨土地所宜，綾絹絁布。歲役二旬，不役，則收其庸日三尺。』（通鑑一九〇）此蓋繼周齊之末，徒以粉飾一統，未必能篤行，與漢之減租無以異焉。

案新唐書（五四食貨志）謂授田以後『庶人徙鄉及貧無以葬者得賣世業田，自狹鄉而徙寬鄉者，得並賣口分田，已賣者不復授。』則土地仍得賣買，而仍有無田之戶。且開國之時，豪族爭田甚烈，見新唐書裴寂傳、李勣傳、高祖諸子傳、蕭瑀傳、長孫順德傳、賈敦頤傳、韋嗣立傳、畢構傳、趙翼陔餘叢考（卷一六）漢唐食封之制。又細言之，故唐律雖定『諸賣口分田者，一畝笞十，二十畝加一等，罪止杖一百，地還本主，財沒不追。』（唐律疏議卷一二）然册府元龜（四九五）載玄宗二十三年詔曰：『天下百姓口分永業田，頻有處分，不許賣易典貼。如聞尚未能斷，貧人失業，豪富兼併，宜更申令處明切令阻止。』又載天寶十一年（七五二）詔曰：『口分世業，違法賣買或改籍書，或云典貼……遠近皆然，因循亦久，不有釐革，爲弊慮深。……自今以後，不得違法賣買口分永業田。』（卷同上）可知實行之程度實至淺微也。

唐制之在大一統以下而有以超越於六代者，或不在中樞頒法，而在地方行政乎？其一，則市政之修也。日知錄言：『予見天下州之爲唐人舊治者，其城郭必皆寬廣，街道必皆正直，廨舍之爲唐舊者，其基址必皆宏敞。宋以下所制，時愈近者，制愈陋。』（卷十二館舍）又稱其官樹之制，謂：『官槐官柳，多見之詩篇，有人存政舉之效。』（卷十二官樹條）此其徵也。其二，則鄉里之飭也。唐六典云『四萬戶以上爲上州，三萬戶以上爲中州，不滿爲下州。六千戶以上爲上縣，二千戶以上爲中縣，不滿一千戶皆爲下縣。百戶爲里，五里爲鄉。郊外爲村，里及村坊皆有正，以司督察。四家爲鄰，五鄰爲保，保有長，以佐州縣禁約。』此其徵也。其三，則戶籍之修也。唐制分民爲『始生爲黃，四歲爲小，十六爲中，二十一爲丁，六十爲老。』新唐書五四食貨志 又踵隋制，大索貌閱 詳隋書二四食貨志 之法，武后延載元年 六九四 亦『敕記戶口，計年將人丁老疾，應免課役及給事者，皆由縣親貌形狀，以爲定簿；定一之後，不得更貌。』唐會要八五團貌條 又爲籍帳之法：『舊制，凡丁新附於籍帳者，春附則課役並徵，秋冬則科役俱免。武德六年三月，令每歲一造帳，三年一造籍，儀鳳二年敕，自今以後，裝潢省籍及州縣籍。開元十八年十一月，勅諸戶籍，三年一造。』唐會要八五籍帳條 ——此其徵也。其四，則州縣之官猶得自由行政也。『唐書劉仁軌爲陳倉尉，有折衝都尉魯寧暴橫，仁軌榜殺之。太宗以其剛正，擢爲咸陽正。封氏聞見記，崔立爲雒縣，有豪族陳氏爲縣錄事，向來縣令以下，與之平交。立到任，陳氏以故態見，立命伍伯曳之杖死。陳氏子弟，相率號哭，立一一盡殺之。是唐時縣令縣尉，猶得專殺人也。』陔餘叢考卷十六 ——此其徵也。至如唐六典所敍者，亦足以粉飾一代正統之規模，惜其中未得能一一實行耳。

唐六典蓋有周禮之性質者，朱子謂『周禮未必是周公自作，恐是當時如今日編修官之類爲之。……亦如唐六典，今存唐時元不曾用。』朱子語類八六 然唐人立政之規模，猶可略窺一二。

政治之外，以經濟狀況而言。通鑑言貞觀『二十年間，風俗素朴，衣無錦繡，公私富給。』通鑑一九二 則是言太宗之治也。即以高宗之闇，武氏之淫，（武后第淫欲而已。未嘗虐民，即其所用酷吏，大抵箝制士夫，非以虐民也。宋太祖謂陶穀曰：『則天一女主耳，雖刑罰多枉，而終不殺狄仁傑，所以能享國者，良由此也。』李燾續資治通鑑長編卷七引此 聊附記之）中宗之庸，然『神龍 七〇五至六 之際，正月望日，盛飾燈影之會，金吾弛禁，特許夜行。貴游戚屬，及下隸工賈，無不夜游。車馬塡駢，人不得顧。王主之家，馬上作樂，以相誇競。』劉肅大唐新語卷八 視夫隋衰之世，『錢幣濫薄，至裁皮糊紙爲之，民間不勝其弊』通鑑卷一八九 者，相去蓋有間矣。蓋所謂裁皮糊紙者，原有紙幣之意，紙幣爲衰世之物，此蓋覩於唐季之飛錢，而事可知已。

案紙幣之興，終以國家財力困疲，故以政治勢力逼人行鈔云。孫承澤春明夢餘錄卷三十八云：「漢武制皮幣，唐憲宗時，令商賈委上諸路進奉院，以輕裝趨四方，合劵乃取之，號飛錢，然猶錢與劵爲二也。張詠鎮蜀，以鐵錢重，不便貿易，設質劑之法，一交一緡，以三年爲界而換之，謂之交子。後官爲置造，謂之交子務。後用交子會子，會價愈低，賈似道改爲關子，而愈不可行。金人循交子法，置交鈔，自一貫至十貫，五等，謂之大鈔；自一百至七百，五等，謂之小鈔，以七年爲限，納舊迎新。」由武帝、憲宗二帝觀之，可知皆起於國力衰耗時也。孟麟泉布通志卷五上有唐高宗「大唐寶鈔十貫，下書吏部奉旨印造，大唐寶鈔與錢通行，僞造者立斬，治罪首告者給銀三十兩，頒發天下，永徽年月日行。」則盛世固宜有鈔矣。但案孟氏通志卷首鈔目，有「唐武宗會昌鈔，唐宣宗大中鈔，唐懿宗咸通鈔，唐昭宗龍紀鈔，宋太祖建隆鈔，宋欽宗靖康鈔，宋高宗建炎紹興鈔，宋孝宗乾道鈔，金太宗天會鈔，遼邪律康國鈔，元泰定天曆鈔，元順帝至正鈔，明太祖洪武鈔，明成祖永樂鈔，明仁宗洪熙鈔」——鈔幣之盛，非大亂以後，則衰世之季，故於唐之飛錢之行，而可證太宗、高武之唐，與憲宗以後之唐，國家財力有不同也。

三六　國力發展時海陸

然國力之發展，匪僅發展於政治經濟方面者，兼亦有在海在陸者。

蓋五胡亂華之前，中國所苦之外族，羌也，匈奴也，鮮卑也。及至五胡亂華，東晉南渡，而匈奴鮮卑，時世推移，華化浸漬，已混而爲漢，李唐即蕃胡也。（詳本卷三三節）然新舊更迭，後之視今，今之視昔。而突厥回紇吐蕃契丹等族，漸與於唐之始末矣。此唐之迫於經營者焉。

突厥爲平涼雜胡，憎於後魏，世居金山，『金山狀如兜鍪，俗呼兜鍪爲突厥，因以爲號。』（隋八四突厥傳）魏之蠻力既衰，突厥遂盛。契丹先時，憎於燕慕容氏，隋初爲突厥所偪，勢尚微隱。（隋八四契丹傳）回紇即回鶻，畏兀兒，吐蕃即吐魯蕃。（日知錄二九吐蕃回紇條）回紇在魏時曰鐵勒，魏時依附突厥。（舊唐書一四五）吐蕃即故漢羌地，或曰十六國南涼後，南涼姓禿髮，吐蕃蓋由禿髮音轉云。（舊唐書一九六）後魏華化而突厥盛，突厥衰而吐蕃強，吐蕃衰而契丹大，斯蓋與唐相終始。契丹衰而女眞強，女眞弱而蒙古大，則與宋相終始；蒙古自元末明初而出中國，明中葉時，瓦剌盛；而後滿洲繼之，此則與明相終始者。因書唐事，順及之。

唐初突厥，其勢甚張，太宗固依之以成事，而其後受其迫脅，高祖至欲遷都以徙，卒以太宗言『夷狄自古爲中國患，未聞周漢爲遷。』（新唐書二一五突厥傳）貞觀二年『突厥寇邊，朝臣或請修古長城。上曰：突厥災異頻仍，頡利暴虐滋甚，骨肉相攻，亡在朝夕。朕方爲公掃清沙漠，安用勞民遠修障塞乎？』（通鑑一九三）然太宗雖能平突厥，而亦甚戰競之。高祖初起兵時，屈辱於突厥，（詳舊唐書五七劉文靜傳）貞觀四年，太宗遣李靖俘頡利可汗，高祖曰：『漢高祖困白登不能報，今吾子能滅突厥，吾付託得人，復何憂哉？』（通鑑一九三）此漢唐武功之比語也。然頡利雖滅，部落仍在。大唐新語（卷七）云：『李靖既平突厥，傾其種族，言於太宗曰：「陛下五十年後，當憂北邊。」至高宗末，突厥果爲患。突厥初平，溫彥博議遷其人於朔方，以實空虛之地。魏徵不可，曰：「夷不亂華，非長久之計。」開元中，六胡果叛，咸如徵言。』且太宗以後，突厥可汗默啜，仍爲唐患。至玄宗天寶間始亡，蓋由於回紇的脅迫焉。

唐於北征突厥以後，則東有事於三韓。朝鮮自漢時曾一度平定以後，曹魏時曾入寇，其與後魏，亦僅僅略有使節之關係。隋高祖煬，曾徵其主來朝，且數度用兵，卒未得志，而隋亦喪亂。（隋書八一高麗傳）唐初，率師往征，以破東突厥之餘威，東征三韓，蘇定方鎮百濟，李勣破高麗，而高宗龍朔三年，（六六三）日本兵之來援新羅者，又爲劉仁軌大破之白江口。蓋緣新羅往『倭國請兵以距官軍，詔孫仁師率兵浮海以爲之（仁軌）援。……仁軌乃率水軍及糧船自熊津江往白江，遇倭兵於白江之口，四戰四捷，焚其舟四百艘，烟焰漲水，海水皆赤。』（舊唐書八四仁軌傳）伐三韓而懾日本，蓋不特唐之盛譽而已；亦邦家之光也。

異日以元之強，尙熸師於日本。周密記之云：『至元十八年，大軍征日本，船軍已至竹島，與其太宰府甚邇。方號令翌日分路以入，夜半，忽大風暴作，諸船皆擊撞而碎。四千餘舟，所存二百而已。全軍十五萬人，歸者不能五之一。凡棄糧五十萬石，衣服器械稱是。是夕之風，木大數圍者皆拔，蓋天意也。』（癸辛雜識續集下）然則唐於日本，眞可謂空前之舉矣。且唐不僅以武力上日本焉。開元初，日使副『臣仲滿，慕華不肯去，易姓名曰朝衡。』（新唐書二二〇日本傳）日本又常置遣唐使，今是堂手錄云：『日本使者過海，有詩云：水鳥浮還沒，山雲斷復連，賈島聯其下云：棹穿波底月，船壓水中天。使者嘉歎久之，自是遂不敢言詩。』（胡仔漁隱叢話卷一九引）然則唐於日本，又以文教上之已。

不僅北征突厥，東事三韓而已，其西征於西域，蓋亦赫赫然。自兩漢經營西域後，苻堅元魏，亦嘗致力。隋，則裴矩傳載之。（隋六七）而唐太宗時，則姜行本等征西，『得漢班超紀功碑，行本磨去古刻，更刊頌陳國威靈。』（唐書九一行本傳）語石（卷二頁二五）云：『和林，成吉斯汗故都也。唐賈耽地志，謂之富貴城。其地遠在漠北，流人戍士亦所罕至。俄人於婆陵水上，訪得回鶻故都，又於鄂勒渾河，訪得突厥舊庭，又訪得唐碑三元碑十三。』又（卷二頁二九）云『平百濟碑，賀遂亮文，權懷素書……廠估王某渡海精拓，……同時並拓得劉仁愿記功碑，此二碑皆在忠清道扶餘縣。』記功碑版，焜燿絕域，蓋不止西方已也。

唐時之經營國外，又與其經營邊疆，相得益彰。如武后時之經營蜀土，雖陳之昂以爲不可，而所係甚大。（詳郡國利病書六八又新唐一〇七子昂傳）其在雲南，自漢與蜀，漢經營以來，酋長世其官，分爲六詔。（詔卽「王」意見唐書）『唐置姚州，册六詔爲一，曰雲南王。天寶之間，鮮于仲通擊之。卽此，韋臯以南詔兵破吐蕃，五詔獻地圖焉。』（節郡國利病書一〇七雲南沿革論）此蓋爲元明經營雲南之先聲，爲漢世經營滇黔之後繼，其功尤不可埋沒之。

南詔於宋時，太祖畫地圖曰：『大渡河西，非吾有也。』元時始滅其裔大理，及明而改爲雲南布政司，唐之經營，適介乎漢元明之中也。（利病書一〇七）

至於經營海陬，其事亦至可稱。史稱『唐韋宙善治生，江陵田產甚盛。除廣帥日，宣宗戒之曰：「番禺珠翠之地，當垂貪泉之戒。」宙曰「臣江陵莊積穀七千堆，無所用泉。」宣宗曰此所謂足穀翁也。』（侯鯖錄卷六）而黃巢亂時，廣州有回教徒阿拉伯人十餘萬。（梁任公歷史研究法頁一〇二）斯則廣州海口之繁榮也。王楙野客叢書云『唐時揚州爲盛，故當時有揚一益二之語。十里珠簾二十四橋，其氣象可知。張祜詩曰「十里長街市井連，月明橋上有神仙。人生只合揚州死，禪智山光好墓田。』（叢書卷一五頁七稗海本）斯則揚州海口之繁榮也。

廣州於漢爲南粵舊封，兩晉時，劉裕曾遣孫楚浮海以襲廣州之盧循。（通鑑一一五）而唐時，則繁盛如斯。廣州以外，則推交州。國史補（李肇著卷下）云『南海舶，外國船也。歲至安南廣州，』宣公奏議（卷十八）有安南置市舶使狀，亦推揚州。新唐書一四一鄧景山傳，又一四四田神功傳，謂當時揚有大食波斯賈胡。文宗又諭地方官於嶺南福建揚州胡蕃，當加存恤。全唐文七五 又其次，則曰泉州。五代史六八謂王審知『招來海中蠻夷商賈。』文苑英華四五七授王潮制，謂『閩越之間，島夷斯雜』是也。又有潮州，全唐文五五一有王虔休進表云：『海陽舊館，前臨廣江，波斯古羅，順風而至。寶舶薦臻，法於恆世，』是也。

唐曾平靺鞨，玄宗時，設黑水府都督。唐書二一九 又嘗深入安南，復『交州漢之故封。』唐書二二三中 大唐新語云：『開元十二年，沙門一行，造黃道游儀以進。玄宗親爲之序，因遣太史官馳往安南，測候日影，經年乃定。』新語卷九 古人以正朔爲國家之權力代表，如唐斯事，其庶幾乎？又豈止市舶使之收關稅，招遠人而已。

市舶使之初見，時爲玄宗開元二年。新唐書一一二 柳澤傳，有『開元中市舶使周慶立獻奇器』語。冊府元龜五四六云：『柳澤，開元二年，爲殿中侍御史，嶺南監選使。會市舶使周慶立波斯僧及烈等，廣造奇器異珍以進；』則周慶立事，乃開元二年事也。

市舶使，完稱當曰提舉市舶使，更簡則曰舶使。癸辛雜識別集上 又稱押蕃舶使，柳河東集卷十 又稱監舶使。全唐文卷七六四 其職掌，除徵收進入口關稅外，檢查船隻有無違禁品，保管進口貨，收受政府專賣品，如香料等。宋史一六七職官七桑原隲藏蒲壽庚考頁十 顧炎武郡國利病書卷一二〇云：『唐始置市舶使，以嶺南帥臣監領之，設市區，令蠻夷來貢者爲市，稍收利入官。凡舟之來，最大者爲獨檣舶，能載一千婆蘭；次曰牛頭，比獨檣舶得三之一；又次曰三木舶，曰料河舶，遞得三之一。貞觀十七年，詔三路市舶使，番商販到龍腦沉香丁香白荳蔻四色，並抽解一分。』然顧氏所述，顯係宋時事，明明影鈔宋史一八六食貨志下互市舶法條 且宋始稱「路，」唐乃稱「道，」則「貞觀十七年」云云，又明係紹興十七年事。粵海關志三引宋會要蓋市舶使兆於唐代而盛於宋，宋時曰市舶司，正式見食貨志互市舶法，宋史一八六及職官志宋史一六七矣。如宋開寳四年卽置市舶司於廣州是也。詳郡國利病書一二〇海外諸蕃任中師傳宋史二八八述中師於眞宗時「知廣州，兼市舶使市舶置使自此始」又明見於史矣。

朱彧萍洲可談卷一云『漢威令行於西北，故西北呼中國爲漢，唐威令行於東南，故蠻夷呼中國爲唐。』又卷二云：『諸蕃國人至廣州，是歲不歸者，謂之住唐。』明史三二四眞臘傳云『唐人者，諸蕃呼華人之聲也。凡海外諸國皆然。』以漢唐二字而論，可以知唐之海陸發展矣。故陔餘叢考卷十七盛道唐初武功之盛云。

三七　新舊宗教之繁盛

以國力充盈而來之海陸開展，其間又便利新舊宗教之繁華。如述市舶司時，册府元龜曾述及市舶使周慶立及波斯僧及立大秦景教流行中國碑云『有若僧首羅含，大德及烈，物外高僧，共振玄綱』則及烈乃景教僧，可以見景教與海之關係已。

考唐初以姓李故甚重道教。封演聞見記云：『國朝以李氏出自老子，故崇道教。高祖武德三年，晉州人吉善行於羊角山見白衣老父呼善行謂曰「爲我語唐天子，我是老君，卽汝祖也。今年無賊，天下太平。」高祖遣使致祭，立廟於其地。遂改浮首山爲神山，拜善行爲朝散大夫。高宗乾封元年還自代嶽，過眞源縣，詣老君廟，追尊爲元元皇帝。元宗開元二十一年親注老子道德經，令學者習之。二十九年兩京及諸州各置元元皇帝廟，號元元宮，諸州號紫極宮，尋改西京元元宮爲太淸宮，東京元元宮爲□□宮……。』卷一頁二是道教因唐而盛焉。

以此，唐人甚重老子。如劉知幾欲退河上公注而進王弼是也。（唐書一三二子元傳）其後，宋徽宗亦重道教，『道君崇道教，至有道家二府之目。謂其尊貴如中書省樞密院也。』（野獲編補遺卷四）清波雜志（卷三）云：『宣和崇尚道教，黃冠出入禁闥，號金門羽客，氣燄赫然。』——惟不如唐之有意重之爾。

然佛教，固亦隆盛於唐，玄奘其最著者。

玄奘以隋末出家，以佛典翻譯有誤，故經百餘國，而在印度十七年，以貞觀十九年歸，大弘佛典。其卒也，士女送葬者數萬人。（詳舊唐書一九一玄奘傳）慈恩法師傳，可案也。五色綫云：『沙門玄奘姓陳，偃師人，武德初往西域，取經，行至罽賓國，因道路多虎豹，不可過。遇一老僧口授多心經一卷，令誦之，遂得出於平易，道路開通，乃至佛國，取經六百部，歸而多心經至今誦之。』（下頁七津逮本）則其出行之苦焉。酉陽雜俎云：『國初唐玄奘往五印取經，西域敬之。成式見倭國僧金剛三昧言，嘗至中天竺，多畫玄奘麻屩及匙筯，以綵雲束之。蓋西域所無者。每至齋日，輒膜拜焉。』（酉陽雜俎卷三）則其遊學之榮也。大唐新語云：『沙門玄奘俗姓陳，偃師人。少聰敏，有操行。貞觀三年，因疾而挺往五天竺國，凡經十七歲，至貞觀十九年二月十五日，方到長安，足所親踐者一百十一國。探求佛法，咸究根源。凡得經論六百五十七部。佛舍利並佛像等甚多，京城仕女迎之，填城溢郭。時太宗在東都，乃留所得經像於宏福寺，有瑞氣徘徊像上，良久始滅。遂詣駕，並將異奇方物朝謁。太宗謂之曰：「法師行後，造宏福寺，其處雖小，禪院清淨，可爲翻譯之所。」太宗時爲聖教序，高宗時爲太子，又作述聖記，並勒於碑。』（卷一三紀異二八）此言其回後之譽也。——唐初佛教之盛如斯，雖有傅奕韓愈之攻，武宗會昌之厄，讀史者可知迎佛骨之復現於唐代，非無故已。

唐初排佛，始於傅奕。大唐新語（卷十）云：『太史公傅奕上疏，請去釋教。其詞曰：「佛在西域，言妖路遠。漢譯胡書，恣其假託。故不忠不孝，削髮而揖君親。遊手遊食，易服以逃租稅。凡百黎庶，不究根源，乃追既往之罪，虛覬將來之福。布施一錢，希萬倍之報；持齋一日，期百日之糧。」』參唐書一〇七傅奕傳 此卽他日昌黎集諫佛骨表所本。詳邵博聞見後錄卷八 但終唐一代，除會昌廢佛外，佛勢仍盛。考德宗懿宗僖宗迎佛骨者三。詳困學紀聞一四 代宗曾造萬佛山，召僧徒入內道場，懿宗咸通中迎佛骨，夾道佛聲震地，一軍校斷左臂於佛前，以手持之，一步一禮，血流灑地。詳蘇鶚杜陽雜編卷上頁四至五又卷下頁一四至一六 武宗斥佛，見趙德麟侯鯖錄，卷二 文宗斥佛，見宣室志，卷七頁一 別詳予所著韓愈評。金陵學報二卷二期 然此等禁斥，於佛教根本，初無所與。故憲宗元和迎佛骨時，『有火其頂刃其臂者，』而『懿宗咸通迎佛骨，兆衆涕泗，感動左右。竭家產，斷肌骨，以表誠志者，不可勝記。』詳高彥休闕史卷下 懿宗本人，亦『於禁中設講席，自唱經，手錄梵夾。』通鑑二五〇 可見唐時佛教之上入宮禁，下入民間已。

其與佛教同盛於唐，而又初來於唐時者，則回教已。何喬遠閩書卷七云：『嗎哈叭德聖人門徒，有大賢四人。唐武德六一八至六二六來朝，遂傳教中國。一賢傳教廣州，二賢傳教揚州，三賢四賢傳教泉州，卒葬此山。（泉州東南郊外靈山）』然則唐初已有回教已。就廣揚泉地名言之，可知水道交通之進步，有以促回教之傳播也。桑原騭藏云：『所謂武德中者，非有確證。不過得自傳說，余最近推究此傳說，蓋出於北宋以前，大約唐中葉以後，詳大正九年十月史學雜志頁四二 但唐人傳說，敍中國最初回教宣傳地，何以數及泉州？則泉州當時，必有伊士蘭教徒不少，此亦間接之證。』蒲壽庚考頁一九 唐書回鶻傳云：『元和初，以摩尼至。』可知謂回教初盛於唐，實無疑也。

道教以李故而得唐敬，回教則以豬故而見禮於明，可哂也。萍洲可談卷二云：『至今蕃人但不食豬肉，』杜環經行記『大食法者，不食豬肉。』通典一九三引 則唐宋人已知回徒之習俗也。回徒在元時甚多，故周密癸辛雜識續集卷下謂『至元癸巳一二九三村落間忽僞傳官司，不許養豬』是也。其在明武宗則正德十四年十二月，『兵部左侍郎王，抄奉欽差總督軍務威武大將軍總兵官後軍都督府太師鎮國公朱鈞帖：照得養豕宰豬，固尋常通事，但當爵本命，又姓字異音同。況食之隨生瘡疾，深爲未便。爲此省諭地方，除牛羊等不禁外，即將豕牲不許餵養，及易賣宰殺，若如故違，本犯並當房家小，發極邊永遠充軍。』沈德符野獲編卷一頁四五禁宰豬條 俞正燮謂：『武宗豹房，實多回人，又未有子嗣，孫眞人千金方言豬肉久食，令人少子。武宗有所感，回人慫惠之，國姓朱，武宗亥生，故有此鈞帖也。』癸巳存稿八正德禁殺豬 此與唐以姓李而奉道者，相映成文，故附存之。

其與回教並行於世者，則景教是已。

景教之來，明明由於市舶。見本節上所引册府元龜五四六 僧景淨於德宗建中二年立景教流行中國碑云：『大秦國有上德，曰阿羅本。貞觀九祀，至於長安，帝使宰相房元齡，賓迎入內，翻經書殿，問道禁闈，深知正眞，特令傳授。貞觀十有二年秋七月，詔曰：大秦國大德阿羅本，遠將經像，來獻上京。詳其教旨，宏妙無爲，濟物利人，宜行天下。所司即於京師義寧坊造大秦寺一所，度僧二十一人。』說者亦以此以爲基督教之始，雖未必然，然回教祆教羅婆門教，相率而來，可知唐初四裔向化之誠，國力充盈之盛也。

朱一新無邪堂答問卷一云：『景教流行之事，見兩京新記、通典、長安志、西溪叢話、墨邦漫錄諸書。景教即火教，丙丁屬火，文言之則曰丙教，避唐諱，則曰景教。唐時夷教入中國者有三，唐文粹載舒元輿重岩寺碑云有摩尼焉，大秦焉，祆神焉。大秦則火教也，（宋次道東京記寧遠坊祆神廟注，「康國有神名祆，唐貞觀五年有傳法穆護何祿將經教詣闕，勅令長安崇化坊立祆寺，號大秦寺，又名波斯寺。一新謂，何祿卽阿羅本之異譯。）摩尼，則回教也。（朱氏引舊唐憲宗紀元和六年穆宗紀長慶元年唐會要貞元一五年宋史外國傳于闐國爲證）祆神，則婆羅門教也。朱引西溪叢語墨莊漫錄爲徵』朱氏之言如斯。案西溪叢語卷上頁二三至二七又謂：『會昌五年，勅大秦穆護火祆等六十餘人並放還俗。』卷上頁二五則當時異教之盛可想。且大秦景教，固與基督教有相似處：周去非嶺外代答卷三大秦國云：『王所居舍以石灰代瓦，……屋下開地道至禮拜堂一里許。王少出，惟誦經禮佛，遇七日卽由地道往禮拜堂拜佛……』故俞樾斷之曰：『按此則錢竹汀金石文跋尾謂今歐羅巴奉天主耶蘇，是大秦遺教，其說信矣。』茶香室叢鈔卷一五禮拜堂條錄此以備一說云爾。

舊宗教之發揚，新宗教之傳入，胥國家威靈所間接招致。唐太宗貞觀四年，西北邊障諸胡，曾欲奉太宗爲王可汗。通鑑唐紀九萍洲可談云：『漢威令行於西北，故西北呼中國爲漢；唐威令行於東南，故蠻夷呼中國爲唐。（徽宗）崇寧間，臣僚上言，邊俗指中國爲漢唐，形於文書，乞並改爲宋，詔從之。』卷一是宋時海外猶敬唐也。明史眞臘傳謂諸蕃呼華人爲唐。明史三二四是明時海外猶敬唐也。然則新宗教之所以踵來沓至，豈偶然哉？

三八　唐律與府兵

政治經濟須有法律以護之；海陸進展，以致新舊宗教紛至沓來，蓋由於武功；而武功則兵之屬也。兵刑之秩然有序，立國之要在斯。班固志刑法，以爲『聖人因天秩而制五禮，因天討而作五刑。』故先敍兵制，繼述刑法。異日王源作立國論，亦謂：『立國之道五：曰德，曰法，曰武，曰教，曰文。義得之，仁守之，曰德。立紀綱，明政刑，曰法。武者剋敵亂，威立而民服也。』戴望顏氏學記卷八然則唐律與府兵，固唐爲唐之所以也。

通鑑一九三貞觀二年『上問王珪曰「近世爲國者益不及前古，何也？」對曰：「漢世尙儒術，故風俗淳厚；近世重文輕儒參以法律此文治之所以益衰也。』案漢人尙法語詳本卷第七節珪之言已露以法治國之意矣。

唐律之所以可貴者何也。

一曰法律爲經驗案例之累積，而唐律者實承受之。如漢律准許犯人在獄生子，一見於范書，劉寵傳吳祐傳再見於魏書七六崔光傳三見於北史七七裴政傳則後世因之也。漢律詔孕婦緩決，漢刑法志魏書一一一刑法志亦謂崔浩定令『婦人當刑而孕產後百日乃決。』而唐律三〇疏議亦云：『諸婦人犯死罪懷孕當應行決者，聽產後一百日乃行刑。若未產而決者，徒二年產訖限未滿而決者，徒一年。』則後世因之也。（趙翼謂：『孕婦緩刑，本漢魏之制；豈元魏時，此律已廢，而浩而又著爲令？』又謂『此皆聽重囚妻孥入獄之故事，特其時尙未有定制，故長吏法外行仁，後世著爲成例，其卽倣此。』俱詳陔餘叢考卷二七意亦同此。）重囚妻孥入獄之制如此，而懲治貪吏亦然。

漢世常有懲姦之單行法，如禁錮姦臣子孫。見范書六九劉愷傳北魏踵之，見魏書六四郭祚傳卽唐亦有此法。詳日知錄一三禁錮姦臣子孫然唐律亦有變前世者，唐律卷二六稱『諸於城內街巷及人衆中無故馳車馬者，笞五十，以故殺傷人者，減鬬殺傷一等。』然五朝律，則走馬城市殺人者，不得以過失殺人論也。詳太炎文錄卷一五朝法律索隱

二曰漢唐之間法典已夥，惟唐則統一之也。『周衰刑重，戰國異制，魏文侯師於李悝，集諸國刑典，造法經六篇。一盜法，二賊法，三囚法，四捕法，五雜法，六具法。商鞅傳授，改法爲律，漢相蕭何更造悝所造戶興廐三篇謂九章之

律。魏因漢律爲十八篇改漢具律爲刑名第一。晉命賈充等增損漢魏律爲二十篇。於魏刑名律中分爲法例律。宋齊梁及後魏因而不改。爰至北齊併刑名法例爲名例。後周復爲刑名。唐因於隋，相承不改。』（唐律疏議卷一名例一）蓋集中唐以前之法典而唐律斯生。

關於唐以前之法典，參看晉書（三〇）刑法志，隋書（二五）刑法志。唐律以高宗永徽中修成，其前固多有修律令者。以隋言之，則裴政修律，（隋七七）劉炫與牛宏修律，（隋七五劉炫傳）王夫之且謂裴政之律，澤及後世。（詳讀通鑑論卷一九）第前此法典，文獻難徵。章炳麟不以唐律爲是，獨歎『文帙完具者，獨有唐律，』（文錄一頁七一）非無以也。

三曰。在唐以前，律令混亂，惟唐則結束之也。蓋『前主所是著爲律，後主所是疏爲令，』（漢六〇杜周傳）則律令因帝主而致亂也。陳寵謂：『漢興以來，三百二年，憲令稍增，科條無限。又律有三家，其說各異。宜令三公廷尉平定律令。』（後漢書七六寵傳）則律令因時而紊也。章炳麟云：『余觀漢世法律，賊深張湯仲舒之徒，益以「春秋誅心之法，」又多爲決事比，轉相貿亂，不可依準。』（文錄一五朝法律索隱）則律令因例而紊也——而五胡之亂，石勒赫連勃勃，犇以殺人爲治典，卽元魏亦淫刑以逞。（詳陔餘叢考一六元魏族誅之刑最慘）則律令因胡而紊也。四紊之相躡，固唐律所以取重於人者矣。

四則曰，唐律之沾溉於後世不少也。宋史（一九九刑法志）云：『宋法制依唐律令格式，而隨時損益。』則宋律有藉於唐也。春明夢餘錄（四四大明令）云：『洪武元年，定大明令百四十五條，頒示天下。……洪武元年，命中書省詳定律法，律成，宋學士濂具表言，臣以洪武六年冬十一月受詔，明年二月書成。篇目一準唐舊，名雖沿唐而因時定制，緣情制典，目有法律以來所未有。』則明律有藉於唐也。

卽以十惡之刑而言：『漢律無十惡名，然大不敬罪輒逾等。』（太炎文錄卷一五朝律）唐有十惡之目；『謀反、謀大逆、謀殺、惡逆、不道、大不敬、不孝、不睦、不義、內亂。』（唐律卷一名例）『原夫厥初，蓋起諸漢。梁陳以往，略有其條。周齊雖具十條之名，而無十惡之目。開皇創制，始爲此科。大業有造，後更刊除。十條之內，惟存其八。自武德以來，仍遵開皇，無所損益。』（唐律一疏文）則唐固承前者。然大明令所載十惡，（詳卷一）與唐律一字無殊，則猶可徵唐律之沾溉於後世焉。

唐律之所以爲世重者如斯，固不僅有助於唐之國力也，府兵亦然。府兵之制固介於徵兵募兵之間，有承於前，而有啓於後者。新唐書（五〇兵志）云：『蓋古者兵法起於井田，自周衰，王制壞而不復至於府兵，始一寓之於農。……此高祖太宗之所以盛也。至其後世，子孫驕弱，不能謹守，屢變其制。夫置兵所以止亂，及其弊也，適足爲亂。又其甚也，至困天下以養亂，而遂至於亡焉。……府兵之制，起於西魏、後周，唐興因之。……太宗貞觀十年，置折衝府，凡天下十道，置府六百三十四，皆有名號，而關內二百六十有一，皆以隸諸衛。凡府三等，兵一千二百人爲上，千人爲中，八百人爲下。』春明夢餘錄（四二）云：『府置折衝都尉一人，左右果毅校尉各一人，長史、兵曹、別將各一人，校尉六人。士以三百人爲團，團有校尉；五十人爲隊，隊有正；十人爲火，火有長。史稱其平居無事時，耕於野；其番上者，宿衛京師而已。若四方有事，則命將以出，事解輒罷，兵散於府，將歸於朝。故士不失業，而將帥無握兵之權。此唐初所以興，由兵寓於農也。至開元中，承平日久，府兵法壞，張說、李林甫始募長征兵，謂之彍騎，卒啓方鎮跋扈之禍。李泌謂其兵不土著，又無宗族，不自重惜，忘身徇利，禍亂遂生。』——此謂古者兵農不分，後者兵與農離，而府兵者，適承上啓下，介乎其間，以開唐初之治者。

案所謂折衝府六百三十四者，諸書所記，略有不同。詳王氏困學紀聞（卷一四）府兵緣起條。

古者兵農固有合一之制，然漢時，亦有「弛刑」「私從」「惡少」「亡命罪人」（錢白石補漢兵志頁一七至一九）則漢時有募兵也。通鑑一一五義熙六年盧循叛，『劉裕募人爲兵，賞之同京口赴義（以討桓玄）之科。』蓋京口赴義日桓玄『士卒多北府人，素畏服裕。……玄走意已決。……胡藩諫曰「今羽林射手猶有八百皆是義故西人受累世之恩。」』（通鑑一一三）則東晉時固行募兵矣。新書一二五張說傳云『時衞兵貧弱番休者亡命略盡說建請一切募勇強士優其科條，簡色役，不旬日得勝兵十三萬，分補諸衞，以強京師。後所謂彍騎者也。』然漢晉已有番兵矣，必待張說李林甫之募長征彍騎而始然哉？

漢書（卷七）昭帝紀如淳注：『古者正卒無常人，皆當迭爲之，一月一更，是謂卒更也。貧者欲得顧更錢者，次直者出錢顧之，月二千，是謂踐更也。』是募兵淵源甚早。且隋煬『募人伐高麗，竇建德以勇敢選爲二百人長。』（通鑑一八〇）則府兵以前，曷嘗無募兵哉？

朱子語類『因論唐府兵之制曰，永嘉諸公以爲兵農之分，反自唐府兵始，卻是如此。蓋府兵家出一人以戰以戍，並分番入衞，則是一人便不復爲農矣。』（卷一三六）詆府兵爲募兵，未免措論太迂。然觀於府兵之前後，募兵已如是其盛行，則府兵爲徵募兩制中間之媒介，固不易之論也。宋以後則無公然爲徵兵之制，如府兵者已。

沈作喆寓簡云：『韓魏公在中書，同列議養民之弊，無術以革之。魏公沉思良久曰，養兵雖非古，然積習已久，勢不可廢。』（卷五頁七知不足齋本）此其徵也。

府兵也，唐律也，事雖可稱，然其扶助專制，絲迹可尋。唐律之十惡，固八九爲忠君而設，即府兵之制，殆亦有弱天下之意。王夫之所謂『貞觀十年定府兵之制，大約與秦隋銷兵，宋罷方鎮之意略同。府兵者，猶之乎無兵也，而特勞天下之農民於番上之中，是以不三十年，武氏以一婦人，輕移唐祚。……非玄宗罷府兵，改軍制，則安史朱泚之起，唐久爲秦隋續，惡能待懿僖之昏亂，黃巢起而始亡哉？府兵之制，散處天下，不論其風氣之剛柔，任爲兵也與否。多者千二百人，少者百人，星列碁布於隴畝，乃至白首而不知有行陣。季多習戰，呼號周折，一優人之戲而已。……詳考府兵之制，知其爲戲也。太宗之以弱天下者也，欲弱天下以自弱，則師唐法焉可爾？』讀通鑑論卷二〇 此其言正如章炳麟之議唐律也，斥其自私也。

太炎文錄卷一五朝法律索隱謂五朝之法重生命者有二，一父母殺子者同凡論，二走馬城市殺人者不得以過失殺人論。恤無告之法有一，諸子姓復仇者勿論。平吏民之法有二，一部民殺長吏者同凡論，官吏犯杖刑者論如律。抑富人之法有二，一、商賈皆殊其服，二、常人有罪不得贖。（通鑑百十一卷，燕主盛下詔曰：「法例律公侯有罪得以金帛贖，此不足以懲惡，甚無謂也。自今皆令立功以贖」，章氏不舉此，因補及之。）因結言於『故漢唐二律皆剝深不可施行，求寬平無害者，上至魏，下訖梁五朝之法而已。』附記於此，餘則原書可案也。

第十二章　郡縣制度改進後之景相

三九．漢唐間之郡縣

所謂唐之盛世，如其政治經濟，海陸發展，新舊宗教，兵刑之制，皆唐所以維持其郡縣之制；不則郡縣制度所產生者也。郡縣制度者，蓋帝皇所以自護其「業，」而整頓其業者耳。

自秦分三十六郡，後漢分十三部，東漢仍其舊，孫劉曹則專用州區分而郡縣之。五胡亂時，東晉創僑寄州郡之制，『自晉成帝以來，州郡類多僑置，增損離合，不能悉詳。』後魏之制，亦分州郡。及隋混一中國，有郡一百九十，縣一千二百五十五，此唐前郡縣分劃之大概也。（語詳方輿紀要卷四）『自隋季羣雄競起，互相分割，建置紛然。唐興因而不改，其納地來降者，亦往往割置州縣，以寵絡之，由是州縣之數，倍於開皇大業間。貞觀元年，以民少官多，思革其弊，命大州併省，因山川形便，分為十道，曰關內，曰河南，曰河東，曰河北，曰山南，曰隴右，曰淮南，曰江南，曰劍南，曰嶺南。及玄宗而增飾舊章，分為十五，京畿、都畿、關內、河南、河東、河北、山南東、山南西、隴右、淮南、江南東、江南西、黔中、劍南、嶺南是也。而邊境之地，國力拓殖所至，則自貞觀至開元，即其部落置羈縻州縣於沿邊州郡，設六都護分統焉。』（讀史方輿紀要卷五參新唐書地理志）

六都護者，一曰安北，二曰單于，三曰安西，四曰北庭，五曰安東，六曰安南。其餘蠻荒之地，則統於營州、松州、戎州、黔州等都督府焉。

十道十五道以後，在宋則曰「路，」在元則曰行中書省。（詳元史九一百官志）省本為官署之名，『唐書楊收傳，漢制總制羣官曰「省」是也。至元，遂設行中書省，遂又移為方州之名。然行省之稱，亦不自元始，陸放翁詩，往者行省臨秦中，我亦結服叨從戎，又云：行省當年駐隴頭，腐儒隨牒欲西游，是南宋已有行省之稱。』（詳陔餘叢考二七省）蓋元明地方之省，即唐宋中樞之官，明清中樞之「道，」乃唐時分域之稱，因循假借，非一端矣。（明分中國為十三部，然雙溪雜記云：『國初在內設中書省，置左右丞相，在外設行中書省。』（孤樹裒談卷一引）葉子奇草木子〔卷三〕云『元代分天下爲十一省，二十三道。每州皆爲路，在内曰中書省，在外曰行中書省。按歷代疆理天下，三代分天下爲九州，或十二州；秦分天下爲三十六郡；漢分天下爲十三部，一部六郡。晉分天下爲十五道。唐爲十道。宋分天下爲四京二十三路。此其大較也。』是郡縣之制，列代大致無殊。卽行省之名，明初固亦襲元之舊也。）

然郡縣制度之後異於前，非在乎州路道省之名殊，而在於組織狀況之或異，換言之，則中央操縱地方，前後之勢異焉。

其一，以地方政府之轄境言之，愈分愈析，以單位數字而言，秦三十六郡，漢七十八郡，至唐則有百九十郡矣。趙翼謂漢初分郡之大，以爲至『三國時則漸分裂。如吳志言孫策自領會稽太守，以朱治爲吳郡太守，則漢時會稽一郡之地，已分爲二。又夏侯元傳，萬戶之縣，名之郡；守五守以上，名之都尉。千戶以上令長如故，則地之小益可見矣。』〔陔餘叢考卷十六〕十羊九牧，其制益嚴。此則漢唐郡縣之異一也。

羊固未嘗多也。趙德麟侯鯖錄〔卷一引今國史〕云『天下生齒之數，舉其成數，前漢一二二三萬。後漢一六〇七萬，魏九四萬，晉二四五萬，宋九〇萬，後魏三二七萬，北齊三〇三萬，北周三五〇萬，隋八九〇萬，唐九六〇萬。國朝藝祖二五〇萬，太宗三五七萬，眞宗八〇六萬，仁宗一九〇九萬，英宗一二四八萬，神宗一七二九萬。』此數雖不十分可靠，然以見羊不致於多至有多牧之必要焉。

其二，漢時郡國守相得自置吏，殺人亦不待奏。〔詳陔餘叢考卷十六〕此則以地方政府之職權言之，而知古今郡縣，今昔異制也。唐制且莫論，隋劉炫之語牛弘曰『齊氏立州不過數十，三府行臺遞相統領，文書行下，不過十條。今州三百，其繁一也。往者則唯置綱紀，郡置令丞，縣惟令而已。其所具僚，則長官自辟；受詔赴任，每州不過數十。今則不然，大小之官，悉由吏部。纖芥之迹，皆屬考功，其繁二也。』隋七五炫傳 中央削郡縣之權，於唐亦然。斯則漢唐郡縣之異二也。

魏玄同於高宗永淳元年，六八二 論選舉法弊曰：『漢制諸侯，自得置吏四百石以下。其傅相大臣，則漢爲置之。州郡椽吏，督郵從事，悉任之牧守。自魏晉以後，始歸之吏部，而訖於今。以刀筆量才，簿書察行，法與世敝，其來久矣。……以陛下聖明，國家德業，而不建經久之策，但顧重魏晉遺風，臣竊惑之。願少遵周漢之規，以分吏部選，即所用詳，所失鮮矣。不納。』唐書一一七玄同傳 玄宗開元九年『勅京官五品以上，外官刺史，四府上佐，各舉縣令一人，視其政善惡，爲舉者賞罰。』通鑑二一二 究屬特有之例耳。

三則曰地方官之重要，遠不如中央爲浮官也。漢帝嘗曰：『爲我治百姓者，其良二千石乎！』朱買臣爲會稽太守，聲采奕奕。然唐在天寶以前，則地方官不甚爲人所重。所重者京官。太宗時馬周疏云：『朝廷獨重內官，而輕刺史縣令。……武后時，李嶠唐休璟奏言朝廷重內官，輕外職。……明皇時，張九齡奏言，……用牧守爲斥逐之地，刺史尙爾，何論縣令？古者刺史入爲三公，郎官出宰百里，今朝廷士，入而不出，京師衣冠所聚，聲名所出，從容附會，不動而成。是大利在內而不在外。……』倪若水傳亦云：『時天下承平，朝廷尊榮，人重內任，雖自冗官擢方面，皆自謂下遷。班景倩自揚州采訪使入爲大理少卿，若水餞之於郊，顧左右曰：「班公是行若登仙，吾恨不得爲騶僕。」可知唐初以至開元天寶，內重外輕之風也。』陔餘叢考卷十七唐制內外輕重前後不同條 蓋政治清明，郡縣之制整飭，故人自樂內向京師爾。

至於天寶以後，則內輕外重已。『通鑑元載當國，以仕進者多樂京師，乃制俸厚外官而薄京官。京官不能自給，常從外官乞貸。故曹王皐傳云：上元中，皐乞外官，不允。乃故抵徽法，貶溫州長史。李泌傳亦云：是時州刺史，月俸千緡。方鎮望取無藝，而京官祿薄。自方鎮入爲八座，至謂罷權。薛邕自左丞貶歙州刺史，家人恨降謫之晚。崔祐甫任吏部員外郎，至求爲洪州别駕。其節度使府賓佐，有所忤者，薦爲郎官。當遷臺閣者，皆以不赴取罪去。李泌以爲外太重，內太輕，請隨官閑劇，普增其俸，爲竇參阻而止。此距開元天寶時，不及三四十年，而內外輕重相反至此，亦可以觀世變也。』（陔餘叢考十七）

蓋自貞觀以至開元，中央節制地方，甚有效率，故以武后之淫虐而斯民晏然。自節度之名立，而又申之以安史之禍亂，而唐之郡縣制度始變。節度使之起，原自邊徼之地，軍事節度，取便而然。蓋『自高宗永徽以後，都督帶使持節者，謂之節度使，然猶未以名官。（睿宗）景雲二年，以賀拔延嗣爲河西節度使，節度使之官由此。然猶第統兵，而州郡自有按察等使司其殿最。至開元中，朔方、隴右、河東、河右諸鎮，皆置節度使。每以數州爲一鎮，節度使即統此數州，州刺史盡爲其所屬。故節度多有兼按察安撫度支使者，既有其土地，又有其人民，又有其財賦，而方鎮之勢日強。安祿山以節度使起兵，幾覆天下。』（廿二史劄記二〇唐節度使之禍）——蓋即無外族之侵陵，而郡縣之新弊已見矣。

郡縣之制，蓋爲帝皇自私自營之心所倚託者。節度使之設，殆爲武功邊計而不得不然。故『天寶元年，置十節度使，其九皆西北邊徼也。惟河東一鎮，治太原，較屬內地。若畿輔、河洛、江淮、汴、蔡、荆、楚、兗、泗，咸弛武備，幸苟安而倚沿邊之節鎮，以冀旦夕之無虞。外強中枵，亂亡之勢已成。蓋自一行立兩戒之說，分用文用武之國，於是居輕馭重、強幹弱枝之術行，而自詫其鞏固。元宗之世，吐蕃等雖倔強不賓，而亦屢挫衄以退，本無可用防禦者，而若大患之在邊，委專征之權於邊將，惟中原空其無人，而人心離叛，偶一折衄，邊兵皆爲賊用，然後鼓行而入無人之境，更無挾一矢以抗之者。』（讀通鑑論二二）船山此論甚好。蓋唐既立內重外輕之制，原以羣拱王室；「更外」有邊疆，則又重之以抗外夷，形勢牽掣，自謂得志而不知禍即兆於其中爾。

府兵也，唐律也，其起由由於帝王之自私，郡縣之制重內輕外，固亦由於自私者，其更顯者則設科舉以牢籠英雄是已。

四〇　科舉與學校

案自魏晉九品官人以來，唐初猶置大中正於各州。（武德七年通鑑一九〇）然國家爲集中權力計，固不能不有取於『大小之官悉由吏部，纖芥之跡皆屬考功』也。（隋書七五劉炫語）況科舉之制，足以痲醉人心也，自示私惠也，牢籠英雄也。以牢籠英雄言之，王定保摭言（卷一頁四雅雨堂叢書本）云：『進士科始於隋大業中，盛於（太宗）貞觀（高宗）永徽之際。縉紳雖位極人臣，不由進士者，終不爲美。以至歲貢，常不減八九百人。人共推重，謂之白衣公卿。又曰一品白衫。其艱難謂之三十老明經，五十少進士。其負倜儻之材，變通之術，蘇張之辨說，荆聶之膽氣，仲由之武勇，子由之籌畫，宏羊之書計，方朔之詼諧，咸以是而晦之。修身愼行，雖處子若，其有老死於文場者，亦無所恨。故有詩云：「太宗皇帝眞長策，賺得英雄盡白頭」』。終老英雄，則科舉之所以一也。

摭言（卷一頁三）又云：『（太宗）文皇帝僾武修文，天贊神授，嘗私幸端門，見新進士綴行而出，喜曰：「天下英雄，入吾彀中矣。」若乃光垂四夷，得祚三百，何莫由斯之道焉。』科舉之背景甚明。

以痲醉人心言之，則孫光憲北夢瑣言（卷一）云：『宣宗好儒雅，頗留心貢舉，嘗於殿柱上自題曰：「鄉貢進士李某。」』知宣宗之熱中於斯，知唐時人之沉醉於斯深矣。

以私自示惠言之，則『如策貢士於殿廷，自武氏始。既試之南宮，又試之殿廷，任大臣以選事，不推誠以信，而以臨軒易其甲乙。徒以市恩遇於士，而離大臣之心。故至於宋，而富鄭公欲請罷之，其說是已。……而自武氏以來，議選舉者，言滿公車，而計不及此者，後世人主之心無以大異於武氏也。夫武氏以一婦人而竊天下，唯恐士心之不戴己，而奪有司之權，竊私惠於己。後世人主，作君作師，無待私恩，以固結，而與大臣爭延攬，以籠絡天下，不亦誖乎？』讀通鑑論卷二一

言唐人科舉之作用如斯，然唐人科舉，以較後世則尚有可取者。

其一，則科目繁多，士可各乘其材以赴上之求也。趙彥衛雲麓漫鈔卷六云：『唐科目至繁，唐書志多不載，或略見於列傳，今裒集於此：制科及第。志烈秋霜。洞曉章程。材稱棟梁。志標忠梗。政均卓魯。字俗之化均高安心畎畝力田之業夙彰。道德資身鄉里共挹。養志丘園嘉遯風遠。材堪應幕。學綜古今。茂材異行。消聲幽藪。幽素。詞贍文華。直言極諫。抱儒素蹈鉛詞操文莊。孝弟梗直。臨難不顧循節寧邦。長材廣度沉跡下寮。文藝優長。絕倫。優邦疾惡。龔黃。拔萃。賢材。才膺管樂。才高任下。賢良方正。材堪經邦。草澤遺材。文學優長。茂材異行。藏器晦迹。宰臣。文可經邦。文以經國。藏名負俗。懷才抱器。明大義。通三經。抱一史。知本末。通三教。究精微。經國治人。藻思清華。道侔伊呂。才堪刺史。興化復俗。文章俊拔。超超流輩。賢良方正直言極諫。哲人奇士隱淪屠釣。良才異等。文儒異等。文史兼優。博學通議。文詞雅麗。武可安邊。高材草澤沉淪自舉。才高未達沉跡下僚。多材。宏詞。卓絕流輩。王霸。知謀將帥。平判入等。國子明經。上書中書。同進士及第。文詞秀逸。風雅古調。詞藻宏麗，經學優深。高蹈丘園。軍謀。孝弟力田聞於鄉閭。超絕。堪任將帥。堪任縣令。書判拔萃。五經。開元禮。學究。律令。明習律令。明於體用。達於吏理。三禮。達於教化。軍謀宏遠材任將

帥。詳明政術可以理人神童寶黃處士山人日試百篇道舉日試萬言長念九經學究周易處士三史童子明經明算童子學究』——視後世之限於數種寬狹自異也。

然唐制自以進士爲重，胡三省云『唐制重進士而輕明經，故有焚香禮進士，設幕試明經之語。』（通鑑卷二五二注文）其二，則場外亦論文，亦如後世之「場外莫論命場中莫論文」一準則無從。魏元曠焦庵隨筆（卷三）云：『唐人應科目時皆上書朝貴及先達名輩，朝貴各以其所得士屬之主司，及放榜後，猶必請於宰相有無篤士，乃塡榜。平日太守刺史亦皆以奬拔寒畯爲事。偶一詩見賞，卽遠近傳誦；及至都下，往往甫卸裝，卽爭造門相訪，故唐時才士無不遇之歎。』斯其徵也。

其三，則折辱士子之心，以後世言之，猶爲愈也。故玄宗肅宗間楊綰猶言：『國之選士，必藉賢良。……自叔葉狡詐，茲道浸微，爭尙文辭，互相矜炫。……近煬帝始置進士之科，當時猶試策而已。至高祖朝，劉思立爲考功員外郎，又加進士試雜文，明經塡帖，從此積弊，展轉成俗。……自古哲后，皆側席待賢；今之取人，令投牒自擧，非經國之體也。……』當時賈至亦謂『忠信之凌頽，恥尙之失所，末學之馳騁，儒道之不擧，四者皆取士之失。』（俱詳舊唐書一一九楊綰傳，新唐書竟略此文）雖當時宰相格而不行，而時人猶以擧子懷牒自投爲恥也。宋以後則防士子如狗盜，毫不念其廉恥已。

折辱士子之程式，胥宋以後啓之。糊名對號，以避愛憎，則詳劉昌詩蘆浦筆記（卷三）；禁止懷挾，則見盛如梓庶齋老學叢談（卷下頁三）；文字須加謄錄，則見吳曾能改齋漫錄（卷一）；陸游老學庵筆記（卷一）：試官入闈須斷絕交際，名曰鎖闈，則見歐陽修歸田錄（卷二頁七三）——此皆唐人所未嘗有者也。

唐科擧之可惜者，獨在不能遴拔眞材耳。其尤著者，如文宗時，劉蕡以直言下第，同擧者謂『劉君不第，我輩登科，實厚歎矣。』舊唐書一九〇下賁傳 裴度雖賢，亦無以救濟。李商隱詩云：『漢庭急詔誰先入，楚路高歌自欲翻。萬里相逢歡復泣，鳳巢西隔九重門。』容齋三筆卷十六 卽此而可徵科舉之弊已。

然唐人科舉固有學校以濟其窮，其出身之士固不必盡由科舉也；則亦大有異於後世之以科舉爲實路，以學校爲虛名者。唐書四八百官志言學校教職，有國子監祭酒從三品，國子監博士從五品，五經博士從五品，太學博士，正六品，國門館博士正七品，律學博士從八品，書學博士從八品，算學博士從九品，則學校有實學，以課甲乙，教士子也。唐書四四選舉志謂唐學凡六，國子學則貴族學校也，四門學則次貴族及平民之俊異者所入也，律學書學算學亦然。其府州縣則又有學焉，則學校有門戶以迎士子也。雖『天寶後學校益廢，生徒流散，館無定員』新志 而楊綰等人，猶推舉學校之制，以謂可濟科第之窮。

舊唐書一一九 綰傳云：『（肅宗時）賈至議曰：『……今取士試之小道，而不以遠者大者。使干祿之徒，趨馳末術。……請兪廣學校，以宏勸誘。今州有太學，郡有小學，兵革一動，生徒流離，儒臣師氏，祿廩無向。貢士不稱行實，胄子何嘗講習？獨禮部每歲擢甲乙之第，謂弘奬擢，不其謬歟？……其國子博士等望加員數，厚其祿秩，選通儒碩生，間居其職。……則靑靑不復興刺，擾擾由其歸本矣。』可知學校雖不修，而時論猶重之如此。當時太學固無以愈於科舉。觀柳宗元河東集三四與太學諸生書云：『聚爲朋曹，侮老慢賢，有墮窳敗業，而利口食者；有崇飾惡言，而肆鬭訟者；有凌傲長上，而誶罵有司者。』可見一斑。然在科舉之外，爲登庸人材之一門，則固無可疑者。

其尤足爲士子留一線之生機者，則書院之制，其脫胎於前世之精舍參本卷二七節者，而創於唐。唐六典稱：『開元十三年，改集賢殿修書爲集賢殿書院；』益聞總錄（卷中頁四〇青照堂本）云：『書院之始，起唐玄宗。時有麗正書院，集賢書院。本建朝省爲讀書地，後衡州李寬建石鼓書院，始爲士人肄業所。白鹿洞書院，南唐所建也。應天書院，宋時富人曹誠建也。』按麗正書院之置在唐玄宗開元十一年。（通鑑二一二）然則在科舉國士未甚之際，官學教士未衰之時，而宋明書院之規模已兆端於斯時，得無天下有心人未甘受郡縣制度以下操縱士子之牢籠，而思有以抉破藩籬乎？故在有宋科舉仍舊也，學校有三舍也，而書院勃興已。

四一　隋唐學術

科舉也，學校也，所以牢籠英雄；所以增進天下爲私之郡縣制度的效力；然其間固亦足令家國暫安，民生粗遂。學術亦於是孕育焉。

家國暫安，其一能促藏書之盛，印刷未興，前所以保存文獻者，胥賴斯焉。大凡開國之時，例必收書。（詳本卷第九節）故隋煬帝亦從事於斯。（隋書三二藝文志）其在於唐，則貞觀開元，兩度徵集，取蜀郡之紙，給上谷之墨，用河間之毫。『兩都各聚書曰部，以甲乙丙丁爲次，列經史子集四庫，其本有正有副，軸帶帙籤皆異色以別之。』後經安史亂離，尺簡不存，更爲徵集，則國家在郡縣制奏效之時，於文獻固亦有益焉。新書（四八）載工部尙書亦掌紙筆墨之事；姚寬西溪叢語（卷下）云：『唐初祕書省有熟紙匠十人，裝潢匠六人。』則承平與文獻有關，可想。且當時印刷未起，文獻徵存，胥賴大力，私人蓄書，事殊艱難。南史（二七）稱崔慰祖聚書萬卷，鄰里來假，親自取與，未嘗爲辭。又稱任孝恭家貧無書，常崎嶇從人假借，顏之推稱借人典籍，首當愛護，以爲士大夫百行之先。（顏氏家訓卷一）然杜暹藏書，謂：「清俸寫來手自校；子孫讀之知聖道，鬻及借人爲不孝，」（詳錢氏養新錄十九引清波雜志）而柳仲郢爲元和間人，雖在仕宦：『廐無名馬，衣不熏香。退公布卷，不舍晝夜。九經三史，一鈔。魏晉以來南北史，再鈔。』（舊唐書一六五柳傳）達官如斯，其他可想。何薳春渚紀聞（卷五）云：『杜征南與兒書，言昔人云；借人書一瓻，還人書一瓻。山谷借書詩云，時送一鴟開鎖魚。常疑兩字不同，因於孫緬唐韻「五之」字韻中，瓻字下注云，酒器。大者一石，小者五斗。古借書盛酒器也。又得以證二字之差，然山谷鴟字，必別見他說。當是古人借書，先以酒醴通殷勤，借還皆用之耳。』知古人借書之難爾爾，則統一之世，其收書之功，可知也。

其二，則有經學之盛。經學者，所以節制士夫，俾能忠順於自私之郡縣以下者也。唐書（一八九）儒學傳敍，稱太宗以孔子爲先聖，顏淵爲先師。而顏師古孔穎達諸人，前後登用。『唐太宗以儒學多門，章句複雜，詔國子祭酒孔穎達，與諸儒撰定五經義疏，凡一百七十卷，名曰五經正義。』「因一時之好尙，定一代之規模。」（經學歷史頁四二）窮巷陋儒，呫嗶經年，正與考試時之帖經墨義，均爲隨勢利用者已。

唐人試法，如進士「試時務策五道，帖一大經，經策全通爲甲第，」則帖經也。『凡書學，先口試；通乃墨試說文字林二十條，』則墨義也。『凡明經先帖文，然後口試，經問大義十條，答時務策三道，』則帖經墨義彙用也。（新書四四選舉志）此皆假經術以絡士之可見者。

其三，則如史學。劉知幾之史通，杜佑之通典，其著者也。唐科舉本有「史學。」（新書四四選舉志）然當時史臣，『鑿枘相違，齟齬難入，其所載削，皆與俗浮沉，雖自謂依違苟從，然猶大爲史官所疾。任當其職，而吾道不行，見用於時，而美志不遂。』史通自敘 則史學之受影響於大一統也可知。通典敘云：『杜君卿雅有遠度，志於邦典，採五經羣史，上自黃帝，下至有唐天寶之末，以類相從，舉其始終，歷代沿革廢置，及當時羣士論議得失，靡不條載，附之於事。』佑傳又稱通典之作，蓋補劉秩政典，而政典之作，效周官六官之法，詳新唐書一六六佑傳 則通典與大一統有關焉。如賈耽之地學，更無論已。

知幾，武后時人。唐書一三二 杜佑元和七年卒，年七十八，蓋生於開元二十三年七三五 學術與時世可見。至於地學，新唐書四六百官志 稱職方郎中「掌地圖城隍、鎮戍、烽候、防人道路之遠近，及四夷歸化之事。凡圖經非州縣興廢五年乃修。」賈耽傳稱：『耽嗜觀書，老益勤，尤悉地理，四方之人與使夷狄者見之，必從咨索風俗。故天下地土區產、山川夷阻，必究知之。又圖海內華夷，廣三丈，從三丈三尺，以寸爲百里。』新唐書一六六賈傳 則耽之地圖，蓋亦由於武功之盛也。

其四，則如書學者，蓋亦受中樞提倡之影響。百官志有書學博士，新唐書四六 而宏文館之設也，『貞觀元年，詔京官職事五品以上子，嗜書者二十四人，隸館習書，出禁中書本以授之。』用知承平之時，提倡有閑階級之藝術，何如？馬永卿嬾眞子錄卷三儒學警悟本 云：『唐人字畫見於經幢碑刻者，其楷法往往達於精妙，非今日所能及。蓋唐世以此取士，吏部以此爲選官之法，故世競學之，遂至於妙。』朱新仲猗覺寮雜記卷上頁五二 云：『唐百官志有書學，故唐人莫不善書。遠至邊裔書史里儒，莫不書字有法，往往勝於今之士大夫，至今碑刻可見也。亦由上之所好，有以勸誘之。正觀中集王羲之書爲百五十卷。選貴臣子弟有性識者，以爲宏文館學生，內出法書，命之習學，人間有善書者，亦召入館，海內向風，工書者衆。』蓋上有好之下焉益甚，觀太宗之計取蘭亭，而唐人書學可見。

舊小說唐一頁五七一有何延之蘭亭始末記，大略云：『蘭亭者晉王羲之右軍所書詩敍也。遒美勁健，絕代特出。他日更書數十本，更無及者。右軍亦自愛重此書，留付子孫，傳至七代孫智永，與兄孝賓俱捨家入道。禪師克紹良裘，精勤此藝，所退筆頭，置大竹簏，簏受一石，五簏皆滿。孝賓改名賓欣，梁武帝以智永二人皆崇釋教，故名所居之寺曰永欣寺焉。事具會稽志。禪師年百歲乃終，其遺書並付與弟子辨材。貞觀中，太宗聽政之暇，銳志翫書，唯未得蘭亭，尋知在辨材處，召令至京，方便善誘，辨材終稱迭經喪亂，不知所在而已。房元齡奏曰：「蕭翼者，梁元帝曾孫，負材藝，多權謀，可以獲此。」翼乃馳往，以茶酒伴辨材，僧俗混然。久之，乃談論翰墨，翼謂弟子先世頗愛鍾王書法，因出數跡，辨材曰：「是則是已，善未善也。」因於屋樑取柙出蘭亭，辨材時年八十餘，每日於窗下臨學數過，篤好如此。翼往還既數，僮弟等無復猜忌。辨材偶外出，翼乃私取，乘驛以告都督，且就與辨材別曰：「奉勅取蘭亭，今得矣，故來作別。」辨材梗絕良久。太宗以其老，不忍罪也。因命搨數本以賜皇子近臣。貞觀二十三年，聖躬不豫，謂高宗曰：「蘭亭可與我將去。」高宗流涕拜從，眞跡既歸鼎湖，搨本在者尚值數萬焉。（節錄全文）事雖不可盡信，亦有閑酸丁佳話之一。焉聊錄之。

至於圖畫，則封氏聞見記卷六頁八云：『國初閻立本善畫，尤善寫眞。太宗爲秦王，使立本圖秦府學士杜如晦等一十八人。貞觀十七年，又使立本畫功臣長孫無忌等於凌煙閣。立本以高宗總章元年遷右相，即今之中書令也。時人號爲丹青神。……則天朝，薛稷亦善畫，位至太子少保。元宗時，王維特妙山水，幽深之致，近古未有。鄭虔又工書畫，又工詩，故有三絕之目。天寶中，御史畢宏善畫古松。凡此數公，皆負當時才名，至若吳道元畫鬼神，韓幹畫馬，皆近時知名者。』畫學之盛，蓋亦不能不謂與內廷供奉無關也。

開國時，高祖子元嬰已善畫。陳鵠耆舊續聞卷九。中世則王維「畫思入神」「天機所到學者不及。」「開元天寶間，豪英貴人虛左以迎。」新唐書二〇二 亦以見畫學與統治者與有閑階級有關然既得有閑階級提倡則藝術更又臻妙故山靜居畫論卷上 甚稱唐人之點簇畫及沒骨畫也。

卽以科學言之亦仍有與政治不能絕緣者。如以醫學言之『唐初孫思邈作千金要方，以爲人命至重貴踰千金。一方濟之德無逾此。故診治之訣，針灸之法，以及導引養生之術，無不周悉。』四庫提要一〇三 葉夢得云：『自張仲景華佗徐彥伯有名一世者，其方術皆醫之六經。孫眞人爲千金方兩部，固已妙盡古今方書之要；獨傷寒未之盡，似猶未盡仲景之言。後三十年作千金翼論傷寒者居多，蓋始得之，其精審不苟如此。』石林避暑錄話卷上頁二四 王珪孫燾『亦數從高醫游，遂窮其術，作外臺祕要，討繹詳明。』新唐書九八珪傳 ——凡此云云，似醫學與一統之政制無關。顧唐書四八 有太醫署令分醫師針師呪禁按摩四科，置采藥師，則醫藥安知與政制無關。以歷算言之，舊唐書七九 稱李淳風麟德歷精密。劉肅大唐新語卷九 稱『開元十二年，沙門一行等造黃道游儀以進，玄宗親爲之序，因遣太史官馳往安南及蔚州測候日影，經年乃定。』——則歷象固與一統政制有關。以機械言之，蘇鶚杜陽雜編卷中 言『飛龍衞士韓志和本倭國人，善雕木作鸞鳳鵶雀之形，飲啄動靜與眞無異。以關戾置於腹內，發之則淩雲奮飛，可高三尺至三百步外方始卻下。乘刻木以作貓兒以捕鼠雀，飛使異其技巧，遂以事奏上（穆宗）覩而悅之。』曰「覩而悅之」者，蓋仍與政治領袖有關。

按以木作捕鼠人，夢溪筆談卷七頁二二 嘗載慶歷中術士李某刻一鍾馗，右手執鐵簡，左手置香餌，鼠緣手取食，則左手扼鼠，右手運簡斃之云。機製使飛，漢書九九下王莽傳 已記有人取大鳥翮爲衣，飛數百步墮。北史卷七 言高洋召死囚以席爲翅，從二十七丈高臺飛下，或竟無恙。惟聖哲立訓，不以機巧爲貴，故隱湮爾。因韓志和事類及之。

第十三章　中古文化史之結束

四二　藩鎮與外族

但有利於帝王專斷之唐郡縣制，自玄宗天寶十三年七五四安史亂作以往，蓋已日遂沉淪。肅七五六至六二代七六三至七九德七八〇至八〇四順八〇五之五十年間，朱泚李希烈輩，倡亂相繼。憲宗八〇六至八二〇雖能削平淮西，然『亦舉十六道之兵四年攻之，四年而後克。』用讀通鑑論卷二五語藩鎮之刺客，可以直入國都，盜殺宰相。廿二史劄記卷二〇盜殺宰相有二事條穆宗八二一至八二四敬宗八二五至八二六文宗八二七至八四〇藩鎮之勢加烈，而朝中宦官朋黨，又相交鬨。以前者言，則『自穆宗以來八世，而爲宦官所立者七君。』唐書僖紀贊文以後者言，則文宗語曰：『去河北賊易，去朝廷朋黨難。』通鑑卷二四五蓋有慽於牛李之黨爭歟。至昭宣帝天復二年九〇五而有朱溫投士濁流，以殄清流。詳通鑑二六五未幾而唐亡已。九〇七年蓋自天寶以訖唐亡，中間凡百五十年，外有權藩，內有閹宦；於斯時也，實外族可以乘機激發之時也。

裴度於穆宗時上言：『欲掃幽鎮，必宜肅清朝廷。何者，爲患爲大小，議事有先後。河朔逆賊，祇亂山東，禁闈姦臣，必亂天下。是則河朔患小，禁闈患大。』舊唐書一七〇度傳可知藩鎮外族，亦由中樞間接促成之，書此以志喟也。

玄宗肅宗間之安史之亂，實可證外族與藩鎮，共起而紊唐之郡縣制度。安史蓋降胡也。『中原不可生強盜，強盜纔生不易除；一盜未平羣盜起，功臣都是盜根株。』（侯延慶退齋燕閑錄頁二（說郛本）題唐書詩）郭子儀者，肅代時平安史拒吐蕃者也。趙璘因話錄（卷一頁四）稱其子『郭曖嘗尚昇平公主。琴瑟不調，曖罵公主依乃父為天子耶，我父嫌天子不作。公主恚啼，上曰：汝不知他父實嫌天子不作。使不嫌，社稷寶汝家有也。因泣下。但命公主還。尚父拘曖，自詣朝堂待罪。上召而慰之曰：諺云不癡不聾，不作阿家阿翁。小女子閨幃之言，大臣安用聽？錫賚以遣，尚父杖曖數十而已。』代宗以後，德宗之時，破吐蕃者李晟，平李希烈者李晟，而輔相之拜罷，胥出晟意。（詳容齋續筆卷二李晟傷國體條）雖憲宗略能中興，而嗣後則叛藩之勢益熾也。

當時方鎮，專其兵賦之權，而一為國家用命，即仰度支供餽。（廿二史劄記卷二〇）其殖土自榮之心，則安重榮謂：『今世天子，兵強馬壯者當為之，寧有種耶。』（舊五代九八榮傳）昭宗景福二年，（八九三）欲討李茂貞，杜讓能『諫曰：萬一不克，悔無及矣。上曰：王室日卑，號令不出國門，此乃志士憤痛之秋，卿位居元輔，與朕同休戚，無宜避事。讓能泣曰：「……但恐他日臣徒受鼂錯之誅，而不能弭七國之禍也。……」……軍潰，……讓能言於上曰：「臣先已言之矣，請以臣為解。」上涕下不自禁，曰：「與卿訣矣。」……賜自盡。』（通鑑二五九）阮閱詩話總龜云『陝郊有唐昭宗詩曰：「何歸有英雄迎歸大內中。」又云：「紇干山頭凍殺雀，不如飛去生處樂。」讀之令人變色。昭宗在河東作菩薩蠻云「登樓延望秦宮殿，茫茫不見雙飛燕。渭水一條流，千山與萬丘，野烟生碧樹，陌上行人去。何處有英雄，迎歸大內中？」』（前集四二）專斷帝王，末途如斯。

然叛藩未嘗不受脅逼也，蓋受脅於驕兵。『逐帥殺帥，視為常事，為之帥者，既慮其變而為肘腋之患；又欲結其心以為爪牙之助，遂不敢制以威令，而徒恃厚其恩施，此驕兵之所以益橫。』（廿二史劄記二〇方鎮驕兵條）故王建攻蜀，至『誘其將士曰，成都城中繁盛如花錦。一朝得之金帛子女恣汝曹所取，節度使與汝曹更迭爲之耳。』及破蜀，『小校韓武數於使廳上馬，牙司止之，武怒曰「司徒許我迭爲節度使，上馬何爲？」』（通鑑二五八大順二年）新唐書（五〇）所謂『兵驕則逐帥，帥彊則叛上，往往自擇將吏，號爲留後，姑息愈甚，而兵將愈俱驕。』觀於「夯市」「靖市」等名而知兵之驕矣。

李燾續資治通鑑長編（卷二）云：『唐季以來，典刑弛廢，州縣掌獄吏，不明習律令，守牧武人，率恣意用事。』張舜民畫墁錄（卷一）云：『自唐末五代每至傳禪，部下分擾剽刦，莫能禁止，謂之「靖市」。』司馬光涑水紀聞（卷一）記宋太祖將卽位，謂部下曰：『近世帝王，初舉兵入京城，皆縱兵大掠，謂之夯（音抗）市，汝曹毋得夯市及犯府庫，事定之日當厚賚汝，不然當誅汝，如此可乎？』衆皆曰諾，乃整飭隊伍而行。』此亦士校驕恣之徵。

然驕兵未嘗不受脅逼也。唐初借助突厥以興國，（讀通鑑論卷十九唐高祖用突厥傳）唐中安史之亂，則召回紇以平難。如『郭子儀領回紇兵馬與賊戰於陝西』（舊唐書一九五回紇傳）是也。而吐蕃亦於斯時屢歲寇邊。唐季則借助於沙陀以平黃巢，僖宗用李克用李國昌父子是也。（唐書二一八沙陀傳）回紇之禍，最前舊書所謂：『郭子儀收東京，回紇遂入府庫收財帛。於市井村坊，剽掠三日。』回紇破安史而安史之徒『伏屍三十里。』（舊一九五回紇傳）吐蕃則『玉帛纔至於上國，鋒燧已及於近郊。』（舊一九六吐蕃傳贊）稍後回紇吐蕃雖衰，而沙陀倔強於唐季，與黃巢餘黨朱温相持之李克用，號「獨眼龍」「逐豺狼於魏闕，殄氛祲於秦川。」』（舊五代史二六贊）其部下李存信『果於殺戮，犯令者梟首，諸軍無不屏息。』（舊五代五三李存信傳）此則叛兵受制於悍胡之明徵也。

悍胡之特有者，則爲養兒。通鑑（二五五）云：『克用擇軍中驍勇者，多養爲子。張信之子曰存信，振武孫重進曰存進，許州王賢曰存賢，安敬思曰存孝，皆冒姓李氏。歐陽修曰：唐自沙陀起代北，其所與俱，皆一時豪傑虓武之士，往往養爲兒，號義兒軍。』以此可知悍胡之自有組織也。

將則制君，兵則制將，胡則制兵，層層割據，儼然縱的封建之制。因話錄（卷二）云：『郭汾陽在河中，禁無故走馬，犯者死。南陽夫人乳母之子抵禁，都虞侯杖殺諸子，泣告於王，言虞侯縱橫之狀。王叱而遣之。明日對賓僚吁歎者數四。衆皆不曉，紛問之。王曰：「某之諸子皆奴才也。」遂告以故，曰伊不賞父之都虞侯，而惜母之阿嬭兒，非奴才而何？』此可以見安史亂後軍人之抹倒是非。寶晉齋法書載豆盧革田園帖云：『大德欲要一居處，畿甸間舊無田。鄜州雖有三兩處莊子，緣百姓租佃多年，累有王公大臣書請卻給還人戶，並不欲侵奪疲民。……』岳珂云：「此帖乃與僧往還書，其畏強藩避罪罟，蓋凜凜淵冰。」（舊五代六七 唐書四三）此可以見唐亡以後，外族侮侵人民之烈，此猶三層割據以外者也，——因而人民苦矣。

人民之苦可由詩人所言徵之。如杜甫死於代宗大歷五年（七七〇）即百五十年間初期的詩人，其『新婚別』云：「菟絲附蓬麻，引蔓故不長。嫁女與征夫，不如棄路旁。結髮爲妻子，席不暖君牀。暮婚晨告別，無乃太匆忙。」（工部集卷九）則離散之苦也。兵車行云：「車轔轔，馬蕭蕭，行人弓箭各在腰。耶孃妻子走相送，塵埃不見咸陽橋。牽衣頓足闌道哭，哭聲直上干雲霄。」垂老別云：「四郊未寧靜，垂老不得安。子孫陣亡盡，焉用身獨完。投杖出門去，同行爲辛酸。幸有牙齒存，所悲骨髓乾。」（工部集十四）則丁役之苦也。無家別云：「寂寞天寶後，園廬但蒿藜。我里百餘家，世亂各東西。存者無消息，死者爲塵泥。但對狐與狸，豎毛向我啼。」（同上）則荒亂之苦也。』又如白居易，卒於大中元年（八四七）即百五十年間中期之詩人，其杜陵叟云『杜陵叟，杜陵叟，歲種薄田一頃餘。……典桑賣地納官租，今年衣食將何如。剝我身上帛，奪我口中粟。虐人害物卽豺狼，何必鉤爪鋸齒食人肉。』（全唐詩白十五）又如韋莊於僖宗中和癸卯，（八八三年）感黃巢之亂，作秦婦吟云：『倘讓廚中食木皮，黃巢機上刲人肉。東南斷絕無糧道，溝壑漸平人漸少。六軍門外倚殭屍，七架營中塡餓莩。長安寂寂今何有？廢市荒街麥苗秀。採樵斫盡杏園花，修寨斬斷御溝柳。』則肅宗（七五六）至唐亡（九〇七年）百五十年間，末期詩人之哀吟民間痛苦者也。

四三　幽怨哀壯以至於頹唐之文人

就上，知天寶以前，（六一八至七五五）爲唐郡縣制之見效時期，所謂小康也。天寶以後，至於憲宗穆宗（八二四）爲唐郡縣制之破壞時期，所謂離亂也。敬文以後，以至唐亡，（九〇七）號令不出國門，民生益見困苦，則唐郡縣制之終壞時期，所謂「大亂」也。宋祁云『唐有天下，三百年文章無慮三變。高祖太宗沿江左遺風。……唐興百年，諸儒爭自名家，大曆貞元間，（七六六至八〇四）美材輩出。……於是韓愈倡之，柳宗元李翺皇甫湜和之。……言詩則杜甫李白元稹白居易（元白兩氏均有長慶集）……』蓋已述小康時離亂時之文人。（新唐書二〇一文苑傳敍）歐陽修云『唐之晚年，詩人無復李杜豪放之格，然亦務以精意相尙。』（六一詩話頁六）則指大亂時期之文人也。

鶴林玉露（卷十六）云『朱文公云：古今之詩凡三變，蓋自書傳所載，虞夏以來，下及漢魏，自爲一等。自晉宋間，顏謝以下，及唐初，自爲一等。自沈宋以後，定著律詩，下至今日，又爲一等。自然唐初以前，其爲詩者，法猶未變。至律詩出，而後詩之句與法，始皆大變。以至今日，益巧益密，無復古人之風矣。』朱子蓋就六朝唐宋立論者。

小康時期之文人，非以供御，卽空發哀怨。故武后之時，沈佺期宋之問『約句準篇，如錦繡成文，』唐書二〇二之問傳 似有開闢律詩之功，然律詩固非初唐人所能創，參看本卷二七節引王東漵柳南隨筆卷三 沈宋者流，顧亦不過供奉應制之問，明河之詩，寓意求宦，而武后以有口疾醜之，其人蓋權門走狗也。拙著唐人故事詩頁六至七 同時有劉希夷，其白頭詠云：『今年花落顏色在，明年花開復誰在。』『年年歲歲花相似，歲歲年年人不同。』劉肅大唐新語卷八 中宗時有李嶠之汾陰行『山川滿目淚沾衣，富貴榮華能幾時，』雖異日高宗以爲才子，然亦不過榮華中略作怨苦之反省。詳計型夫唐詩記事卷十 感慨未深，氣局未大，在小康之郡縣制度以下，歌詩以發其心聲者，不過爾爾。

唐人之詩，本屬可歌。『竹枝浪淘沙拋球樂楊柳枝，乃詩中絕句而定爲歌曲。』『李賀樂府數十篇，皆合之管絃，李益詩名與賀相埒，每一篇成，樂工爭以賄求之。』故王昌齡高適王之渙旗亭飲酒，昌齡高適二絕，伶人歌之，佳妓最後唱之渙黃河直上之句，之渙大悅。『以此知李唐伶伎取當時名士詩句入歌，蓋常俗也。』節錄王灼碧雞漫志卷一頁七 ——然此乃隨時行樂，非創變作風之謂也。

小康時期之詩如斯，其文人亦何嘗不爾。故王勃滕王閣賦，實類齊梁小兒之語。同時有劉知幾，其著史通，亦復駢四驪六。李善傾心於文選，唐書二〇二李邕傳附 正以見齊梁人所渴誦之文選，唐初亦成通行。廿二史劄記二〇、唐初文選學 可知小康時期之文人，無以大殊於六朝，何則，沉醉昇平，所感者小，而所鳴者微也。

至於天寶以後，歷代宗大歷，憲宗元和，至於穆宗長慶，文人詩人，雖不乏供御者，不乏空鳴哀怨者，然言詩則有杜甫李白；甫卒於代宗大歷五年，七七〇 其死時，韓愈已得三歲。七六八至八二四 又二年而白居易生。七七二至八四六據新唐書一一九 離亂之時，其音哀而旨正，詞宏矣。

杜甫為天寶大歷間之詩人，與李白同時。其詩律高妙，嚴羽所謂：『李杜二公，如金鳷擘海，香象渡河，下視（孟）郊（賈）島輩，直蟲吟草間。』（滄浪詩話頁一八）然杜詩尤淵源得風人之致，阮閱詩話總龜（後集三四）之說，可以盡之。『李杜畫象，古今詩人，題詠多矣。若子美（甫字）其詩高妙，固不待言，要當知其平生用心處，則半山老人（王安石）之詩得之。詩云：吾讀少陵詩，謂與元氣侔。力能排天斡九地，杜顏毅色不可求。……青衫老見斥，餓走半九州。瘦妻殭前子仆後，穰穰盜賊森戈矛。吟哦當此時，不廢朝廷憂。常願天子聖，大臣各伊周。寧令吾廬獨破受凍死，不忍四海赤子寒颼颼。傷屯悼屈亦一身，嗟時之心吾所羞。所以見公像，再拜涕泗流。推公之心古亦少，願起公死從之遊。』蓋在離亂之世，杜甫誠詩史。其石壕吏諸篇，匪特小康時沈宋諸人所莫能，抑亦李白所不逮矣。故漁隱叢話，（詩集卷八）載李伯紀杜工部集敍云：『自開元天寶太平全盛之時，迄至德大歷干戈喪亂之際，凡千四百四十餘篇。其忠義氣節，羈旅艱難，悲憤無聊，一寫於詩，』允矣。

李白似為一中酒疎狂之詩人，其作品為個人的，非家國的。姚寬西溪叢語（卷上）云：『殷璠為河瀆英靈集，不取杜甫詩。高仲武為中興間氣集，不取李白詩。』然吾終嫌太白才子氣太重，不如子美淵深。任昉之生，母夢彩旗懸鈴；江淹得郭璞筆，後夢索見還，而江郎才盡。（南史五九任傳江傳）此均與唐李嶠夢人遺雙筆，才思大進，（唐一二三）太白母夢長庚星生，（唐二〇二）同有「才子」鬼話。況白為詩文，不嘗關懷世變。故王『荆公論李杜韓歐詩，以歐公居太白上。』曰李白詩詞迅快，無疎脫處；然其識汚下，十句九句，言婦人酒耳。』（捫蝨新語卷八）漁隱叢話（前集卷六）云：『荆公次第四家詩，以李白為最下，俗人多疑之。公曰：白詩近俗，人易悅故也。白識見汚下，十首九說婦人與酒耳。』潘德輿李杜詩話卷一云：『荆公此論，拼盌新語，冷齋夜話，皆載之。老學庵筆記，則謂非荆公語，乃讀李杜詩未熟者妄言之。』然予則寧願荆公有是言也。

元和長慶間丁憲宗不能中興之後，爲離亂之世，又有兩組文人，言文則有韓柳，言詩則有元白，先後而在。韓柳古文，據趙翼廿二史劄記卷二十唐古文不始於韓柳條云：『宋景文謂唐代古文自韓愈始倡，其實不然。……愈之先，早有以古文名家者。今獨孤及文集，尚行於世，其勝處有先秦西漢之遺風，但未自開生面耳。』然柳韓丁玆亂世，而又重之以個人之失意，則其發揚古文，終不失爲元和之以文鳴時者。至於元白之詩，其悱惻有詩人之致，固減於杜甫，然樂天能關心國事，其長恨歌云：『漢皇重色思傾國，御宇多年求不得，』則荒宴之誅焉。微之連昌宮詞云：『開元之末姚宋死，朝政漸漸由妃子，祿山宮裏養作兒，虢國門前鬧如市，弄權宰相不記名，依稀記得楊與李，廟謨顛倒四海搖，五十年來作瘡痏。』則懲諷之戒焉。蓋『居易被遇憲宗時，事無不言，湔剔抉摩，多見聽可，後爲當路所忌，遂擯斥，所蘊不能施，乃放意文詞。』唐書一一九居易傳白與元書云：『文章合爲時而著，歌詩合爲事而作。』又謂：『好其詩者，鄧魴唐衢，俱死。不知天意不欲使下人疾苦聞於上耶。』日知錄二一引白言云云，而元稹作連昌宮詞，其『詞雖微而荒縱之意，乃可考。卒章乃不忘諷箴爲優，……此詩蓋深譏荒淫無度也。』張邦基墨莊漫錄卷六——此長慶間之詩人，在郡縣制失墜以後，猶不忘箴規之微，雖立言或有時俚俗，而此愛國之思，則猶不失老杜之矩矱者也。

王荆公云：『天下好語皆被杜子美道盡，天下俚語又被白樂天道盡。』漁隱叢話前集卷十四彭乘墨客揮犀卷三又謂：『白樂天每作詩，命一老嫗解之，問曰解否？嫗曰解，則錄之，不解，則又復易之，故唐末之詩，近於鄙俚。』然樂天所以不朽，正在乎斯。段成式酉陽雜俎卷八載有人『自頭以下，遍刺白居易舍人詩，』白詩深入民間可見，況立語不忘家國乎？

其在敬文以後，藩鎮愈悍，外族愈強，以迄唐亡。文人亦頹唐矣。文宗之時，王建以宮詞著，（全唐詩王建傳）此沉靡也。李涉遇暴客詩云：『春雨瀟瀟江上村，綠林豪客夜知聞；他時不用相迴避，世上於今半是君。』（范攄雲溪友議卷九）此幽怨也。稍後則李商隱（文宗開成二年（八三六）進士）『為詩主穠艷，號三十六體。』其無題詩大致涉及情愛。（新唐書二〇二商隱傳）杜牧（太和二年（八二八）進士）雖有「銅丸走坂駿馬注坡」之譽，（辛文房唐才子傳卷六）然其「落魄江湖載酒行」，為崔女紫雲而發。（王銍補侍兒小名錄頁四）「自恨尋芳到已遲」則宣宗時為垂髫女而作。（漁隱叢話後集十五）此放肆也。下及懿宗之時，則劉允章（見唐書一六〇）怒皮日休，以為『「鸚鵡洲在此，即黃祖沉禰衡之所，」舉座為之懼，日休零涕而已。』（見玉泉子頁七）而鄭綮相昭宗，『或問鄭綮相國，近有詩否？答曰：詩思在灞橋風雪中驢子上，此處那得之？綮雖有詩名，本無廊廟之望，及登庸，中外驚駭。太原兵至渭北，天子震恐，渴於攘卻，綮請於文宣王字號中加一哲字。』（北夢瑣言卷七）——文人之無聊與言論之不自由，於此可徵。唐亡矣，韋莊著秦婦吟，其結句以『願君舉棹東復東，詠此長歌獻相公，』推美潤州帥周寶，（王國維觀堂集林二十一秦婦吟跋）寶固善於賂城者也。（新唐書一八六寶傳）——可知世道之窮，兆文人之窮；晚唐文人之所以不及中唐，而唐詩之所以陷於絕境，與義山穠艷之風，竟開北宋西崑之體者，——此與世道之窮，豈無些微之因緣哉？詩話總龜（後集卷十一）云：『咸平景德中，錢惟演劉筠首變詩格，而楊文公與之鼎立，號江東三虎，詩格與錢劉亦極相類，謂之西崑體。大致效李義山之為，豐富藻麗，不作枯寂語。楊文公在至道中得義山詩百餘篇，至於愛慕而不能釋手。』西崑與義山近，容為時世近故；然義山之詩，何以盛於唐宋之交，而竟軼李杜，則殆時世大亂，關心家國之詩不容輒為，而穠艷風流，遂為世重歟。

四四　中古末之民生

且世道之衰，非徒郡縣制壞，武人與外族之恣橫而已，則皆有民生之困苦也，豪貴之兼併也。天寶以後，民因苦於軍事，『讀杜甫無家垂老諸別，千古猶爲隕涕。』讀通鑑論二十 白氏長慶集卷三 述新豐折臂翁記規脫軍籍者：『夜深不敢使人知，偷將大石搥折臂。張弓簸旗都不堪，從茲都免往雲南。』諸語，然民人所受經濟之脅迫，因非起於天寶以後，而天寶以後特甚爾。

漢董仲舒仲長統，已斥豪人豪殖，其在於晉，則張華博物志卷九 亦言：『貧者不勝其憂，富者不勝其樂。』東晉之初，魯褒著錢神論，謂『市諺曰錢無耳，可使鬼，凡今之人，惟錢而已。』晉書九四魯褒傳 然古惟用錢，漢書食貨志 唐惟權萬紀請鑿山冶銀，歲取數百萬，而『太宗斥之。』唐書一〇〇萬紀傳 亭林文集卷一錢糧論 云：『漢志言秦幣二等，而銀錫之屬施於器飾，不爲貨。自梁時，始有交廣以金銀爲貨之說，宋仁宗景祐二年，始詔諸路歲輸緡錢，福建二廣易以銀，以坑冶多而市舶利也。至金章宗始鑄銀，名之曰承安寶貨，』言銀之歷史如此。

天寶以後，郡縣制壞，而社會上處有兩種勢力，其一則地主也。玄宗薄盧從愿之盛占良田，名之多田翁，不以爲相。唐書一二九從愿傳 猶是薄之也。至宣宗之語韋宙，則竟以「足穀翁」譽之，詳本卷三十六節引侯鯖錄卷六 則竟以兼併之徒爲是也。德宗介乎玄宗宣宗之間，而其時則楊炎定兩稅，可以見田主之得志，陸贄斥兼併，可以見田主之橫行。又知「多田」之誚，變爲足穀之譽，非偶然已。贄在德宗時，言『今制度弛紊，疆理壞隳，恣人吞噬，無復畔限，富者兼地數萬畝，貧者無容足之居。』『今京畿之內，每田一畝，官稅五升，而私家收租，殆有畝至一石者。夫以土地王者之有，耕稼農夫之所爲，而兼併之徒，居然受利。』『革弊化人，事當有漸。望令百官奏議，凡所占田，約爲條限；裁限租價，務利貧人。』見宣公奏議卷十五 此卽元史盧世榮傳減租，元史二〇五 日知錄卷十 議減私租之先聲，讀史者可知私租之重，蓋在唐季已然。

楊炎在德宗卽位之時，七八〇 以大亂之後，法度玩敝，乃廢租庸調之法，『戶無主客，以見居爲薄，人無丁中，以貧富爲差。不居處而行商者，稅三十之一，居人之稅，夏秋兩入之，俗有不便者，正之。』唐書一四五炎傳 蓋昔者丁各有產，故租庸調之法，以人爲本；後世丁或無田，故兩稅之法，以產爲準。炎之創爲兩稅也，後世因之；殆有不得不然者爾。

以兩稅爲不得不然者，語詳通考。卷三 蓋租庸調昔丁而稅，勢須有詳細之丁籍。如前三五節所引圖貌籍帳之法 考承平日久，戶籍失修，如武后時十道使已括天下亡戶；詳新唐書一二五蘇瓌傳 中宗時李嶠亦言：『破役隱身，規脫租賦；』唐書一二三嶠傳 玄宗時則宇文融特括浮戶閑田，詳舊唐書一〇五融傳 徐度卻帚編卷下頁二十六 以爲此乃憲衡之始。可知調查丁口，勢至繁重，況經天寶之亂，戶口流散，而兩稅之興，蓋不得已。

其二，則商人也。按德宗時，王虔休稱『海陽舊館，前臨廣江，大艦飛軒，高明式敍，崇臭棟宇，辨其名物，陸海珍藏，徇公忘私。』全唐文五一五 則蓄商之盛也。懿宗時陳磻石請造千斛大舟，自福建運米，以泛廣州，通鑑二五〇 僖宗時黃巢求爲嶺南節度使，于琮以爲廣州市舶寶貨所聚，不可令賊得之。通鑑二六三 則海上之盛也。孟麟錢布通志五下 云：『唐憲宗令商賈委錢諸路奏進院，及諸軍諸富家，以輕裝趨四方，合券乃取之，號飛錢。』則匯兌之始也。泉布通志五上 拓有高宗永徽間鈔，又有敬宗寶歷八二五 鈔十張。上書「大唐寶鈔」，次書「十貫」，卽畫元寶一錠，二十貫，卽畫元寶二錠。其餘照數加減，下書：「禮部奉旨印造大唐寶鈔，與錢並行」等文。兩邊篆書「通行天下，與錢並行」，周圍雲龍花欄，十紙皆同，上蓋方印，曰印造寶鈔。』則紙幣之盛也。商人及富人，蓋已爲社會上之常物，此可以覘世幾已。

明閔元衢歐餘漫錄卷五云：『陶朱猗頓古今稱富者，必歸焉。而萬世之下，少克儷此二人者，何也？古者，利不得一人專，故二人稍稍出其羅利之術，居積之術，比之中人之產，似爲高出萬萬。竊常思之不過（今世）一縣一邑中之多財者爾。後世旣無常業，富者之多，不可勝道。正所謂越無鎛，燕無函，非眞無也，夫人而能爲之也。』此語眞能道出古今聚富之異。

何薳春渚紀聞云：『昔唐明皇顧視一龍橫亘南山，而首尾皆具，詢之左右近臣，或有見有否者。帝曰：「朕聞至富，可敵至貴。」令召王元寶視之。元寶奏稱所見與帝一同。然則所謂富家大室者，所積之厚，其勢可以比封君，而錢足以使鬼神也。』卷二富室踈財條 富貴並等，可知天寶亂後，藩鎭外族之外，固又有富豪之徒在社會上飽佔勢力。習俗移人，拜金之風自烈。陳善謂『韓退之嘲京師富兒不解文字飲，惟能醉紅裙。然予觀退之，亦未能忘情者。退之自有兩侍妾曰絳桃柳枝，又嘗有詩云銀燭未燒窗送曙，金釵半醉坐添香，此豈空飲文字者。』捫蝨新話卷七頁五 可知社會上對於富人生活，蓋自浸漬而渴慕之已。

此等商人以及地主，對生民自多脅逼，又豈亞於藩鎭外族哉？觀德宗時，陸贄謂「兼併之徒，居然受利」可見。重以盧井傾圮，兵燹凋零，故農村衰落。觀元稹同州奏均田狀云：『貞元四年至今已是二十六年，其間人戶逃移，田地荒廢……其間亦有豪富兼併，田連阡陌，十分田地纔稅二三，致使窮獨逋亡，賦稅不辦……昨因農務稍暇，乃遂設法各令百姓自通手狀……然後取兩稅元額地數，通計七縣肥瘠，一律作分數抽稅，自此貧富強弱，一律均平。』白藏長慶集三十八。按此狀上於憲宗元和九年，八一四 兵燹及豪強之困苦佃農，既在眼底，而賢者立法，只知以均稅爲

「均田」唐亡而周繼，周世宗之賢，至歎元稹均田『較當時之利病，曲盡其情；俾一境之生靈，咸受其賜。』困學紀聞
卷十六注是見唐季政府不能御制武人，不能剷夷外族，於豪強之兼併兼亦不能釜底抽薪也。

湘山野錄謂『潘祐事江南，……以（南唐李）後主好古重農，因請采井田之制，稍抑兼併。』馬令南唐書卷十九亦謂：『祐既獲用，請復井田法，深抑豪民有買貧戶田者，請卽還之。』此不足謂為南唐之泥古，可哂，足以見社會之病態，饒有反應爾。

然則在中古史結束之時，帝皇則困於藩鎮，郡縣制已壞矣。藩鎮則困於驕兵，逐帥殺帥之事常見矣。驕兵則脅於外族，以朱全忠之兵而莫能抗沙陀矣。上自顯宦，下至細民，殆無不以淚洗面於悲痛中討生活，所倖免者其惟豪民乎？玉泉子云：『京輦自黃巢退後，修葺殘毀時，定州有兒俗號王酒胡，居於上都，鉅富，納錢三十萬貫，助修朱雀門。昭宗又詔重修安國寺，畢，親降車輦，以設大齋。乃扣新鐘一撞，捨錢一萬貫，命大臣請各如意而擊。上曰有能捨一千貫者，卽打一槌。齋罷，王酒胡半醉入來，逕打百下，便於西寺運錢十萬貫入寺。』頁三三稗海本丁茲天地絕續之秋，豺虎橫行之日，富人異天之驕子歟？

中華民國二十四年八月印
中華民國二十四年八月出

中國文化史（全二册）

$1.60

上册定價大洋二元
（外埠酌加運費匯費）

編著者　陳登原

發行者　陸高誼
世界書局有限公司代表人

出版
印刷者　世界書局
上海大連灣路

發行所　上海及各省　世界書局

本書負責校對者何衡孫

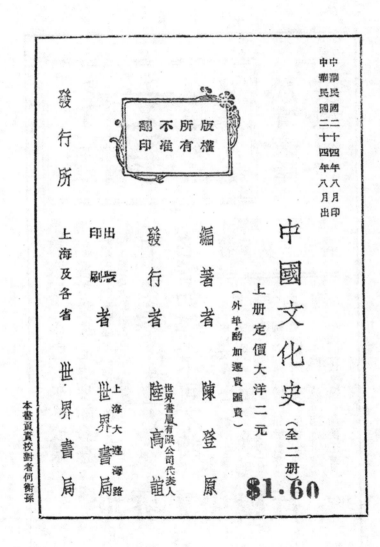